汽车综合服务管理

（第2版）

戚叔林　沈　锦　编著

重庆大学出版社

内 容 简 介

本书的内容基本囊括汽车综合服务领域的各个方面,包括汽车综合服务概念内涵与外延的定义、服务战略、汽车生产与流通企业的技术服务、汽车的养护与维修服务、汽车配件经营、汽车置换与二手车交易、汽车相关法律服务、汽车服务市场开发等内容。本书主要涉及汽车服务各个领域的经营管理问题,突出经营管理特色,对于涉及汽车服务领域的各类技术问题给予了方向性的描述。本书是国内比较全面、系统论述汽车综合服务的书,对填补国内汽车综合服务领域的理论空白起到积极作用,同时也将对我国汽车综合服务领域的发展起指导性的作用。本书可作为大中专院校汽车服务工程课程的教材,也可作为从事汽车服务贸易领域相关工作人员的培训资料和工具指南。

图书在版编目(CIP)数据

汽车综合服务管理/戚叔林,沈锦编著.—2版.
—重庆:重庆大学出版社,2013.8(2018.7重印)
高职高专汽车技术服务与营销专业系列教材
ISBN 978-7-5624-4443-5

Ⅰ.①汽…　Ⅱ.①戚…②沈…　Ⅲ.①汽车工业—销售管理—商业服务—高等职业教育—教材　Ⅳ.①F407.471.5

中国版本图书馆 CIP 数据核字(2013)第 183109 号

高职高专汽车技术服务与营销专业系列教材
汽车综合服务管理
(第 2 版)
戚叔林　沈　锦　编著
责任编辑:周　立　李邦静　　版式设计:周　立
责任校对:任卓惠　　　　　　责任印制:张　策

*

重庆大学出版社出版发行
出版人:易树平
社址:重庆市沙坪坝区大学城西路 21 号
邮编:401331
电话:(023)88617190　88617185(中小学)
传真:(023)88617186　88617166
网址:http://www.cqup.com.cn
邮箱:fxk@cqup.com.cn(营销中心)
全国新华书店经销
重庆市国丰印务有限责任公司印刷

*

开本:787mm×1092mm　1/16　印张:16.25　字数:406 千
2013 年 8 月第 2 版　　2018 年 7 月第 5 次印刷
印数:6 501—7 500
ISBN 978-7-5624-4443-5　定价:38.00 元

第2版前言

　　私人汽车的保有量水平是衡量一个国家汽车市场是否成熟的重要标志之一。目前我国汽车保有量的高速增长是基于经济发展带来的对汽车的刚性需求所致。虽然我国汽车保有量到 2009 年底已经仅次于美国(20 001.6 万辆)和日本(7 488.1 万辆),但千人乘用车拥有量很低。世界几个国家的千人乘用车拥有量:新西兰 609 辆、意大利 595 辆、德国 565.2 辆、法国 495.9 辆、美国 461 辆、日本 441 辆,即使 2012 年新车销售达 1 867 万辆,我国千人乘用汽车拥有量还是仅有 24 辆,而拥有驾照的人数接近 2 亿。(2012 年国际公路协会《世界公路统计》)新增市场需求空间非常之大,令世界汽车跨国公司羡慕不已。

　　况且,我国目前在用车质量普遍不高,在用车中排放达不到国 IV 标准的汽车有数千万辆,其中"黄标"车高达 1 800 万辆,可见不仅新车需求大,更新车需求市场也十分巨大。

　　2013 年元月中国汽车工业协会发布的数据,中国汽车 2012 年的年产销已经分别为 1 867 万辆和 1 834 万辆,就新车产销而言已经连续两年超过美国成为世界第一。如何将国内这么大的刚性需求转化为企业利润不是一件容易的事,因此对汽车这种需要深度介入购买的商品就需要更多的智慧,很多这方面的专家提供了不少值得企业借鉴的方案,包括如何寻找汽车的潜在消费者并通过满足他们的需求赢得利益。

　　正因为如此,《汽车综合服务管理》才成为被许多学校使用的教科书,它的被认可,是由于其内容和结构恰到好处地反映了汽车制造与销售公司运用营销理论和实践的变化。2007 年出版的第一版《汽车综合服务管理》表明汽车市场的竞争还是按照市场营销的理论在实践,同时坚持在有中国特色的环境中恰如其分地运用服务营销管理的理论经营企业,服务营销科学是融合了多种学科知识的体系。经济学提供了在使用稀缺资源中寻找最佳结果的基本概念和方法;管理学提供了一个框架,以确认管理者所面临的问题,以及如何满意地解决这些问题的指导原则和方法;行为科学提供了解释消费者和企业购买行为的基本概念和方法;数学则表达了各种重要变量之间的精确语言。所以在学习汽车综合服务营销管理知识前需要有相关的预备知识，包括经济学、管理学、社会心理学、人际沟通和基本的数学等课程。

在进行汽车综合服务管理的过程中不仅要考虑市场投资回报，同时也要考虑综合服务营销决策的道德影响和社会影响。从2007年以来，我们国家的汽车市场呈现出超乎预料的发展，金融危机不仅没有造成汽车工业的减速，反而使得受到多年压抑的对汽车产品的刚性需求爆发了出来，国家适时推出了支持汽车产业发展的政策，小排量汽车购置税减半和燃油定价机制的完善，也促进了消费者购买的热情。市场的上述变化要求公司对此作出反应，一些对市场作出正确判断的汽车制造商没有跟随潮流减少对市场的供应量，从而赢得了机会。环境在变，营销策略也要随之改变，环保政策对排放的要求越来越严格，世界性能源缺乏让汽车产品在应用新技术、新能源等方面有比过去更大的压力。这也是营销决策需要面对的新问题。

在第2版中较系统地探讨和分析了汽车综合服务管理方面的最新理论，并再一次强调汽车综合服务营销管理仅仅是服务营销管理理论在汽车产品经营上的实践，重点阐述如何运用最新的营销理论向顾客传递汽车产品和相关服务的信息，在销售模式上，着重培养和提高营销人员的营销创新和实践能力；注重内容的现实性、超前性，知识体系的系统性、针对性；强调学习培训的务实性和实效性。教材以"前沿、务实、深刻"为坐标，强化汽车综合服务管理营销知识在汽车贸易企业中的运用。各个章节的内容都按照最新的汽车行业资料和综合服务营销管理理论的新理念加以充实，服务营销技术和组织已经随经营环境的改变而发生了变化，本书也随之作出改变。汽车综合服务营销管理已经不再是一个部门的工作，而是整个公司所有人的工作内容，因为综合服务营销主导着公司的愿景、使命和战略。本次再版为湖南交通职业技术学院戚叔林、沈锦合著。在第2版的编写过程中众多汽车行业的同仁们提出了不少很好的建议，在此一并表示衷心的感谢！

鉴于编著者的水平和拥有的信息有限，书中难免有不妥或错误之处，敬请广大读者批评指正。

编　者
2013 年 7 月

前 言

　　我国汽车工业经过五十多年的建设和发展,尤其是加入WTO六年来的高速发展取得了举世瞩目的成就。根据国家《汽车工业"十一五"发展规划》,汽车工业将成为我国经济的支柱产业。从整体而言,我国汽车工业的建设规模、产销总量和社会效果等与世界发达国家还有很大的差距。汽车综合服务领域中,国际上已流行的集销售、维修、配件、信息为一体的品牌专卖和"汽车综合服务超市"型的汽贸维修市场相结合的服务营销模式在我国基本上还处于起步阶段。不少汽车跨国公司自建服务网络或指定特约服务站已成为通用的方式(汽车售前、售中、售后的网络服务覆盖整个汽车市场),而我国汽车综合服务领域的许多方面才刚刚起步。相比之下,我国的现代汽车综合服务理念、服务体系、营销方式、汽车配件质量等均相对比较落后。汽车综合服务方面的融资消费由于消费习惯的制约,社会诚信体系的缺失近期也难有大的作为,传统的服务模式难以满足消费者在使用汽车时日益增长的各类需求,汽车综合服务市场还很不完善。

　　企业之间的竞争就是市场的竞争,汽车综合服务市场竞争的核心问题就是服务质量、服务范围的竞争。伴随着商品经济的发展和市场竞争的日益激烈,汽车综合服务市场无论是服务质量还是营销理念都日益显示出其重要性。因此,如何在较短的期限内培养一批具有现代营销理念,善于捕捉市场机遇,能够灵活掌握汽车综合服务市场趋势与动向以及汽车综合服务技术的汽车综合服务人才是当务之急,我们可以把这些急需的人才称为汽车综合服务管理人才。

　　本书较系统地探讨和分析了现代汽车综合服务原理,重点阐述现代汽车综合服务的定义、方式、方法,着重培养和提高汽车综合服务型企业管理人员的实践能力;注重内容的现实性、超前性,知识体系的系统性、针对性;强调学习培训的务实性和实效性以及汽车综合服务前沿理论的介绍,尽可能增加受训者今后的知识储备。同时我们也要看到由于"综合服务"理念是在国外市场经济比较发达的地区和国家发展起来的,由于文化背景、管理理念、消费习惯等方面的差异,我们如果照搬引进的营销理念肯定会遇到"水土不服"的情况,所以本书也强调了如何把先进的理论与中国的实际情况结合起来的措施。

在编写过程中,作者参阅了大量的文献资料与专著,为了便于学习,教材的形式上有学习目标、本章小结、复习题等。本教材全面系统地阐述了汽车综合服务市场内涵与外延、分析了汽车综合服务市场的环境、发展趋势及汽车综合服务市场目前存在的问题。

本书可作为高等院校汽车营销专业、管理专业的必修课程,也可作为汽车制造、汽车维修专业的选修课教材,还可作为汽车综合服务企业管理工作者的参考书。

本书由湖南交通职业技术学院汽车经济教研室戚叔林和沈锦编著。

本书在编写过程中汽车行业的众多同行们提出了不少很好的建议,在此表示衷心的感谢!

鉴于编著者的水平有限,书中难免有不妥或错误之处,敬请广大读者批评指正。

编　者

2008 年 3 月

目录

1

第1章
绪　论

学习目标
1. 了解近年我国汽车产业的发展趋势。
2. 掌握汽车综合服务的内涵及其所涉及的领域和基本内容。
3. 了解国内外汽车综合服务产业的演变及其发展趋势。
4. 了解汽车综合服务对国民经济的拉动作用。

1.1　近年来我国汽车产业的发展状况

　　国家"十二五规划"以来,在全面建设小康社会目标的激励下,通过增加汽车的使用来提高工作效率和生活质量的进程大大加快(有人将2002年称为中国汽车的普及元年),私人汽车消费已逐渐成为汽车市场的主导因素。在"十五规划"中已经非常明确地将汽车产业作为我国国民经济长期发展的支柱性产业,在这种方向性工业政策的支持下我国的汽车工业取得了长足的发展。2003年,全国各类汽车产销量历史性突破400万辆,其中轿车产销量突破200万辆。2005年我国汽车产销继续快速增长,全年生产汽车570.7万辆,销售汽车575.82万辆,进入"十一五"以来汽车产业的发展速率有了比"十五计划"期间更大的提高,2006年汽车产销量已达到726万,社会汽车保有量达到4 200万(包括军用车辆和其他特种车辆已达到6 100万辆),其中乘用车2 800万辆,轿车比重已经超过60%。汽车年产量比"十五"末的2005年净增500万辆,成为继美日之后的第三大汽车生产国和消费国,到2010年我国的汽车产销量已经成为世界第一,至2012年我国已经能连续三年成为世界第一汽车产销大国,非常稳固地占据世界第一的位置。

　　至2012年12月30日据公安部统计我国的汽车保有量为182 807 598辆,全国机动车驾驶人超过1.8亿,其中汽车驾驶人为2亿,汽车保有量与2010年底相比增加6 396 612辆,增幅为12.22%,汽车、摩托车保有量分别为126 558 098辆和63 548 340辆,私人机动车快速增长。全国私人机动车保有量为125 259 586辆(含摩托车),占机动车总量的75.43%,与2010年相比增加7 653 411辆,增长6.16%。其中私人汽车72 623 691辆,增加5 620 241辆,增长7.84%,占汽车保有量的63.48%。我国汽车产业的发展对我国国民经济增长贡献已经超过餐饮业。

通过对相关数据的统计对比可以了解到这样的情况:1996 年,意大利的汽车保有量是 2 100万辆,整个汽车售后服务总产值是 300 亿欧元,而至 2012 年底,中国汽车保有量已经突破 12 600 万辆(其中私家乘用车突破 8 600 万辆,在这 8 600 万辆私家车里面四年以内的新车占到60%),如果参照意大利汽车综合服务产值的数据,再综合中国的消费水平计算,2007 年中国汽车售后服务的市场容量应该达到 6 000 亿元人民币,但是从实际的统计数据看,我国汽车综合服务市场的产值 2012 年尚未达到 2 200 亿元人民币。一般情况下,汽车售后综合服务在车辆使用 4 ~9 年之间的市场是最大的,因此,从 2012 年开始,我国汽车售后综合服务市场已经呈现出一个较高的增长幅度,有关部门比照欧洲汽车综合服务产值增长水平,预计到 2015 年,我国汽车售后服务市场将达到 6 000 亿元人民币的水平。但是从 2012 年的实际情况看,要想在 2015 年达到 6 000 亿元人民币的产值还是不容易的(或者说几乎是不可能的),并不是市场不存在,而是目前我们国家的汽车综合服务能力无法完成这样规模的产值,除了排除硬件方面的原因外,还存在有很多国外汽车综合服务行业不存在的因素,比如有观念上的和认识程度上的问题,有社会文化背景不同的原因。有不少私人乘用车自己可以应付一般的小毛病和更换机油之类的工作,在国外即使这样的小问题大多数车主还是会进入服务站处理,而在我国这些是无法计算产值的。另外,还存在统计方面的问题,这是因为有很多不上规模和没有注册登记的汽车维修作坊他们的产值很难有准确的数据,再有熟人之间的帮忙存在一部分简单的汽车维护和更换零部件的活动,这部分的劳务活动理应归结为汽车综合服务行业的产值,但在中国文化背景下这些产值是无法归口统计的。所以上述有关汽车综合服务产值的统计结果与预测相比较有一定的差距,虽然如此,我国目前的汽车综合服务产值还是与应该具有的规模相差甚远。

随着我国汽车消费量的爆炸式发展阶段的终结演变到平稳发展的阶段,汽车保有量开始实现均衡稳定的增长,是否可以认定我们属于汽车大国、强国了呢?现在衡量一个国家汽车产业的发展水平,已经不能只用汽车研发能力和产能这样一个传统的标准了,应该也必须包括汽车综合服务的质量标准。一个运作高效、功能健全、网点众多、满足各类用车需要的现代化汽车综合服务体系是汽车产业健康发展的重要因素。从发达国家的成功经验来看汽车产业的发展越来越依靠汽车综合服务系统的完善与提高,也就是说软硬件在对汽车产业发展的贡献率在统计结果上发生变化。按照汽车发展比较成熟的国家的统计的平均数据分析,汽车产业的利润有 70% ~75% 来自汽车综合服务领域(但是从业人员超过整个汽车产业总就业人口的80% 以上);汽车制造领域所产生的利润只占 20% ~30%,用的劳动力不到整个行业的 20%,是因为新技术的发展在不断提高自动化程度,相比之下汽车综合服务领域不仅产业规模大,经济利润可观而且还具有很强的吸纳劳动力的能力。汽车综合服务业涉及的内容非常宽泛,服务门类繁多,技术进步对吸纳劳动力的消极影响不明显,所以该行业能长期提供相对稳定增长的就业岗位(是继餐饮服务业的第二大吸纳劳动力的产业),并且能够产生比较好的社会效益。

综上所述汽车综合服务除了是汽车工业发展的重要保障体系外,从国情的角度看也是非常适合我们这个劳动力资源大国的产业之一。

1.2 汽车综合服务的内涵

1.2.1 狭义的及广义的汽车综合服务

汽车作为一种机械与电子结合日趋紧密、完善的产品,它起到了延伸个人活动空间、提高工作效率和生活质量的作用(我们主要谈乘用车)。首先由于产品的复杂程度高,对汽车管理的需要,再加上追求高效率(使用的深度与广度)地使用汽车产品时要面临越来越多的专业知识,使得绝大多数人在使用过程中无法独自处理上述问题,于是汽车综合服务随之产生。汽车产品随着技术的进步越来越完善、功能也越来越强大,对人类生存、发展的作用也就日益突出,无论是使用的领域还是方式都在不断变化,所以对汽车综合服务的要求不论是范围还是深度都越来越广、越来越高。汽车综合服务的概念是动态的,同时也有狭义和广义之分。

狭义的汽车综合服务:是指从新车出厂进入销售流通领域,直至其使用后回收报废的各个环节所涉及的全部技术的和非技术的各类服务和支持性服务,并且具有以下特点:

(1)市场发展迅猛,容量空间巨大

汽车保有量的迅猛增加,导致对汽车综合服务需求的同比放大,特别是乘用车消费大规模进入家庭后对汽车综合服务的要求呈几何数率上升,使得综合服务中的维修业务成为目前汽车产业的主要利润来源,仅此一点就足以预见汽车综合服务市场的美好前景。数据显示,我国从事汽车相关服务的人员已经超过 3 000 万人,价值接近 2 200 个亿(2012 年统计),而且由于国内部分汽车品牌的售后服务网点还不够多,许多有需求的业务没有开展起来,所以需要开拓的空间非常大。

(2)多元化发展进一步拓展汽车综合服务领域

随着轿车服务的多元化发展,原有单纯的维修服务将不断延伸,形成一个全方位、多层面的汽车综合服务市场,主要包括以下方面:

①汽车养护:目前我国的汽车相关服务远远跟不上需求,谁能抓住汽车时代引发的"养护商机"和"服务商机",谁就能够挖到中国汽车时代最大的财富金矿。目前,我国的汽车养护业还没有形成严格的行业标准和服务体系,更谈不上养护的标准服务了。

②汽车停靠:近几年我国城市机动车年平均增长速度为 15%,但停车设备的建设却严重滞后,由停车难引发的乱停车问题越来越严重。据有关资料显示,至 2012 年底广州机动车辆已达 320 万辆,而市区公共停车车位仅 3 万多个,许多车辆只好(也只能)停在路边上。

③配件和精品零售:随着汽车的普及和提高,汽车内装饰、外装饰、汽车防盗、内饰件、保养品甚至汽车改装业务将非常兴旺。

④汽车保险:目前,汽车保险已经占到全球非寿险的 60%,国内汽车保险营业额也在财产保险中稳居第一位,而且发展余地还很大。据日本的资料,从 20 世纪的 60—70 年代,日本汽车的保有量增长了 4 倍,而汽车保险费收入增长了 11 倍,远高于汽车保有量的增长。

⑤汽车融资:包括汽车业资本经营、汽车租赁、消费信贷,汽车融资、信贷是汽车消费的一个必然模式,并被大部分国家的汽车业普遍看好。

⑥汽车资讯:包括市场调查、数据的统计分析、市场趋势分析、行业动态、政策法规等方面的内容。这是真正的软科学,投资很大,直接效益不明显,所以容易受到忽视。随着市场竞争加剧,市场信息将越来越重要,现在的厂家虽然还舍不得,但将来终究会以巨大的代价获取需要的信息。

⑦汽车广告:发达国家的汽车广告是所有广告类别中的大户,国内汽车广告的发展速度与规模也在不断地印证这一结论。

⑧智能交通:智能交通系统包括车载系统和公共系统。车载系统主要有信息接受系统,公共系统有交通信息、行车向导、事故救援、联络通讯等。智能交通更重要的是软件系统,尤其是交通信息中心的建设。对于我们这样一个人口大国,乘用车的普及会对智能交通比其他国家有更为迫切的需求。

⑨汽车娱乐:包括音响系统、电视接收系统、DVD 系统、电子游艺系统。汽车娱乐系统的营业额可能超过汽车本身,因为人们驾车里程越多就越需要消遣。

⑩汽车俱乐部:汽车俱乐部有多种形式,如品牌俱乐部、车迷俱乐部、越野俱乐部、维修俱乐部、救援俱乐部等,在国内方兴未艾。

⑪汽车文化:汽车文化范围广泛,包括汽车模型、汽车体育、汽车知识、汽车报刊、汽车书籍、汽车影视、民间风俗、国际交往、服装服饰、车迷、餐饮、汽车与社会等(见图1.1、图1.2)。

图 1.1　汽车文化一:威廉姆斯车队

图 1.2　汽车文化二:婚庆仪式中乘用车的使用

⑫汽车回收与再造:国家已经将汽车回收作为机电产品再造的试点行业,该项政策对节能减排有着非常积极的意义,各大汽车公司都在自己的产品设计上尽量向扩大回收零部件方向靠拢(见图1.3)。

图1.3　宝马汽车回收件

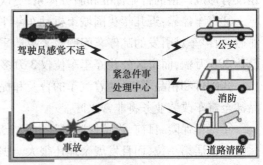

图1.4　汽车的延伸服务

在汽车综合服务的延伸方向上,汽车救援对于客户来说是个很重要的方面。虽然这种行为与汽车质量的提高成反比,但总是避免不了的,在城市街道上出交通事故,马上会有交通警察、保险公司、道路清障救援、医疗服务等方面的服务需求,当然并不是每次事故都需要这么多的部门提供服务,但当车辆行驶在偏僻地区发生故障后驾车者对救援帮助的要求就尤为迫切。现在汽车救援的延伸意义已经扩大到对驾驶员的心理状态的帮助上了,我们可以通过图1.4看出汽车延伸服务的意义。

广义的汽车综合服务:广义的汽车综合服务还延伸至汽车生产领域的有关服务,如原材料供应、工厂保洁、产品外包设计、新产品测试、产品质量认证及新产品研发前的市场调研、道路规划和交通法规的制定等,甚至延伸至汽车使用环节的其他特殊服务,如汽车运输服务、出租汽车运输服务、醉酒代驾等。

由上述分析可见,汽车综合服务泛指新车出厂后进入流通、销售、购买、使用直至报废回收各环节的各类服务工作组成的所有服务体系。由于汽车综合服务主要涉及的是服务性工作,以提供服务产品为其基本经营特征,因此它属于第三产业的范畴。

1.2.2 汽车综合服务的内涵

汽车综合服务产业是由所有从事汽车服务的主体所组成的产业,"服务"是这个产业的本质特征。从产业链上各个环节前后秩序上划分,我们可以按汽车综合服务的先后顺序将服务划分为汽车的售前、售中、售后三方面的服务(见图1.5)。

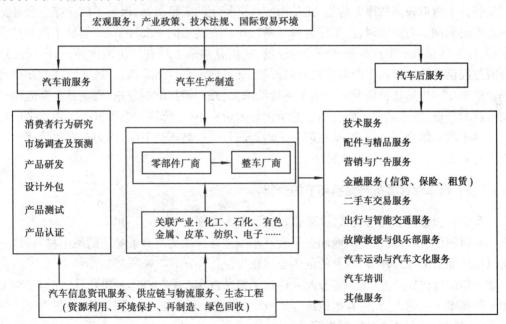

图 1.5 汽车综合服务的内涵

售前服务是指产品开发、设计、质量控制与市场调查等成品出厂前的服务;售中服务是指促成销售、实现交易的服务,包括销售咨询、广告宣传、牌照代理、贷款与保险资讯等服务;售后服务是指整车出售及其后与乘用车使用相关的各类服务。资料表明,在一个成熟的汽车市场中,汽车的销售利润占整个汽车业利润的20%左右,零部件供应利润占20%左右,而50%～60%的利润是从服务中产生的,需要说明的是目前汽车维修产生的利润大约占服务利润总额的50%，以后会有所下降。通过提供汽车综合服务已成为汽车制造商的主要利润来源，也构成了汽车产业可持续发展的重要支柱。与国外大的汽车公司相比，我国的汽车公司的服务业收入在整个收入中的比重较低，如表1.1所示。

表1.1　各汽车公司服务收入分析

年　份	一　汽	通　用	福　特	丰　田	大　众
2010	7.90%	19.60%	21.00%	17.10%	/
2011	6.60%	18.60%	18.70%	18.30%	16.90%
2012	6.66%	/	/	17.90%	18.00%

请读者注意，在表1.1上标注的利润仅仅是指售后服务，没有包括售中服务和延伸服务所产生的利润。

按照汽车产业发展的一般规律，当产销达到一定规模后，在汽车业的利润构成中，汽车综合服务一定会超越汽车制造业，成为汽车产业利润的主要来源。比如汽车商品的购买多数是在固定的供应点被消费者购买，具有一次性特点；而汽车综合服务作为消费品，会在不同时间和地点被消费者重复使用与购买，具有可观的贸易性；正是由于这种差异，使服务供应者可以多次重复向汽车综合服务消费者索价，同时服务提供者可以利用自己独特的服务，在与消费者的讨价还价中索取较高的服务价格，正是由于这一特定的索价机制，保证了汽车综合服务拥有客观的市场利润。与此同时，汽车综合服务是汽车产业链上的重要环节，一般处于汽车产业链的末端，作为连接汽车生产者与使用者的纽带，在信息沟通上具有一定的优势，从而保证汽车综合服务提供者既可以从生产者获得利润反馈，又可向消费者索取高价，进而维持汽车综合服务的价格地位。当然这种情况不可能永远持续下去，按照经济学的理论，资金总是会流向高于平均收益的产业，进来的多了就会由于竞争而导致价格下降，降到社会投资的平均水平后趋于稳定。对于汽车综合服务行业，从短期看平均利润只会提高不会下降，因为存在比较严重的供需不平衡问题。

1.2.3　汽车综合服务产业链环节的分析

汽车综合服务产业链的构成，主要包括以下5个方面：

①原材料供应产业：这些产业涵盖了为汽车制造业提供的所有最基本的原始材料，这一部分是汽车产品的最底层环节，涉及的范围也比较广泛。

②元器配件供应产业：这一部分产业构成了整装汽车产品的基本逻辑部件，它们在相关技术和工程技术人员的支持下，有机地结合成汽车的初级产品。比如专用玻璃、控制系统、空调、车载音响、轮胎、汽车外壳专用钢板等。

③技术支撑产业：主要涉及设计汽车整装产品和局部产品所需要的各个方面的技术。它不仅包括在元器件基础上组装成汽车初级产品的过程中所需要的技术，而且也包括生产元器件产业过程中涉及的相关技术。

④策划宣传、咨询、销售产业：只有实现产品本身被消费者所接纳并完成交易，才能保证其他环节的良性循环。为实现这关键的一步，生产商有必要进行相应的广告宣传和服务咨询并建立销售渠道，这一产业链在实现交易最终完成的过程中充当着不可替代的角色。在具体实

现中,可以采取各种不同的方式。比如广告策划宣传、销售渠道的建立等,而这些又形成了不同的子产业链,这些子产业链既可以集成到汽车生产企业内部,也可以是独立的产业商。

⑤售后服务产业:从宏观意义上来说,现代所言的汽车综合服务大多数情况下偏重于对汽车的售后服务。这一部分包含的范围广、产业多、层次深。而且这一部分是真正意义上的"服务"业,是更能够代表第三产业内涵的产业群,而前面的许多部分更多的是偏重于"制造"业。随着我国汽车保有量的不断壮大,其产业前景更加可观。据专家预测,2015年汽车总需求量将达到2 000万辆左右。到2012年我国汽车的保有量已达到18 600万辆,与之配套的中国汽车售后服务市场将成为一个庞大的"黄金"市场,发展潜力惊人。

从微观意义上来说,以上每一个产业还都涵盖着更加细致的活动,都或多或少地涉及研发/设计、采购、生产、销售和服务等5个方面,而每一个方面的每一个环节都涉及许多的价值链单元,这些价值链单元又构成了一个庞大的价值链体系。产业链单元之间都是通过信息流、物质流和资金流联系起来的。

作为一般乘用车的使用者,提起汽车综合服务首先想到的是汽车的售后服务,尤其是汽车的维修服务。其实,汽车综合服务涵盖的工作内容非常广泛,不仅仅是指汽车的售后维修服务。不同的经济发展水平直接导致人们对汽车消费有不同的服务需求,一个人在经济发展水平不高的非洲拥有一辆乘用车所需要的服务和一个人在欧洲拥有一辆乘用车所需要的服务,无论在数量还是质量上都是相差甚远的。而且随着人们对汽车消费水平的提高,对汽车综合服务也会提出更多更高的要求,所以汽车综合服务的内容及其工作水准也处于不断地发展之中。

1.2.4 汽车综合服务的基本内容

①汽车技术服务:维修服务、售后服务检测服务(以恢复使用性能为核心)。美容与装饰服务(以满足个性化需求为核心)、产品试验与认证、再生与回收解体服务等(满足环保与资源再生为核心)。

②汽车贸易服务:汽车营销、二手车交易、进出口贸易、配件经营、物流配送等。

③汽车金融服务:信贷服务、租赁服务、保险服务。

④汽车政府公共服务:智能交通服务(以交通导航为核心)、政策与法律管理(以保护产业发展和规范市场环境为核心)。

⑤汽车文化服务:俱乐部、汽车运动、静态文化和动态文化服务。

⑥汽车的延伸服务:信息资讯服务、驾驶培训服务、场地服务、故障救援服务、广告与展会服务。

在对上述基本内容的描述中可以看出,在目前汽车技术水平的基础上汽车技术服务内容占了整个汽车综合服务的大部分比例,其他部分随汽车生产技术、环保、管理等方面的需要在逐步增加比重。特别是在汽车使用过程中,心理需要的比重增加得尤其快,这可以从汽车俱乐部、汽车杂志、汽车运动等活动的增加与形式的多样化中得到证明。今后汽车综合服务的内容将随着社会的发展不断丰富,一些新兴的服务项目将会不断涌现。

1.2.5 汽车综合服务的分类

①按照服务的技术密集程度,汽车综合服务可以分为技术型服务和非技术型服务。技术

型服务包括汽车厂商的售后服务、汽车维修检测与养护服务、智能交通服务、汽车故障救援服务等,其他服务为非技术型服务。

②按照服务的资金密集程度,汽车综合服务可以分为金融类服务和非金融类服务。金融类服务包括汽车消费信贷服务、汽车租赁服务和汽车保险服务等,其他服务为非金融类服务。

③按照服务的知识密集程度,汽车综合服务可以分为知识密集型服务和劳务密集型服务。知识密集型服务包括售后服务、维修检测服务、智能交通服务、信息咨询服务、汽车广告服务和汽车文化服务等;劳务密集型服务则包括汽车物流服务、废旧汽车的回收与解体服务、汽车驾驶培训服务、汽车展会服务、场地使用服务和代办各种服务手续的代理服务等,其他服务则是介于知识密集型服务和劳务密集型服务之间的服务。

④按照服务的作业特性,汽车综合服务可以分为生产作业型的服务、交易经营型的服务和实体经营型的服务。生产作业型的服务包括汽车物流服务、售后服务、维修检测服务、美容装饰服务、废旧汽车的回收与解体服务、汽车故障救援服务等;交易经营型的服务包括汽车厂商及其经销商的新车销售服务、旧车交易服务、汽车配件营销与精品销售服务等,其他服务为实体(企业)经营型的服务。

⑤按照服务的载体特性,汽车综合服务可以分为物质载体型的服务和非物质载体型的服务。物质载体型的服务是通过一定的物质载体(实物商品或设备设施)实现的服务,如上述的技术服务、生产作业型的服务、交易经营型的服务、汽车租赁服务、汽车广告服务、汽车文化服务、展会服务、场地使用服务等;非物质载体型的服务没有明确的服务物质载体,如汽车信贷服务、保险服务、汽车信息咨询服务、汽车俱乐部等。

1.3 汽车综合服务产业的发展与地位

1.3.1 国际汽车综合服务业的形成与发展

美国的汽车售后市场,兴起于 20 世纪 20 年代。当时以福特 T 型车为代表的新型汽车生产方式(流水线作业)导致了汽车工业的革命,使得汽车作为寻常百姓的代步工具进入了广大消费者家庭,汽车市场迅速扩大;并随之产生对汽车综合服务的巨大需要,从而培育了美国的汽车售后市场。进入 20 世纪 70 年代,世界石油危机和大量涌入美国的外国汽车,特别是日本汽车,不仅给美国汽车工业带来了严峻挑战,同时也引起了美国汽车售后市场的巨变,汽车售后市场经营的内容得以大大扩展,服务理念也被大大改变。汽车售后市场开始转向低成本经营,注重发展新型连锁店和各种专卖店的服务形式。经过 10 多年的激烈竞争,到 20 世纪 80 年代,美国已经拥有 4 万多家汽车零配件零售店。其中大部分是以连锁方式经营的,以获得规模经营的价格优势;而另一小部分幸存的独立零售店,则将精力集中在某个专业项目的经营上,以获得细分市场的经营优势,比如服务于那些自己动手维修的用户。总的来讲,在度过了这个阶段之后,美国的汽车售后市场进入了成熟期,行业结构开始趋于稳定。目前,美国的汽车综合服务是其汽车市场最大的大户。表 1.2 列举了美国 1997 年的轻型汽车及相关产业的零售情况。表中属于汽车综合服务的售后市场、车辆保修服务、旧车销售三项合计共占了其轻型车市场总额的 47%,仅售后市场就占据了 28%。

表 1.2　1997 年美国轻型汽车及相关产业零售情况

市场分类	市场份额
售后市场	28%（1 510 亿美元）
车辆保修服务	9%
旧车销售	10%
新轿车销售	26%
新轻型载货车销售	6%
燃料销售	21%
合计	100%（5 314 亿美元）

表 1.3 给出了 1997 年美国汽车售后市场营业额的细分情况。由此可以看出,在美国汽车售后市场上,包括汽车维修配件、相关化学产品、辅助工具的销售以及人工费用在内的汽车维护修理服务,占了市场的 2/3;包括配件和辅助工具销售的自己动手维护修理（DIY 方式）占了 17%;包括轮胎和轮胎装卸操作工具的销售以及轮胎装卸作业费等占了 17%;各种相关化学产品（包括润滑油）销售占了市场的 3%。有资料表明,汽车维修服务业已经成为美国仅次于餐饮业的第二大服务产业（我们国家的汽车综合服务行业也在按照这种模式发展）,并连续 30 年保持高速增长,是美国服务行业的骨干。而 DIY 市场,由于汽车维修服务方式的变化,这一市场将逐渐减小,市场前景将趋淡。轮胎市场的份额在过去的 10 年里几乎没有多大的变化,始终占 12% 左右,预计该细分市场今后不会出现大的变化。

表 1.3　1997 年美国汽车售后市场细分情况

市场细分	市场份额
维护修理服务	68%
DIY 零配件及工具销售	17%
汽车轮胎销售	12%
DIY 润滑油及相关化学产品	3%
合计	100%（1 510 亿美元）

1.3.2　我国汽车综合服务业的形成与发展

我国的汽车综合服务或整体服务体系,起源于计划经济时代的汽车维修服务,发展于汽车厂商的销售流通体系和售后服务体系,形成于其他各项汽车综合服务的发展和壮大。在这个发展过程中,汽车的维修服务、汽车厂商的营销和售后服务一直占据着突出地位,是我国汽车综合服务中最大的服务类别。我国的汽车综合服务的发展,大体上经历了以下三个发展阶段。

第一阶段:从 1956 年到 1984 年,是我国汽车综合服务的起步与建设阶段。这个阶段的基本特征是汽车的生产、销售流通与维修服务,都是在国家的计划体制下运行,分别属于国家不同的产业部门进行管理（即“条条”管理）,存在严重的部门割据现象,生产、流通与维修服务的各项职能被人为分割。各类企业也缺乏自主经营权,只是国家计划和规定职能的执行者,企业之间不存在竞争。与此同时,汽车综合服务也仅仅是限于汽车维修这个单一的服务类别上,只能由交通部门履行行业管理职能,由其下设的汽车维修企业提供维修服务,几乎不存在其他的服务项目。

由于计划经济体制的影响,我国汽车的销售和售后服务体系基本独立分开。既有从事销售的各类汽车销售公司,也有专业从事维修的各类修理厂,双方各行其是,即使是经销商、维修站,与厂家之间也是一种松散的业务联系。同时,企业为了尽可能多地占领市场,便通过多建网点的方式抢夺终端,粗放经营的结果是"一家经销商卖多个品牌,一个品牌多家卖,一家修理厂修多个品牌,一个品牌多家修"的格局,车辆的售后服务很难得到保证,特别是销售与维修的脱节,车主档案、跟踪售后服务更是无从谈起。

在经过这个阶段之后,我国的汽车综合服务走过了从无到有的历程,积累了一定的服务基础,形成了一批以国家物资部门为代表的整车销售,以交通部门为代表的配件销售和汽车维修等服务力量。特别是在汽车维修方面,培植了一批具有较强实力的汽车维修企业,培养了一批汽车维修的专业人员,形成了规模较大的汽车维修服务体系,这股力量至今仍然对我国的汽车维修行业的发展产生着重要影响。与此同时,其他汽车综合服务的业态形式也开始进入了萌芽状态。但是,由于这个阶段国家总的经济基础比较薄弱,计划体制没有根本打破,汽车工业本身发展缓慢,汽车生产的数量少、品种单一,汽车用户不多,缺乏汽车工业的强有力带动等原因,我国的汽车综合服务在长达几十年的时间内,发展速度比较缓慢,服务的内容也很不健全。

第二阶段:从1985年至1993年,它始于我国的城市经济体制改革,截至国家全面进入市场经济体制的建设,是我国汽车综合服务的发展阶段。这个阶段的基本特征是国家的改革开放不断向纵深推进,单一的计划经济体制被彻底突破,市场逐步成为配置资源的最主要机制,企业的经营权力不断扩大,市场竞争也在不断强化。特别是国家明确了私营业主和个人购买汽车的合法性,开放了汽车消费市场和汽车运输市场,私人购车大幅增长,使得汽车保有量(尤其是私人汽车的保有量)迅速增加。这些变化直接推动了汽车综合服务产业的发展,汽车的服务业务突破了单一的维修服务类别,一些新型的服务项目得以出现和发展。

在这个阶段,由于受到国内汽车市场的巨大拉动,汽车工业本身的发展和社会汽车保有量的快速增长等因素的有力支持,我国的汽车综合服务走过了从小到大的历程。在经济体制改革的有力推动下,过去以执行国家计划为主要职能的汽车及其零部件生产、分配、流通和维修的部门,逐步转化为独立面对市场、自主经营、自负盈亏的服务主体,一些新型服务形式得以出现和发展。特别是以汽车厂商为主导的汽车售后服务体系的形成和壮大,更是具有划时代意义,这股力量将成为今后我国汽车综合服务发展的中流砥柱。但是,由于这一时期我国的汽车市场总体上处于卖方市场,与当时我国汽车工业呈现"散、乱、低、差"的局面一样,我国的汽车综合服务领域也表现出比较混乱的面貌,突出的问题是:产品和服务的价格混乱,整车及其配件流通的渠道混乱,各种汽车综合服务作业的操作混乱。很多在国外趋于成熟的服务类别,在我国要么空白,要么还没有得到充分发展,汽车综合服务的整体内涵很不健全,我国的汽车综合服务体系有待发展。

第三阶段:从1994年到现在,是我国汽车综合服务的全面形成和与国际接轨的准备阶段。这个阶段的基本宏观背景是我国的改革开放继续大幅向纵深推进,经济体制向市场经济体制转轨。国家以全面建设小康社会为目标,推行可持续发展战略,追求"持续、健康、快速"的经济增长方式,注重国民经济运行质效,企业经营从粗放经营向集约化经营转变。加入WTO(世界贸易组织),经济领域进一步对外开放,我国企业全面参与国际经济大循环。与此同时,我国的汽车工业稳步发展,对外合作与交流更加充分,汽车买方市场大体形成,消费者私人购车逐步占据汽车市场的主导地位,社会汽车保有量迅速增加。在这种背景下,我国的汽车综合服务表现出原有体系剧烈变革,服务内涵极大丰富,服务水准得以提高,整体服务体系基本形成,并开始向国际上的汽车综合服务靠拢等特征。

国内汽车的销售与售后服务开始逐步并轨,但主要还是以专业销售公司涉足维修保养服务和部分大型维修企业开展销售经营为主。其间,以上海大众服务站为代表,以服务为主、销售为辅的新型服务形态的出现,标志着国内轿车服务体系进入了一个全新的发展时期,售后服务首次成为厂商和消费者的关注焦点。以广州本田为代表,集"整车销售(sales)、售后服务(service)、零部件供应(spare parts)、信息反馈(survey)"于一体的4S店、3S店开始大规模出现,实现了服务与国际的接轨,成为国内轿车服务体系的主流形式。

综上所述,由于受到各种综合变革因素的影响,我国的汽车综合服务在这个阶段,走过了从混乱到有序的发展历程。一个内容较为丰富、职能较为全面的服务体系业已形成。特别是厂商主导的功能健全的汽车销售服务体系的建成,正日益成为我国汽车综合服务内涵提升的中坚力量。各种新型服务方式的出现,尽管其诞生的时间不长,服务水准不高,但是对于健全我国汽车综合服务体系的整体职能,仍然具有重要意义。虽然我国的汽车综合服务取得了以上发展成绩,但与今后广大汽车用户的要求相比,与世界汽车综合服务发达的国家相比,在服务项目的广度、服务内涵的深度、服务质量的水准等方面还存在很大的差距,整体上仍处在初级阶段。

1.3.3 我国汽车综合服务现状的基本问题

当前,我国的汽车综合服务虽然开展了很多具体的甚至较为全面的服务类别,可以说国外有的服务类别在国内都已开展起来,但是我国的汽车综合服务确实还存在很多问题和差距,这些问题和差距主要有以下八个方面:

①行业基础薄弱。我国汽车综合服务行业底子薄,服务项目的类别不多,而且发展缓慢。

②服务理念落后。与国外汽车综合服务相比,目前我国汽车综合服务服务理念的落后是最大的差距。

③综合素质不高。一是服务企业的技术素质不高;二是汽车综合服务行业的从业人员素质不高;三是缺乏高素质的管理人员。

④市场秩序混乱。一是市场运作混乱,尤其在流通领域,混乱发展的局面十分明显;二是价格体系和执行混乱,在汽车流通领域,存在随意加价销售的行为;三是市场竞争秩序混乱。

⑤服务能力不足。一是服务主体的服务能力不足,突出表现在各类服务主体的投资能力和资本运作实力的不足;二是行业服务的能力不足。这是由于我国的汽车综合服务过去长期呈现服务项目少、服务规模小、层次水平低、自由分散发展的格局,得不到有关部门的足够重视。

⑥管理方式陈旧。在我国的汽车综合服务内,无论是服务主体运作管理的微观层次,还是服务行业综合管理的宏观层次,均存在管理滞后的问题。

⑦制度法规不全。一是缺乏有效的指导服务主体开展各项汽车综合服务的行业规范;二

是宏观政策管理法规不健全,有些业务领域还存在政策盲点。我国的宏观经济管理部门,过去长期只是重视汽车的生产,不重视汽车的服务,重视汽车制造领域的政策制定,轻视服务领域的政策制定。

⑧服务效率低下。由于以上差距,最终的结果是导致我国汽车综合服务在行业总体上,表现出效率不高、效益较差、行业积累能力弱和自我发展能力不足等特点。表1.4给出了1999年美国和中国的汽车修理厂有关数据的比较。从中可以看出,中美两国汽修业在效率和效益上的差距。

表1.4　1999年美国和中国的汽车修理厂有关数据的比较

国家	汽车保有量	平均每家修理厂要负责的汽车量	修理厂的年增长率
美国	210 000万	800辆	3%
中国	180 000万	70辆	10%～15%

1.3.4　我国汽车综合服务的发展趋势

①在先进服务理念指导下,我国的汽车综合服务将全面形成以人为本和充分满足私人消费需求为导向的新型服务体系。

②在不断巩固现有服务业务的基础上,一批新兴服务业务将得以开展,部分传统业务的服务方式将发生变革。汽车综合服务始于新车的销售,一直到其报废回收的全过程。在这个很长的时间过程中,汽车综合服务体系几乎承担了各个环节的全部服务工作。目前,我国的汽车综合服务体系还没有完全达到要求,其功能体系还不是很健全。因而,随着今后服务市场的发展和这个市场的细分化,我国的汽车综合服务必然扩展到服务和贸易的方方面面,一批新兴服务业务的出现是必然趋势。

③在继续坚持厂商主导发展方向的同时,汽车厂商的销售服务体系将建成与国际惯例接轨的功能和更加完善的服务体系。在这个销售服务体系中,专卖店是其基本的服务单元。专卖店的功能在坚持"四位一体"的同时,将会增加旧车交易、废旧车辆回收、汽车租赁、汽车二次物流、用户跟踪、市场调查、实施客户关系管理、服务代理等新的功能。专卖店要统一门面颜色、统一作业标准、统一企业名称、统一专用设备、统一配件供应、统一技术培训,塑造良好的企业形象。这个销售服务体系也应包括各类后勤服务中心,比如维修培训中心、零部件供应中心、物流管理中心等,依托这些中心强化整个服务体系的后勤管理。将推行服务市场的目标责任管理制度,进一步明确各个服务主体的职责权利及其市场服务范围,强化责任管理。

④在服务人员素质和技术设备等核心内容上,服务主体的综合服务素质将普遍得到提高。

⑤在努力改进现有服务缺陷的基础上,服务市场的快速增长将给我国的汽车综合服务带来广阔商机。一是在汽车贷款、汽车租赁和汽车保险等汽车金融服务领域,将会向规模扩大和纵深发展的方向演变,服务主体将组建自己的汽车金融服务体系;二是在汽车销售、配件经营、旧车交易和物流配送等汽车流通服务领域,服务商机的增加将十分明显;三是汽车综合服务的主体向集团化、规模化、标准化、专业化等方向发展。

⑥在国内国际的两个服务市场上,我国的汽车综合服务将与国内国际的同业者展开全面充分的市场竞争。我国已经正式加入WTO,服务领域进一步对外开放且势不可挡。

1.3.5　汽车综合服务特点

从以上对汽车综合服务领域的内容及其形成发展过程的分析,可以看出汽车综合服务具有以下四个突出特点:

①汽车综合服务涉及的内容面宽、服务门类较多。由前述汽车综合服务的内涵及其分类可知,汽车综合服务涵盖的群体很大,既包括众多的技术和知识含量较高的服务项目,又包括技术和知识含量相对较低的服务项目;既包括生产型的服务项目,又包括交易和实体经营型的服务项目;既包括资金需求比较密集的服务项目,又包括资金需求相对不高的服务项目;既包括对服务主体经营水平要求较高的服务项目,又包括对业主经营水平要求相对不高的服务项目,等等。此外,随着这个产业的发展,服务项目也会不断增多和丰富。

②汽车综合服务的产业规模大,实现的经济利润也大。规模巨大的汽车综合服务,实现的利润相当可观。目前,随着汽车市场竞争程度的加剧,汽车大产业的利润越来越向服务领域转移。据有关资料介绍,2001 年全球汽车商(含生产、销售、服务)实现的总利润大约为 80 000 亿美元,其中一半的利润产生于与汽车综合服务有关的市场,这远远高于汽车本身在制造和销售环节产生的利润,汽车综合服务市场被经济学家们称为汽车产业链上最大的利润"奶酪"。1997 年,美国汽车售后服务产业的利润高达 1 500 亿美元,其中包括汽车维修业务在内的售后服务占 50%,汽车销售占 20%,零部件销售占 10%,二手车经营占 20%。而通用和福特的汽车信贷公司,仅汽车金融服务带来的利润就占据这两大集团全部利润的 36%。国内的桑塔纳轿车,每年的配件总需求量也高达 60 亿元人民币。据不完全统计,2006 年我国的汽车保有量达到 4 200 多万辆,全国维修企业的维修业务量超过 1.5 亿辆次,创造的增加值达 1 200 亿元。

③汽车综合服务提供的就业机会很多,社会效益较好。汽车综合服务由于涉及项目多、产业规模大、网点弥散贴近用户,其容纳的就业机会十分可观。特别是那些技术和知识含量较低、资金需求不大、对业主经营管理水平要求也不高的服务项目,是汽车综合服务低成本竞争和就业吸纳能力较强的服务领域,非常适合一般和中小型投资者。如在我国,加盟美国的 3M公司的 5 星级连锁店,只需投资 100 余万元人民币,加盟美国威力狮的一个连锁店只需 20 万～40 万元。据介绍,主要发达国家的汽车工业及其相关产业提供了全国 18% 的就业机会,我国也达到 12%。丰田公司在全球有 7 300 多家销售服务网点,将近 10 万名职员,是丰田公司从事制造职工人数的两倍多。我国的汽车售后市场已初具规模,到 2012 年底从业人员在 400 万人左右,年产值不到 2 200 亿元。按照国家发改委 2012 年 5 月公布的未来紧缺行业人才需求报告,到 2015 年汽车综合服务领域内需求与供给的缺口,按目前我们国家汽车美容养护行业的现有技术人员缺口将达到 80 万人,这里面还不包括汽车改装所需要的技术人员。我国现行的行业政策对汽车改装有很大的限制,汽车改装包括三方面,即外型改装、内饰改装、性能改装,我们目前看到的改装基本属于个性化的外型改装,国家政策基本不准许性能改装,但是随着汽车行业的发展和人们对改装需求的不断增加,政策肯定会作出相应的调整,而我们的教育必须有这种前瞻性。

④汽车综合服务是汽车工业发展的重要保障体系。比尔·盖茨曾说:"当价值由生产转入流通环节时,服务变得比任何时候都重要。"

1.3.6 汽车综合服务体系的必要性和重要性

从某种程度来说,国内汽车行业真正高水平、实质性的服务竞争才刚刚开始。由于消费者的强烈需求和汽车综合服务企业自身经济利益驱使,搞好服务日益成为企业能否生存与发展的核心竞争力之一,关于服务体系建设的重要性和必要性早已提升到关系企业生死存亡、兴旺发展的高度。

①服务是汽车消费的必要保障

汽车是一种大宗耐用消费品,需要经常性的保养、维修服务,才能保证日常的安全使用和正常行驶,服务是基本条件,没有汽车综合服务也就没有汽车消费。

②建设完善的汽车综合服务体系有助于企业全面提升竞争力

在当前汽车品牌花样翻新、产品质量和功能上的差距越来越小,在产品同质化日趋严重的情况下,汽车外型、动力、配置等硬件对构成竞争优势的作用在减小,更能吸引消费者的另一个重要因素就是完善的服务。企业必须真正地以客户为中心,技术与服务并举,通过高质量的服务,将产品的技术优势和品质转化成用户利益,赢得顾客并留住顾客,才能从竞争中脱颖而出,而谁不前进,谁就会在残酷的竞争中被淘汰出局。今后国内乘用车行业的竞争必定会逐步从性价比竞争转向涵盖价格、质量、售后服务及品牌形象等在内的综合能力的竞争。对于企业来说,谁能拥有完善的服务体系,谁就能提高用户对品牌的认知度和满意度,提升品牌的综合竞争力,从而促进产品的销售和企业发展。

③建设完善的汽车综合服务体系给广大消费者带来的好处

一方面,"买车、买服务"已成为越来越多消费者的共识,消费者对服务越来越关注;另一方面,目前消费者对汽车售后服务反映较多的维修技术差、服务人员素质低、管理落后、配件假冒伪劣、收费混乱等方面的问题,随着厂家在售后服务方面的深层次竞争和服务体系的逐步完善,肯定会得到根本解决,从而给消费者带来更为方便、质优价廉的维修和服务,解除消费者的后顾之忧,促进消费。

④服务是未来汽车市场的利润中心和竞争焦点

随着国内汽车市场暴利时代临近终结,想要在汽车的销售中获得超额利润的可能性会越来越小,中国汽车产业将逐步从产品制造业转型为消费服务业,利润点将逐渐集中到售后服务上来。对企业,特别是对经销商而言,整车销售的利润已经很低,售后服务的重要性在企业经营中便变得更为明确,因为售后服务对企业经济收益起着举足轻重的作用,在售后服务领域的失利,也就意味着整体经营的失利。

汽车综合服务对汽车工业来说也起着非常重要的作用,一个运作高效、功能健全、网点众多、能够满足广大汽车用户要求的现代汽车综合服务体系是汽车工业发展的关键环节,可以极大地支撑汽车工业地发展,是汽车工业整体竞争实力的重要组成部分。

总之,汽车综合服务的以上特点,决定了其在国民经济中具有重要的地位与作用。

1.3.7 汽车综合服务在国民经济中的地位与作用

从全球来看,汽车综合服务已成为第三产业中最富活力的产业之一,我国也不例外。如前所述在第三产业中,汽车综合服务也已经成为我国继餐饮服务业的第二大产业,每年完成的产值以数千亿元计。随着今后经济的发展和汽车普及进程的加快,这个产业还会继续壮大。汽车消费已经成为我国百姓,尤其是城镇居民的一大消费热点。按照目前的发展趋势,到 2020 年,国家全面建成小康社会目标基本实现的时候,我国的汽车消费市场很有可能达到美国的水平,成为全球最大的汽车市场之一。这种情况表明,我国的汽车综合服务尚有很大的发展潜力,蕴藏着巨大的市场潜力和利润空间。当然,在这个发展过程中,我国的汽车综合服务也将成为我国国民经济的重要组成部分,其完成的产值和利润将是汽车工业本身的数倍(比如美国,现在汽车综合服务的产值约是汽车制造业的 2 倍),对国家经济的贡献将得到大大地提高。

在"十五"规划中我国已经明确将汽车工业作为国民经济的支柱产业予以扶植和发展。为了促进这个产业的发展,国家于 1994 年颁布了汽车工业产业政策(我国政府颁布的第一个产业指导政策),2004 年 6 月 1 日在修订的基础上又颁布了新的汽车工业产业政策。可以预计,在这个产业政策的指导和引导下,我国的汽车产业必将获得更大的发展。2006 年,国产汽车达到 726 万辆,其中轿车达到 380 万辆。2007 年我国汽车产销继续快速增长,全年生产汽车将超过 800 万辆,销售汽车业将超过 800 万辆,轿车比重已经达到 60% 左右。汽车年产量比"九五"末的 2000 年净增 50 万辆。到 2012 年,我国汽车的年销售量已超过 1 800 万辆,增速远远超过大多数业内专家的预测。汽车工业真正成为国民经济的支柱产业,汽车产业将出现以轿车为主的结构形态。在汽车工业本身大发展的同时,全社会的汽车保有量也会飞速增长,汽车市场结构将呈现出私人消费是主体的形态。从汽车大产业来讲,汽车综合服务是这个产业的重要组成部分。由于一个发达的汽车工业体系必然要求先进服务体系与其相配套,所以在汽车工业大发展的巨大拉动和汽车用户需求的推动下,我国的汽车综合服务必将改变目前从业者素质良莠不齐、市场品牌和价格混乱、规模化与专业化程度不高的落后面貌,并形成一个规范化的服务体系。汽车综合服务将全面实现与国际先进水平的接轨,真正肩负起保障汽车工业健康运行的责任,为国家的现代化和经济社会协调发展作出自己的贡献。汽车综合服务吸纳就业的能力,对于我国这种人口众多和尚未完成工业化的国家而言,意义尤其重大。至 2020 年,我国人口预计将高达 15 亿左右,需要 7~8 亿个就业岗位,如果按照目前西方发达国家汽车及其相关产业提供 18% 的就业机会计算,那么汽车及其相关产业提供的就业岗位将达到 1.2~1.4 亿个,其中汽车综合服务直接提供的机会将在 8 000 万个以上。这是一个庞大的就业市场,对于解决我国长期面临的就业压力,将会起到不可估量的作用。这个问题,不仅是个关系到我国经济能否持续发展的经济问题,也是一个关系到我国社会能否稳定的政治问题。

习 题

1. 名词解释
(1) 汽车养护服务
(2) 汽车综合服务
(3) 汽车综合服务的分类
2. 填空题
(1) 汽车综合服务是一个内容涵盖面较广的领域,且涉及_____服务和_____服务。

(2)汽车的维修、检测、养护、美容与装饰服务是指汽车厂商_____以外的社会上独立提供的汽车维修、检测、养护、美容与装饰装潢等服务。

(3)废旧汽车的回收解体服务属于_____服务。

(4)救援服务的特点是_____,主要针对驾驶故障和车辆正常出现的技术故障,协助处理交通肇事故障(救援者不是处理交通事故的主体),这是它与公安交通管理机关的服务不同点。

(5)汽车文化产品包括_____产品和_____产品。

(6)依据俱乐部给会员提供的服务职能的差别,汽车俱乐部大体包括_____俱乐部、_____型俱乐部,_____俱乐部,集前两类俱乐部于一体。

(7)按照服务的技术密集程度,汽车综合服务可以分为_____服务和_____服务。

(8)按照服务的资金密集程度,汽车综合服务可以分为_____服务和_____服务。

(9)按照服务的知识密集程度,汽车综合服务可以分为_____服务和_____服务。

(10)按照服务的作业特性,汽车综合服务可以分为_____的服务、_____的服务和_____的服务。

(11)按照服务的载体特性,汽车综合服务可以分为_____的服务和_____的服务。

(12)我国的汽车综合服务或整体服务体系,起源于_____时代的汽车维修服务,发展于_____的销售流通体系和售后服务体系,形成于其他各项汽车综合服务的发展和壮大。

3.思考题

(1)汽车综合服务的内涵是什么?

(2)汽车综合服务的基本内容有哪几个方面?

(3)汽车厂商的售后服务主要包括哪些内容?

(4)检测服务包括哪两个方面?

(5)汽车静态文化产品的形式有哪些?

(6)金融类服务包括哪些内容?

(7)知识密集型服务包括哪些内容?

(8)生产作业型的服务包括哪些内容?

(9)简述国际汽车综合服务的形成与发展。

(10)简述我国汽车综合服务的发展历程。

(11)新型汽车综合服务体系发展趋势怎样?

(12)汽车综合服务有哪些特点?

(13)汽车综合服务行业如何能稳定地吸收劳动力?

(14)汽车综合服务行业是否属于夕阳行业,为什么?

第 2 章
汽车综合服务战略

学习目标

1. 了解提供汽车综合服务企业的性质。
2. 掌握汽车综合服务战略的基本内涵及其在汽车综合服务中的地位和作用。
3. 掌握服务竞争环境的内涵及特点。
4. 掌握汽车综合服务企业一般性竞争战略及其在汽车综合服务竞争中的特点和适用情况。
5. 掌握汽车综合服务企业服务质量的内涵、测量及其管理方法。
6. 掌握服务补救的内涵、成因以及服务的对策。

2.1 汽车综合服务企业的性质及服务战略的概念

2.1.1 汽车综合服务企业的性质及服务内涵

为了阐明汽车综合服务企业的性质,我们首先来了解一下美国管理学家罗杰·施米诺设计的一个服务过程矩阵,如图2.1所示。在该矩阵中,他根据影响服务传递过程性质的两个主要维度,对服务进行了分类。用垂直维度衡量劳动力密集程度,即劳动力成本与资本成本的比率。因此,资本密集型服务,如航空公司和医院位于矩阵的上半区,因为它们在厂房和设备上的投资大大高于其劳动力支出;劳动力密集型服务,如学校、零售业、会计和法律服务业,则位于矩阵的下方,因为它们的劳动力成本消耗高于其资本成本消耗。按照"服务工厂"、"服务作坊"、"大众化服务"、"专业服务"四个象限的内容进行了说明。两个维度是分别独立的说明不同企业在劳动力成本与资本成本之间的比例不同给企业带来的特点。

水平维度衡量的是企业与客户之间的相互作用及定制程度。定制是一个营销变量,它指因顾客个人需求的特殊性而影响企业要为其传递服务的性质和个性化程度的能力。若服务是标准化而不是定制化的,顾客与服务提供者之间就不需要多少交互。例如,在麦当劳就餐,吃的都是制成品,个性化程度低,且顾客与服务提供者之间发生的交互很少;而在饭店吃饭就基本上属于定制服务,顾客会因为自己的饮食习惯和当时的兴趣要求饭店提供符合特殊口味的饮食,比如牛排会因为习惯而要求七成熟或五成熟,菜辣与不辣,口味是否偏重或轻的问题等。

资本密集度　高 ──────────→ 低

劳动力密集度	服务工厂： 航空公司 运输公司 旅馆 度假胜地与娱乐场所	服务作坊： 医院 机动车修理厂 其他维修服务 饭店
低 ↑ ↓ 高	大众化服务： 零售业 批发业 学校 商业银行的零售业务	专业服务： 医生 律师 会计师 建筑师

图 2.1　服务过程矩阵

与之相似的是医疗诊断,医生与病人必须在诊断与治疗阶段充分交互才能取得令人满意的结果。病人也希望自己被当作个性化的人来对待,希望得到与自己的需要相符的治疗。然而需要指出的是,高度定制所需要的交互,给服务传递过程的管理带来了潜在的问题,主要涉及提供服务的成本升高与顾客是否愿意为自己的特殊需求支付额外的费用问题。

为反映具体服务的性质,服务过程矩阵的四个象限被赋予了不同的名称。"服务工厂"提供标准化服务,具有较高的资本投资,劳动力成本消耗远远小于资本成本消耗,它更像是一家流水线生产厂。"服务作坊"则允许有更多的服务定制,但它们是在高资本环境下经营的,汽车特约维修站就属于典型的"服务作坊"作业,资本成本虽然小于航空公司但还是大于一般的服务性企业。"大众化服务"的顾客在劳动力密集的环境中得到无差别的服务,但那些寻求"专业性服务"的顾客则会得到经过特殊训练的专家为其提供的个性化服务。比如对于汽车综合服务行业来说无论是汽车美容店、汽车快修店,还是大型的4S汽车专卖店,都是为具体客户提供定制化服务的,虽然也许车的品牌是一样的,但是不同客户在使用汽车产品的方式上有差异,比如有的客户喜欢黑色的,有的喜欢红色的等,汽车生产商给汽车喷涂的各种不同颜色的漆也是一种满足客户不同定制要求的行为。汽车综合服务商在定制方面比汽车生产商走的更远,这是因为消费者的需求是一个动态的,在买车的时候也许喜欢浅颜色的内饰,过了一段时间后也许会喜欢深颜色的内饰,汽车内饰的改装也属于汽车综合服务的一项内容,这种由于需求改变而形成的"客户的不断重复消费"是汽车综合服务最大的行业特点。所以,谁可以按照行业标准满足客户的定制化需求,谁就会在争取客户的竞争中占据先机。"专业服务"是完全的定制化服务,在这个领域里不可能有完全一样的服务内容,在这个象限里的医生、律师、会计师、建筑设计师在他们的工作中永远没有完全一样的工作对象。

任何一种服务组织的经理,不管是服务工厂、服务作坊、大众化服务,还是专业性服务,都面临着同样的挑战(如图2.1所示)。高资本需求的服务(即劳动力少),如航空公司和医院,要保持竞争力就必须密切关注技术发展(如购买最新的飞机、超过目前水平的医疗诊断设备)。高资本投资也要求管理人员要合理对待客户的需求,以便能充分利用设备,从而降低成本提高效率。劳动力密集的服务企业的经理,如医疗和法律职业,必须将注意力集中到人事方面。定制程度的高低直接影响控制服务质量的能力和成本,同时也影响顾客对服务的感知。比如德国大众汽车公司为了尽可能迎合更多客户的需求,在汽车生产过程中尽可能满足了客户为自己定制汽车的要求,奥迪的生产线目前能满足近4 000种不同配置的轿车(这方面与戴尔计算机公司非常相像),通过专业咨询公司对该项服务满意度的调查,结果令大众管理层感到惊喜,客户愿意为了满足个性需求而支付额外的费用。按照传统生产模式为满足个性需求而生产的汽车会由于大幅度增加的成本让客户望而生畏,现在由于公司采取精确生产,计算机网络化管理从而降低了在总装过程中转换不同配置的成本,才使得增加的成本在客户能容忍的限度之内。当然也还是存在一些个性需求由于成本的问题而不得不放弃的情况,比如需要按照自己的想象得到与众不同的发动机,这种定制化所需要增加的成本就不是绝大多数消费者能承受的。通过上述描述我们已经基本清楚了提供汽车综合服务的企业是属于向顾客提供"服务作坊"类型的服务,虽然具有明显的定制化倾向,但是与医生和患者的关系比较,其定制化程度还是要低一些。科学技术的进步导致定制化服务程度提高是一种必然趋势。

由上述可知,汽车综合服务企业都是为定向客户提供定制化服务的。那么这些企业应该采取的服务战略是什么呢? 为了说明这个问题,我们首先来了解什么是服务战略。

服务战略是指对顾客具有重要意义的、对企业又是可行的,有关企业提供服务方面的明确的原则或方法。上述定义主要是定性的描述,在具体实施过程中有的时候很难确定哪些服务是绝大多数客户都认为是最重要的,哪些是他们认为可有可无的。比如在汽车销售方面,按照逻辑推理客户最重要的需求应该是销售顾问能为他(她)按照合理的价格选择一辆适合他(她)需求的车,至于购买场所是否够得上富丽堂皇、接待标准是否达到五星级酒店标准,就一般客户来说并不是重要的,也不是必须的,多数人也不想在4S店为了感官上的享受而支付额外的购车费用。当然对于购买超级豪华轿车的客户来说,为支付在讲究的购买场所购车所增加的费用由于仅仅占全部购车费用极少的一部分,享受和车的品质与价格相符的服务就相对重要了。另外一个重要的原因就是汽车消费者是否成熟。对于成熟的汽车消费者来说,虽然个性化需求更为多样,但是基本原则不变。无论是简单的代步还是显示身份与成功都属于购车需求,最能满足需求的是用合理的价格得到合适的车,这是热情服务所不能代替的。

简而言之,服务战略即为顾客制定提供满意服务的根本方法,知顾客所需,供顾客所求,它可以说是一种纲领,是企业在服务营销管理方面的经营理念。汽车综合服务战略是指汽车综合服务企业的服务战略。制定汽车企业的服务战略时,首先要考虑汽车综合服务活动的内容、企业的经营理念、服务的传递方式等。汽车综合服务活动可分为两个层次:谁或什么是服务的直接接受者、服务的有形性。这样可得出四种可能的类型:

①作用于顾客的有形活动,如客运、适当的接待形式;
②作用于顾客财产的有形活动,如汽车美容、汽车修理、二手车交易;
③作用于顾客思想的无形活动,如汽车俱乐部、汽车杂志、汽车运动、汽车文化;
④作用于顾客财产的无形活动,如汽车金融服务、汽车品牌的宣传。

汽车综合服务企业(尤其是乘用车的4S店)一般都有机会与客户建立起长期的业务关系和人际关系,因为成为汽车综合服务企业客户的直接原因是与汽车综合服务企业进行过交易行为,而且在交易过程中经常是业务关系与人际关系的同时交叉进行。相反,制造企业通常由于使用了由经销商、批发商或零售商构成的分销渠道而与最终消费者相隔离。对服务组织来说,了解客户是一个重要的竞争优势。虽然汽车制造企业在设计一款汽车时也需要对认定的消费群体进行了解,但那是从群体的共性来考虑问题,而对于汽车综合服务企业来说主要是从个体来考虑问题。拥有一个包括客户姓名、地址、职业和服务要求的数据库,使得在对汽车制造企业设计某款汽车时所认定的消费群体提供服务的过程中,能给予每个客户特别的关注成为可能,并且使得这些定制的关注有了客观依据。目前汽车综合服务企业也是按照上述原则在做的,比如企业在进行汽车销售的时候,当交易成功就会告知客户他(她)已经拥有了本企业的会员资格,客户将从会员资格中长期受益(比如汽车俱乐部会员),因为年固定费用相对客户来说属于比较方便的一种形式(有的汽车综合服务企业还会免除一定的会费),并且他们知道自己作为重要客人不时地会得到些额外的好处(如对频繁惠顾的客户的奖励)。由于服务过程中生产与消费同时进行,客户常常是服务过程的参与者,因此对于汽车综合服务企业来说,就存在用定制服务来满足客户个性化需求的机会,特别是在汽车配置选择、汽车美容和汽车改装方面尤为明显。服务能力和提供服务的及时性和有效性对服务企业的管理者提出了挑战,因为他们无法为未来的销售而生产和储存服务。即便如此,由于管理水平和行业特点等原因,需求和供给失衡的程度在各服务行业间还是存在很大差异。比如在某些定制化程度比较高的领域,客户对服务者为了提高及时性而事先准备好的产品并不领情,比如装饰公司事先准备的各类设计样板。即使是在小饭馆吃碗面条,多数人也不愿意拿事先什么佐料都已经放好的面(除非有急事需要尽快得到食品)。

在服务业中,应该对投入和资源进行区分。对于汽车综合服务企业来说,投入是客户本身,资源是服务经理可以调用的辅助物品、劳动力和资本(厂房、设备、流动资金)。因此,服务系统的运转有赖于该系统与作为服务过程参与者(客户)之间的交互。由于客户通常是凭自己的判断上门来的,而且他们对服务系统有着独特的需求,因此,将企业服务能力与客户需求相匹配也是一个挑战,在很多情况下客户对服务结果的不满意就是由于服务能力与需求不匹配造成的。对某些服务业来说,如银行,服务的重点是信息处理而不是纸币。在这种情形中,信息技术,如电脑转账,网上自助银行可以替代实物的工资发放、存款、存款转账、网上支付等。这样,顾客在很多情况下就没有必要亲自到银行去了。在我们讨论汽车综合服务企业运营的特性时,有必要区别其与银行服务的不同,汽车综合服务多数是需要处理汽车本身存在的问题,所以必须到现场才能提供服务,对于类似银行的这种例外将做出适当的解释。

2.1.2 服务的参与者

客户是作为参与者出现在汽车综合服务过程中,这要求服务经理必须重视交易环境与设施的设计。这在传统的制造作业中是没有的。汽车是在燥热、嘈杂的工厂中制造出来的(当然这种描述是相对汽车综合服务企业经营环境而言),而购买过程中的客户并不会刻意地去考虑这一点,因为他们首先看到的是放在经销商环境幽雅的样品陈列室中的成品。顾客的参与要求企业必须注意服务设施的物质环境及人文环境,这一点对工厂来说并不显得非常必要(不同的企业文化对此有不同的标准)。对于顾客来说,享受服务是一种发生在服务设施环境中的经历,如果服务设施的设计符合消费者的需要,就意味着提高了服务质量。对内部装饰、陈设、布局、采光、噪声及至颜色的关注都能够影响客户对服务的感知,可以比较一下在一个老式汽车站和在机场候机厅的感觉。当然,旅客是不许进入机场后台作业区的(如行李区),那里类似于工厂的环境。尤其当客户看到自己的车在与展厅环境有巨大反差的车间里被拆得七零八落时,那种感受是不舒服的。然而,有些创新的汽车综合服务企业已开放了它们的后台作业区,以便公众监督和提高服务的可信度(在一些特约服务站汽车修理车间,客户可以在等候区从窗户看到他们的工作情况)。

在提供服务时值得重视的一点是,顾客在服务过程中可以发挥积极的作用。我们生活中

的一些例子可以说明,顾客的知识、经验、动机乃至诚实都会直接影响服务系统的效果:

①超市和打折商店的普及表明,顾客在零售过程中愿意扮演主动的角色;

②病人治疗记录的准确性在很大程度上影响医生的诊断和治疗效果;

③教学效果很大程度上取决于学生自身的学习自觉性、努力程度和参与意识。

由于市场竞争的原因,越来越多的服务企业愿意为客户提供更多的定制服务,我们前面也阐述了为客户定制的服务是有一定限度的,这是由于服务成本会随定制化程度提高而提升,为确保在各种情况下供需双方都较为满意,在确定定制化程度时需考虑下列问题:

①需求波动的性质如何? 它是否有可预测的周期性? (如快餐店每日的用餐需求,节假日期间对客运需求增加幅度是否可以精确预测?)

②是什么原因导致需求的波动? 如果这些原因属于顾客习惯或偏好,市场营销是否可以改变这些因素? (如节假日前会有很多客户为了驾车外出旅游的目的来4S店检修车辆,以保证驾车外出的顺利。)

③改变服务能力或供给水平存在哪些机会? 在高峰时间能否雇佣临时工? (在周期性需求的低谷和高峰之间如何确定、安排企业的服务能力。)

服务能力和需求的管理对于服务企业的经营成功是非常重要的。服务传递方式可以从地理因素(距离)和与客户交互作用(情感与沟通)的程度两个方面进行分析。在多场所服务中,保证服务的质量和一致性非常重要,比如麦当劳、沃尔玛在全球各地都按照统一的服务质量标准向客户提供服务,丰田、本田、奥迪等公司的汽车综合服务企业在全国也是按照统一的服务标准和程序向客户提供服务。我们在这里强调服务标准的统一与服务质量的一致性并不是削弱定制服务的多样性,而是强调在客户选择的定制服务类型的前提下,无论形式如何每个具体环节上的服务质量要一致。随着电信技术的发展,远距离交易变得越来越普遍,因为它们给客户提供了方便和高效的服务传递,不但降低了客户取得产品或服务时的体力与精力成本,也降低了企业提供产品和服务的成本。例如,个人电脑和调制解调器的使用使得企业可以将它们的服务定制化,同时也降低了顾客与服务人员面对面交流的数量。上述分类方法对于生成战略方案和避免行业"近视症"非常有益。提供服务的企业在制定服务战略前,对行业内竞争性质与程度要有一个必要的、清醒的认识,才不至于使企业在日后的经营中陷入困境。

2.2　服务竞争环境特点

服务市场的营销环境,是指存在于个别企业市场营销管理功能以外的行业内所有组织、目标客户和各种因素的组合。行业内所有的这些组织、现实的与潜在的客户和各种因素通过各种形式,共同影响着企业市场营销管理的能力与努力(行业内的所有企业在相互作用),即开发与适应每个企业各自的目标客户需要所必须的营销活动能力和营销活动的结果。也可以说是每个提供服务企业生存和发展的能力。服务企业的市场营销环境包括宏观环境和微观环境。微观环境是指企业本身以及执行市场营销分销渠道功能的各类企业、顾客、竞争者和各类公众。宏观环境是指由人口、经济、自然、技术、政治、社会文化、竞争等因素所构成的不可控外部力量。服务企业总是在困难的经济环境中竞争,造成这种局面的原因是多方面的。

①总体进入障碍较低。服务创新没有专利保护,在许多情况下,服务业既不是资本密集型

的也不是技术密集型的,因此,创新就显得很重要,但每种创新服务的保鲜期非常短,因为很容易被竞争者模仿,多数服务行业都是在这种悖论状态下发展的。

②难以达到规模经济。由于服务的生产和消费同时进行,顾客必须亲赴服务设施所在地或服务人员必须上门与顾客接触。这种实体履行的必要性限制了市场范围,导致经营场所规模较小。例如,某个汽车品牌在某地建立一个4S店,店的经营规模越大覆盖的地区也越大,这就意味着客户在要求公司提供服务时要跑比较远的路才行,这样一来潜在的客户在考虑购买汽车时维修服务是否方便就成了障碍;加大4S店的密度当然可以解决这个问题,但是由于每个4S店覆盖的地区小,经营规模必须要与覆盖的地区内所拥有的车辆数成正比,所以不能随意加大。特许经营企业通过联合购买或分享广告支出可以实现一定的规模经济。在其他行业提供的服务中电子通信可以替代大量的实体履行,比如银行、航空机票出售、证券交易所提供的各类服务就是如此,但是汽车综合服务不行。

③不稳定的服务销售波动。服务需求每小时、每天(有时是季度)都在随机变化,给服务适应市场竞争带来一定难度。比如某4S店门前在修路或者出了交通事故,铁路动车组的出现给飞机客运带来了压力等。

④与购买者或供应商交易时,在规模上没有优势。许多小型服务企业在与有实力的购买者或供应商讨价还价时处于劣势。在目前市场环境下4S店与汽车制造商之间就是弱者与强者的关系,由于品牌之间的竞争,甚至同一品牌不同的服务站之间的竞争使得4S店与客户之间也不见得有什么优势。

⑤产品替代,产品创新能成为服务的替代品。因此,服务企业不仅应关注其他服务竞争者,而且应预计到那些有可能使企业经营的服务过时的潜在的产品创新。比如在国家硬性规定汽车设计必须按照无修理原则进行,很明显,以后为客户提供修理服务的机会将大幅度减少,这种减少的原因不是企业间的竞争而是新产品的替代。

⑥顾客忠诚。现有企业凭借个性化的服务建立起忠诚的顾客群,从而为其他新的服务企业设置了进入障碍。例如,汽车主机厂把自己专用的计算机管理系统安装在特许经营店中,这些终端使新的汽车销售订单安排更准确、更便利,从而有效地排除了竞争者。

⑦退出障碍。少数服务企业可能在低盈利甚至不盈利的情况下继续经营,从宏观上看当初在推行4S店经营模式时是按照"进入市场不容易(门槛高),想退出(门槛也高)也不容易"的原则进行设置的,但随着汽车生产能力大幅度提高,每个汽车制造厂的销售压力都在增大,在降低进入门槛扩大销售渠道成为主要矛盾后,就形成了进入门槛低,退出门槛高的局面。微观上也存在经营者主观上的退出障碍,例如,一家私有企业以家庭成员就业而不是利润最大化为目的。其他一些服务企业,如汽车用品店可能是出于店主的爱好或离奇的兴趣,工作上的满足感可以弥补较低的经济回报。因此,利润驱动的竞争者会发现,他们很难将这些有特定个人兴趣与目标的企业逐出市场。

2.3 服务竞争战略

在某些特定的服务行业,一些企业克服了这些竞争困难并获得繁荣发展。有三种不同的战略被许多企业采用,长期实践的数据可以证明这三种战略在向企业提供竞争优势方面是成功的。

2.3.1　成本领先战略

汽车综合服务企业成本领先竞争战略及其在汽车综合服务竞争中的特点:成本领先战略要求企业具有有效规模的设备、严格的成本和费用控制、不断的技术与服务创新。低成本可以抵御竞争,因为效率低的竞争者将首先在竞争的压力下受挫。实施低成本战略通常要求在先进的设备上投入大量资本、采用攻击性的价格、在经营初期为占有市场份额承担损失。成本领先战略有时能够彻底改变一个行业,格兰仕微波炉是一个极具典型的案例。他们采用扩大产量从而降低成本的策略不断地扩大自己的市场份额,而扩大的市场份额又给继续降低成本留下了空间,在国外这一策略的有效性已经被麦当劳、沃尔玛和联邦快递的成功经验所证实。无论是生产制造企业还是服务企业都可以通过多种方式达到成本领先地位。

(1)寻求低成本顾客服务。服务某些顾客比服务其他顾客花费要少,那么,他们就可以成为服务企业的目标顾客。例如,联合服务汽车协会(USAA)在汽车承保人中占据卓越的地位,因为它只为军官服务。这群顾客要求赔偿的风险低于平均水平,为他们服务的费用也较低,因为相对的流动性使他们更愿意用电话或邮寄处理事务并且已习惯如此。结果是 USAA 可以用电话和邮寄来处理所有业务交易,而不必像传统的承保人那样聘用昂贵的推销人员。

(2)顾客服务的标准化。标准化服务可以降低服务差错、提高服务效率,从而降低企业运营成本。这方面的例子有很多,麦当劳、沃尔玛、肯德基都是如此。

(3)减少服务传递中人的因素。如果能给顾客带来便利的话,减少服务传递中人的因素虽是具有较高潜在风险的战略,但也可以被顾客接受。

(4)降低网络费用。需要通过一套网络将服务提供者与顾客连接起来的服务企业,面临着高额的开业成本。一个最明显的例子是联邦快递公司,它通过使用独特的"中心辐射网"降低了网络费用。该公司在孟菲斯设立了装备有先进分检设备的中心,这样,需要"隔日送到"的包裹可以通过这个中心送达美国任何一个城市,包括那些城市之间没有直接航线的地区。新的城市添加到网络中来时,联邦快递公司只需要增加一条来往于中心的航线即可,无须在所有城市间都增加航线。这种高效的辐射网络战略在客运航空中亦被采用。

(5)非现场服务作业。所有的交通客运服务(包括航空、海运、铁路、公路),实际上都属于现场服务,因为只有顾客在现场才能提供服务。对于那些不一定非要顾客在现场出现的服务,服务交易和服务作业可以部分分离。简而言之,将服务交易与服务作业分离的话,服务企业的运作就与工厂类似,目前汽车综合服务企业都努力将服务交易与服务作业分开(俗称前台与后台),以便充分发挥各自的优势与效率。

2.3.2　差别化战略

差别化战略的实质是创造一种能被客户感觉到的独特服务。实现差别化有许多形式,包括品牌形象、技术、特性、顾客服务、经销商网络以及其他等形式。差别化战略同样注重服务成本,但其最主要的目的是培养顾客忠诚。通过差别化改进服务的目的常常是在目标顾客愿意支付的费用水平下实现的。实施差别化战略需要考虑以下几点:

(1)使无形产品有形化。从本质上讲服务通常是无形的,顾客购买后没有留下能够产生记忆的实体,比如我们在使用手机通话后并没有感觉到通讯公司服务的存在(除非我们刻意去考虑这个问题)。为了使顾客能回忆起曾经在客运公司享受过的服务,目前许多客运公司提供印有公司名字的精美小纪念品。

(2)将标准产品定制化。关注定制化可以使企业以很少的花费赢得顾客的满意。比如进行汽车 A、B、C 保养作业属于标准作业,但是能记住客人名字的汽车修理店可以给客人留下很好的印象并带来回头客。

(3)降低感知风险。缺乏服务购买信息使得许多顾客产生风险感。由于对服务缺乏了解或自信,比如汽车修理服务,顾客会寻求那些愿意花时间解释其所做工作、设施清洁有序和提供服务担保的服务企业(如沃尔沃村的例子)。当信赖关系建立起来后,顾客常常会觉得多花点钱也值。

(4)重视员工培训。由于人事开发和培训所带来的服务质量的提高,是竞争对手难以模仿的竞争优势。处于行业领导地位的企业,其高质量的培训项目在同行中常常也很有名,这样的公司也常常是招聘毕业生最多的,因为对刚从学校毕业的员工进行培训,其培训效果与巩固率是最高的,相对的培训成本也就是最低的。这也是为什么目前许多汽车综合服务企业每年都从学校招收实习的学生,除了成本低以外重要的是可以从中发现符合企业需要的人才。

(5)控制质量。在劳动力密集型行业,多场所(连锁店)经营企业要做到质量稳定确非易事。企业采取了一系列的措施来解决这个问题,包括人员培训、明确的程序、技术、限制服务范围、直接指导、同事间的约束等。由于顾客期望与体验之间存在的潜在差距,并且不同的顾客由于个人的感受不同对服务质量的评价会产生较大的差异,导致服务质量问题更为复杂。因此,影响顾客期望十分重要,如何影响顾客的期望值呢?那就是在营销和交易过程中恰如其分的承诺,过分的承诺将大幅度提高顾客的期望值常常使得顾客购买后的体验不良,减少了多次购买的可能性,但是初次购买的群体很大;保守的承诺会降低顾客的期望值,使得购买后的体验良好,从而增加多次购买的机会,但是开始的购买群体小。对于把汽车综合服务分成前台和后台的经营模式来说,容易出问题的环节在于前台在销售时为了提高成交率给顾客做了过多的服务承诺,结果导致顾客在需要服务的时候增加了后台提供服务的成本和工作量或者降低了顾客的忠诚度。

2.3.3 集中战略

集中战略的基本思想是,通过深入了解顾客的具体需求,更好地为某特定目标市场服务。细分市场可以是一个特定的购买群体、服务或地理区域。实施集中战略的前提是,与那些目标市场广泛的其他公司相比,企业可以更有效地服务于范围狭窄的目标市场。结果是企业通过更好地满足顾客需求和降低成本,在狭小的目标市场内实现了差别化。实施集中战略可通过以下三个步骤进行:细分市场以便设计核心服务、按照顾客对服务的重视程度将顾客分类、使顾客期望略低于服务感知,集中战略是成本领先战略和差别化战略在细分市场中的应用。在目前的汽车综合服务市场中可以清晰地看到这种区别,4S 店就是标准的实施集中战略的产物,而汽车超市和汽车修理厂则属于目标市场宽泛的经营战略产物。

2.4　服务质量

为了统一对产品质量和服务质量的认识,人们赋予质量以新的内涵。从总体上来说,质量的概念应包含两个方面,即技术质量和功能质量,还可以按照产品质量和使用质量来划分。比如我们都知道奔驰车比吉利车质量好,但是,购买吉利车的客户不会在使用过程中要求自己的车具有和奔驰车同样的性能,他会按照购买吉利车的期望值去使用它,如果自己的车在使用过程中能达到甚至超过自己购买时的期望值,我们说在使用质量上奔驰车与吉利车同样好(前提是奔驰车的使用质量也能满足客户的期望值)。如果按照技术质量和功能质量来分析,前者指产品或服务的技术性能,属于硬的方面,后者指产品或服务的消费感受,属于软的方面。对于产品来说,总体质量主要取决于技术质量;就服务而言,功能质量的重要性远远高过技术质量,即服务质量主要取决于顾客的感受和认识。当顾客觉得企业的服务满足了他的需求时,他会对服务质量评价较高,反之则较低。由于服务比有形产品有着更多难以把握、难以标准化的特征,服务质量比产品质量更难管理,但同时也是提高顾客认知价值并且成本最低的途径。对服务企业而言,质量评估是在服务传递过程中进行的。在服务过程中,顾客与服务人员要发生接触。顾客对服务质量的满意可以定义为:将对所接受的服务的感知与对服务的期望相比较。当感知超出期望时,服务被认为具有特别质量,顾客表示出高兴和惊讶。当没有达到期望时,服务注定是不可接受的。当期望与感知一致时,质量是满意的。服务期望受到口碑、个人需要和过去经历的影响,由于心理因素和情绪方面的原因,有些人很容易就可以产生满足感,有些人则特别难以产生满足感。

2.4.1　服务质量要素

服务质量要素是营销研究人员在对几类不同的服务进行充分研究后总结出来的,他们确定了顾客是按构成服务各因素的相对重要性由高到低来判断服务质量的,前面我们已经描述过企业提供给客户的服务可以有很高程度的定制化,虽然不同的客户有不同需求,提出要求的服务内容也不相同,但是我们可以最大限度地找到他们对质量判定的共性,通过大量的样本可以把评价各类服务的质量标准归纳为五个可以量化的基本方面:可靠性、响应性、保证性、移情性和有形性。

(1)可靠性。可靠性是指可靠地、准确地履行服务承诺的能力。可靠性的要求时刻发生在顾客要求提供服务的时候,比如我们在路边店修车时,对他们修车的可靠性认可程度是很低的,大故障肯定不敢轻易让路边店给我们提供服务,如果我们把车放在4S店修理对其可靠性的认可程度就要高得多。可靠的服务行动是顾客所希望的,它意味着服务以相同的方式、无差错地准时完成,而不是碰运气。在每天几乎同一时间收到邮件或其他信息是大多数人的期望。可靠性要求不仅是对修理岗位上服务质量要求,也包括行政办公室,在那里要求准确地开列账单和记录。

(2)响应性。响应性是指帮助顾客并迅速向他们提供服务的愿望。让顾客等待,特别是无原因的等待,会对质量感知造成不必要的消极影响。出现服务失败时,迅速解决问题会给质量感知带来积极的影响,按照菲利普·科特勒的统计,对与顾客发生的异议及时进行处理,会导致客户重新购买的比例提高45%;如果处理的结果能让顾客满意,这个比例会提高到95%。

(3)保证性。保证性是指员工所具有的知识、礼节以及表达出自信与可信的能力。保证性包括如下特征:完成服务的能力,对顾客的礼貌和尊敬,与顾客有效的沟通,将顾客最关心的事放在心上的态度。

(4)移情性。移情性是设身处地地为顾客着想和对顾客给予特别的关注,换句话说就是如果我是有这种要求的客户,我最希望服务人员用什么样的态度来对待我。移情性有下列特点:接近顾客的能力、敏感性和有效地理解顾客需求。例如,服务员为误车的顾客着想并努力找出解决问题的方法。

(5)有形性。有形性是指有形的设施、设备、人员和沟通材料的外表。有形的环境条件是服务人员对顾客更细致的照顾和关心的有形表现。对这方面的评价(如洁净)可延伸至许多方面,比如客户看到修理工具是否清洁?修理工具是否排放有序?地面是否有各类修理过程残留的油类和积水?更换下来的损坏零件是否随意堆放在工作场地上?管理人员桌面上的计算机是否有灰尘?鼠标及鼠标垫是否干净?桌面上的文件是否摆放整齐?修理工在没有进行修理操作时衣服是否干净等。以上这些都将影响正在接受服务的顾客(如汽车修理店顾客等待室中喧哗的客人)的行动。

顾客从这五个方面将预期接受的服务与已经接受到的服务进行比较,最终形成自己对服务质量的判断(如图2.2所示)。期望值与感知度之间的差距是服务质量的量度,从满意度看,既可能是正面的也可能是负面的。

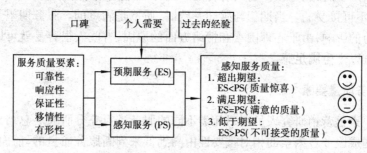

图2.2 服务质量要素

2.4.2 服务质量的范围

全面观察服务系统对于识别服务质量指标是十分重要的。对于一个汽车综合服务系统,可以从内容、过程、结构、产出及影响等五个方面考察质量。这五个方面属于对内的质量评价内容,因为客户基本不了解标准作业流程的具体内容,也不清楚一个服务流程事件顺序应该是怎么样的。如果员工不佩戴能说明其技术等级的工作牌,客户也不清楚为他的车提供修理服务的员工技术水平如何。

(1)内容:主要考察服务系统是否遵循了标准程序。对日常服务而言,标准作业流程已经制定,希望服务者遵守这些既定程序。

(2)过程:主要考察服务中的事件顺序是否恰当。基本的原理是要保持活动的逻辑顺序和对服务资源的协调利用。顾客和服务人员间的交互过程应得以监控,也包括服务人员之间的交互作用和沟通。检查表是常用的测量方法,对于急救服务,如汽车求援,可以通过实战演习来检测团队的工作。通过这些活动,发现和解决协调性和行动顺序上的问题。

（3）结构：检查服务系统的有形设施和组织设计是否能保证低成本地满足工作需要。不过，有形设施和辅助设备只是结构的一部分，人员资格和组织结构设计也是重要的质量因素。通过与设定的质量标准相比较，可以决定有形设施是否充足。人员聘用、晋升资格等都要达到标准。反映组织控制质量效果的一个指标是，采用主动的自我评估程序和成员对他们同事工作的了解。

（4）结果：检查服务会导致哪些状况的改变。服务质量的最终测量要反映最终结果。顾客抱怨是反映质量结果的最有效的指标之一。对汽车综合服务而言，通常的假设是：除非抱怨水平开始上升，否则现状就是可以接受的。通过跟踪一些指标（如抱怨数量），就可以监视服务结果质量的变化，目前已经有很多 4S 店由于竞争的缘故开始注重客户抱怨的变化并尽可能使其量化，这样才能有针对性地改变服务过程中让顾客不满的环节。

（5）影响：根据对所收集到的信息进行分析可以知道公司所提供的服务对顾客的长期影响是什么。值得注意的是，影响必须包括对服务易获性的衡量，迫切需要那些能规划、出色和创新地提供服务的管理者。

2.4.3　服务质量测试

测量服务期望与服务感知之间的差距是那些服务领先的服务企业了解顾客反馈的经常性的工作过程。测量服务质量是一项挑战，因为顾客满意是由许多无形因素决定的，众多无形因素通过不同的组合就能产生不同的感觉，而不同的顾客由于性格、气质方面的差异即使在相同因素的作用下也许会有相反的感觉，这就是为什么说测试服务质量是一项挑战的原因。与具有物理特性的客观可测的物质产品（如装配好一辆汽车）不同，服务质量包括许多心理因素。现在一般是以服务质量差距模型作为调查顾客满意程度的有效工具。通过服务质量差距模型，我们可以将服务质量差距按照 5 个方面进行评价：

（1）顾客期望和管理部门感觉的差距；

（2）管理部门感觉和服务质量期望的差距；

（3）服务质量的规格和服务交付的差距；

（4）服务交付和与顾客的外部沟通的差距；

（5）所期望的服务和感觉到的服务的差距。

从第 1~4 项的差距是公司内的差距，而第 5 项的差距是顾客看到的服务质量的不足。差距（1）是顾客期望和管理部门感觉的差别。研究显示，服务提供部门和管理部门对服务的要求和顾客的期望往往是有差别的，造成这种差别的原因很多，从公司的角度看提供某种程度的服务已经能满足客户基本要求，这种判断的前提是公司服务人员对工作性质、工作流程非常了解、熟练，对服务结果的预测也比较准确。作为客户，对我们前面所说的可靠性方面的影响总是希望能有更可靠的保障来完善提供的服务，所以他们的预期与要求总是高于公司管理部门的感觉。差距（2）是管理部门对顾客期望感觉的预测和服务质量规格之间的差别。管理部门为服务质量设置规格是基于他们所确信的顾客需求，无论如何这并不一定准确。因此，许多服务企业已经把重点放在了技术质量上，而事实上顾客感觉到的有关交付服务的质量问题比技术质量问题更加重要。丰田公司在这方面已经领先，他们在 5 年前就开始强调无论是汽车产品还是服务产品的销售中，客户感觉质量对满意度的重要性了。差距（3）是服务质量的规格和服务交付的差别。当服务交付体系严重依赖于人员时，这对服务就是最重要的。一个服务如果是包含在顾客在场时立即执行和交付,就特别难以保障质量规格得到满足,比如接待顾客时的微笑,按照沃尔玛的服务质量规格,微笑需要露八颗牙齿,在接待顾客时由于是即时发生并完成的,所以这种质量规格并不容易掌握与测量,这是许多服务行业的常见情况。差距(4)是服务交付和与顾客的外部沟通的差别。在外围沟通不理想的前提下,顾客在服务区流程结束时总认为还有一些事没做,或者说自己的一个期望需求没有被满足。通常这是由于服务提供者不充分与顾客沟通的结果。差别(5)代表了实际业绩表现与顾客感觉到的服务之间的差别。对服务质量的主观判断受许多因素影响,所有这些都可以改变对已经交付服务的感受。服务质量差距模型提供一个框架,可以用以扩展进一步理解服务质量问题的原因,识别服务质量缺陷,确定弥补差距的方法。

2.4.4 影响服务质量的要素

质量既不能在产品检查中自动改变也不能以某种方法加入,同样的结论也适用于服务。服务质量管理规划首先应该体现在服务传递系统的设计上。

(1)服务传递系统设计:服务传递系统可分为四种结构要素,即传递系统、设施设计、地点和能力规划;它也可分为四个管理要素,即服务接触、质量、能力与需求的管理、信息。这八个要素体现了服务企业的竞争力,其具体内容见图2.3。我们利用系统要素可以设计服务传递系统。这些要素必须保证提供稳定的服务,实现预期的战略目标。服务概念作为顾客和员工等沟通的蓝图,表明了预期将提供或得到什么服务。

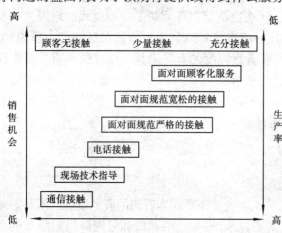

图2.3 服务体系矩阵

服务体系设计矩阵是一种根据与顾客接触的服务事件的方式不同而进行优化设计服务体系的手段。图2.3是一个典型的服务体系设计矩阵:

矩阵的最上端表示顾客与服务接触的程度:隔离方式表示服务与顾客是分离的;渗透方式表示与顾客的接触是利用电话或面对面沟通;反应方式既要接受又要回应顾客的要求。矩阵的左边表示一个符合逻辑的市场,也就是说,与顾客接触得越多,卖出商品的机会也就越多。矩阵的右边表示随着顾客的运作施加影响的增加,服务效率的变化。

(2)质量机能展开:为了在产品设计阶段就能让顾客参与进来,日本人开发出一种被称为质量机能展开(Quality Function Deployment, QFD)的过程,并被丰田汽车公司及其供应商广泛采用。利用这个过程可以为特定的产品提供一个将顾客需求与工程特点相联系的矩阵,即质量屋。简言之,质量机能展开的中心思想是产品应被设计成能反映顾客的期望与偏好。因此,市场营销、设计、工程和制造职能必须有机地结合在一起。质量屋为把顾客期望与满意转化为可识别和可测量的产品与服务,设计规范提供了思考的指南。尽管 QFD 是为产品规划开发的,但它也适用于服务传递系统的设计。如沃尔沃村是一个独立的专门从事沃尔沃汽车维修并与其他沃尔沃经销商竞争的汽车修理厂,沃尔沃村决定通过与其他沃尔沃经销商的服务传递系统相比较,来评估自身的服务传递系统,识别可改进其竞争地位的领域。这就是有关质量屋在质量管理中的应用,我们可以通过一个与我们日常生活有关的事例来说明质量屋的作用。

我们经常会遇到这样的情况:回家时两手提满了东西。到了家门口时,你是先放下东西再取钥匙开门,还是用脚踢门等着家人来开?

人们在这样的情况下需要什么呢? 如果研究人员在最终的调查结果中告诉设计人员,人们需要在门口放一个平台,或者在门口放一个推车,那就大错特错了。因为,到底要通过什么样的解决方案来满足人们的这个需求,是设计人员的工作,而不是用户的工作。在这个层面上,用户在很大程度是评判设计方案的人,而不是创造方案的人。

所有的这些困境都指向了一个需求,那就是人们需要一个"在双手被占用的时候方便开门"的解决方案。这种需求的发现,对于设计人员来讲是有价值的。

1)除了找到开门人外还要找到与门对话的语言

以用户为中心的产品开发流程成功的关键,就是如何实现营销语言和设计语言之间的对接。就像开门人如何找到与门对话的语言一样,方便的开门方案就是这种语言。

市场竞争的加剧,以用户为中心的营销导向,驱动着传统的技术导向型产品开发模式向用户导向型开发模式的转型。然而,以用户需求为中心的产品开发,远比人们想象的要难。它的挑战不仅仅在于,企业要改变原有的以企业和产品为中心的思想,建立市场与用户为中心的理念;也不仅仅在于,原有的产品开发流程要面临调整与改变。这种挑战更关键的地方就在于:如何将营销语言与设计语言对接。

麦肯锡在他们的调查《将用户需求翻译成产品属性》一文中就曾经讲到,"把用户需求翻译成汽车产品属性对汽车制造商来说一直就是一项巨大的挑战。有很多原因使得这项工作变得如此艰难,其中之一就是,负责定义和分析用户需求的市场研究人员,与负责设计产品属性来满足需求的工程设计人员,他们所讲的是不同的语言。"这种挑战不仅仅存在于汽车行业,对于其他行业也同样如此,技术性愈强、愈独立的专业体系,在实现与营销语言的对接上愈困难。

虽然现在在产品开发阶段很多企业做了用户研究,但结果多数被束之高阁。市场研究如果要真正为设计开发提供价值,就需要在调研过程中,为营销语言和设计语言建立一个真正融入用户需求的桥梁。

2)从需求中选择最"亲密接触"

类似的房地产研究中,市场调查通过挖掘需求为建筑师提供有价值信息,从而激发了建筑师创造的情况有很多,一些解决方案并非由用户提供。例如,研究人员发现了人们在进自己家门的时候有"追求私密,不被打扰,独立享用"的需求,建筑师可以提供独立入户的解决方案;市场研究发现了人们"在乎客厅看起来宽阔"的需求,建筑师可以提供"横厅"的解决方案;市场研究发现了人们躺在床上,在清晨渴望"阳光洒进来"的需求,建筑师可以提供多种大采光面的解决方案……。

消费行为研究表明,不同的人,在结合了个人其他的需求后,最终选择的解决方案会有所不同。例如"远距离亲密接触"的需求,驱动着从书信—固定电话—手机—电子邮件—短信—MSN—彩信—视频聊天的沟通方式的进步,这种需求在"非典"时期尤为明显。一个追求快捷的人,可能会选择手机通话和彩信;一个注重经济实惠的人,可能会选择电子邮件和短信;一个追求时尚的数字化青年可能会选择视频聊天。

但是,人们选择一个产品或服务并不是被单一的需求所驱动,因此市场研究交给设计的是一个需求组合,以及在这一系列需求中,各个需求的价值排序。因为在有限的资源下,满足各种需求的解决方案会发生冲突,它要求消费者进行权衡和放弃。用户是"贪婪"的,他们渴望所有美好的事物,但这种贪婪最终会有两个结果:一种是他所需要的十全十美的产品是不存在的;另外一种,就是在实际的选择中,他会在自己的若干追求下权衡并放弃一些需求。

所以,设计就是要在有限的资源下寻求最优的解决方案。但是最终将用户需求转化为现实产品,形成完善的解决方案,需要市场研究人员和产品开发设计人员将各自的知识融合,形成两种语言的对接,建立用户需求与产品属性之间的映射。

3)屋内家具来自屋外筛选

质量屋(the House of Quality)(图2.4)一直是产品开发中连接用户需求与产品属性的经典工具。例如在一个相机产品开发中,市场研究得到了用户对产品的若干需求,如,质量轻、使用方便、可靠、容易拿稳等。通过市场人员与设计人员共同工作,确定实现不同需求可行的方式。这个过程同时排除掉了一些目前技术无法实现的需求,就像选择家具。一个完整的质量屋,还包括竞争对手表现、技术指标之间的关系、技术指标重要性得分等信息。

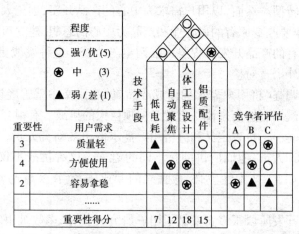

图2.4 质量屋分析法

质量屋虽然是一个经典工具,但也只是一个基础工具,对复杂产品设计体系仍有局限。例如,该工具对于汽车产品来说并不是一个完美的工具。因为汽车产品不是一个简单属性的叠加,而是一个综合的解决方案。人们对汽车产品的整体的需求感受,驱动着人们对汽车各方面需求及其权衡取舍。这样,在汽车使用需求与汽车产品之间包含两层相互作用的关系,一方面是整体的感觉,另一方面是每个结构属性之间的协调,质量屋的应用对于汽车综合服务企业来说相对要好于汽车设计与制造,类似于沃尔沃轿车的维修质量屋就是一个很好的例子,对于其他品牌的汽车维修企业想要建立类似的质量屋,问题的关键在于如何识别和匹配顾客需求与维修流程之间的联系。

2.4.5 服务质量管理规划

芬兰著名营销学家格鲁努斯认为:采用优质服务竞争策略的企业应从以下六个方面制订服务质量管理规划。

(1)服务概念:管理人员应首先确定公司的商业任务是什么？明确本公司应为哪些细分市场服务,应解决顾客的哪些问题(对于汽车综合服务公司来说这样的问题比较容易解决,因为基本属于4S店的服务形式)。然后,管理人员应根据商业任务,为服务工作确定一系列具体的指导原则。这些指导原则称作服务概念。美国哈佛大学教授赫斯凯特提出“战略服务观念”观点。他认为,服务性公司管理人员应确定目标细分市场;根据目标细分市场顾客的需要,确定服务概念,制订经营策略,服务概念,设计服务操作体系,支持经营策略。管理人员应根据目标细分市场的需要和市场竞争情况,确定本公司的市场定位。服务概念和经营策略之间的纽带是服务性公司为最大限度地扩大顾客感觉中的服务价值,并努力弥合客户对服务的感觉与服务费用之间的差别而采取的各种经营方针和操作程序。经营策略和服务操作体系之间是需要一些具体的流程来建立联系的,服务操作体系的设计工作一定要在经营策略的指导下进行,这样才能保证设计出的服务体系能将两者融为一体。所有管理人员,无论他们在企业组织结构中处于哪一个层次,都应为服务人员树立榜样。服务概念必须是企业内部全体员工普遍同意、普遍接受的价值观和道德标准,否则服务人员的行为就不可能一致,在这里价值观起到很重要的作用,没有共同的价值观管理人员就无法确定工作重点。各个职能部门就不可能加强合作,共同实现公司的经营目标。

(2)顾客期望:顾客根据自己的期望与自己感觉中的实际服务效果来判断服务质量。优质服务指顾客感觉中的服务效果符合或超过他们的期望。广告、公关等传统营销活动对顾客的期望会产生极大的影响。管理人员必须认真研究本企业是否愿意、是否能够履行自己在市场沟通活动中作出的各种承诺。如果向顾客作出本企业无法履行的承诺,则必然会使顾客不满。因此,在市场沟通活动中管理顾客的期望,是服务性企业质量管理工作的一个不可缺少的环节。

(3)服务过程:在向服务对象面对面地提供服务的过程就是服务人员和顾客相互接触、相互交往、相互影响的过程。顾客感觉中的服务质量不仅与服务结果有关,而且与服务过程有关。有些企业采用高新技术,可为顾客提供优质服务,但是,服务过程中服务人员的行为和态度往往会对顾客感觉中的整体服务质量产生更大的影响。因此,管理人员不仅应研究本企业应为顾客提供什么服务,更应研究本企业如何为顾客服务。在绝大多数服务性行业中,相互竞争的企业都可使用类似的技术,为顾客提供相同的服务内容。因此,要取得竞争优势,管理人员必须高度重视服务过程质量管理工作。

(4)内部营销:在大多数情况下,顾客感觉中的服务质量是由服务人员和顾客相互交往过程决定的。无论企业的传统营销活动多么有效,如果服务人员不能为顾客提供优质服务,企业的一切营销活动都必然变得毫无意义。因此,管理人员必须加强内部营销工作,形成以服务文化为核心的企业文化,激励全体员工做好服务工作。

(5)有形环境管理人员必须根据优质服务的需要,确定服务工作中应使用的设备:技术和服务操作体系,并通过培训工作,使服务人员掌握必要的技能。

(6)顾客参与服务过程:在大多数服务性企业中,顾客可以说是“兼职服务人员”,服务性企业往往要求顾客完成一部分服务工作任务,要求顾客配合服务人员做好服务工作。可见,服务质量不仅与服务人员有关,而且与顾客的行为和态度有关。要获得优质服务,顾客必须尊重服务人员的劳动,愿意积极参加服务活动,理解自己应完成的工作任务,明确自己在服务工作中的角色。要提供优质服务,服务性企业应向顾客提供必要的信息,帮助顾客扮演好“兼职服务人员"角色,并通过一系列鼓励措施(例如较低的售价),激励顾客积极参与服务活动。在大多数服务性企业里,顾客不仅会与服务人员直接接触,而且会与其他顾客接触。要提高顾客感觉中的服务质量,服务性企业还必须加强顾客消费行为管理,防止某些顾客的行为引起其他顾客的反感。

2.5　服务补救的内涵及意义

2.5.1　服务补救的内涵

补救(Recovery)这一概念最先是由 Etzel 和 Silverman 于 1981 在分析如何获得顾客的高维系率(或者称为忠诚度)时提出的,后来,众多相关学者又进行了进一步的研究。Gronroos 认为服务补救(Service Recovery)是指当服务失误发生后,服务提供方针对顾客的抱怨内容和不满意的程度所采取的反应和行动,亦可称之为对顾客抱怨的处理。服务补救有广义和狭义之分。狭义的服务补救是指服务提供方在提供服务的过程中出现失误后所做出的一种即时和主动性反应(更多情况是做被动反应),主要强调即时性和主动性这两个特点。广义的服务补救则是指针对服务系统中可能导致失误或已发生失误的任一环节所采取的一种特殊措施,它不仅包括失误的实时弥补,也涵盖了对服务补救需求的事前预测与控制,以及对顾客抱怨和投诉的处理。广义的服务补救强调的是从服务全过程,通过有效实施服务补救策略,来重视提高整个服务系统运作水平的目标。Firnstahl(1989)认为,服务补救虽然有时成本昂贵,但可视为改善服务系统的机会,因为这样会带来更多顾客的满意。同时,由于服务提供系统的改善,相应也会引起成本下降(降低失误率就是相抵了服务成本)。Boshoff(1999)则认为持续不良的服务提供会对企业的生存与成长造成相当不好的影响。Tax 等人(2000)将服务补救定义为一种管理过程:首先要发现服务失误,分析失误原因;然后在定量分析的基础上,对服务失误进行评估并采取恰当的管理措施予以解决。还有学者提出,服务补救是服务企业在发生服务失误后所做出的一种即时和主动性反应,服务补救与顾客抱怨管理是极其不同的。上述看法从不同角度对服务补救的内涵进行了探讨。总之,服务补救的实质可以概括为在服务失误后,服务提供方为提高顾客满意度,减少顾客流失而采取的一种提高服务质量的功能与活动,其主要目的在于修正与弥补服务过程中的某些瑕疵造成的服务质量下降。

2.5.2　服务补救的意义

可靠性是服务质量的核心属性。服务性企业必须以 100% 的可靠性作为目标,逐渐形成优质服务的市场声誉。有良好市场声誉的服务性企业,会在服务工作中偶尔出现不可避免的差错之后全力以赴为顾客提供优质补救性服务。比如有不少商店、超市和公司做出承诺"发生差错双倍赔偿",这些都体现了公司在经营策略上重视服务补救对公司发展的意义,只有观念上重视才能在措施上有针对性、才能恢复顾客对公司和公司产品的信任感。如果服务性企业经常发生差错就很难通过补救性服务恢复顾客的信任感,比如顾客对拥有庞大售后服务队伍的公司总是不太信任的,再好的售后服务也比不上产品不出问题,有这样的广告语"我们公司最闲的人就是售后服务人员"。产品质量与服务可靠形成互补,只有如此,企业的市场声誉才会好,相关的偶然性补救性服务就越有效。在追求个性化需求、强调定制化服务的今天,如何迎合顾客的个性化需求,如何处理个性化需求服务和服务成本之间的矛盾,如何有效控制顾客的服务质量需求等,这充分说明服务本身是一个不断积累经验的过程。所以服务补救对于服务质量的改进具有十分重要的意义。服务补救直接关系到顾客满意度和忠诚度。当企业提供了令顾客不满的服务后,这种不满能给顾客留下深刻的印象,但随即采取的服务补救会给顾客留下更深的印象。尽管与有形产品不同,许多服务是不可以重新生产的,但恰当、及时和准确的服务补救可以缓解顾客不满情绪,并部分恢复顾客满意和忠诚度,在极个别情况下甚至可以大幅度提升顾客满意度和忠诚度。TAPP(美国技术支持计划研究协会)经过研究发现,在批量购买中,未提出批评的顾客重购率为 9% ;抱怨未得到解决的为 19% ;抱怨得到解决的为54% ;抱怨得到快速解决的,其重购率达到了 92% 。从这组数据中也可以得出这样一个结论,任何服务都不可能是十全十美的,如果客户不抱怨并不证明是好事,也许服务质量问题严重到顾客根本不相信你能改正的地步了,所以顾客选择了不再购买而不是抱怨。有抱怨的即使不解决他们的抱怨,重复购买的比例还要大于没有抱怨的,顾客的抱怨证明他们希望公司的服务能再提高质量,属于基本满意的。成功的服务补救措施对企业收入和利润增长的影响是巨大的和长期的,服务补救的投资回报率在不同的行业中可达到 30% ~ 150% 。令人遗憾的是,许多汽车综合服务企业有意或无意地忽视了服务补救策略的制定和运用。原因无非两大类:一种是认为服务补救会增加成本,影响了短期利润的实现,认为如果为顾客提供补救性服务,往往需中断正常的服务程序,降低劳动生产率和盈利率,同样也会影响到企业的短期利润的实现,作为职业经理人为了让股东得到满意分红不得不把短期利益放在重要位置上。因此,不少企业管理人员在管理过程中往往会不自觉地贬低补救性服务的重要性,不愿尽力解决服务质量问题,以便得到顾客的谅解;而是消极地应付顾客的投诉,使不满的顾客更加失望。这样做的结果确实可以降低短期内公司的营运成本,提高了利润率,但是负面影响是造成本公司与这些顾客之间的关系彻底破裂;另一种是有些公司认为,本行业顾客流通性强、流量大,不需要特别在意顾客的忠诚度,而且即使部分顾客流失对企业的影响也不大。其实,服务差错发生之后,顾客会更重视服务质量。根据社会心理学家的研究,在正常的服务过程中,当顾客的经历完全符合他们的期望,顾客通常会处于"无意识状态"。服务差错使顾客从无意识状态中清醒过来,迫使顾客开始注意服务工作情况,服务性公司如何纠正差错呢? 要及时采取补救性服务措施,补救得越快补救的成本越低,补救的效果越好,在补救的同时要及时与顾客沟通,向顾客表明服务企业高度重视服务质量和顾客的满意程度,有效地影响顾客对服务性企业的看法。与满意的顾客打交道,是比较容易的;要将不满的顾客转变为企业的忠诚顾客就比较困难。与可靠的服务相比较,服务性企业更难提供优质的补救性服务。

2.5.3　服务失误的原因

　　造成服务失误的原因非常复杂,大体上可从服务提供者、顾客自身以及随机因素的影响这三方面来分析。其具体关系如图 2.5 所示。

　　(1)服务提供者的原因。差距分析是一种直接有效的工具,它可以指导管理者发现引发质量问题的根源,并寻找消除差距的措施。从服务提供者的角度来看,服务质量差距的变化是造成服务失误的最重要原因。Vazeithaml 等人(1988)提出了服务质量差距模型,专门用来分析质量问题的根源。他们认为,在顾客和服务提供者之间存在着与服务质量相关的五种差距:

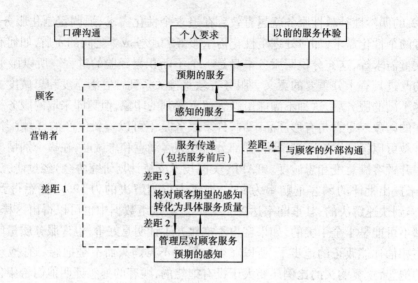

图 2.5　服务失误的原因分析

a. 管理者认识差距;b. 服务质量规范差距;c. 服务交互差距;d. 营销沟通差距;e. 顾客感知服务质量的差距。其中,前四个差距是由于服务机构本身的问题造成的。明确这些差异是制定战略、战术以及保证期望质量和感知质量一致的理论基础。第五个差距往往是由服务企业员工的不合理言行造成的。员工的不合理言行可大体分为两类:一是对顾客的需求偏好反应不当;二是自身行为不当。任何顾客都会有自己的需求偏好,但企业不可能对所有顾客的所有需求偏好做到无微不至地注意和事先准备,顾客需求偏好未被满足一般不会直接导致顾客的极大不满和服务失败。但是,若员工应对顾客需求偏好请求反应不当,则会直接导致顾客不满和服务失败的发生。实际工作中,企业员工最易犯的错误主要是:对顾客合理的需求偏好敷衍搪塞,消极应付;将顾客合理的需求偏好误认为不合理而予以拒绝;对顾客的不合理需求偏好反应过激或过于直接。服务剧场理论认为,公司前台员工就好比活跃在舞台上的演员,他们的一言一行都会影响顾客的满意度。员工的不当行为主要表现为对顾客缺乏应有的尊重与重视,如言辞刻薄、举止粗鲁、表情傲慢无礼等。它主要是由员工的不合理心态所致,身处卖方市场或服务意识尚处卖方市场的员工易犯此类错误。目前几乎所有的汽车综合服务公司无论是否处于卖方市场的状态都在努力培训前台员工的表演意识,在工作中不让员工的不良习惯影响顾客对服务的满意度。

(2)顾客方面的原因。由于服务具有生产与消费的同时性特点,在很多情况下,顾客对服务失误也具有不可推卸的责任。在顾客的服务期望中,既有显性期望,也有隐性期望,还有模糊的期望。顾客有时无法准确表述自己对服务的期望,由此形成的后果是服务结果的失败。服务结果一旦失败,再好的服务过程都不会有任何意义。另外,服务企业总是会面临一些顾客的不正确言行,如果缺乏有效控制,轻则影响个别顾客的满意度,重则导致大量顾客的不满。按其所殃及对象来划分,顾客的不正确行为可分为两类:一是殃及其他顾客的行为;二是殃及自身的行为。顾客某些自利行为会殃及其他顾客中的绝大多数,若不及时制止,则会导致其他顾客的极大不满。对此类不和谐情形,服务组织应首先予以事先控制,即尽量将价值观不一致的顾客相隔离,避免顾客间的直接冲突(类似于足球场上不同观点的球迷需要分开观看比赛一样)。顾客是服务生产过程的重要组成部分,其能力与配合意识直接影响到服务的效果。

一个顾客可能因缺乏正确享用服务的能力而导致服务失败,目前社会整体诚信度不高也是导致顾客猜疑而不配合服务的原因之一。

(3)随机因素的影响。在有些情况下,随机因素也会造成服务失误。由于随机因素,特别是不可抗力造成的服务失误是不可控因素(比如地震,高空坠物都可能导致已经修理好的车再次遭到损失)。因此,服务补救的重点不是在服务结果的改进上,而是如何及时、准确地将服务失误的原因等信息传递给顾客,并从功能质量上予以有效的"补偿"。随机因素造成服务失误发生后,会造成顾客流失和不满意顾客,"不良口碑"的形成与传播的根源都是顾客不满意。大多数企业通常将注意力放在前一类后果上,而对"不良口碑"问题缺乏足够的认识,影响舆论导向可以对公司的美誉度起到事半功倍的积极效果。实际上,口头传播是消费者普遍接受和使用的信息收集手段,由于服务产品具有较高的不可感知性和经验性等特征,顾客在购买服务产品前,相关信息更多地依赖人际渠道获得,广告宣传的说服力远远低于人际的传播。Fitzsimmons(1998)研究发现,当企业出现服务失误导致顾客不满意后,不满意的顾客将向 10 至 20 人讲述自己所遭受的不良服务经历,但抱怨或投诉得到解决的顾客也会向 5 人讲述他的经历。如果再考虑信息扩散的影响,这将是一个呈几何级数变化的过程。

2.6 补救性服务措施

研究表明,"若使顾客在无差错服务和高效的服务补救间进行选择,顾客还是认为无差错的公司要好一些。与无差错服务所激发的顾客满意相比,出色的服务补救并不总是带给了公司一次机遇。"任由服务失败的发生是一种对顾客、对公司不负责任的行为,服务补救必须坚持预防在先的原则。可分为稳健设计和服务补救两部分进行服务差距的有效预防和补救。其中,稳健设计是指将通过服务设计改进服务流程与标准,从制度上消除导致服务失败的根源,而服务补救的目标在于将服务失败对顾客造成的损失降至最低。根据服务失误发生的原因,稳健设计在预防向顾客提供服务失败方面发挥着突出的作用,依靠流程来保证服务质量要比依靠员工的职业道德来保证服务质量要稳定得多;而在员工不合理言行和顾客控制不力的预防方面,主要依靠服务补救来解决,再稳健的服务流程设计也不可能规范员工在工作中所有的语言和行为,更不用说定制化带来的沟通方面的要求。

2.6.1 稳定设计

稳定设计是由日本著名质量工程专家田口玄一首先提出的,稳定设计是一种面向产品质量,提高产品性能稳定性的方法。具有稳定性的产品(服务),其质量特征是对设计变量(可控因素)和噪声因素(不可控因素)的变化所造成的影响不敏感。在汽车生产过程中以工艺流程设计的严谨与稳定来保证产品质量的一致性,尽量减少由操作者来控制的质量因素。对于以预防服务失败为导向的稳定设计,目标是尽可能地消除服务质量差距。服务质量差距可产生于管理层对顾客期望的感知过程或预测、将顾客期望按照构成因素分解,然后转化为服务设计的步骤与标准、在实际提供服务的过程和宣传服务的过程中;稳定设计是以管理层对顾客期望的准确感知或测量为基础的,它的作用是将顾客期望转化为服务设计的参数,服务质量差距的大小除了受服务设计结果的影响外,还受实际服务提供过程和服务宣传过程的影响。要想增

加服务设计的稳定性以达到预防服务失败的目的,可考虑以下设计思路:

(1)把日常事务和重复步骤自动化,这样可以减少员工与顾客的失误;

(2)设备标准化,无论哪个员工使用哪台设备都不会由于不熟悉而产生失误;

(3)流程简化和减少步骤。服务失败的出现概率与流程的复杂性和步骤的多少成正比,以简化流程为目标的流程再造,不仅可节约成本,而且可提高服务质量,在流程设计中也可以尽量把复杂劳动分解成几个简单步骤的劳动,每个员工只作几个有限的简单步骤,这样不仅效率高也减少了失误。

(4)快速的信息传递。用信息技术或电子文件来替代纸张传递,提高了信息沟通的速度,使相关各方有足够的时间来抑制和应对服务失败的发生。在许多餐厅顾客在前台点的菜立刻就出现在厨房大师傅能看到的显示板上,要取消定菜也会以同样快的速度传递,由于信息传递太慢而造成的服务失误就会由于新设备的出现而基本消除。

2.6.2 内部服务补救

内部服务补救的实施应依据一定的原则来进行:一是及时性原则,即一旦服务差错发生,相关人员及部门应及时通知并积极采取补救措施(如表2.1所示);二是移情性原则,员工发生服务失败时,应设身处地为顾客着想,想想他们因此而遭受的经济损失与社会损失;三是协作原则,面对服务失败的发生,员工应以高度的责任心和合作精神来保时、保质、保量地完成服务补救行动。

表2.1 服务失误补救措施

学者	Kelly et al. (1993)	Hoffman et al. (1995)	郑绍成(1997)	廖桂森等(2000)
产业	零售业	餐饮业	零售业	通信业
一般补救策略	1. 提供折扣 2. 更正错误 3. 由主管或员工介入解决 4. 额外补偿 5. 更换产品 6. 道歉 7. 退款	1. 免费 2. 折扣 3. 赠送优惠券 4. 管理者或员工介入解决 5. 替换 6. 更正	1. 更换 2. 免费赠送 3. 折价优惠 4. 赠送礼物 5. 赠送优惠券 6. 现场人员口头抱歉 7. 管理人员出面处理 8. 立即改正服务态度	1. 道歉 2. 承认错误并改正 3. 金钱上的补偿
未令人满意补救策略	1. 顾客主动要求更正 2. 给与消费集点 3. 不满意的更正方式 4. 失误升高 5. 不做任何处理	1. 道歉 2. 不做任何处理	1. 未采取补救措施 2. 其他	1. 找理由解释 2. 证明无误

(1)发现服务工作中存在的问题要为顾客提供优质补救性服务,管理人员必须首先深入了解顾客不满的原因,发现服务工作中存在的各种问题。

①顾客投诉分析

许多服务性公司使用顾客意见簿、投诉信箱和监督电话,网络联系等方式来方便顾客投诉。即使某些服务性公司没有采用这些沟通渠道,不少顾客也会主动投诉。深入分析顾客的投诉,管理人员可发现不少服务质量问题。

②顾客意见调查

由于不少顾客不愿投诉,要发现服务工作中存在的所有问题,管理人员还应通过正式和非正式调查,例如抽样调查、专题座谈会,主动征求职员和顾客的意见。服务性企业经常通过明察暗访或秘密采购检查服务质量。然而不少管理人员却并没有因此而忽视服务人员在顾客意见调查中的作用,服务人员与顾客直接接触,最了解顾客的意见,最能发现企业服务体系中的薄弱环节。管理人员应虚心听取服务人员的意见并加强培训工作,提高服务人员观察能力、信息收集能力和解决问题的能力。

③服务过程质量检查

管理人员和质检人员观察服务情况,是一种职务过程质量检查方法。然而这种方法只能发现服务人员已经提供、顾客已经消费的劣质服务,而不能预防服务差错。因此,管理人员应尽可能预见服务工作中可能会出现的问题,因为所有的服务失误都会有具体的征兆或表现,采取必要的预防性措施就能有效减少服务差错,或提前做好补救性服务准备工作,以便及时、有效地解决服务工作中出现的各种问题。要预见服务质量问题,管理人员必须做好服务过程的内部检查工作。绘制服务流程图或服务体系设计图,明确顾客、服务第一线员工和后台辅助人员之间的协作关系,显示服务过程中各项服务工作的顺序,标明各个班组、各个部门之间服务工作的交接点,这样有助于管理人员发现服务体系中最容易发生差错的环节。我们走进特约服务站都可以在墙上看到各种各样的规章制度与工作流程,目的就是要通过程序化的服务来保证服务质量的一致性。系统地分析服务工作中出现过的各种差错进行数理统计分析可以精确地找到原因,然后利用服务流程图或与服务体系设计人员一起修正服务体系消除引起服务失误的隐患。以上是管理人员在管理过程中使用比较普遍的一种内部检查方法。发现服务过程中的薄弱环节之后,管理人员应加强这些服务环节的质量管理工作,并制订应急方案,要明确什么职务在何种情况下就应该或可以启动应急方案,以便有效地解决服务工作中出现的问题。系统地检查服务程序,管理人员可在事先发现许多可以避免的服务质量问题。

(2)有效地解决服务质量在正常的服务工作中的衡量标准:在补救性服务工作中,优质服务过程更重要。优质补救性服务需要优秀服务人员。服务性企业能否恢复顾客的信任感,是由负责纠正服务差错的服务人员决定的。要激励服务人员做好补救性服务工作,管理人员应采取以下一系列措施。

①员工培训工作,在补救性服务工作中,服务对象是不满的顾客。愤怒的顾客经常不讲道理,不愿接受合理的解决方法。要有效地处理顾客的投诉,服务人员必须首先平息顾客的怒火。服务人员应设身处地为顾客着想,耐心听取不满的顾客投诉和意见,真诚地承认服务工作中的差错,诚恳地表示歉意,取得他们的谅解。这就要求管理人员通过培训工作,使服务人员掌握沟通技能,提高服务人员处理投诉的能力。要迅速、及时、有效地解决服务工作中出现的问题,服务人员必须有较强的应变能力。在培训工作中,管理人员应鼓励服务人员创造性地为顾客解决各种服务质量问题,提高服务人员随机应变能力。服务人员必须有足够的服务知识和服务技能,才能向顾客说明服务差错产生的原因,正确估计补救性服务工作所需要的时间,提出合理的解决方法,介绍本企业的预防性措施。这就要求管理人员通过技术知识培训,增强服务人员做好补救性服务工作的信心。顾客对补救性服务会有不同的要求。服务人员应善于

理解顾客对补救性服务的期望,并根据顾客的特殊要求,灵活地为顾客服务,而不能千篇一律地为所有顾客提供标准化补救性服务。管理人员应通过培训工作,提高服务人员的沟通能力,使他们善于理解顾客的期望。同时也要注意另一个极端,轻易答应顾客在不增加服务费用的前提下给予更多的服务要求,顾客在获取最大利益方面总是得寸进尺的,在拒绝不合理要求的艺术性方面也体现了员工培训的效果。

②员工决策权力:管理人员应授予服务人员必要的决策权力,鼓励服务人员打破常规,主动、灵活地做好补救性服务工作,在这方面苹果公司属于比较典型的,基层员工做决策是他们在管理上的一大特色,是否准许一线员工做决策在很大程度上取决于企业文化。

③员工工作条件:服务性企业采用高新科技成果,可更迅速、更有效地做好补救性服务工作。在正常的服务工作中,服务人员已经相当劳累,为不满的顾客提供优质补救性服务,更是一项紧张、艰苦的工作。管理人员不仅应通过培训工作,提高服务人员的心理素质和承受能力,而且应为他们创造舒适、愉快的工作环境,减轻他们的紧张情绪。

④员工奖励制度:管理人员应制定奖励制度,激励服务人员做好补救性服务工作。管理人员应确定不同级别的奖励标准。级别较低的奖励面要广,使每位愿意努力做好补救性服务工作的员工都有获奖机会。级别较高的奖励,则应严格控制获奖者人数。此外,管理人员应广泛宣传重奖获得者的事迹,为全体员工树立榜样。采用上述的一系列措施,可有效地激励服务人员做好补救性服务工作。但是服务差错必然会使顾客在金钱、时间、精神等方面遭受一些损失。为顾客重新提供一次服务,往往不足以补偿顾客的损失。因此,有效的补救性服务措施,还应包括顾客损失赔偿制度。

(3)总结经验,进一步提高服务质量,补救性服务不仅可增强服务性企业与顾客之间的合作关系,而且可为服务性企业提高服务质量提供极为重要的信息。管理人员应充分利用这些信息,总结经验,进一步加强服务质量管理工作。

①找出服务差错产生的根本原因。服务差错通常表明服务体系中存在严重的缺陷。每次服务差错发生之后,管理人员都应尽力找出差错产生的根本原因,解决服务体系中存在的问题,而不能就事论事地纠正具体的差错。

②改进服务过程检查工作。服务性企业应系统地记录、分析各种服务差错,以便管理人员发现服务过程质量检查工作中的不足之处,采取必要的措施,改进服务质量检查工作。对经常出现差错的服务工作,管理人员更应加强服务质量检查工作。服务过程质量检查和差错原因分析是两项密切联系的工作。改进服务过程质量检查工作,有助于管理人员发现经常性差错产生的根本原因;分析差错产生的根本原因,可使管理人员发现从前忽视了的服务薄弱环节。

③制定服务差错记录制度。服务性企业应采用高新科技成果,使用电子计算机直接管理信息,记录顾客投诉的各种服务质量问题。服务人员可直接检索有关信息,例如投诉者从前经历过服务质量问题,就能更好地做好补救性服务工作。管理人员则可以根据服务质量问题的类别和频率,研究具体的改进措施,提高服务的可靠性。

习　题

1. 名词解释

(1)服务战略

(2)技术质量

(3)功能质量

(4)服务补救

(5)质量机能展开

2. 填空题

(1)制定汽车企业的服务战略时,首先要考虑汽车综合服务活动的_____、_____、_____方式等。

(2)服务市场营销环境是指存在于企业市场营销管理功能以外的各个_____和_____的组合。

(3)迈克尔·波特有说服力地论证了三种一般竞争战略的存在:_____、_____和_____。

(4)顾客从_____、_____、_____、_____、_____五个方面将预期的服务和接受到的服务相比较,最终形成自己对服务质量的判断。

(5)造成服务失误的原因非常复杂,大体上可从_____、_____以及_____的影响这三方面来分析。

(6)服务企业的市场营销环境包括_____环境和_____环境。

(7)全面观察服务系统对于识别服务质量指标是十分必要的。对于一个汽车综合服务系统,可以从内容、_____、结构、_____及影响等五个方面考察质量。

(8)服务传递系统可分为四种结构要素,即_____、设施设计、_____和_____;

(9)服务传递系统可分为四个管理要素,即服务接触、_____、能力与需求的管理、_____。

3. 思考题

(1)服务业竞争的环境特点有哪些?

(2)汽车综合服务企业如何应用成本领先战略?

(3)汽车综合服务企业如何应用差异化战略?

(4)汽车综合服务企业如何应用集中战略?

(5)请分析质量差距模型对汽车综合服务企业质量管理的意义?

(6)请简述汽车综合服务企业的微观市场环境因素有哪些?

(7)请简述汽车综合服务企业的宏观市场环境因素有哪些?

第 **3** 章
汽车厂商的售后服务与服务管理

学习目标

1.掌握先进的服务理念与售后服务概念。

2.了解售后服务的工作内容及售后服务的功能。

3.掌握汽车厂商售后服务的技术性工作内容。

4.掌握售后服务网络(点)的规划与布局、售后服务网络(点)的建设与管理、服务站的建设与管理。

5.了解售后服务管理部门的设置、各国汽车企业售后服务管理部门的特点、售后服务的物流管理与信息管理内容与方法、售后服务的风险管理与活动管理内容与方法。

6.了解军用汽车产品、新产品、出口产品、专用汽车和KD生产方式产品的售后服务。

3.1 售后服务概述

3.1.1 服务理念与售后服务概念

1)服务理念

服务理念就是提供汽车综合服务的企业用来指导服务工作的思维方式,是服务工作的指导思想,是企业经营哲学在服务工作上的具体反映,或者说是汽车厂商的经营观念或营销观念在服务工作上的具体化。

提供汽车综合服务的企业坚持自己的服务理念,其根本目标就是要能够充分满足用户对服务的要求和为厂商赢得市场竞争的优势与主动地位,并将这种哲学理念作为导向贯彻到各项服务工作的具体环节中去。

2)售后服务概念

售后服务泛指汽车销售部门为客户提供的所有技术性服务工作(包括售前与售后两个部分)及销售部门自身的服务管理工作。

在讨论汽车售后服务的工作内容与技术培训的内容前,首先需要对它们进行定义:汽车售后服务工作本身属于技术服务的范畴。这是因为汽车产品本身所具有的高度技术密集、知识密集、资金密集的特性所决定的,所以汽车产品的售后服务工作必然包含着对用户的技术指导、技术咨询、技术示范、汽车保险与信贷指导,同时也包含着汽车生产厂商对自己售后服务站点(网点)的技术培训、技术示范、技术指导和技术咨询。通常的做法是,汽车生产厂商的售后服务部门对售后服务站点(网点)传递上述服务,售后服务站点(网点)再对广大用户具体点对点的实施上述工作。

同时,汽车厂商还将负责对产品在设计上或使用材料上的瑕疵进行更改、在新产品投放过程中要宣传新产品由于采用了新技术、新材料或新的设计理念所新增加的优点和技术特点等等,凡是需要向社会、经销商、售后服务站点(网点)和用户宣传以及交代技术要领,均全部由汽车厂商售后服务部门去完成。特约服务站点(网点)有责任和义务在售前向潜在客户宣传产品具有的优点和新功能的针对性,而对于售后服务来说就更需要向用户提供各种维修服务和技术维护服务,当然对于维修和维护所需要的技术则首先是由汽车厂商向特约维修站点(网点)提供的。我们在讨论服务理念时主要以售后服务工作的内容为重点,通过对售后服务工作的分析,我们可以把售后服务工作归纳为五个方面的内容:

(1)质量保修(恢复汽车使用性能);

(2)备件供应(保证质量品质和供应的及时性);

(3)技术培训(辅导客户在使用汽车时采用最佳的使用方式);

(4)组织和管理售后服务(为提高工作效率并保证工作质量而采取的行动);

(5)企业形象建设(为保证企业长期发展、壮大而采取的必要措施)。

3.1.2　质量承诺与索赔

质量保修(Warrant),是指汽车制造商对自己生产的汽车,在质量上有一定正常行驶里程或使用期限的承诺,在约定的里程或期限内产品由于自身的质量问题造成无法正常使用的,由汽车制造商负责免费给用户购买的汽车恢复使用性能。上述承诺又称为质量保证、质量担保、质量赔偿等,我国俗称"三包"(即包赔、包修、包换之意),目前在所有的4S服务站都有专门的质量索赔岗位。

质量索赔的基本含义是指处理用户的质量索赔要求,进行质量鉴定、决定实施或不实施赔偿行为,并向厂商反馈用户质量信息。在我国的汽车行业内,质量核赔工作的流程通常是由第一线的售后服务网络(服务站)受理用户的质量索赔要求并决定是否赔偿,厂商售后服务总部对服务站的赔偿决定进行赔偿鉴定,复核赔偿的准确性并进行质量动态的综合分析。要弄清发生质量不符合要求的原因,是索赔的一项重要工作内容,比如索赔的原因是设计问题还是零部件本身的材料问题或装配问题等等,在找到规律性后可以向厂家提出建议,通过相应措施进行纠正。东风雪铁龙2007年出了一款新车,浙江一家4S服务站的配件仓库管理员发现这款车的底板螺钉用量特别大,经过对修理工艺和更换下来的螺钉进行分析,发现由于我国道路情况不像发达国家那么理想,而在选择螺钉材料的时候是按照发达国家的道路情况确定的,结果导致该项质量索赔工作量不合理地增加。通过向生产和采购部门反馈产品的质量信息可以帮助制造商弥补设计上的不足。

汽车质量保修具有极强的公平性和技术性。质量保修工作的要点有三:一是"准确",指准确(符合客观事实)地做出质量故障鉴定,既要维护企业的利益,又要维护用户的利益,由于上述的原则仅仅是定性的,就事论事的平等在实际核赔工作中几乎是不存在的。如果是买方市场,企业为了长远利益,判断的天平会向客户倾斜,反之亦然。在这里是包括了长期利益与短期利益平衡的准确判断,所以"准确"是贯彻质量保修承诺的前提,也是整个售后服务工作能否顺利、持续发展的基础;二是"快速",系指对用户的求救要迅速处理,快速服务,国际上各大汽车公司都保证 24 小时之内,把质量保修零件送到用户手中,在我们国家汽车行业有自己的特点,质量索赔的更换件不是交给客户而是由服务站直接更换。对于国际大品牌一般都会在自己的网站上向全世界公布其服务热线电话。"快速"要求售后服务必须克服工作量大、技术性强的障碍,另外就是要对"快速"有个定量的描述,比如各类事故处理在 24 小时之内等;三是"厚待",系指售后服务人员要善待用户,对用户的愤慨、怨恨、不满应始终保持一种平和的心态,是否能保持这样的心态主要取决于是否有恻隐之心。恻隐之心并不是自己悲痛,自己忧伤,而是能够体验到别人的悲痛,别人的忧伤,从而不忍心让别人悲痛忧伤。所以,恻隐之心,其实就是同情心、怜悯心。只有这样服务人员才能设身处地去为顾客认真解决产品的质量故障。因为质量保修面对的是企业的产品质量缺陷,如果售后服务人员用负疚的心情面对用户的损失,既可以缓解用户的不满,又可以维护企业的形象。总之,没有准确、快速和正确对待用户的意见也就没有售后服务,质量保修工作是贯彻和体现厂商服务理念的关键环节。

3.1.3 备件(配件)供应的发展趋势

备件(配件)供应属于售后服务价值链中的一环,在汽车综合服务价值链中每一环的作用都是其他环所不能取代的,售后服务工作的流程流到了配件部分,这个部分就具有决定性的作用,没有良好的备件(配件)供应就没有优质的甚至是起码的售后维修服务。设想一下,备件(配件)经常缺货,或者备件(配件)不能保证其质量,汽车售后服务工作人员再热情也不会令用户满意的!连汽车维修用备件(配件)都没有又如何能排除用户车辆的故障呢?所以有人说备件(配件)供应是售后服务工作的"脊梁",表明的就是备件(配件)供应的重要性。而且备件(配件)供应还是售后服务工作的重要利润源泉之一,这一点在国内外汽车厂商的售后服务工作中可以得到充分的证明,例如比较知名的国外大汽车厂家利润的 1/3~1/4 来自于配件经营,日本"日产"公司的整体利润,配件最高曾达到过 3/4 的份额,因而每一个国际型的汽车厂商均把备件(配件)工作置于十分重要的位置。我国的汽车厂商,其备件经营额在企业经营额所占的份额虽然不及上述国际汽车公司高,但也占到经营额的 1/15~1/20。

我国汽车备件(配件)经营的主要问题是汽车零部件知识产权保护落后,仿制、假冒及劣质汽车配件充斥市场,挤占了正宗汽车配件的市场份额,产生这种现象的原因很多,有经济发展水平不高的原因、有法律执行力度不强的原因、有行业管理水平相对落后的原因,最主要的原因恐怕还是因为假冒配件有庞大的市场需求。由于所有的消费者都属于个人利益最大化的追求者,但是在判断什么才是消费者的最大利益时会产生分歧,当消费者无法对正品和仿制品作出正确的符合自己长期利益的判断时,在符合使用要求的前提下选择低价商品应该是一种必然。这种状况仅仅采取经济的、行政的手段进行调控,效果是不会很理想的,在过去的十年中我们的行政管理部门整治,规范汽车配件市场做了很多工作,效果并不明显,反倒是从事仿制企业的生产技术在不断提高,仿制配件与正品件的质量差距已经不大了,有的仿制配件的质量与正品件的质量连专家都无法区分。

　　汽车是典型的大量生产的产品,而且其用户分布很广,点多面广,很难设想单纯依靠生产厂家自身的力量,能够圆满完成售后服务的全部工作。通常的做法是,汽车厂商在全社会组织一个庞大的服务网络,并由这个网络(网点)代表汽车厂商完成各种售后服务工作。汽车厂商要对这些网点进行规划、遴选、建设及管理。近年来,品牌专卖和"四位一体"网点,已渐渐成为发展趋势。采取这种模式对配件管理也带来了管理上的新手段,汽车生产商生产的配件只向特许经营的服务站供应,这样其他非特许经营的维修企业就无法向使用该品牌客户提供维修或理赔服务。所谓特许经营,是指汽车厂商将自己所拥有的商标、商号、产品、专利和专有技术、经营模式等以特许经营合同的形式授予被特许者使用,被特许者按合同规定,在特许者统一规定的业务模式下从事经营活动,并向特许者支付相应费用的经营方式。可新的问题又出现了,首先特许经营的服务站是否就是技术最好的服务组织呢? 其次在配件垄断的条件下消费者的利益是否受到伤害? 国外成功的经验,是在国外规范的市场秩序条件下、经济发展水平条件下、社会整体诚信度高的条件下发展起来的特许经营模式,而且这种特许经营模式并不排斥竞争。以美国为例,即使有完善的品牌特许经营网络也不能排除其他汽车综合服务企业获得该品牌汽车的配件从事售后服务。

　　无论何种服务网络的建设方式,汽车生产厂商都会广泛利用社会资源,在合适的地点选择合适的经销商和服务商,以此构建自己的营销及服务网络。销售服务工作多由销售服务人员和接待人员负责,而不是技术服务人员负责,当然在销售服务过程中也需要相应的产品技术知识,只是产品知识是用来为顾客建议符合他们需要的车,而不是用于恢复汽车产品的使用性能。售后服务泛指特许的汽车综合服务企业为客户提供的所有技术性服务工作及销售部门自身的服务管理工作。就技术性服务工作而言,它可能在售前进行(如车辆整修、测试),也可能在售中进行(如车辆美容、按客户要求安装和检修附件、对客户进行的培训、按揭或保险咨询、技术资料发放等),但更多的是在车辆售出后进行的质量保修、维护、技术咨询及备件供应等一系列技术性工作。由此可见,售后服务并不是字面意义上的"销售以后的服务",它并不只局限于汽车销售以后的用户使用环节,也可能是在售前环节或售中环节。按照约定成俗的习惯,所有的技术性服务都属于售后服务的范畴,技术服务是售后服务的主要工作。通常情况下,可以将技术服务和售后服务二者视为一回事,不加区别。为了更准确地描述为汽车提供各类服务的概念我们在本书中使用了汽车综合服务的概念。

　　汽车厂商售后服务网络的基层组织通常叫做特约服务站(网络终端)。服务站的类型一般有两种:一种是"四位一体"经销商(服务站内设有维修工厂或车间),这类服务站包含在汽车厂商的整车销售网络之中;另一种是只承接单纯的汽车维修业务的小型维修企业,这类服务站一般是前一种服务站的补充形式,例如在第一种类型的服务站不能覆盖或服务能力不足的市场区域可以设立此种类型的服务站,一般这种情况比较少见,因为没有销售做铺垫客户群的规模就不大,仅仅做一个品牌的售后服务公司由于业务面太窄很难得到理想的发展。

　　企业要想得到长期稳定的发展就必须有一个良好的企业形象,所以售后服务工作还包含了企业形象建设性的内容,按照一般的说法就是企业的美誉度如何。目前很多负责任的企业都把自己塑造成有良好口碑的企业公民,强调企业为社会发展做贡献是企业公民的首要任务,盈利仅仅表示了企业正确经营的副产品。影响消费者对企业形象形成的主要因

素有:

(1)产品使用性能及厂商的服务质量;

(2)企业窗口部门的工作质量及其外观形象;

(3)企业的实力及企业的社会口碑等;

(4)员工素质与专业知识。

显然,汽车厂商售后服务站点(网点)是用户经常与之"打交道"的窗口,在汽车厂商的企业形象建设方面处于一个非常有利的位置。就售后服务网络而言,企业形象建设的手段主要有:售后服务、员工的专业能力、员工的职业修养、企业外观形象建设、公共关系、提高以质量保修为核心的全部售后服务内容的工作质量等。目前,国内外汽车综合服务企业的外观形象建设已从仅仅悬挂汽车厂商的厂旗、厂徽、厂标,发展到厂容、厂貌、色彩、员工着装的标准化和统一化,厂房、厂区建设的规范化以及设备配置的标准化等(例如沃尔玛、麦当劳、肯德基等连锁经营网络模式)。以上各个内容之间的关系可以概括为"技术培训是先导,质量保修是核心,备件(配件)供应是关键,网点建设是平台,管理机制是保障,信息技术是手段,形象建设是文化"。前面我们所说的是基于理想状态下的运行模式,由于我们国家汽车发展时间短,在经济体制转轨期间有许多问题还一时无法解决,具体而言,国内汽车售后服务体系还有很多的不足,主要体现在以下五个方面:

1)产销与售后服务脱节现象依然存在

一方面是有些特约服务站还不能真正做到维修服务,而只能与当地的特约维修厂结盟,由大型维修厂来负责品牌的维修服务;一方面是有些大型维修厂只能维修,拿不到特许经营权。由于生产企业与经销商、售后服务机构的关系不规范,缺乏严格有效的管理和监督,消费者的合法权益就难以得到保障。

2)售后服务重承诺,轻实施

在部分经销商眼里,服务承诺只不过是促销的一种策略,承诺"注水"现象严重,而言过其实的服务承诺无形中提高了消费者对售后服务的期望值,但实际上有些承诺根本做不到,由此造成消费者对售后服务的不满,导致服务信誉下降。

3)服务机构和整个服务体系的管理和服务水准有待规范提高

尤其是整车价格、配件供应和正、副厂配件方面的管理,还存在较大随意性。"零部件价格贵、维修费用高"是消费者反映的主要问题。特别是一些特约维修站,由于厂家一般只是对维修站进行技术指导或技术培训,具体的服务行为由维修站实施,而实际上许多厂家又很少做到对维修人员的专业系统培训,因而在具体的售后服务中,由于技术水平、人员素质、经济利益等因素,服务水准和收费就很容易引起消费者的不满。配件供货不尽如人意。

4)缺乏有效的信息反馈

国外的信息反馈发挥了较强的功能,如根据消费者的意见,按不同车型、颜色、配置等来下订单,安排投产,以满足不同消费者的个性化需求,而目前国内的四位一体店多数信息反馈功能则形同虚设,消费者的意见很难被直接反馈到厂家,即使反馈到厂家也很难给消费者一个适当的答复,并且消费者反映的问题还会在很长一段时间内不断地出现。不过,比4S少一个"S"的3S店倒是较为完备。

5)不同品牌、不同区域的发展呈现不均衡

一方面由于中国本身特殊的经济地理原因,各地的经济发展不平衡,在售后服务站点

相对还较少的情况下,使得服务体系的整体布局和不同区域之间的分布就更不均衡。另一方面,同一时期的不同品牌,不同时期的新旧品牌间的发展也不均衡。上海大众全国服务站总数已超过900家,平均每3 300台车拥有一个服务站;而神龙公司服务站总数已超过400家,每500台车就有一个服务站。而且不同企业对售后服务的理解和模式操作也存在差异,消费者对售后服务满意度差别也较大,经营规模较大、经济实力较强的品牌相对占优势。

3.2 汽车厂商售后服务的技术性工作

售后服务的职能应当覆盖到用户在使用汽车产品时需要的一切服务内容。通过服务,使用户用好汽车产品,并创造最好的使用效益,只有如此才能证明售后服务工作是成功的。完善的售后服务应具备两大基本功能:一是对外功能,即不仅要求能够安抚用户,为用户解除后顾之忧,还要创造客户满意,利用售后服务树立和宣传企业形象,这里所说的企业指的是提供汽车综合服务的企业。目前有的汽车贸易企业拥有数个品牌的特许经销权,对他们来说企业形象主要是指自己公司的而不是汽车生产厂家的企业形象,这与特约服务站点有很大不同,对于特约服务站点自己企业的形象与所经营的品牌形象同样重要,没有自己的形象所经营的品牌形象也无法维护。二是对内功能,即能够及时而准确地反馈产品的使用信息、质量信息以及其他重要信息,为汽车厂商在生产制造、技术改进和产品开发等方面及时做出正确的决策提供可靠依据。售后服务的功能表明它同企业的产品设计、制造生产、质量管理等工作一样,是不可缺少的重要工作环节,因此不少企业已经明确提出,售后服务是企业产品生产的最后一道"工序",并从质量概念上将售后服务质量看作是企业质量保证体系在企业外的延伸。从而要求售后服务必须做到指导和帮助用户用好产品,使产品始终保持良好的技术状况,帮助用户取得最佳的经济效益,以顾客满意作为企业售后服务的根本目标。按照汽车厂商的这种设想,汽车综合服务网络是属于不用自己投资而自己可以间接支配的资产,从市场发展的趋势来看市场终端的话语权会随着市场竞争的加剧而增强,汽车厂商的控制力度会减弱。这种相互依存相互制约的合作关系并不影响汽车售后服务的内容与质量评价标准,特约服务站提供服务的内容主要还是技术培训、质量保修和备件(配件)供应三项工作,这些工作均直接或间接地关系到广大用户的实质利益,体现了汽车售后服务工作的技术性(其余的内容主要涉及售后服务的管理和运作)。

当前国际汽车综合服务概念认为,车辆坏了才修不是真正的服务,真正的服务是要保证用户在不出故障的前提下正常使用,更有厂家提出了"零修理"概念,将售后服务的重点转向了维护保养,通过服务为客户创造附加价值。以美国为例,从上世纪八十年代开始,美国汽车开始按照无修理概念设计乘用车,导致维修市场的维修工时开始快速萎缩,专门从事汽车修理的企业锐减了31.5万家,而与此同时,专业汽车养护中心出现爆炸性增长,仅1995年一年就增加了3.1万家。目前,美国的汽车养护业已经占到美国汽车保修行业的80%,年均收入超过100亿美元。而在国内,一些企业如海南马自达等也提出了类似的服务理念,从长远来看,售后服务的重点从维修、更换零部件转向日常的维护与保养将是大势所趋。

由于市场竞争日趋激烈,在质量保修标准方面各个品牌有一定差别,目前最高的乘用车质量保修为 10 万 km,或 4 年。

3.2.1 技术培训

技术培训包括:用户培训、服务网络的培训、技术培训的组织。

(1)用户培训:用户培训主要集中在销售环节上。对于现有的和潜在的消费群体都已经熟悉了的汽车产品,由于用户都已经基本具备了使用汽车的能力、资格,也已经具有汽车使用的一般知识,因此对用户的培训相对较为简单。通常情况下,用户提车时经销商会要求将新车开到服务站进行交车前的全面检查,此时可以根据用户的具体情况进行一些有针对性的简单培训,如:检查向用户交付的技术资料是否完整(通常包括产品使用说明书、备件目录、维修手册、挂图、服务指南等材料)、售后服务相关规定、如何合理、科学使用汽车以及在驾驶过程中节油的经验、简易故障的诊断及其排除方法等,由于这类培训面对的是单个或几个客户,所以只能是以分散、流水的方式进行。对于汽车新产品,在局部范围试销时,一般要对用户进行集中培训,所有试销该品牌某型号的特约经销商都要按照统一的口径、统一的内容、统一的教材,进行标准化的讲解。一般情况下局部试销的培训是由厂商直接给客户上课的。

(2)服务网络的培训:维修服务站点员工(网点)的培训,是汽车厂商售后服务总部所要培训的主要对象,通常是以服务站的技术骨干为主。对他们的培训,内容上通常要深一些、广一些,以帮助服务站形成能够排除各种使用故障的能力。对服务站的培训,主要内容有:

①汽车结构及其技术内容;

②常见故障、典型故障和突发故障的故障现象、形成机理及其排除方法;

③新产品的技术培训,做到"先培训、后投放";

④汽车厂商售后服务尤其质量保修的管理政策和业务流程;

⑤其他内容,如服务站的经营管理、大型促销(服务)活动的准备等等。

(3)技术培训的组织:要做好技术培训,首先要组织好培训教材(以厂商售后服务部门提供的教材或资料为准),其次要选好一批培训教师,教师的来源按照厂商的规定应该由服务站的员工担任(员工首先去厂家培训),三是要注重培训能力的建设,包括培训地点、培训设备、责任人等。

3.2.2 质量保修

质量保修是售后服务工作的核心,占有售后服务工作很大的比重,所以必须重视。质量保修工作的好坏,对企业形象、品牌形象、企业声誉、品牌声誉具有举足轻重的影响。质量保修工作的主要内容可以分为两类:一是质量保修规范的制订;二是质量信息的分析处理。

1)制订质量保修规范

保修规范包括制订整车(零部件)的保修里程或保修时间,表 3.1 简明给出了某品牌汽车特约维修站关于质量保修的规定(表中的特别补偿只针对动力部分)。目前国内外汽车厂商一般只是针对质量保修范围内被损坏的汽车零部件进行免费更换,不承担因为故障导致的间接相关损失的赔偿,特殊情况会产生连带责任,比如制动系统的质量原因导致发生交通事故造成人员伤亡的,汽车生产厂家就要承担相关赔偿责任。

表 3.1 汽车厂商质量保修标准

汽车类别	一般性补偿	特别补偿
乘用车	40 000 km,或 2 年	
小型车:1~3 t	不超过 60 000 km,3 年	不超过 100 000 km,或 5 年
中型车:4~8 t	不超过 20 000 km,或 1 年	不超过 500 000 km,或 1 年
大型车:8~12 t	不超过 20 000 km,或 1 年	

2)制订质量保修流程

关于汽车产品质量赔偿的工作流程,一般如图 3.1 所示。用户在质量保修期限内出现产品故障时,首先向当地或就近的厂商特约服务站(售后服务网点)提出质量故障鉴定或赔偿要求,服务站必须无条件地受理用户的请求,然后进行质量故障鉴定,确定故障责任和是否进行赔偿,在尽可能维护客户利益的基础上处理与用户的意见分歧。如果属于产品质量故障,则进行免费换件,也不收取工时费用(劳务费用),否则进行有偿的维修服务(一般情况下也会有一定折扣)。服务站负责回收质量保修更换下来的旧件,由索赔员填写有关质量保修表格材料,建立车辆质量保修档案,并将旧件和有关证明材料寄送给汽车厂商售后服务的理赔部门。理赔部门依据旧件和有关证明材料,对质量故障进行再鉴定,确定服务站的赔偿是否正确,对服务站的正确赔付,则转入结算程序,将配件金额及工时劳务费用打入服务站的账户;对服务站的错误赔付,则不予结算,其损失由服务站自理。如果发生质量故障的零部件属于配套件(采购件),那么厂商的理赔部门再向供应商进行二次索赔,其程序与上述过程相似。在上述流程中,厂商对服务站正确的质量保修(含厂商委托服务站进行的活动服务)所付出的工时、人力和配件成本必须进行补偿,整个补偿过程的操作、监督称为质量保修费用结算。下面以我国某汽车厂商的结算流程为例说明质量保修费用结算的一般过程。

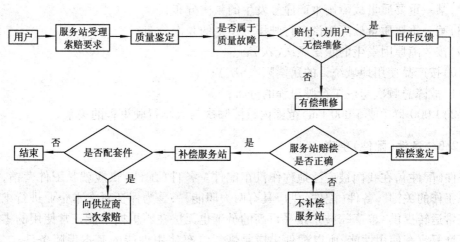

图 3.1 索赔流程图

3）质量保修信息的分析处理

汽车厂商要想获得适当、准确的信息,必须要有规范的信息载体和收集完整的信息内容。通常可以以质量赔偿鉴定单和重要质量信息反馈单作为信息载体。

信息内容一般包括:汽车型号、底盘号、发动机号、生产日期、本车销售日期、用户使用性质(是否是专业的运输机构、是否带拖挂、是否自用等)、驾驶员的年龄与文化程度、发生故障时已行驶里程、当时的工作状况(载荷、车速等)、发生故障的地点及地形(道路)特征、故障发生的日期、故障总成及其生产序号、故障零部件的生产厂家、故障状态、故障编码、造成故障的原因(机加工、热处理、铸造、设计、装机等)、使用责任单位或个人、质量故障赔偿金额及故障排除费用(含总成或零部件的价值金额、工时劳务费、辅料费、救急费、差旅费等)、服务站索赔员对故障的判断分析和处理方法、用户对故障及故障修复的意见等等。这些信息要作为车辆质量保修档案进行管理,通常应保存数年的时间,建立了这样的客户信息与故障数据库,并借助计算机进行管理可以比较准确地分析产品在不同使用条件下的不同表现,在今后产品升级的时候可以更加准确地找到细分市场,更好地满足这部分消费者在使用汽车产品时的需求。

在对信息内容进行规范的基础上,还需要在信息的收集、分析和处理等环节予以规范,就如同一只木水桶,任何一块板子长度不够都将导致水桶无法装满水,将各个环节协调起来的工作就是把组成水桶的所有板子调整得一样高。除此以外还要包括设计合理的信息流程。通过质量保修计算机管理系统,质量信息的分析处理可作如下的常规统计分析:

(1)汽车厂商历年单车平均赔偿金额(元/辆份);

(2)汽车厂商历年各类车型 100 车赔偿率(%);

(3)各类车型主要质量故障发生频次历年对比;

(4)历年各个质量责任单位(如设计部门、装配部门、配件供应商等)质量赔偿发生频次(次)和金额(元);

(5)不同车型各大总成发生的质量赔偿频次占总频次比例(%);

(6)某一重要质量故障按生产月份发生的频次分布;

(7)某一重要质量故障按生产序号发生的频次分布;

(8)某一重要质量故障按汽车行驶里程发生的频次分布;

(9)按故障原因发生的赔偿频次(次);

(10)按产品使用地域统计的赔偿频次(次);

(11)故障总频次与汽车行驶里程的分布;

(12)3 000 km(或 5 000 km)范围内故障频次与汽车行驶里程的关系。

3.2.3 备件(配件)供应

备件(配件),在我国被广泛地称作汽车配件。备件(配件)供应就是配件营销,它是售后服务工作的关键。备件(配件)供应具有两大职能,一是为保证对在本企业进行维修的车辆能正常运转提供"粮草",技术水平再高的员工也无法在不更换不能正常使用的零配件的前提下恢复汽车使用性能,所以配件供应是恢复汽车使用性能的基本保障条件;二是汽车厂商以备件让利形式,通过支持其服务站开展备件(配件)经营,取得效益,以促进售后服务网络的运转和发展。目前我国汽车品牌绝大部分的特约服务站都不能营销由厂商提供的配件,因为原厂配件在非特约服务站扩散就意味着特约服务基本失去意义。目前所有的特约服务站在向原厂采购配件时都要有详细的记录,以后再要购买相同的配件必须向厂家提供原来采购的配件用在哪些维修的车辆上了? 维修记录是否显示了更换? 客户是否已经签字认可了配件的更换? 换下来的损坏件要登记。所以备件(配件)供应需要做好的工作主要包括:确立合适的备件(配件)经营机制,做好备件(配件)的仓储作业,基于备件(配件)需求的科学预测、现代仓储管理技术和 IT 技术,推进备件(配件)供应工作的现代化等。从图 3.2 上可以看出一个汽车特约经销站的汽车配件管理是按照严格的制度和程序运行的,无论是从生产厂家直接进的配件还是从指定的配件厂家进货都必须进行质量检查,然后才能入库;出货有两种方式,一是直接进车间替换报废的配件,另外一种方式是外销,外销的配件为了防止在运输途中锈损所以要进行防锈包装,通专门本的窗口出货。

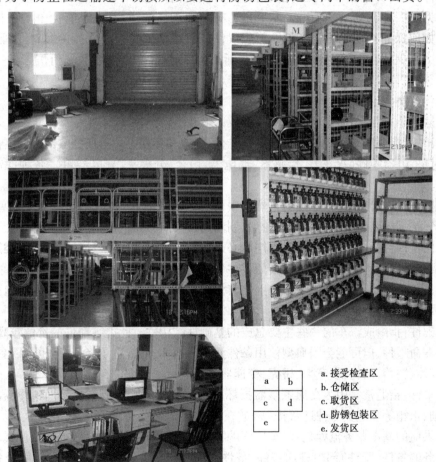

a	b
c	d
e	

a. 接受检查区
b. 仓储区
c. 取货区
d. 防锈包装区
e. 发货区

图 3.2　汽车综合服务公司配件管理流程

1)备件(配件)供应的经营机制

长期以来,欧美日等汽车工业发达国家,一直实行备件(配件)专营制度。据介绍,推行这一制度的理由除了保护售后服务网络的利益外,还有汽车零部件开发、生产技术、结构图纸等均属于汽车厂商的工业产权范畴,他们为了保护自己的知识产权,有权只向其供应商提供相关技术,并要求供应商不得随意扩散技术。这里需要说明的并不是汽车上所有的零配件汽车生产厂家都有知识产权,对那些本来就属于引用的零配件技术,整车生产厂家很难约束配件生产厂家不生产。

2）实行备件的专营专控,保证备件（配件）的数量、质量和价格

按照售后服务的需要控制各种零部件的产量,敦促供应商严格把握备件质量,规范备件的市场流通渠道,维持备件的市场价格。零部件厂商（供应商）的供货都采取价格的双轨制,备件的价格通常略高于主机装车的零部件价格,因为备件的包装、防锈要求高于装机的零部件。另一个原因是,相对主机装车而言,备件的需求在批量上更小,在需求频次上更多,备件的物流成本更高。在备件专营制度下,汽车厂商一般不直接面向普通最终用户供应备件,也不向售后服务网络以外的汽车维修站和配件经营商供货,而是保障其售后服务网络的备件需要,促进服务站提高正宗备件的市场占有率和维修业务的市场占有率。我们不能忽视另外一种意见,这种专营、专控是否有垄断市场的嫌疑,在没有竞争的条件下消费者的利益如何保证？在市场经济条件下想仅仅依靠道德去约束经营行为是过于理想化了,所以用什么来保证在配件专营专控这种垄断行为下消费者的利益不受到伤害是一个需要研究的课题。

3）配件分类

按配件的使用性质,通常可以把配件分成以下几类：

①消耗件：指在汽车运行中会出现自然老化、失效和到期必须更换的零部件,如各种皮带、胶管、密封垫、电器零件（火花塞、传感器、继电器、白金、分火头、分电器盖）、各种滤芯、轮胎、蓄电池等。

②易损件：指在汽车运行中因为自然磨损而失效的零部件,如轴瓦、活塞环、活塞、凸轮轴瓦、缸套、气阀、导管、主销、主销衬套、轮毂、制动鼓、各种油封、钢板销、套类零件等。

③维修零件：指汽车运行一定的周期后必须更换的零部件,如各种轴、齿类、各类运动件的紧固件,及在一定使用寿命中必须更换的零件（如一些保安紧固件、转向节、半轴套管等）。值得注意的是随着设计理念的变化,汽车上在其使用生命周期内需要更换的零部件越来越少了（事故造成的更换除外）。

④基础件：指组成汽车的一些主要总成的基础性结构件。此类零部件的价值较高,原则上应当是全寿命零件,但可能会因典型使用条件而造成损坏,通常应予修复,但也可以更换新件。如曲轴、缸体、缸盖、凸轮轴、车架、桥壳、变速器壳等。

⑤肇事件：指通常是因为交通肇事而损坏的零部件,如前梁（保险杠）、车身覆盖件、驾驶室、传动轴、水箱等。这类零件通常按2‰的在用车数贮备。

配件供应的基本业务流程是：汽车厂商的特约维修服务站通过网络、电话及传真向汽车厂商售后服务的备件（配件）部门订购备件,备件部门收到需求信息后,马上查询所需备件的库存情况,如果数量充足,就立即办理备件交易手续并及时出库发货。如果某些配件库存不足,便立即向制造厂商或供应商发出采购定单。

4）备件（配件）的仓储作业

备件（配件）仓储中心的主要任务是储存备件。备件（配件）中心通常依据备件物流进行合理布局,并划分为若干区域,各区域的作业任务分别为：

①接受检查区：这是备件（配件）中心的第一个区域,在备件入库时将进行备件（配件）的检查,包括数量清查、配套协作件的质量抽检（通常按10%的比例抽样）或普检等。

②仓储区:通常按不同车型、不同总成、不同用途或按备件的周转速度分区存放,以优化备件物流。目前,备件仓储多采用立体化仓库,甚至自动化仓库,并实行计算机控制和进行库存管理。备件进出库一般应遵循"先进、先出"的原则,即进库时间早的备件,应当优先出库。

③取货区:主要是仓库的通道,应保证通道畅通、干净。通常根据需要,在这一区域要合理布置一些自动小车(轨道或电脑导行),或者人力取货小车(铲车)等。

④防锈包装区:防锈处理通常指对备件(配件)的加工表面进行的涂敷处理,而包装包括收货包装和发货包装,收货包装是对外协配套件更换原标记、更换材料的作业,发货包装是在收到发货指令后,根据发货数量进行的运输包装。包装是一项专业性较强的工作,既要满足保护备件不受损坏的要求,又要能够起到防伪、品种数量醒目的作用,还要做到艺术性强以便宣传企业文化。在备件专控条件下,汽车厂商发出的备件,无论其原产地是否为汽车厂商本身,一律视作汽车厂商的原厂出品,汽车厂商向用户承担产品质量责任,因而对配套采购件、协作件,必须要拆除供应商的原包装,进行统一的再包装。

⑤发货区:应有一定的装卸作业场地,发货方式通常有铁路运输、公路运输、水上运输等方式,目前备件的集装箱运输形式日益被广泛采用。发货区的发货台、搬运设备等设施,必须与运输方式相适应,要有利于备件货物的装运,尽量减少中转和节约装运劳力。

以上在五个区域内的工作内容就是仓储中心的基本作业流程。

目前,一些较大型的汽车厂商因其产品市场范围较广,为了保证各地的服务站及时得到备件,他们通常在本部以外的适当区域设有备件分库。分库的各种业务受总库管理,其出入库及库内作业与总库是一样的。

现在还有一种现象,即有的厂商自己不设备件(配件)仓库,将仓储任务完全交给供应商,汽车厂商需要备件时,临时向供应商进货(供应商的仓库甚至设在汽车厂商的工厂内)。

5)配件供应订货的形式

正常订货:能满足服务站/大用户/专卖店的正常维修,保养,零售及基本库存储备,要求每月只能提出一次订货,订货的品种,数量不限,同汽车公司配件部门系统联网的服务站/大用户/专卖店必须用订货专用系统进行订货;如果系统出现问题,可把订货拷贝在软盘里,邮寄给汽车配件部门,并标注服务站代码,发运形式(注意电话跟踪);特殊情况可按照汽车公司配件部门提供的订单填写,可以用传真,特快专递发到汽车公司配件部门。一般发货形式为:铁路集装箱或自提。

紧急订货:为满足用户的紧急需求而采取的订货,原则上,紧急订货的汽车配件只用于特定的事故车上。如一汽大众公司要求每月只能提出二次紧急订货,订货品种不超过30种,订货时间不限,可采用传真、挂号信、特快专递等方式进行。一般发货形式为:铁路快件,空运,特快专递或自提。

(1)订货的步骤及要求

步骤1 填写订单(或依照订货专用系统的要求):

①正常的订货数量,要以汽车配件部门提供的包装单位为依据进行订货,紧急订货例外。

②汽车公司配件部门计算机系统中,国产化汽车配件号与进口件汽车配件号均有替代关系,如服务站特指的订货(例如:该件已国产化,但专门需要进口件),可在备注栏中说明是否需要进口件;否则,汽车配件部门将提供现有库存的汽车配件。

③按非标准订单形式填写的紧急订货,应详细写明所修车辆的发动机号,底盘号及损坏情

况,必须有汽车配件订货计划员、汽车配件经理的签字,事故报告单可以作为紧急订货的附带说明。

步骤2 订单的寄发。

步骤3 订货询价及汇款。

步骤4 提货,发运及寄发单据。

步骤5 汽车配件索赔:根据《装箱单》所发生的盈、亏、错、损,提出索赔。

(2)备件(配件)营销的现代化管理

对于备件(配件)营销现代化管理来说,一是做好备件需求的尽可能准确的预测,合理储存各种备件的数量;二是引入计算机技术、数据库技术、信息识别技术、通讯技术及互联网技术等现代信息技术手段,实现仓储业务作业和管理的现代化;三是备件(配件)订货方式的规范化。

关于备件的定价,也有多种策略。一种策略是执行统一的备件价格,其好处是定价简单,便于公开,但其缺点是不利于激励规模大的特约服务站经营备件的积极性。另一种策略是执行有差别的备件价格,汽车厂商对不同地区、不同车型、不同特征的代理商,给予不同的折扣率(属于商业机密),但一般都是按备件营业额的多少,执行不同的折扣百分点,或者是针对合同基数以上的销售额加大折扣率(基数内执行统一价格),这种定价方法的优缺点与统一定价正好相反。总之,备件定价要有利于保护售后服务网点取得效益,有利于打击伪劣假冒备件(这条与前一条在执行过程中会产生矛盾),保护自己的工业产权或知识产权,要有利于给用户以实惠。目前配件营销出现了一些新问题,多数合资品牌的配件并不是汽车厂商自己生产的,基本属于外协件。中国目前的经营环境由于汽车配件生产成本低(主要是劳动力成本低),近几年来配件产品质量提高得快,所以合资汽车生产厂商不会冒减少利润的风险自己生产配件。既然是汽车厂商委托生产配件问题就出现了,我们假设委托生产的数量是2万套,而生产能力为5万套,对于协作配件厂来说富裕的生产能力是不会浪费的,协作厂会继续生产委托数量以外的配件。这些配件肯定会流入汽车售后服务市场,产品仅仅是没有贴上汽车厂商的品牌标记(多数还贴上了自己假冒的生产厂商的标记),质量方面肯定和有真标记的没有区别,这种现象在广东比较普遍。由于委托别的厂家生产配件也会遇到同样的问题(利益驱动),很多情况下只要不过分汽车厂商就不会追究,做为服务站来说在配件经营这一块就有了一条灰色渠道。所以,在配件垄断经营和垄断定价的刺激下会产生许多负面影响。

3.3 售后服务站点(网点)的建设与管理

3.3.1 售后服务网络(点)的规划与布局

售后服务网络(点)是伴随汽车厂商生产经营的发展而不断发展的。其建设与发展首先就是要合理确立整个服务网络的网点规模(数量)和布局。

1)售后服务网络(点)规模的确定

售后服务网络的规模,主要是指网点的数目,即平均服务能力下的网点数量。这个规模应与本品牌的市场占有率和本品牌汽车保有量对本企业售后服务的需要相适应。售后服务网络

（点）规模的大小，取决于以下几个因素：

（1）本品牌汽车产品的社会保有量（Q）；

（2）每车每年平均所需的服务次数（F）及每次服务的平均工时（H）。其中服务工时主要取决于服务设备的生产率和员工的平均技术等级；

（3）本企业售后服务网络（点）对本企业产品的服务占有率（r），即对本企业产品而言，售后服务网络每年完成的服务频次数与服务总频次数之比。这个意思是表示客户到特约服务站做维修的次数与本品牌做的所有维修次数的比例是多少？如果比例大意味着应该多设特约服务站，如果小意味着特约服务站的密度就可以相应缩小。

（4）服务站的平均设计服务能力（P），它取决于服务站的设计工位数及工作时间。

（5）服务站的平均服务能力利用系数（ε）。那么，全部售后服务网络的规模（即服务站数目 M）可由公式 3-1 确定：

$$M = \frac{Q \cdot F \cdot H \cdot r}{P \cdot \varepsilon} \tag{3-1}$$

车厂商要依据以上条件对自己的服务站数量进行测算，大体确定自己的服务规模，并通过市场调查或用户调查，了解其服务网点的数量是否能够充分满足用户对售后服务的需要。规模过小，产品就不能得到良好的售后服务，就会增加用户等待服务的时间，降低用户对售后服务的满意水平；反之，规模过大，又形成服务站的业务不足，导致服务站的效益下降，从服务业的一般情况来看服务能力要大于预计发生和实际发生的业务量，因为只有顾客满意了才会有企业的长期利益。

2）售后服务站点（网点）的布局

布局是指汽车厂商根据全社会对本企业售后服务需求的地理分布及企业今后开拓市场需要，而对服务站进行地理布置和确立组建顺序的工作过程。布局必须坚持以下原则：

（1）统一规划与分别建设相统一的原则。首先，汽车厂商必须根据自己市场营销的战略需要，对售后服务网络做出总体上的战略安排，对未来一定时期内售后服务网络的规模、功能进行统一规划。其次，由于建立健全的、完善的服务网络需要投入必要的人力、财力和时间，建网工作不能一蹴而就。统一规划的内容之一就是必须对需要建网的地区、网点按轻重缓急排出顺序，分别建设。

（2）现实需要与市场开拓相统一的原则。售后服务网络既要充分满足现有用户的需要，又要充分考虑潜在用户的需要。尤其是汽车厂商准备开拓一个新的目标市场时，售后服务必须首先到位，以解除用户的后顾之忧，我们虽然强调"粮草先行"的必要性，但其实这是一个必然，在目前市场环境中没有特约服务站又能在哪里卖车呢？在一个新的市场地区建立多少个特约服务站仅仅依靠计算还不够，要考虑本品牌在本地区的增长趋势如何，而增长趋势在很大程度上受到市场的制约，一般情况下开始阶段特约服务站不可一时建得太多。

（3）服务能力与服务地域相统一的原则。服务站的服务能力必须与其服务地域的范围相统一。

各服务站的服务地域不可过大，范围过大可能会导致：

①给用户造成不便，要么延长了服务时间，要么减少了服务站的服务市场占有率，还会影响销售量；

②服务站的服务压力过大，同样会诱发以上后果；

③增加服务站上门服务的费用和服务成本,削减服务站的经济效益。

相反,服务地域范围也不可过小,范围过小又会导致:

①服务站服务能力闲置,削减服务收入和经济效益,对于客户来说是有好处的,密集的服务站可以降低客户的时间成本,体力成本和精力成本,虽然客户满意度会提升,但密集的服务站限制了各自的发展空间;

②服务站服务规模偏小,不能获得服务规模效益;

③需服务站数目增多,增加了服务网点建设的压力。

因而,汽车厂商必须对服务站的合理密度、服务地域范围、服务站规模做出合理设计。

3.3.2 售后服务站点(网点)的建设依据、条件及程序

汽车厂商对其售后服务网络(网点)体系进行规划之后,就要具体发展网点成员(特约维修站)了,并对网点实施规范管理。售后服务站点(网点)的建设与管理,是指汽车厂商根据其营销战略和具体服务需要,对其售后服务网点进行选建、考评、撤并和优化的过程。

1)建点依据

欧洲各汽车厂商往往在自己国家就分布 4 000 ~ 6 000 个服务站,服务站的数目多于经销点的数目。在我国由于特约服务站的形式发展时间不长,加上在计划经济时期汽车售后服务行业的惯性影响,按照市场化运作模式的发展尚不规范,所以在起步阶段情况正好相反,经销商数目多于特约服务站的数目,即使在市场模式运作下在一个新的目标市场也往往是先有经销商后有服务站,服务站的选择是有前提的,至少是有汽车综合服务经验和有一定经济实力的组织。我国汽车市场发展速度自 2002 年以来逐年加速,虽然前几年总体来说服务站的数目少于经销商的数目,但汽车售后服务市场经过近 5 年的发展,到目前特约服务站的数量已经明显超过了经销商的数目。服务站选点主要考虑的是目标市场品牌保有量、辐射周边地区的能力,同时对发展中的目标市场和主要竞争对手的重点市场加以倾斜。

2)建站条件

服务站必须具备以下的资质条件:

(1)具备一定的组织机构条件,一般要求财务独立、维修场地独立,最好组织机构也独立。

(2)硬件条件,要求具有足够的场地和专业的维修设备,表 3.2 是某汽车厂商对其服务站的设备要求清单。

表 3.2　某汽车公司对其服务站的设备要求清单

设备类别	设备名称
通用设备	车床、砂轮机、座式台钻、气(电)焊、起吊设备(单臂吊、卧式千斤顶等)、技术服务车
专用设备	镗缸机、珩磨机、气阀研磨机、制动鼓镗机、制动摩擦片光磨机、车架车身整形设备、车轮拆装机、车身维修用点焊机、调(喷、烤)漆设备、清洗槽(轿车用高压热水清洗机)、压床半轴套管拆装机、U 形螺栓拆装机、车轮螺栓拆装机、双立柱举升器、车身维修用点焊机

续表

设备类别	设备名称
检测设备类	曲轴动平衡机、传动轴动平衡机、万能电器试验台、前轮定位仪、弹簧压力检测仪、探伤仪、废气分析仪、灯光检测仪、高压油泵试验台、喷油嘴试验器、硬度计、车轮动平衡仪、柴油机烟度仪、发动机测试仪
台架类	发动机冷、热磨试验台、制动摩擦片钻铆作业台、发动机装配作业台、减速器拆装台、小车减速器检修台、变速器吊架、变速器检修台、发动机吊架、离合器作业台、"三泵"(油泵、水泵、气泵)试验台、传动轴作业台
电教、通讯设备类	程控电话、复印机、电视机、打字机、录像机、传真机、照相机、投影仪、计算机、标准屏幕

(3)服务人员条件。特别是维修技术人员(技工、技师)、质量故障鉴定人员及必要的经营管理人员等数量和资质必须符合汽车厂商的要求。

3)建站程序

服务商要进入汽车厂商的售后服务体系,通常要遵照以下程序(见图3.3):

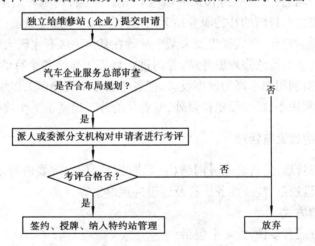

图 3.3　建站程序

(1)申请

(2)初审

(3)建设

(4)审批和签约

4)网点管理

汽车厂商不仅要注重服务网络的建设,也要注重对整个服务网点的管理,包括对网点进行业务培训、日常管理、定期考核与优化调整等,实施网点的动态管理。

表3.3列出了某汽车厂商售后服务管理考评的基本项目。

表 3.3　某汽车厂商售后服务管理考评的基本项目

序　号	项目内容	序　号	项目内容	序　号	项目内容
1	维修站组织机构	7	企业内部管理	9	配件管理
2	外观/厂房/场地	7.1	业务接待	9.1	物料管理
3	工作环境	7.2	车间管理	9.2	配件经营管理
3.1	业务接待室	7.3	数据管理	9.3	仓库管理
3.2	修理车间	7.4	领导者管理水平	10	广告宣传
3.3	用户休息室	8	索赔工作	11	信息反馈
4	用户调查和访问	8.1	索赔处理	12	档案资料
5	优质服务	8.2	索赔件回收	13	环境保护
6	人员培训	8.3	信息反馈	14	其他

我们在此还需要介绍另外一种观点。有不少业内人士和学者认为,目前在售后的维修服务分类中90%以上属于养护与美容的工作量,修理的工作量不到10%,这样的数据向我们提出了一个比较尴尬的问题,为了不到10%的修理工作量一个特约服务站是否需要投资大量而且价格昂贵的修理设备? 目前的特约服务站无论是设备利用率还是投资回报率都会由于不合理的设备配置而降低。现在,有人提出如果某个品牌在某个地区有比较大的市场占有率,那么可以考虑设置一个专业的特约修理服务站,专门进行修理工作。各个特约服务站不再做修理工作,这样就无需保留利用率不高的修理设备,把各个服务站的修理工作量集中起来的好处有很多,除了提高设备利用率、减少设备投资外,专业化的分工提高了工作效率,降低了成本。

3.3.3　服务站的建设与管理

服务站的建设与管理,是售后服务网络(点)建设与管理的重要内容之一,包括选择合适的建设方式、制定建设规范、统一业务流程及建设外观形象等。

1)服务站的组建方式

服务站的组建方式有多种,大体上包括:

(1)直接投资建立自己全资的服务站。汽车厂商对这类服务站的控制力最好,但从节约建设资金看,这类服务站数目不宜过多,只适宜建设汽车厂商自己的"标准站"或"样板站"等类型的服务站。

(2)持股投资建立控股、参股、合资的服务站。汽车厂商对这种服务站的控制力弱于前一种服务站,数目也不宜过多。

(3)以代理方式建立服务站。国内外汽车厂商广泛采取代理方式建立自己的售后服务网络体系,其网点的主流形式就是依照前节所述程序建立的特约服务站。汽车厂商要建立完善的、庞大的售后服务网络,代理制无疑是最为经济的建设方式,它使得汽车厂商既可以建立满足全社会广泛需要的服务网络,又可以节约自己的建设资金。特约服务站的产权独立(所有建设资金及流动资金均是服务站自己的),不属于汽车厂商,汽车厂商一般通过产品品牌吸引、经营指导、技术支持、区域保护等手段,吸引特约服务站加盟。

2）服务站的建设规范

汽车厂商对服务站具有业务规划、指导与管理职能。特别是大多数品牌轿车企业的特约维修站，业务还具有排他性，对其特约维修站从外观建筑、布置，到室内设计、设备配置和经营管理软件等，都有非常具体的规定，有统一的要求。

表3.4列出了某品牌轿车为其特约维修站制订的"建站模式规划手册"的主要内容。

表3.4　某轿车特约维修站建站模式规划手册主要内容

序　号	项目内容	序　号	项目内容	序　号	项目内容
1	工程规划	2.4	标记牌	6	人员培训规划
1.1	总则	2.5	指路牌	6.1	培训须知
1.2	维修站规模功能	2.6	全国分布图	6.2	管理人员入学条件
1.3	工位定义	2.7	色谱	6.3	基础培训入学条件
1.4	场地选择	3	工程规划审批与验收	6.4	人员培训计划
1.5	总平面规划	3.1	厂房建设程序	6.5	课程日程安排
1.6	建筑设计要素	3.2	竣工验收	7	工具与设备规划
1.7	业务大厅	4	计算机系统管理规划	7.1	定货流程
1.8	二楼的设置	4.1	人员准备	7.2	必备工具与设备
1.9	修理车间	4.2	计算机硬件准备	7.3	选配与选购件
1.10	配件仓库	4.3	计算机软件准备	7.4	常用工具清单
1.11	拓展	4.4	其他准备	7.5	发动机专用工具
1.12	照明	4.5	培训	7.6	变速器专用工具
2	标记与标识	5	组织与人员规划	7.7	底盘专用工具
2.1	标识	5.1	人员与组织机构	7.8	本品牌专用工具
2.2	灯箱	5.2	组织机构	8	其他
2.3	蓝带墙	5.3	职位		附录

3）服务站的能力建设

服务能力多指服务站单位时间内完成的技术服务工作量（工时）。其建设的主要内容包括服务站的场地面积、设备配置及经营管理能力等。

（1）确立服务站的占地面积（S）

占地面积等于服务站的建筑面积（S_b）与露天停车场面积（S_p）之和。其中S_b由公式3-2确定：

$$S_b = S_k(1 + f_b) \tag{3-2}$$

公式3-2中，f_b表示辅助面积系数，即车间通道、仓库、办公室、接待室、会议室等辅助建筑面积占服务作业面积（S_k）之比。

而S_k则由公式3-3确定：

$$S_k = \frac{S_c \cdot Q_0 \cdot \sum_{i=1}^{n} X_i \eta_i H_i}{\xi \cdot H_0} \tag{3-3}$$

式中　S_c——平均每一服务作业工位的占地面积,m^2;

　　　Q_0——汽车企业在服务站服务区域内的产品保有数量,辆;

　　　X_i——每车每年平均所需的各类服务频次数(次),主要取决于当地汽车的使用状况、使用条件和平均车况;

　　　η_i——服务站在其服务区域内对汽车企业产品服务的市场占有率,%;

　　　H_i——平均每车每次接受各种服务所需的服务工时(h),主要取决于设备的生产率,%;

　　　ξ——每工位的平均工作时间利用率,%;

　　　H_0——服务站的年均工作时间(h),即法定工作日历数与每日工作小时数的乘积;

　　　$i=1,2,3,\cdots,n$ 分别表示保养、小修、中修和大修等作业类别。

露天停车场面积 S_p 由公式3-4确定:

$$S_p = S_v \cdot Q_r \cdot H_i(1 + f_p) \tag{3-4}$$

式中　S_v——平均单车的占地面积,m^2;

　　　Q_r——服务站每天平均接收或交付用户的车辆数,辆;

　　　H_i——平均每车每次在服务站接受服务的时间(天);

　　　f_p——停车场通道等辅助面积系数,%。

(2)服务站的设备配置

这些设备包括五种类型:

①通用设备类,如车床;

②专用设备类,如烤漆设备;

③测试设备类,如动平衡机;

④台架设备类,如各总成检修台;

⑤电教、通讯和办公设备类,如投影仪、传真机等。表3.2已经作了说明,本处从略。

(3)服务站的经营管理

特约服务站的经营收入主要有:备件经营收入、质量保修得到的汽车厂商的劳务补偿、受汽车厂商委托的服务促销活动的劳务补偿、质量保修范畴以外的各种服务收入等。此外,服务站还广泛开展了旧车置换、汽车租赁、汽车融资及各种手续代办等业务,这些业务也是服务站增加经营收入的新型来源。

(4)服务站的业务流程(招揽客户的步骤如图3.4所示)

①招揽用户

②预约用户

③接待用户

④ 配件管理

⑤维修作业管理

⑥清洗车辆

⑦结账

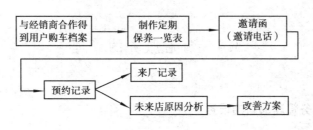

图 3.4 招揽客户的步骤

⑧交车

⑨跟踪服务

4)服务站的形象建设

企业形象对现代企业生产经营活动的作用越来越大,良好的企业形象是企业重要的无形财富。售后服务如同销售一样,它是汽车厂商生产经营活动与用户使用消费的联系纽带,售后服务工作属于"窗口"性工作,对企业形象建设肩负重要使命。为推进企业形象建设,售后服务必须实行"标准化",它包括服务站建筑物设计、布置的标准化(如服务站大门、厂房外墙等按标准色彩、图案建设);厂标、厂徽、标牌、悬挂物及色彩搭配的标准化(如竖立灯光的或荧光的标准厂徽、标准路牌、标准图案、标准统一的字体、字样及颜色等);服务程序的标准化;工作人员着装的标准化及服务态度好、精神面貌佳、服务素质高等内容。总之,同一汽车厂商各服务站的外观形象必须标准化、统一化。这样做的好处在于能提高顾客的总价值,我们知道构成顾客总价值的四个因素分别是:产品、服务、人员素质、企业形象,通过采取上述措施至少可以使后三个因素在提高顾客总价值和顾客满意度方面发挥重要作用。图 3.5 所示为某雷克萨斯特约服务站的接待展厅,除了宽敞明亮的环境外,人性化的洽谈室和受过良好训练的销售顾问都给客户留下良好的品牌形象。

图 3.5 雷克萨斯接待展厅

3.4　售后服务的管理

3.4.1　售后服务管理部门的设置

售后服务管理体系一般包括三个层次:售后服务管理总部;营销分公司、子公司或办事处;特约服务站。部门设置应当"扁平化"。

汽车产品售后服务管理部门的基本组织形式有:

①职能专业化组织,按照售后服务工作的职能设置管理部门,这是最常见的组织形式。

②产品专业化组织,根据企业经营的产品业务范围设置售后服务部门。

③市场专业化组织,根据企业的顾客类型设置售后服务部门。需要说明的是,现实生活中也可以根据需要,以基本形式组合为复合结构。

3.4.2　售后服务的物流管理

售后服务的物流管理主要包括下述三个方面的管理:

①备件物流:物流的流向是从主体企业的备件仓库或地区分库,向特约服务站流动。

②旧件物流(旧件必须 100% 返回):物流的流向是从特约服务站向汽车厂商进而向零部件供应商(限协作件或配套件)流动。

③旧件的缺陷部位,客观地记录着零部件损坏的原因,是质量保修中故障责任鉴定的重要物证,旧件样品的搜集和陈列,还可以充当质量保修人员技术培训的实物教材,同时它们也以实物的形式记录着企业产品改进、质量改进的发展历程。

3.4.3　售后服务的信息管理

售后服务的信息管理包括以下几个方面:

1)信息处理分析

一般采用定性分析、定量分析和定时分析相结合的方法来分析市场信息。定性分析多用来对市场的宏观环境、管理体制、市场组织、分销渠道等加以分析;定量分析多用来对成本、利润、购销数量、市场占有率等加以分析;定时分析则对同一时间内的市场情况及变化趋势进行分析,它通常和定性分析、定量分析相结合使用,分析某一特定时间内市场的变化。信息处理的步骤包括:①筛选;②分类;③分析处理。

2)质量保修费用结算与监控

该系统为汽车制造厂商与特约服务站之间相关费用结算提供管理服务。它可实现售后服务费用本地或异地自动结算,并建立了质量保修费用分析系统,对费用构成(零件费、工时费、走保费所占比例)、平均年维修频次、年平均维修费用、平均每次维修费用、重大质量事故赔偿额进行分析,还可对相邻或路况特征相近的区域进行费用比较,以增加质量保修费用赔付的真实性。

3)配件供应、仓储与销售管理

该系统是汽车制造厂商与特约服务站之间就配件供应业务提供服务的。它可以实现自动制定月度配件采购计划、减少采购的盲目性；对仓库实现计算机管理、降低库存；提高对客户的满足率、缩短结算时间、减少客户购买配件时间，从而能改善和加强售后服务工作。

4）**车辆用户信息管理**

该系统的终端在特约服务站，汽车销售的过程中收集到的客户资料首先满足特约服务站的业务需求，同时也要向汽车生产厂商提供相关资料。车辆用户信息管理系统，应当包括车辆用户档案系统、车辆用户服务跟踪系统、车辆用户分析研究系统等。档案系统是基础，为其他系统提供原始翔实的数据；服务跟踪系统记录着在用车辆及用户的服务信息，是企业推行"主动服务"不可或缺的助手；分析研究系统可以帮助企业研究自己的客户群体是谁，客户使用产品和购买产品的特点如何，客户何时将产生新的需求等等，它是企业充分挖掘客户价值，不断发现新商机的秘密武器。

3.4.4　售后服务管理的内容

(1)售后服务的风险管理与活动管理

售后服务的风险管理首先明确汽车厂商提供售后服务是存在风险的，风险主要来自以下几个方面：一是备件储备预测不准确导致储备不合理，要么出现备件缺货不能满足服务需求，降低服务质量的现象；要么出现备件储备过多，长期积压，占用企业的流动资金，增加售后服务成本情况。

(2)是质量赔偿过程中，不能对售后服务商(特约维修站)进行有效监控，不能杜绝服务商的欺诈行为。

这里着重对后一类风险进行一些说明和讨论。质量赔偿风险主要有以下四种表现：

①对于可以互换的零部件，服务商在报告质量故障部位时，将那些维修工时少的零部件报告为维修工时多的零部件，从而可以从汽车厂商那里结算更多的服务工时费用；

②尽管汽车厂商对所有的质量赔偿要进行鉴定，但是有的质量故障是不容易进行事后鉴定的，服务商将一些非质量保修范围的故障(如因用户使用原因导致的故障)，描述为故障质量保修范围内的故障，例如汽车电路的线束烧结，就非常不容易鉴定其故障原因；

③对于刚过质量保修期(里程)不久发生的质量故障，服务商将其列入质量保修期(里程)内的质量故障，汽车厂商很难鉴定故障是否发生在质量保修期内；

④服务商串通少数用户，将已过质量保修期车辆的故障报告为质量保修期内车辆的质量故障，即张冠李戴，将此车的故障报告为彼车的质量故障。

(3)道德风险管理

以上所列的第二、三种情形，服务商还常常双重获益，一方面依照汽车厂商关于质量保修的有关规定说服用户，向用户收取备件费用和服务工时费用；另一方面又向汽车厂商办理质量赔偿，无偿获得备件和结算工时费用。在不过多增加服务管理成本的前提下，汽车厂商要做到完全杜绝上述风险，通常是不现实的。但是，汽车厂商依然可以通过一些有效措施加强对服务商的监管，尽量减少上述风险造成的损失。这些措施包括以下五个方面：

①根据厂商内部生产质量的变化水平，研究判断各类质量故障赔偿动态是否与生产质量变动的趋势相矛盾，重点研究逆势变化的故障赔偿，例如内部生产质量在提高，而赔偿也在增加的情况；

②利用计算机和现代信息处理手段，对各个服务商的各类质量赔偿进行对比研究，对高于

平均赔偿水平的服务商要进行重点调查,要求其做出合理解释,重点查处那些某种质量赔偿(平均单车)明显高于同一地区其他服务商的服务商;

③利用计算机和现代信息处理手段,对各个服务商的各类质量赔偿进行历史数据的对比研究,重点调查那些某种质量赔偿(平均单车)突然明显增加的服务商;

④建立稽查机制,汽车厂商可以从质量保修用户中抽取一些赔偿样本,进行用户抽样调查,调查质量保修的真实性和是否收取有关费用;

⑤建立严厉的欺诈处罚制度,对经查实的欺诈行为,给予服务商一定(或较高)的经济处罚,直至停止其特约服务商的资格。

对于售后服务的活动管理,汽车厂商经常需要通过其售后服务网络开展各式各样的服务活动,例如为新产品批量投放市场进行保驾护航的宣传活动;应对激烈竞争,争取竞争主动地位的服务促销让利活动(质量保修范围外的额外优惠活动);支持社会公益事业,树立良好企业形象的活动;开展车辆召回活动(即汽车厂商对其存在故障隐患的车辆召回至其服务商,进行免费更换零部件或进行维修的活动)等。汽车厂商通常要为这些活动承担费用,对服务网点给予一定的活动补偿经费(一般采取记入服务商质量保修账户的支付方式)。要做好售后服务的活动管理,关键是要合理确定和明确活动的目的、选择开展活动的方式、策划活动的方案、概算和保障活动的费用、全面评估(预评估)活动的效果等,具体内容还涉及活动开始的时间和持续的时间、活动的组织领导、活动的应急预案、活动的宣传报道等。售后服务的活动管理,可以借鉴市场营销学中关于营业推广的有关知识,也可以借鉴公共关系的理论和知识。

3.5 特殊产品与用户的售后服务

3.5.1 军用汽车产品的售后服务

1)军用车辆的使用特点

军队用车特别强调产品的可靠性,要求确保产品在战时使用万无一失,为此几乎可以不计成本费用。军用车辆平日使用里程少,通常以军事训练和短里程使用为主,使用相对集中。为了模拟战争环境,在军事训练和演习期间,军用车辆的使用环境也具有一定的典型性,这对车辆性能构成考验。正如中国古语所云"养兵千日,用兵一时",为了做到确保战时求一胜,军用车辆平时以养护为主,保证车辆始终处于良好的技术状况。军队因其用户性质的特殊性,在其内部必须设立汽车养护与维修的专业技术力量,由于军车的车型比较集中、单一,长期使用积累的经验和对维修人员系统专业的培训,无论从技术角度讲还是从综合素质方面看都是比较过硬的,使得军队的车辆维护队伍练就了非常高超的服务本领,因而他们一般很少主动与汽车厂商联系和沟通情况。目前,不少军事机关拥有的办公车辆很多也是进口或合资厂生产的,这部分的车辆还是需要与相关品牌的特约维修服务站联系。

2)汽车厂商的军品服务方案

汽车厂商应大力发扬爱国主义精神,全力支持军队建设,为我国军队的现代化贡献自己的力量。针对军队用车的技术服务,汽车厂商应做好如下几个方面的工作:

（1）成立专门机构，专门协调军队用车的技术服务工作，为军车服务打造一支规模较小、水平较高、本领过硬的服务队伍。汽车厂商的售后服务部门，应尊重军品使用管理的制度，在军方的协调和调度下参与服务工作，如开展技术培训、质量保修等，必要时也可以调动售后服务网络参与驻地部队的车辆服务。

（2）鉴于军队用车的特殊性，对军队战备仓库的贮备车辆、特种改装车辆、特种部队使用的车辆（除运输部队之外的部队用车，特别是专用车），汽车厂商应做出比一般社会车辆更为宽松的质量保修规定，放宽质量保修的里程或保修时间。部队提出的质量赔偿，通常只是要求提供备件，不索取劳务费用，汽车厂商应予以照顾。

（3）由于兵源的流动性较大，老兵退役通常会导致车辆维护力量的削弱，有时也会带走技术和资料，汽车厂商应当尽可能提供有关技术资料和定期为军队举办培训班。

（4）军队用资金申报周期通常较长，汽车厂商可以有针对性地和适度地提供备件优惠。如在军队比较方便的时间（资金批复期）为军队组织专门的备件供应订货。在军用汽车聚集地附近，汽车厂商应建立专门的备件贮备仓库，为军队基层用车单位直接提供充足、优惠的备件。

3.5.2　新产品的售后服务

1）新产品的使用试验

新产品的售后服务始于新产品的使用试验。所谓的新产品使用试验，是指在典型使用地区和特定使用条件下，在一定的使用里程范围内，通过用户的实际正常使用而完成的产品试用（试验）。其目的就是检验新产品车辆的整车及其零部件的性能，摸索质量故障规律，制定售后服务规范等。使用试验是一种与实验室试验、产品开发期间的道路试验不同的试验，也是汽车厂商想要成功进行新产品大量上市的一个不可逾越的重要环节。使用试验要达到以下目的：

（1）完成新产品在用户正常使用条件下的可靠性和耐久性试验。对试验中发生、发现的故障要立即研究并做出改进，或重新进行一轮新的使用试验。

（2）完成新产品维护规范的制订和验证，完成和完善使用技术文件的编制（使用说明书、维修手册、备件目录等）。

（3）摸索新产品的使用适应性，总结使用规律，探讨维修方便性、接近性，并改进不合理的结构。

（4）定新产品投放市场初期需要的"备件推荐贮备清单"。

（5）研究新产品的使用经济性，开展产品使用经济性研究分析，为新产品的市场宣传积累资料。

2）使用试验要完整记录

新产品在试验过程中所发生的全部情况，做好信息收集与反馈。所包括的信息内容有：

（1）驾驶员对试验新产品的感觉和主观评价。

（2）试验车辆的维护情况。试验过程要严格按照试验大纲的要求、规范和项目进行维护，按要求详细记录维护中发生和发现的现象，按试验大纲的规定取样、换件，记录在维护中发现的故障及排除故障隐患的方法。

（3）试验车辆参加营运的情况（通常以月为统计期）统计，包括车辆使用和故障发生的日期、行驶里程、载荷情况、车辆完好率、工作率、实载率、里程利用率、燃油耗、机油耗、运输周转量(营运收人)、维护情况(维护里程及维护情况记录)、故障发生情况(故障发生里程及故障分析)等。使用试验的进行过程中,要定期拆检试验车辆,这是使用试验的重要阶段总结。对重要的被考核零件和总成,在拆检中要进行性能测定和精密测量,通过资料的累积和综合分析将可以认识新产品的耐久性和重要部件的磨损规律和性能的衰退规律。通过恢复拆检车辆的性能,还可以总结和寻求最佳维修方案,总结试验车辆性能恢复的规律。

3)新产品售后服务的工作原则

做好新产品的售后服务,必须坚持以下工作原则:

(1)"备件先行"的原则

新产品的售后服务,在备件策略上要坚持"备件投放先于整车销售"的原则,以充分满足新产品投放市场后,售后服务网络(广大用户)对新产品备件的需求。因此,当新产品投放市场时,汽车厂商必须将充足的备件预先投放至各技术服务中心(站)。此时的备件供应,不可以赢利为目标,而只能以保障开拓整车市场为目的,通常可以采用代销或寄销的形式结算所投放的备件,这样也有利于减轻售后服务网点备件周转资金的压力。总之,充足的备件供应和合理的备件贮存布局是新产品开拓市场的必要条件,它能够解除用户的后顾之忧,给用户以安全感和亲切感,起到开拓市场的作用。

(2)"先培训、后投放"的原则

新产品的售后服务,在服务策略上要坚持"技术培训先于整车销售"的原则,以保障新产品在出现故障时能够得到及时、正确和有效的服务。由于新产品总有其独特的新结构、新工艺、新技术和新性能,这些特点在新产品投放市场前一般不为社会所熟悉,因而汽车厂商必须要对自己的驻外销售人员、经销商、维修服务商、大用户的驾驶员、修理工和技术干部等人员,开展各种层次的技术培训,以宣传新产品的技术特点,传授维修和服务的技艺,介绍正确的使用知识。至于社会广大用户,一般是通过接受过培训的经销商和服务代理商向其宣传介绍新产品的科学使用知识和故障规律的。汽车厂商也可以借助新产品上市时举行的一系列的市场推介活动,组织社会培训,以便让更多的现有的和潜在的用户熟悉和了解新产品的技术特点。无论上述哪种类型的培训,汽车厂商都必须事先准备好新产品培训的各种技术资料和宣传介绍材料。培训的实质就是要把新产品的各种技术特点最终送到服务商和用户那里,从某种意义上讲,培训过程也是一个广告宣传的过程,可以起到促销的作用。

(3)"保驾、护航"的原则

新产品的售后服务,在服务策略上还要坚持"发动整个售后服务网络全面保障新产品售后服务"的原则,即要求整个售后服务网络为新产品投放予以"保驾、护航",全面参与到新产品的服务活动之中,以确保新产品的各种技术故障得到快速而准确的处理和解决,满足用户的服务要求。因为新产品一旦正式投放市场,售后服务能否全面跟上,直接关系到新产品市场营销的成败,所以汽车厂商此时必须要全面发动其营销和服务网络,全力做好售后服务工作。具体的服务形式可以采用"服务月"、"服务周"、"宣传日"等方式,甚至采取上门咨询、上门维修和给予免费服务等优待方式,以更好地与用户沟通信息,培植用户的感情。要与用户一起总结新产品的使用经验和使用规律,帮助用户建立用好新产品的信心,形成良好的社会美誉度。在新产品的服务过程中,汽车厂商通常还要借助各种宣传媒介介绍新产品的特点,形成强大的社会舆论。总之,新产品投放市场时,汽车厂商要善于运用立体的、全面的、大规模的服务和宣传手段,营造浓厚的新产品上市的氛围,为新产品的市场营销起到推波助澜的作用。

3.5.3　其他售后服务

1)出口产品的售后服务

出口产品的售后服务,又称为海外售后服务。其工作目标、工作范围及工作内容等,与国内售后服务在本质上是一样的。但是,由于受到不同语言、文化、政策法规及使用条件的影响,在开展汽车售后服务时,遇到的难度更大,开展服务的工作方式和工作深度也会有所不同。海外售后服务是伴随汽车产品的出口而开始的,售后服务质量的好坏关系到产品能否继续出口,成为拓展和巩固海外市场的关键因素之一。如同产品出口必须依靠进口国的代理商提供销售服务一样,售后服务也必须通过进口国的汽车综合服务代理商进行工作。由于我国汽车产品的出口,主要采取了政府合同(政府间的贸易协定)、工程承包(汽车作为工程装备)和国际友好人士及商人拓展中国产品市场等方式,现阶段的出口市场又主要限于亚洲、非洲等地区,这些国家和地区的汽车工业相对比较落后,售后服务的能力和基础相对比较薄弱,汽车经销商和服务商的数量不多,资金实力不足,专业技术人员匮乏,因而做好出口汽车产品的售后服务,就显得任务非常艰巨。

为了做好出口汽车产品的售后服务,着重注意以下环节方面:

(1)技术培训资料,包括培训教材、产品使用说明书、备件目录、维修手册、挂图等必须是英文(或中英文对照)的。教师授课也要采用英语讲课。培训的对象通常也是国际服务商的技术骨干,培训内容包括产品技术及结构特征、使用要领、拆装实习和维修技术等。

(2)备件供应要克服更多的困难,才能满足服务商对备件及时、方便、快捷的要求。为此,汽车出口厂商需要在进口国建立必要的备件储备,有时也可以在某国建立规模适度的备件中心(分库),这种中心(分库)可以建在保税区,要能够形成对周边国家的辐射。

(3)质量保修要充分满足当地政策和法律的要求。对于出口汽车厂商而言,做好产品的质量保修是一件挑战性很强的工作。这种挑战性,一方面体现在各个国家的政策法律不尽相同,出口厂商需要逐个国家研究;另一方面,有的国家对消费者(用户)的利益实施比较严格的保护,汽车厂商所熟悉的在国内的做法可能在国际上推行不通,出口商要面临更大的质量赔偿风险;第三,由于语言、文化及法律的差异,对于质量故障纠纷的调解处理,难度较大。此外,出口汽车产品的售后服务,还面临人才匮乏的压力,那些既熟悉国际商业惯例,英语表达与应用能力强,又有汽车专业知识的综合人才,成为一种稀缺资源。所以,出口产品的售后服务,必须依靠进口国的代理商去具体实施。

2)专用汽车和 KD 生产方式(进口零配件在国内组装的生产方式)产品的售后服务

各类专用汽车(含改装汽车)是商用汽车市场的重要组成部分,如国际上卡车市场的 70%都是专用汽车市场,我国的比例也达到一半以上。专用汽车的售后服务,主要是在服务的组织上有其自己的特点。通常情况下,专用汽车生产厂商如果是某个企业集团(大批量提供汽车底盘)的成员时,其售后服务网络一般依托于这个集团的服务网络,自己不再建立独立的服务网络,并且只承担专用装置部分的售后服务责任,而底盘部分的服务由集团企业(底盘提供者)负责。相对专用汽车生产厂商而言,底盘供应厂商通常是规模和实力较大的企业,他们建立了相对比较完备的售后服务网络,其售后服务总部往往设立有专用车产品服务部门,专门协调和帮助用户能够得到全面的售后服务,协调、督促、指导专用汽车厂商开展售后服务。当然,那些实力较强、产品销售和社会保有量较多、市场相对集中的专用汽车厂商,自己也可以独立建立自己的售后服务网络。

KD生产方式是现代企业扩大生产规模、拓展销售市场、绕开贸易壁垒的有效形式,具体包括CKD方式和SKD方式两种,即企业集团(或跨国公司)的某个生产主体(简称原生产主体),向集团内的其他生产主体(简称子公司)提供散件或部件,在异地实施装配生产的一种经营方式。KD方式生产的产品,通常使用与原生产主体产品相同的商标、品牌、规格和型号,除了原产地注明的生产地点不同外,其余标注完全一样。由于是异地装配生产,"子公司"在生产装备、技术实力、工艺水平等方面的差距,常常使得KD方式生产的产品在生产装配质量上,不及原主体厂家生产的产品好。但是,无论是实施KD方式生产的"子公司",还是提供部件(散件)的原主体厂家,都要重视KD方式产品的售后服务工作,否则将会对整个集团的声誉造成不良影响。KD方式产品的售后服务,在建立售后服务网络时,可以依托原主体厂家的服务网络,也可以建立独立的服务网络(原主体厂家没有服务网点的市场地区)。为了准确反馈产品质量信息,分别处理各个"子公司"的质量问题,原主体厂家必须将"子公司"的基本信息(如公司名称、地址、通讯方式等)、产品信息(如牌号、型号、生产序号、自制件清单等)和其他有关信息(如有关规则、标志的说明等),通报给售后服务的整个网络。

习　题

1. 名词解释
(1)服务站(网点)
(2)消耗件
(3)易损件
(4)维修零件
(5)基础件
(6)肇事件
(7)服务能力
(8)新产品使用试验

2. 填空题
(1)服务理念就是厂商对待服务工作的_____,是服务工作的_____,是厂商经营哲学在服务工作上的具体反映,或者说是汽车厂商的经营观念或营销观念在服务工作上的具体化。

(2)销售服务泛指客户选购汽车产品时,销售部门帮助客户购买产品所做的各种_____服务工作。

(3)就技术性服务工作而言,它可能在_____,也可能在_____,但更多的是在车辆售出后进行的质量保修、维护、技术咨询及备件供应等一系列技术性工作。

(4)由于汽车产品的高度技术密集、知识密集,汽车产品的售后服务工作必然包含着对用户的_____、_____、_____,也包含着对厂商售后服务网络(网点)的技术培训、技术示范、技术指导和技术咨询。

（5）质量保修工作的要点有三：_____、_____、_____。

（6）服务站的类型一般有两种：_____、_____。

（7）完善的售后服务应具备两大基本功能：_____、_____。

（8）质量保修的工作内容主要有二：_____、_____。

（9）备件（配件）供应具有两大职能：_____、_____。

（10）服务站选点主要考虑的是_____、_____，同时对发展中的目标市场和主要竞争对手的重点市场加以倾斜。

（11）服务站建站应具备的资质条件有：_____、_____、_____。

（12）服务商要进入汽车厂商的售后服务体系，通常要遵照的程序有：_____、_____、_____、_____。

（13）汽车厂商不仅要注重服务网络的建设，也要注重对整个服务网点的管理，包括对网点_____、_____、_____与_____等，实施网点的动态管理。

（14）预约用户涉及的内容有：_____、_____、_____、_____。

3. 思考题

（1）售后服务一般包括哪几个方面？

（2）在我国的汽车行业内，质量保修工作是怎样进行的？

（3）为什么说质量保修具有极强的政策性和技术性？

（4）企业形象建设的手段主要有哪些？

（5）技术培训包括哪几个方面？

（6）服务站的培训主要内容有哪些？

（7）汽车产品质量赔偿的工作流程怎样？

（8）质量保修费用结算过程一般包括哪几个步骤？

（9）按配件的使用性质通常可以把配件分成哪几类？

（10）备件的定价有哪几种策略？各有何特点？

（11）售后服务网络（点）规模怎样确定？

（12）售后服务网络网点的布局有何原则？

（13）厂商对服务站的基本考核项目有哪些？

（14）服务站的组建方式大体上包括哪些？

（15）修理作业一般应遵循的步骤有哪些？

（16）怎样建设服务站的形象？

（17）汽车厂商的售后服务管理体系一般包括哪几个层次？

（18）汽车产品售后服务管理部门的基本组织形式有哪些？

（19）结合典型汽车生产企业说明其售后服务机构的设置。

（20）汽车厂商售后服务的风险主要来自于哪两个领域？

（21）新产品售后服务的工作原则有哪些？

第 **4** 章

汽车维修与美容装饰服务管理

学习目标

(1)掌握汽车维修业的概念,了解汽车维修业发展过程与发展趋势,熟悉我国的汽车维修制度形成的过程。

(2)了解汽车维修企业类别与作业范围;汽车保养作业的主要任务和措施。

(3)了解全面质量管理基本知识;ISO 9000 的基本知识与实施方法;汽车维修的质量检验。

(4)了解汽车维修企业的开业条件;汽车维修企业和经营业户开业、歇业、停业审批程序;汽车维修行业管理。

4.1 汽车的维修作业

4.1.1 概 述

1)汽车维修业的概念

汽车维修业是由汽车维护、美容和修理厂点组成的、为汽车运输服务的、相对独立的行业。它通过维护和修理来维持和恢复汽车技术状况,延长汽车使用寿命,是汽车行业的重要组成部分,由它拉动产业和消化就业的能力是很强的。在汽车流通领域中汽车维护和修理所占的比重已超过了68%。

从工作的内容区分汽车维护和汽车修理,这是属于两种不同性质的技术措施。汽车维修是汽车维护和修理的泛称。汽车维护是为了维持汽车完好技术状况或工作能力而进行的作业。其目的是为了保持车容整洁,随时发现和消除故障隐患,防止车辆早期损坏,从而降低车辆的故障率和小修频率。汽车维护应贯彻预防为主、强制进行的原则,俗话说得好"七分养三分修",在第 3 章中我们已经提过,对于汽车维护的发展趋势主要是以养代修。

汽车修理是为了恢复汽车完好技术状况或工作能力以及延长其使用寿命而进行的作业。其目的在于及时排除故障,恢复车辆的技术性能,节约运行消耗,延长其使用寿命。车辆修理应贯彻定期检测、视情修理的原则。当前,我国汽车维护按作业范围的深度,一般分为三级:即日常维护、一级维护和二级维护;按修理对象和作业范围将修理分为汽车大修、总成大修、汽车小修和零件修理,对于乘用车一般不再进行大修作业了(除事故车外)。

2)我国汽车维修业发展现状

在汽车综合服务体系的规模设想上按照国家"十一五"规划,到2005年我国将实现每1 000辆汽车拥有3.0个维修企业,全国维修企业按照目前的汽车保有量应该设150万个左右;从业人员在400万左右;按照同样的标准,全国私人轿车拥有量为3 200万辆左右,应该有3万个4S服务站。实际上目前仅有1.8万个左右的服务站,但是不会增加到3.2万个特约维修服务站,因为低档次的乘用车维修很少进入特约维修服务站。即便如此,目前的特约维修服务站数量还是满足不了需求,所以对于中高档乘用车而言维修难、收费高的局面还会持续一段时间。

目前,我国的汽车维修行业是国营、集体、个体、中外合资等多种经营形式并存格局,初步形成了一个多渠道、多形式、多层次的汽车维修市场。按照国家发改委的建议,国有资产将逐步退出汽车维修市场,汽车维修市场将完全按照市场经济规律发展,依靠这只无形的手来达到供需平衡的完善状态,具体形式是加大私营企业和中外合资企业在行业中的比重。

从整体上而言,国内的汽车综合服务体系已经取得了长足进展,特别是近五年,甚至是近两年来,随着企业、消费者乃至全社会对乘用车售后服务的广泛关注和4S模式的推广,汽车综合服务在人员素质、硬件设备和质量管理等各方面都有很大进步。

同时,我们也看到,国内的轿车服务体系还存在许多不如人意的地方,在行业分工协作、规范化管理、维修技术、收费、配件、服务意识等方面仍存在诸多问题,特别是在人性化、价格、商誉等方面离国际标准还有一定差距,而且不同品牌、不同区域之间,服务水准也存在较大差距。

3)我国汽车维修业发展趋势

(1)汽车维修业朝着规模化方向发展

改革开放以来,汽车维修业基本呈粗放型发展。按照国家对汽车产业的宏观发展规划,汽车产业已经确定为我国经济发展的支柱型产业。为了适应汽车(特别是乘用车)大规模进入家庭,汽车维修业除了量的增加要与汽车保有量的增幅相适应外,其发展模式也必须由单一的劳动密集型向知识密集型、资金密集型转变。目前,随着私人乘用车保有量的高速增长,汽车综合服务市场,特别是汽车维修业已成为一个新的经济增长点,其盈利能力与发展潜力正在吸引社会各方面资金进入该行业。这不仅可以增加维修站点的数量还可使现有的站点上规模、上档次,同时还将会通过企业兼并,资产重组等形式扩大经营规模,建立企业集团,以不断提高汽车维修业的规模化程度和整体素质,提高市场占有率。

(2)汽车维修业依靠提高科技含量增强竞争能力

汽车维修行业伴随着乘用车制造技术的发展而发展,新工艺、新结构、新材料、新技术的采用对现代汽车维修业提出了许多更新、更高的要求。追踪高新技术、掌握高新技术、提供高质量的维修服务,才能在市场竞争中占据有利的地位,已成为汽车维修企业的共识和追求的目标。

(3)汽车维修业朝着专业化及工业化方向发展

随着汽车维修市场逐步完善,通过激烈竞争使汽车维修市场的分工越来越细化,并向专业化、工业化的方向发展。一是汽车维修企业承担单一车型或同类车型的汽车维修或者建立汽车三位、四位一体及连锁经营店,为汽车制造企业做售后维修服务等。二是汽车维修业主只承担专项维修,如专门维修汽车电子控制装置,专门维修自动变速器,专门维修动力转向系统,专门维修 ABS 系统,专门从事钣金,专门从事喷漆,专门从事动平衡、汽车美容等。三是汽车维修已开始朝着工业化流水作业发展,如发动机翻新,自动变速器翻新等。随着专业化、工业化程度的提高,使维修在厂车日减少,维修质量得到了提高。

(4)采用先进的管理手段向管理要效益

汽车维修企业通过采用现代化管理手段,在企业管理上逐步实现规模化、科学化。汽车维修企业管理主要是在车辆进厂维修过程、客户群管理、出厂记录、材料管理、财务管理、劳动人事管理等方面逐步实现微机管理,并在生产现场管理上逐步采用电视监控技术,不断提高企业管理水平。同时汽车维修企业不断改善服务质量,通过实行"四公开",即公开维修项目、公开收费标准、公开修理过程、公开服务承诺,积极创建文明行业等,不断实现以客户需求为导向的企业创新。

(5)发展汽车维修救援

汽车维修救援是为故障车提供紧急救援服务的新事业,是对汽车维修业服务功能的延伸。通过该系统,能够减小运输损失,提高运输效率,保障运输安全。汽车维修救援将成为汽车维修业发展的一个新的经济增长点,目前多数汽车特约服务站都开展了这项业务,但由于能力限制救援的地域范围只局限在本地,对象也基本是自己品牌的客户。对于其他不是自己特约服务的品牌维修救援目前还有很多困难,所以今后汽车维修救援有必要发展成为一个社会性的服务企业,或者采取俱乐部救援形式,俱乐部可以发展成为全国性的合作。

(6)二手车市场进入汽车维修企业

国外二手车交易大部分在汽车销售商处进行,同新车一样有展厅,也有在汽车维修企业进行的,这种形式得到了客户的认可。因为无论是在汽车销售商处还是汽车维修企业在进行二手车交易,都必须具备以下条件:一是经过政府批准;二是具有国家承认的持证经纪人与评估师;三是依托企业中的综合性能检测线,对二手车进行科学的检测、评估与适当的翻新,这样翻新的二手车在交易后同新车一样具有保修期。因此,汽车销售商与汽车维修企业引进这项业务是符合市场需求的。据美国二手车交易市场调查,每发生一台新车交易,同时会有七台二手车交易。

4)汽车维修业的特点和作用

汽车维修行业的特点是由它的服务对象和生产特点决定的。汽车维修行业是为在用车辆服务的。因此,它必然具备技术服务与广义车主服务双重特点。归纳起来,主要有以下几个方面:

(1)技术的复杂性:汽车是一种结构复杂、技术密集的现代化运输工具,也是一种对可靠性、安全性要求较高的行走机械。为了适应社会发展的需要,车辆的品种日益增加,车辆的专用性也就更加明确,加上新技术、新工艺、新材料不断被采用,使车辆的机构也越来越复杂。这就决定了汽车维修行业技术的复杂性。从汽车维修涉及的工种看,不仅需要发动机、底盘、电气、钣金、喷漆等专业修理工种,而且需要车工、钳工、铆工、焊工等种种机械方面的通用工种。生产要求差异很大,使维修企业的作业内容、作业深度千差万别。通过上述的归纳我们可以得出结论,目前汽车维修行业还是一个劳动密集型及以经验为主的行业。

(2)社会的分散性:汽车维修业是为在用车服务的。在用车的特点是流动分散,遍布城乡各地。因而,汽车维修业必然也会分布在社会各个角落,具有很大的分散性。尤其是从事汽车维护小修和专项维修的业户,这种分散表现得更为突出。同时汽车维修生产的特点也决定了其组织的规模不可能过大。目前,我国汽车维修业是以中小型企业为主。

(3)市场的调节性:汽车维修行业是随着国家相关政策、公路运输业和汽车制造业的发展而发展的,加之企业点多面广和专业服务的特点,决定了该行业具有较强的市场调节属性。这就使一些不能随着市场变化而变化的汽车维修组织的稳定性很差。也就是说,根据市场的需要,维修组织开业、停业在动态变化中自行调节,使汽车维修市场的供求关系逐渐趋于平衡。按照国家相关法规政策的要求,汽车销售要执行特许制度,这样汽车维修企业就基本上与汽车销售合并在一起经营了,在这种模式下首先是进入市场的门槛提高了,建一个中档的特约维修站投资基本在 3 000 万左右,近几年来随市场竞争加剧、消费者日益成熟都使得无论是销售还是维修业务的利润率都在下降,不少特约维修站已经在保本经营了,所以想要短期内收回投资的可能性微乎其微,由于投资巨大,导致退出市场的门槛也相应提高了,所以要想随时停业的可能性几乎没有(除非是路边小店),一旦汽车维修企业的数量增长过快,形成供过于求的局面必然会产生过度竞争,市场只有通过倒闭或通过兼并才能达到新的市场平衡。

(4)隶属关系的复杂性:汽车分布在千家万户,各行各业。在封闭的经济体制下,各自都有为自己部门、行业服务的汽车维修企业(如机械、邮政、化工、煤炭、石油、粮食、商业等)。改革开放后,这些企业都纷纷向社会开放,进入维修市场,形成了一个社会化的行业。但是,这些企业大部分的隶属关系并未改变,仍为各部门和单位所有,这一历史原因决定了我国汽车维修行业的隶属关系错综复杂。随着市场化程度的提高和国有资产退出汽车维修行业的政策要求,国营汽车维修企业已基本转让或股份制了。

汽车与其他任何机械一样,在使用过程中由于磨损、变形、老化和意外损坏等原因,技术状况和性能不断下降,致使车辆在运行中的可靠性下降和运行安全性得不到保证,动力性、经济性变坏,运行消耗增加造成使用成本增加,故障率上升,影响车辆的运行效率。相关研究表明,目前国产汽车的无故障里程一般为 3 000 km 左右,车辆运行至 3 000 ~ 5 000 km 时对车辆安全等各个系统要进行全面检查、调整、紧固、润滑和修理。因此,汽车在投入使用后到最后报废的整个寿命周期内,其动力性能、经济性能、安全性能和可靠性能等,与能否科学地、合理地进行维护与维修密切相关。汽车维修业的作用就是使汽车保持良好的技术状况、使汽车能正常行驶。

4.1.2 我国的汽车维修制度

1)我国汽车维修制度现状

我国汽车计划预防维修体系形成于 20 世纪 50 年代初(主要是针对运输企业的大型车辆,基本不涉及乘用车)。它是在学习苏联和其他欧美国家经验的基础上建立的。1954 年首次颁布了《汽车运输企业技术标准与技术经济定额》,俗称"红皮书",是汽车运输技术管理的法规性文件。书中规定保养分为例保、一保和二保,共三级,保养工艺中不含修理内容。修理分三类,即小修、中修和大修。后来由于车源不足,资金短缺,企业无力及时更新车辆,车况逐渐变差,故障率增高,正常的保养已难以维持车辆完好率,因此在保养作业中逐渐增加了一些修理内容。随着公路运输事业的发展,50 年代颁发的"红皮书"已不能适应当时要求。于是,交通部于 1964 年在原"红皮书"的基础上,吸收国内外积累的经验,重新编写和颁发了《汽车运输企业技术管理规定》和《汽车运用技术规范》两本"红皮书",把我国的汽车维修与使用工作的标准提高到一个新的高度。1965 年交通部第四次颁发了《汽车修理规程》和《汽车运用规程》，三级保养制度改为例保、一保、二保和三保四级保养制度，取消了中修。三保的周期为40 000～48 000 km，主要作业内容是总成解体、清洁、检查维修，发动机换活塞环，甚至搪缸换活塞。60 年代末提出的"严格管理、合理使用、强调保养、计划修理"的十六字方针，使计划维修思想深入人心，加强了汽车保养和修理工作的计划性，降低了汽车故障频率，保证了车辆技术状况，提高了行车安全，在当时确实起到了促进公路运输发展的作用。20 世纪 80 年代，在总结汽车使用经验的基础上，对以往的"红皮书"作了概括和提炼，编印了《汽车运输和修理企业技术管理制度》和《汽车修理技术标准》，在全国分 3 个片区进行为期两年的标准验证，在此期间，提出了"科学管理、合理使用、定期保养、计划修理"的指导思想，对原十六字方针作了修改，把计划预防维修管理提高到了一个新的水平。

2）汽车维修新制度的建立

按传统的计划制度，汽车行驶到规定里程就要强制执行保养作业，但是汽车零部件的使用寿命和损坏程度参差不齐，定期保养更换零件时，会使部分没有达到使用寿命及损坏的零件提前报废，造成极大的浪费。要避免这种现象的产生，就要采用先进的科学检测手段，按合理的周期对汽车性能和主要总成进行检测和诊断，确定需要维修的时机和作业内容。这就需要对传统的维修制度进行改革，建立定期检测、视情修理的汽车维修新制度。1990 年交通部 13 号令发布了《汽车运输业车辆技术管理规定》（以下简称《规定》），其中确立了了新的维修理念。

（1）定期检测

定期检测是科学技术进步与技术管理相结合的产物。自 20 世纪 60 年代以来，检测诊断技术日益完善，国内已开始广泛使用检测诊断设备诊断车辆的技术状况，以代替过去凭经验的落后做法。自 20 世纪 70 年代开始研制汽车检测诊断设备，至 80 年代有计划引进检测设备，建立检测站，为我国全面开展对在用车辆的定期检测打下了基础。定期检测就是通过现代化的技术手段，定期正确判断车辆的技术状况。它包含两重含义，一是对所有在用车辆视其类型、老旧程度、使用条件和使用强度等制定定期检测制度，使其在行驶一定里程、时间后，按时进行综合性能检测。到 2003 年底全国综合检测站达 1 200 多个，年完成检测量达 1 200 多万辆次。二是定期检测结合维护进行，确定维护附加作业项目，掌握车辆技术状况变化规律，同时通过对在用车辆的检测诊断和技术鉴定，确定车辆是否需要大修（乘用车一般不进行大修，除了事故车外），以便实行视情修理。

（2）强制维护（强制维护即强制保养）

过去的设备管理普遍推行的是计划预防维护制度。现在的车辆维护，国外普遍采用状态检测下的维护制度，这一制度并未废除过去的计划预防原则，而只是在这一基础上增加了状态检测的内容，以确定附加维护作业项目，也就是在执行计划维护时，结合状态检测同时进行。因此，强制维护同样是在计划预防维护的基础上进行状态检测的维护制度。所以，将过去的定期维护的提法改为强制维护，只是为了进一步强调维护的重要性，防止盲目追求眼前利益，不重视及时维护，对设备进行破坏性使用的错误行为。维护与修理有着明显的界限，维护作业包括清洁、检查、补给、润滑、紧固、调整等，除主要总成发生故障必须解体时，不得对其进行解体。最终的目的是逐步取消整车解体式的三级维护。

（3）视情修理

视情修理是随着检测诊断技术的发展和维修市场的变化而提出的。过去的计划修理往往由于计划不周或执行得不彻底而造成修理不及时或提前修理的情况,修理不及时的结果是车况急剧恶化,提前修理的结果会造成浪费。为了改变这种情况,将过去的计划修理改为视情修理,使之更符合我国当前的情况,这体现了技术与经济相结合的原则,也体现了维修制度的另一重大变化。但是,视情修理必须经过检测诊断和技术鉴定,而不能认为只听车辆所有者或使用者的意见来随便确定修理时间和项目。在这里要注意的是视情修理并不是由此取消车辆的总成大修。因为车辆制造部门在设计制造汽车或总成时,往往考虑到了各零件或总成的使用寿命和它们的协调性。因而,在一般情况下只要使用部门正确掌握其维修周期,根据大修送修标志,对车辆或总成进行大修。尽管对某些部件或总成要造成提前修理,但对整体来讲,特别是减少停车损失,还是经济合理的。目前对于乘用车已经取消大修项目了(除事故车外),主要为视情修理,在新车使用的初期有个磨合期,这个阶段一般定在 5 000 km,属于强制保养项目。

4.1.3　汽车维修企业类别与作业范围

按照国家标准《汽车维修业开业条件》(GB/T 16739)规定,汽车维修企业按经营项目分为三个类别:

一类汽车维修企业(汽车大修)是从事汽车大修和总成修理生产的企业。此类企业亦可从事汽车维护、汽车小修和汽车专项修理生产。

二类汽车维修企业(汽车维护)是从事汽车一级维护、二级维护和汽车小修作业的企业。

三类汽车维修企业是专门从事汽车专项修理(或维护)生产的企业和个体户。

专项修理(或维护)的主要项目为:车身修理,涂漆,篷布、座垫及内装饰修理,电器、仪表修理,蓄电池修理,散热器、油箱修理,轮胎修补,安装汽车门窗玻璃,空调器、暖风机修理,喷油泵、喷油器、化油器修理,曲轴修磨,车身清洁维护等。汽车维修企业可根据自身条件,申请从事一项或数项专项修理作业。随着行业管理工作的深入,摩托车修理已在大部分省(市)纳入汽车维修行业管理范围,并把它归入三类汽车维修企业。

值得说明的是,在实际工作中,有的汽车维修企业专门从事某一车型的维修,如汽车制造厂设立的维修中心、特约维修站等,不属于三类汽车维修企业。因为对某一单一车型的维修也包括汽车大修、总成修理和各级维护及小修,对于这种情况,应按其作业内容确定该企业相应类别。

4.1.4　汽车维修的类别和主要作业内容

1)汽车维护的类别和主要作业范围

汽车维护的类别是指汽车维护按汽车运行间隔期限、维护作业内容,或运行条件等划分的不同的类别或级别。其中,运行间隔期限是指汽车运行的里程间隔或时间间隔。汽车维护的主要类别和主要作业内容如下:

(1)定期维护

定期维护是按技术文件规定的运行间隔期限实施的汽车维护,在整个汽车寿命期内按规定周期循环进行。按《汽车运输业车辆技术管理规定》(以下简称《规定》)中的汽车维修制度,汽车维护分为:例行维护、一级维护和二级维护。各级维护的周期和主要作业内容是:

例行维护(日常维护):是日常性作业,每日由驾驶员出车前或收车后进行,中心内容是清洁、补给和安全检查等。

一级维护:由专业维修工在维修车间或维修厂内进行。间隔里程周期一般为 1 000 ~ 2 000 km。其作业的中心内容除日常维护作业内容外,以检查、润滑、紧固为主,并检查有关制动、转向等安全系统的部件。

二级维护:由专业维修工在维修车间或专业维修厂内进行。间隔里程一般为 10 000 ~ 15 000 km。其作业中心内容除一级维护作业内容外,以检查调整为主,并拆检轮胎,进行轮胎换位。

在《规定》中,取消了原制度规定的以解体检查为中心内容的三级维护,要求在车辆维护前应进行技术检测和技术评定,根据检测和评定结果,确定附加作业项目,结合二级维护一并进行。上述汽车定期维护的周期和作业内容只是一些原则,由于车型和运行条件不同,使用的燃、润料和配件质量的差异,导致各级维护作业的深度和周期有很大的差别。所以,各地可根据具本情况,确定其周期和作业内容。

(2)季节性维护和主要作业内容

为使汽车适应季节变化而实行的维护称为季节性维护。一般季节性维护可结合定期维护一并进行。主要作业内容是更换润滑油、调整油电路和对冷却系统的检查维护等。

(3)走合维护和主要作业内容

走合维护是指在新车或大修车走合期实施的维护。主要作业内容除特别注意做好例行维护外,要经常检查、紧固外露螺栓、螺母,注意各总成在运行中的声响和温度变化,及时进行适当的调整。走合期满,各总成应更换润滑油,并注意清洗,连接件要进行紧固,对各部间隙进行调整。

2)汽车修理的类别及主要作业内容

汽车修理的类别是按修理对象、作业深度形式来划分。按修理对象和作业深度划分为:汽车大修、总成修理、汽车小修、零件修理和视情修理。

(1)汽车大修

用修理或更换汽车任何零部件(包括基础件)的方法,恢复汽车的完好技术状况或完全(或接近完全)恢复汽车寿命的恢复性修理。汽车大修是对整车进行解体,对所有零部件进行检验、修理或更换。汽车大修的期限是随着汽车产品质量、使用条件和平时维护状况的不同有很大的差异,车辆技术管理部门应对接近大修定额里程的车辆加强状态监控,结合维护进行定期检测,做好技术鉴定工作,根据汽车大修的送修条件及时送修。

(2)总成修理

是为了恢复汽车某一总成的完好技术状况、工作能力和寿命而进行的作业。也就是总成在经过一定使用期后,其基础和主要零部件破裂、磨损、老化等,需要拆散进行彻底修理,以恢复其技术状况。主要总成包括发动机、车架、车身、变速器、后桥、前桥等。送修前要进行技术鉴定,达到送修条件的按规定送修。

(3)汽车小修

是用修理和更换个别零件的方法,保证或恢复车辆工作能力的运行性修理。主要是为了消除车辆在运行过程中和维护作业中发生或发现的故障和隐患。

(4)零件修理

是对因磨损、变形、损伤等不能继续使用的零件进行修复,以恢复其性能和寿命。它是节约原材料、降低维修费用的一个重要措施。当然,零件修理必须考虑到是否有修复价值和符合经济的原则。

(5)视情修理

是指按技术文件规定对汽车技术状况进行诊断或检测后,决定修理的内容和实施时间的修理。也就是根据鉴定结果确定修理的级别和项目。

4.2　汽车维修的质量检验

4.2.1　全面质量管理基本知识

1)影响汽车维修质量的因素

全面质量管理理论认为,影响产品或服务质量的要素主要有五个方面,即:人、机、料、法、环。以下分别予以讲述:

人的因素:从业人员的素质与技术水平是影响维修质量的最大因素,因此是放在第一位的。

机器设备的因素:修理汽车没有设备不行,尤其是现代电子控制系统的检测仪器设备,仪器设备一是要功能齐全,二是要完好准确,这样才能保证质量。

配件材料的因素:汽车修理所更换的配件材料,如果质量不行,当然会严重影响维修服务的质量,比如用了次品零配件,劣质假冒润滑油等。

工艺方法的因素:修理作业必须严格按照工艺规程与操作规程进行,否则就不能保证维修质量。比如:野蛮装卸汽车零部件及电器附件、安装电器正负极性接反、用试电笔去测量 ECU(电子控制器)或安全气囊等贵重电器部件,均属严重违章操作。

修理作业环境的因素:修理作业场地及环境也是影响质量的一个因素,比如:作业现场脏、乱、差等均会影响修理服务的质量。

2)质量管理的运转方式

质量管理或质量保证体系是按照"P、D、C、A"管理循环的方式进行运作的。

P——计划(Plan)。即制定质量目标、活动计划、管理项目与措施方案等。这一阶段可包括如下 4 个步骤:一是分析现状,找出存在的质量问题;二是分析产生质量问题的各种原因;三是从各种原因中找出主要原因;四是针对主要原因拟定措施,制订计划和确定目标。

D——实施(Do)。即将制定的计划和措施进行组织实施。

C——检查(Check)。即把执行的工作结果与预定的目标进行对比,检查执行过程中出现的情况与问题。

A——处理(Action)。即总结经验,巩固成绩,提出存在的问题以及解决的方案,由下一循环解决。它包括两个工作步骤:一是总结经验,把行之有效的办法标准化,以巩固目标;二是把没有解决的遗留问题,转入下一个循环,继续解决。

"P,D,C,A"管理循环的特点有两个:一是大环套小环,互相促进,也即循环中的任意一环又都是由一个小的"P,D,C,A"循环组成;二是爬梯式循环上升,即每经历一次"P,D,C,A"管理循环,必然有一次提高也就是上了一个台阶,也就是通常所说的"管理上台阶"。

4.2.2 ISO 9000 的基本知识与实施方法

1）ISO 9000 的基本知识

"ISO"是国际标准化组织的英文字母缩写，而 ISO 9000 则是由国际标准化组织发布的9000 号文件，是关于质量管理和质量保证的一个系列标准。ISO 9000 质量管理体系是在全面质量管理的基础上，经过数十年的改进与提高，由世界各国的管理与技术专家进行认真讨论不断修改完善，而发展起来的、全新的、世界通行的质量管理与保证体系。

2）ISO 9000 质量保证体系的实施

可以将 ISO 9000 的实施工作精辟地总结为五句话，即"依据标准、结合实际、写我们所做、做我们所写、保存记录"。

"依据标准"是指企业所建立的文件化质量体系必须满足 ISO 9000 标准的要求，并能覆盖标准的各项要素，这就需要编写文件的人员首先必须学习并领会标准的各项要求。

"结合实际"是指编写文件的人员必须对企业的运作程序与各个环节进行全面的了解，设计出质量体系文件的总体架构。

"写我们所做"是指质量体系文件的编写，要将我们的工作程序与方法用文件来进行规范和描述，当然所编写的文件必须"依据标准"。

"做我们所写"是指文件化的质量体系建立后，一切质量活动就要按照文件的规定进行，正所谓"该说的要说到，说到的一定要做到"。

"保存记录"是指质量体系在运行过程中产生的各种记录要按照规定予以保存，保存记录的作用主要有两条：一是当出现问题或质量事故时便于追溯，以查清原因、分清责任，该我们负责的要对责任人给予处理，不属于我们的责任可以减少不必要的赔偿或损失；二是在认证机构进行认证审核或内部质量审核时作为实际行动是否符合文件规定的证据。

总之，实施 ISO 9000 就是要根据实施建立一套质量体系文件，该套文件必须满足 ISO 9000标准的要求并覆盖标准的各项要素，然后我们的一切质量活动都必须按照质量体系文件的规定去做。

3）质量管理的八项原则

（1）以顾客为中心。组织依存于其顾客，因此组织应理解顾客当前的和未来的需求，满足顾客要求并争取超越顾客期望。

（2）领导作用。领导者将本组织的宗旨、方向和内部环境统一起来，并创造使员工能够充分参与实现组织目标的环境。

（3）全员参与。各级人员是组织之本，只有他们的充分参与，才能使他们的才干为组织带来最大的收益。

（4）过程方法。将相关的资源和活动作为过程进行管理，可以更高效地得到期望的结果。如 ISO 9000 的过程方法模式。

（5）管理的系统方法。针对设定的目标，识别、理解并管理一个由相互关联的过程所组成的体系，有助于提高组织的有效性和效率。

（6）持续改进。持续改进是组织的一个永恒的目标。基于事实的决策方法。对数据和信息的逻辑分析或直觉判断是有效决策的基础。

（7）基于事实的决策方法。有效的决策是建在数据的信息分析基础上。

（8）互利的供方关系。通过互利的关系,增强组织及其供方创造价值的能力。

4.2.3　质量的定义及评价标准

企业内部的管理,主要工作就是质量管理,质量是企业的生命! 但是满足标准规定的产品或服务质量未必是好的! 例如,某顾客即将报废的汽车,空调不够凉,经认真检查后,主修师傅认为空调压缩机、蒸发器、储液干燥罐、膨胀阀等均需要更换新部件才能恢复空调的制冷性能。于是就全部换了新件,修复后再次测试,发现制冷效果非常好,出风口温度为8 ℃,达到了新车出厂的标准,于是他很高兴地通知车主前来提车。其结果是,车主非但不满意,而且不肯付费。那么可以说这一次的修车服务是不合格的,质量是不好的。

国际标准 ISO 8402 对质量的定义是:反映一种产品或一项服务满足明确和隐含的需要的能力的特性总和。而 ISO 9000 2000 版标准中更明确地指出:质量就是达到持续的顾客满意。由此可以看出,质量的本质就是顾客的满意,其评价的标准也就是顾客是否满意。上述例子中那台车从技术数据上看好像质量是好的,但从维修服务来看质量是不合格的。

顾客修车之前,自觉或不自觉地在心中有一个服务的期待值,当他亲身体验到了这一服务之后,就会对实际体验到的服务价值与他预先期待的服务价值进行比较,如果体验值大于期待值那么他会非常满意,并很可能成为忠诚顾客;如果二值相等,他则会感到满意;如果体验值小于期待值,那他就会感到不满意。要使顾客满意,就要尽可能地给顾客一个意外的惊喜,超出他的期望值。丰田汽车公司在他们的技术服务培训中列出了 30 多种给顾客意外惊喜的方法。另外,我们也可以适当地运用一些方法,使顾客预先的期望值不要太高或适当地降低顾客的期待值,也可以达到这一效果。因此,技术服务顾问在接待客户时,千万不能"表态拍胸脯、承诺拍脑袋、有投诉拍屁股"。技术服务顾问在承诺交车时间以及报出修理价格时,应该在实事求是的基础上留有适当的余地,这样一方面可以给自己一定的退路,另一方面可以在最后给顾客一个超值的感觉。美国运通公司的总裁曾经说过:"仅仅承诺你所能给予的,但给予超过你所承诺的!"要使顾客一次满意相对来说是比较容易做到的。新版 ISO 9000 标准认为:质量好是要达到持续的顾客满意。要达到这一标准就不那么简单了,必须使顾客、投资者、员工、供应商和社会都要满意,才能实现顾客的持续满意。修好了车不收钱这样一次二次企业可以承受,但长此以往,企业没有经济效益,投资者是不会干的。企业是以赢利为目的的经济组织,不赚钱投资者就不会满意,企业就不可能生存与发展,当然顾客也就不能享受到长期的优质服务;员工是与顾客直接打交道的,所有的服务都是通过员工与顾客的相互作用才完成的,一个牢骚满腹的员工是不能为顾客提供优质服务的! 因此对于汽车维修企业管理人员来说,他们的主要职责就是服务好企业的一线员工,他们工作质量的好坏就要看员工是否满意。对于配件供应商,往往忽视了一线员工的满意度,甚至有人错误地认为汽车维修业主是配件供应商的顾客,那汽车维修业主就是他们的上帝,根本用不着考虑一线员工是否满意;但新版 ISO 9000 标准认为:汽车维修业主买回来的配件与材料并不是自己用的,是提供给最终顾客使用的,因此汽车维修业主与供应商一样都是为最终的顾客服务的,两者之间是相互合作的关系,要让维修业主与供应商同时满意的基础是一线员工的服务质量,所以,汽车维修业主在采购汽车零配件的时候有必要征求进行汽车维修一线员工对产品的意见,当然也应适当考虑供应商的满意程度,做到"双赢"。最后就是社会要满意,一方面企业要产生经济效益,另一方面还要产生社会效益,维修企业应妥善处理好脏的油污与垃圾废料以及油漆雾的排放,控制噪声,不要污染环境,并依法纳税,自己有了经济效益也应支援社会的发展。这样才能与周围社区以及整个社会关系融洽,才能持续稳定地发展,最终达到顾客的持续满意并实现自身的经济利益。

4.2.4 汽车维修的质量检验

虽说质量不是检验出来的,但是质量检验始终是质量控制中的重要环节。按照交通部的有关规定,车辆维修要实行"三级检验"制度,即:进厂检验、过程检验和出厂检验。以下是对这三级检验的具体说明。

1)进厂检验

车辆的进厂检验是在车辆不解体的情况下,对车身外观、电器附件功能、发动机与底盘各总成外观的检验,还包括配件进货入库的外观质量检验。检验一般由接车员完成(配件材料的入库检验可以另行安排),在必要时可以请技术人员或检验人员协助完成。汽修厂的接车员往往容易忽视的问题是:对于车主报修的项目能够认真地检查并做好记录,但对车主没有提及的部位与项目则忽视了检查与记录。这样往往会在车辆进厂维修后出厂时,产生一些不必要的误会与纠纷,因此认真进行进厂检验并做好记录,同时要求车主在检验结果上签字是非常必要的。这样做一方面可以分清责任,避免产生纠纷与误解;另一方面还可以增加汽修厂的收入,因为车辆的有些问题车主并不知道或没有发现,如果在车辆进厂时检验出来了,并告诉车主,一般来说车主都是会同意修复的,如果同意修复汽修厂的修理产值就会比原来增加;如果车主不同意维修,也可以让车主明确地知道这些问题是车辆原来就有的,不是在维修过程中造成的。一般进厂检验的结果就记录在维修工单上,其中的"车辆附件及物品登记"和"车身损坏记录"两个部分就是用来记录进厂检验结果的。

2)过程检验

过程检验是对车辆在厂内维修全过程的检验,包括维修工序内的检验、工序与工序之间交接的检验、配件材料安装使用前的检验,一般由主修工或专职的过程检验员完成。对于在维修过程中发现的车辆其他故障项目,要进行记录,并叫接车员及时与车主沟通,如果车主同意增修的就给予增补修理作业。对于车主不同意增修的,要在车主提车时由车主签字认可并保存记录。

3)出厂检验

出厂检验是车辆修竣出厂前的最终检验,是对全车进行的一次全面检查,不仅对修理过的项目与部位要进行检验,对没有修理过的部位也同样要进行检验,尤其是涉及到转向与制动等车辆安全性的部位与系统,一定要严肃认真地进行出厂检验,必要时要进行路试。否则一旦车辆出厂后出现安全事故,责任便难以分清,很有可能由汽修厂来负责。出厂检验一般由总检员完成,检验结果要签字并妥善保存。

改革开放以来,特别是2002年以来,汽车维修业的重点转向乘用车,相关的维修技术标准也由各品牌厂家在符合国家法规的前提下自己制定,不同的品牌在进行维护或修理时对质量有不同的解释,毕竟存在产品质量与使用质量的区别。总的来看短短十多年,我国的轿车服务体系实现了三个阶段的发展和飞跃,部分品牌的服务水准已经同国际接轨,其关键就在于以下六大动因推动着整个服务体系的发展。

(1)消费主体的转变

轿车消费主体已经从集团消费逐步转变为私人消费,由卖方市场转为买方市场。消费主体不同,关注的要素自然不同,对售后服务的要求也不同。随着国外现代服务理念、服务手段的引进,从"造汽车"到"卖汽车",从"重销售"到"重服务",国内轿车业已经实现了经营和消费概念的转变。

(2)消费者开始走向成熟和理性

轿车走入家庭,虽然只是短短几年的事情,但消费者却迅速地从不成熟走向了成熟,也知道如何维护自己的合法权益,对产品、服务的选择也更加理性。近几年,汽车售后服务和维修质量已成为社会各界和消费者越来越关心的问题。

据了解,2002 年全国消协系统共受理汽车投诉 3 919 起。经营者规避法律规定的更换、退货责任,轿车质量、维修服务质量、汽车零配件质量已成为消费者关注的热点,而闹得沸沸扬扬的"砸大奔"、"本田游街"等事件,从另一个角度反映的就是消费者对其合法权益的认识和争取。根据中国质量协会、全国用户委员会在 2002 年第七届北京国际汽车展上的一项调查显示,轿车用户及潜在用户最关注的是"售后服务",受关注程度高达 9.55(最高值为 10)。

(3)相关的政策、法规出台,使轿车消费环境更加科学合理,对服务也提出了更高的要求。

《家用汽车修理更换退货责任规定》的出台,将会给消费者维护自身合法权益提供有力的法律依据,另一方面也意味着将引爆一场汽车售后维修服务市场的雷霆大战。而汽车消费政策、汽车金融机构管理办法以及汽车召回制度,消费者期盼已久的税费减免、低首付车贷等政策,无一不是顺应汽车市场迅速发展的市场之需,更是顺应消费者民心所向的利好政策。

(4)整个竞争层面已经从单一的产品竞争走向了综合营销竞争

随着我国轿车业产能和技术的提高,轿车品牌的竞争由技术、质量、性能价格比更多地转向营销服务。在当今激烈的市场竞争中,轿车产品由贫乏变得丰富,市场细分趋势日益明显,汽车价格由高到低,整个行业已经驶入以营销服务为核心的"第二竞争擂台"。目前,国内轿车在扩大产能、推出新车、降低成本上较劲的同时,纷纷加大了营销服务方面的投入,售后服务已经成为各品牌竞争的法宝。

(5)企业自身发展的战略需要

为了提升自身品牌,实现长远发展,以及销售利润摊薄的情况下,将服务当作新的利润增长点和竞争重点,不遗余力地健全和完善销售、服务体系,以提高自己的综合竞争实力。不少厂商还进一步认识到,做好服务是自身生存和发展的方向。资料显示,在国际上汽车销售商的正常利润来源中,汽车销售所占比例只有 10%,售后服务却高达 50%,零部件销售占 10%,二手车经营占 20%。著名的丰田汽车公司在全球有 7 300 多家的销售服务网点,有近 10 万名员工,是从事制造员工的两倍多,很多国际大公司服务人员的规模都远远大于生产人员。

随着我国汽车业的快速发展,暴利时代即将终结,汽车业的赢利点也将由销售更多地转向售后服务。在以技术、广告、价格等产车要素为平台的"第一竞争擂台"上,国内厂商热火朝天开打的同时,也正公开或暗中较劲售后服务,一汽大众高举"用户的满意与期望是我们对质量始终不渝的追求"的旗帜,继续推广"3S"一体店的销售服务模式;南京菲亚特提出营造国际水准销售服务体系;海南马自达一步到位地启用了"4S"销售服务店,同时还推出了"保姆式服务"的承诺和理念,以夺取汽车价值链上这块"最大的奶酪"。

(6)国内企业、市场的国际化推动

国内企业和市场的国际化,使国际上的服务标准、体系得以在国内很好的接轨和培养。在加入世贸组织和经济全球化、一体化时代,国外汽车集团大举进入中国,轿车市场与国际接轨的步伐在明显加快,市场呼唤国际标准的、现代化的汽车品牌和服务体系,以适应和满足多层次、多元化、个性化的社会需求。而另一方面,国内汽车厂商发展了十几年的销售及售后服务网络,成为以此和国际巨头抗衡的最后资本,用上汽大众的话来说,这个销售服务网络"领先对手1 000天",因而对售后服务体系建设的进一步强势投入也是势在必行。

4.3　汽车维修行业管理

4.3.1　汽车维修行业管理的三个目标

1)统一开放、竞争有序的汽车维修市场

这里说的统一是指在进入市场的标准面前人人平等,竞争有序指的是所有市场参与者都要遵守交易规则。前面已经阐述过,国有企业将逐步退出汽车维修市场,该行业将按照市场规律的供需关系来配置资源,我们不能指望计划出一个市场经济,政府只制定游戏规则而不参与游戏,这样才能做到统一开放、竞争有序。

2)建立健全管理体制和市场监督体系

这条看起来简单但是做起来却很难,我们目前颁布的各项有关汽车行业的法规已经不少了,但是目前的问题依然很多,主要是法规的执行力度不够。计划经济体制下的管理部门去处理市场经济下发生的问题,彼此的协调性成了解决问题的先决条件。

3)协调行业内部关系,实现行业经济效益和社会效益的统一

协调行业内部关系有两种方式,如果用行政命令的方式最大的特点就是见效快,可以从全局的角度看待得失,缺点是无法按照公平的原则分配利益。按照市场经济规律协调行业内部关系需要的时间会比较长,但是稳定性好,避免长官意志可能给行业发展带来的失误。

4.3.2　汽车维修行业管理的任务

(1)贯彻执行国家有关方针政策和法规

国家先后出台了《公路运输管理暂行条例》、《汽车维修行业管理暂行办法》、《汽车维修质量管理办法》、《汽车维修名词术语》、《汽车维修合同实施细则》、《汽车运输业车辆技术管理规定》、《汽车维修业开业条件》、《道路运输车辆维护管理规定》、《道路运输行政处罚规定》《二手车交易规则》等法规及标准规范性文件;制定汽车维修行业发展和规划。其中1986年12月12日颁布的《汽车维修行业管理暂行办法》由于不再适应汽车维修行业发展的需要已经停止执行了。

(2)加强宏观调控促进汽车维修市场的发育和完善

(3)贯彻执行汽车维修技术标准,提高维修质量坚持管理做好协调服务工作(对维修业户进行协调、指导;协调维修企业与用户间的关系;开展技术培训;抓好汽车维修行业的信息交流工作;协调维修业户与经济综合管理部门的关系。)

(4)做好监督检查工作

4.3.3　汽车维修企业的开业条件

汽车维修企业开业条件是指为保证汽车维修的正常生产和维修质量,各类汽车维修企业所必须具备的设备、设施、人员素质等条件。它是根据各类汽车维修企业的经营范围确定的。

申请从事汽车维修经营业务的,应当符合下列条件:

(1)有与其经营业务相适应的维修车辆停车场和生产厂房。租用的场地应当有书面的租赁合同,且租赁期限不得少于1年。停车场和生产厂房面积按照国家标准《汽车维修业开业条件》(GB/T 16739)相关条款的规定执行。

(2)有与其经营业务相适应的设备、设施。所配备的计量设备应当符合国家有关技术标准要求,并经法定检定机构检定合格。从事汽车维修经营业务的设备、设施的具体要求按照国家标准《汽车维修业开业条件》(GB/T 16739)相关条款的规定执行。

(3)有必要的技术人员:

①从事一类和二类维修业务的应当各配备至少1名技术负责人员和质量检验人员。技术负责人员应当熟悉汽车维修业务,并掌握汽车维修及相关政策法规和技术规范;质量检验人员应当熟悉各类汽车维修检测作业规范,掌握汽车维修故障诊断和质量检验的相关技术,熟悉汽车维修服务收费标准及相关政策法规和技术规范。技术负责人员和质量检验人员总数的60%应当经全国统一考试合格。

②从事一类和二类维修业务的应当各配备至少1名从事机修、电器、钣金、涂漆的维修技术人员;从事机修、电器、钣金、涂漆的维修技术人员应当熟悉所从事工种的维修技术和操作规范,并了解汽车维修及相关政策法规。机修、电器、钣金、涂漆维修技术人员总数的40%应当经全国统一考试合格。

③从事三类维修业务的,按照其经营项目分别配备相应的机修、电器、钣金、涂漆的维修技术人员;从事发动机维修、车身维修、电气系统维修、自动变速器维修的,还应当配备技术负责人员和质量检验人员。技术负责人员、质量检验人员及机修、电器、钣金、涂漆维修技术人员总数的40%应当经全国统一考试合格。

(4)有健全的维修管理制度。包括质量管理制度、安全生产管理制度、车辆维修档案管理制度、人员培训制度、设备管理制度及配件管理制度。具体要求按照国家标准《汽车维修业开业条件》(GB/T 16739)相关条款的规定执行。

(5)有必要的环境保护措施。具体要求按照国家标准《汽车维修业开业条件》(GB/T 16739)相关条款的规定执行。

4.3.4　汽车维修企业和经营业户开业及审批

1)筹建和立项

申请从事机动车维修经营的,应当向所在地的县级道路运输管理机构提出申请,并提交下列材料:

(1)《交通行政许可申请书》;

(2)经营场地、停车场面积材料、土地使用权及产权证明复印件;

(3)技术人员汇总表及相应职业资格证明;

(4)维修检测设备及计量设备检定合格证明复印件;

(5)按照汽车维修经营,提供其开业规定条件的其他相关材料。

2)审批

道路运输管理机构对机动车维修经营申请予以受理的,应当自受理申请之日起15日内作出许可或者不予许可的决定。符合法定条件的,道路运输管理机构作出准予行政许可的决定,向申请人出具《交通行政许可决定书》,在 10 日内向被许可人颁发机动车维修经营许可证件,明确许可事项;不符合法定条件的,道路运输管理机构作出不予许可的决定,向申请人出具《不予交通行政许可决定书》,说明理由,并告知申请人享有依法申请行政复议或者提起行政诉讼的权利。

机动车维修经营者应当持机动车维修经营许可证件依法向工商行政管理机关办理有关登记手续。

3)汽车维修企业和经营业户开业审批程序

(1)申请从事汽车维修的经营业户提交经上级主管部门批准的申请报告或街道、乡镇以上人民政府的证明。(一、二类汽车维修企业须附可行性报告)。运管处在接受申请后在规定时间内给予是否同意筹建的答复。

(2)开业申请。筹建结束后,经营业户提供《汽车维修许可证申请审批表》、可行性研究报告、企业章程、法人代表、资信证明、经营场所产权证明(或使用证明)、维修设备、检测仪器台账、环保证明、从业人员登记表及有关证件复印件等开业申请资料。

(3)运管处接到开业申请 30 日内组织有关专业技术人员对照 GB/T 161739.1 ~ 3—1997《汽车维修业开业条件》进行现场审查,提出初审意见。

(4)符合开业条件的,上报市运管处办理《汽车维修许可证》,凭《汽车维修许可证》到相关部门办理其他手续后,领取汽车维修标志牌。

4)中外合资、合作汽车维修企业立项、审批程序

(1)立项申请的手续,由中方代表办理,道路运政管理机构不直接接受外方人员的申请;

(2)受理中外合资、合作汽车维修企业立项时,申请人应提交相关文件;

(3)道路运政管理机构在受理中外合资、合作汽车维修申请后,应在 30 日内作出审核决定。经审核符合规定的,签注审核意见并逐级上报省级道路运政管理机构;不符合规定条件的,答复申请人,并退回所有申请材料;

(4)中外合资、合作汽车维修企业的《经营许可证》由省级道路运政管理机构核发,接受企业所在地道路运政管理机构的行政管理。核发《汽车维修技术合格证》时,应审核该企业提供的交通部批准立项的文件、外经贸部或授权机关的批准设立的文件、工商行政管理部门颁发的工商法人执照和税务机关的税务登记证。

道路运政管理机构按照国内的法律、法规、规章对中外合资、合作汽车维修企业实施行政管理。

4.3.5 汽车维修企业或经营业户歇业申请、审批程序

(1)申请歇业的汽车维修经营业户应提前 30 日提出歇业申请,填写《汽车维修业户歇业申请表》。

(2)收到歇业申请后,审核申请者的债权、债务及其他遗留问题处理的有关材料,并在 10 日内作出批准或不批准的决定。

(3)经批准歇业的应当提前 10 天发布歇业通告。

(4)经营业户正式歇业后,立即向其收回《汽车维修许可证》、企业标志牌等有关单、证。

4.3.6　汽车维修企业或经营业户停业申请程序

（1）受理并批准临时停业申请的汽车维修经营者,应当是原批准开业的机构。临时停业在 1 个月以上的,由经营者在停业 5 日前提出申请,经批准临时停业的经营者,应当向其收回经营证件和有关单证。

（2）汽车维修经营者临时停业期满需要恢复营业时,由原批准机构受理复业申请。复业申请由经营者在复业 5 天前提出。

4.3.7　年度审验

（1）县级以上道路运政管理机构,应对辖区内的汽车维修企业和经营业户进行年度审验。

（2）道路运政管理机构应当提前向汽车维修企业和经营业户公布年度审验的具体安排和分发年度审验表。

（3）年度审验时,应向汽车维修企业和维修业户收回审验表及有关证件。

（4）年度审验的主要内容经营资质的评审;经营行为的评审;规费缴纳的情况。

（5）年度审验结果应记录在年度审验表上,并存入分户档案中。

4.4　汽车美容与装饰服务

1）汽车美容的基本概念

"汽车美容"源于西方发达国家,英文名称表示为"Car Beauty"或"Car Care",指对汽车的美化与维护。西方国家的汽车美容业随着整个汽车产业的发展,已经达到非常完善的地步。他们形容这一行业为"汽车保姆"（Car Care Center）,也称作"第四行业"。所谓第四行业,顾名思义,是针对汽车生产、销售、维修三个步骤而言的。

现代汽车美容不只是简单的汽车清洗、吸尘、除渍、除臭及打蜡等常规美容护理,还包括利用专业美容系列产品和高科技设备,采用特殊的工艺和方法,对汽车进行漆面抛光、增光、深浅划痕处理及全车漆面翻新等一系列养护作业。

现在的汽车美容的内涵与过去相比有了根本的改变,它与一般的电脑洗车、普通打蜡有着本质上的区别。专业汽车美容与众不同之处,在于它自身的系统性、规范性和专业性。所谓系统性就是着眼于汽车的自身特点,由表及里进行全面而细致的保养;所谓规范性就是每一道工序都有标准而规范的技术要求;所谓专业性就是严格按照工序要求采用专业工具、专业产品和专业手段进行操作。汽车美容应使用专业优质的养护产品,针对汽车各部位材质进行有针对性的保养、美容和翻新,使经过专业美容后的汽车外观亮洁如新,漆面亮光长时间保持,有效延长汽车寿命。

2）车美容的分类

汽车美容按作业性质不同可分为护理性美容和修复性美容两大类。护理性美容是指保持车身漆面和内室件表面亮丽而进行的美容作业,主要包括新车开蜡、汽车清洗、漆面研磨、抛光、还原、上蜡及内室件保护处理等美容作业;修复性美容是车身漆面或内室件表面出现某种缺陷后所进行的恢复性美容作业,其缺陷主要有漆膜病态、漆面划痕、斑点及内室件表面破损等,根据缺陷的范围和程度不同分别进行表面处理、局部修补、整车翻修及内室件修补更换等美容作业。

4.4.1 汽车美容的依据与原则

1）汽车美容的依据

因"车型"而异;因"车况"而异;因"环境"而异;因"季节"而异。

2）汽车美容的原则

（1）预防与治理相结合的原则

汽车美容要以预防为主,即在汽车漆膜及其他物面出现损伤之前进行必要的维护作业,预防损伤的发生。一旦出现损伤应及时进行治理,恢复原来状态。因此,汽车美容应坚持预防与治理相结合的原则。

（2）车主护理与专业护理相结合的原则

汽车美容很多属于日常性的维护作业,如除尘、清洗、擦车、检查等,只要车主或驾驶员掌握了一定的汽车美容知识,完全可以自己完成。但定期到专业汽车美容场所进行美容也是必不可少的,因为还有很多美容项目是车主无法完成的,尤其是汽车漆面或内室物面出现某些问题时,必须进行专业护理。为此,车主或驾驶员护理一定要与专业护理相结合,这样才能将车护理得更好。

（3）单项护理与全套护理相结合的原则

汽车美容作业的项目和内容很多,在作业中应根据汽车自身状况有针对性地选择项目和内容,进行某些单项护理就能解决问题的不必进行全套护理,这样不仅节省了费用,同时对汽车本身也是有利的。例如,汽车漆膜的厚度是一定的,如果每次美容都进行全套护理,即每次都要研磨、抛光,这样漆膜厚度很快会变薄,当磨透车漆时,就必须进行重新喷漆,这就得不偿失了。当然在需要时对汽车进行全面护理也是必要的,关键是要根据不同情况具体对待。

（4）局部护理与全车护理相结合的原则

汽车漆膜局部出现损伤时,只要对局部进行处理即可,只有在全车漆膜绝大部分出现损伤时,才能进行全车漆膜处理。在实际工作中应根据需要决定护理的面积,只需局部护理的,不要扩大到整块板,只需整块板护理的,不要扩大到全车。

4.4.2 汽车的装饰服务

通过外装饰在不改变车辆本身功能和结构的前提下,改变汽车外观,使汽车更醒目、豪华、满足个性化要求。汽车内饰为车主营造温馨与舒适的空间。汽车视听装饰则可为车主欣赏更多音源、获得更好的音质、扩展音响的功能提供更大的空间。车载免提电话可提高汽车行驶的安全性。汽车的装饰服务项目有:车窗与车身装饰、汽车内室装饰、汽车视听装饰、车载免提电话及汽车安全防护装饰等。

1）车窗覆膜

车膜的颜色有:自然色、茶色、黑色、天蓝色、金墨色、浅绿色和变色等品种。普通膜、防晒太阳膜和防爆太阳膜(进口膜、国产膜)。

给车窗覆膜主要有以下功用:

①改变色调,使车窗玻璃丰富多彩。

②隔热降温,减小光线的照射强度。

③防止车窗玻璃爆裂,减轻事故中玻璃碎片的伤害。

④护乘员肌肤,阻挡太阳的紫外线,保护车内乘员的肌肤。

⑤单向透视,增强车内的隐蔽性。

2)加装天窗

加装天窗(图4.1)有利于汽车内室的通风换气,改善汽车内室的空气状况,提高驾驶和乘坐的舒适性。对于没有天窗的汽车主要是依靠侧窗进行通风换气,此时车外的尘土、噪声、寒气、热浪会让人很不舒服。加装天窗后能较好地克服上述不足,实现有效换气。天窗还为驾车摄影、摄像提供了便利条件。

图4.1 加装汽车天窗

3)改装电动车门玻璃升降器

司乘人员可以通过操纵组合开关控制所有门窗玻璃的升降,避免了手摇操纵车门玻璃升降的麻烦。在改装时,要选择良好的操纵组合开关、中央通道面板、门面板及左右后门上的按键开关,安装要得当,不要破坏汽车内室装饰的美观性和协调性,要让司乘人员很方便地实现操纵。

4)车身的改装与装饰

车身的改装与装饰主要有以下方面:

保护类:为保护车身而进行的改装,如车门立柱等部位的加强、换装保险杠、灯护罩等;

实用类:为了弥补轿车载货能力不足而进行的改装,如安装行李架、自行车架、备胎架等;

观赏类:为汽车外部更加美观而安装的装饰品,如彩条贴、金边贴、全车金标贴等。车身上的彩色贴膜,能突出车身轮廓线,还能协调车身色彩,使车身多采艳丽。

在进行改装与装饰时,一定要注意不要违反国家有关法规对车辆的外形尺寸、载重量等方面的规定。

5)座椅改装与装饰

对座椅进行改装与装饰,主要是为了提高舒适性;改善透气性;增强保健性。

坐垫的种类可分为:

柔软坐垫:主要由棉、麻、毛及化纤等材料制成;

帘式坐垫:主要由竹木、石材或硬塑料制成小块单元体,然后将单元体串接成帘状坐垫;

保健坐垫:该坐垫是根据人们的保健需求制成的高科技产品,当乘员随汽车颠簸振动时可起到自动按摩效果。

6)更换真皮座套

目前,国产车和经济型进口车出厂时多数没配备真皮座椅,为营造更舒适、温馨的车内空间,越来越多的轿车开始更换真皮座套。

7）换装自动座椅

自动座椅也称电动座椅（见图4.2），它是利用电动机来调整座椅的前后高低位置、靠背的倾斜度、头枕的位置及腰椎支撑气垫的形状。现代座椅可以做到八个方向可变：①座椅前后调节；②靠背倾斜调节；③座椅上下调节；④枕上下调节；⑤枕前后调节；⑥座椅前部调节；⑦侧背支撑调节；⑧腰椎支撑气垫的调节。

图4.2 改装自动座椅

8）车内饰品装饰

随着私家车的不断增多，对个性化和时尚的追求，使车内饰品装饰越来越受欢迎。目前车内饰品装饰主要有以下几类：

吊饰：图片类、徽章类、花果类、动物类。

摆饰：地球仪、水平仪、报时器、国旗及精美的珍藏品等。

贴饰：名车商标、明星照片、公益广告等，提醒或警告语，如"注意安全"、"车内禁止吸烟"等。

9）桃木装饰（见图4.3）

图4.3 车内桃木装饰

10）香品装饰

香品装饰有气态、液态和固态三种形式；可以喷雾、泼洒和自然散发。它可净化车内空气、清除异味、杀灭细菌、保持车内空气卫生。

11）车内视听设备的选配、安装或改装

在车内安装视听设备可以减轻驾驶途中疲劳；获取交通信息；减少停车等待中的寂寞。

车内视听设备主要有：汽车收放机；汽车激光唱机；汽车电视（包括普通显示屏和液晶显示屏）；汽车影碟机（包括 VCD 和 DVD）等（图4.4）。

安装车内视听设备的特殊要求是：使用直流电源、强的抗电磁干扰能力、好的抗振性能、外置天线、防尘、耐热、接收灵敏度高、电感式调谐、低阻抗大功率喇叭、能够夜光照明、元器件体

图 4.4　车内视听设备

积小等。

12）**车载免提式电话的安装**

车载免提式电话有以下几种可供选择：

（1）手机连接的免提式电话。上车后将手机放入机座内就可以使用，直接接到汽车点烟器上，无须改装车内结构，声音从高保真扬声器（喇叭）传出，克服了车载电话和手机是两个不同号码的弊端。

（2）声控免提式电话。这种电话依靠声音控制，只需轻声一呼，电话就自动接通。

（3）插卡式车载电话。这是同时具有普通车载电话功能和免提声控功能的高档车载电话。手机所具有的功能应有尽有。

13）**汽车防盗装置的选配及安装**

汽车防盗装置有机械式和电子式可供的选装。

机械式汽车防盗装置主要有：①转向柱锁；②方向盘锁；③制动踏板锁；④变速杆锁；⑤车轮锁。

电子式汽车防盗系统利用微型计算机控制的智能型电子遥控防盗器，可在窃贼接近或进入汽车时，发出蜂鸣、警笛、灯光等声光信号。网络式汽车防盗系统利用 GPS 卫星定位系统对汽车进行监控，可以锁定汽车点火或启动，还可以通过 GPS 卫星定位系统（或其他网络系统）将报警信息和报警车辆所在位置传送到报警中心，如图 4.5 所示。

图 4.5　GPS 定位系统

14）**更换电子式汽车门锁**

电子式汽车门锁有以下几种可供选择：

（1）按键式电子门锁：采用键盘（或组合按钮）输入开锁密码，内部控制电路采用电子锁专用集成电路（ABIS）。

（2）拨盘式电子门锁：采用机械拨盘开关输入开锁密码。

（3）电子钥匙锁：使用钥匙作为开锁密码，电子钥匙是构成控制电路的重要组成部分。电子钥匙和主控制电路的联系，可以是声、光、电及磁等多种形式。此类产品包括各种遥控汽车门锁、转向锁和点火锁，以及电子密码点火钥匙。

（4）触摸式电子门锁。采用触摸方法输入开锁密码。轿车前门没有门拉手，代之以电子锁和触摸传感器。

（5）生物特征式电子门锁。将声音或指纹等人体特征作为密码输入，由计算机进行模式识别控制开锁，其智能化程度相当高。

15）安装汽车安全报警装置

可供安装的汽车安全报警装置有：汽车超速报警装置、超车自动报警器；倒车报警装置；多功能安全显示器。

16）新车开蜡

汽车生产厂家为防止新车在储运过程中漆膜受损，都喷涂有封漆蜡，以抵御运输途中海水、刮蹭等因素对漆膜的损伤。封漆蜡主要含有复合性石蜡、硅油、PTFE 树脂等材料，能对车表面起到长达一年的保护作用。封漆蜡不同与上光蜡，该蜡没有光泽，易粘附灰尘，且不易清洗严重影响汽车美观。因此，购车后必须将封漆蜡清除掉，同时涂上新车保护蜡，清除新车的封蜡称为"开蜡"。

开蜡应该注意的事项：

（1）在进行高压冲洗时，压力不要高于 7 MPa。

（2）高压冲洗只需冲掉灰尘及泥沙等可能影响除蜡效果的杂质。

（3）开蜡水喷施一定要均匀，边角缝隙处千万不可忽视。

（4）喷施开蜡水后，要待开蜡水完全渗透蜡层并使其开始溶解后（5~10 分钟），才能用毛巾擦拭。

（5）最后的清洁及擦干，要按洗车作业规程实施，因为经开蜡水清洗开蜡后，仍有部分蜡质及杂质留在车表。

（6）开完蜡后必须打蜡保护。

17）汽车漆面打蜡

汽车上蜡是汽车漆保护的基本手段，上蜡的作用有以下几点：

（1）防水作用。

汽车经常暴露在空气中，免不了受风吹雨淋，当水滴存留在车身表面，在天气转晴，强烈阳光照射下，每个小水滴就是一个凸透镜，在它的聚焦作用下，焦点处温度达 800~1 000 ℃，造成漆面暗斑，极大影响了漆面的质量问题及使用寿命。另外，水滴易使暴露金属表面产生锈蚀。

高档车蜡可使水滴附着减少90%以上，这样，大大降低了车身遭受侵蚀的可能性，最大限度地保护漆面。

（2）抗高温作用。

车蜡的抗高温作用原理是对来自不同方向的入射光产生有效反射，防止入射光使面漆或底色漆老化变色。

（3）防静电作用。

汽车静电的产生主要有两个来源，一是纤维织物，如地毯、座椅、衣物等的摩擦产生的；另一方面是由于汽车在行驶过程中,空气中的尘埃与车身金属表面相互摩擦产生的。无论是哪种原因产生的静电,都给乘员带来诸多不便,甚至造成伤害。车蜡防静电作用主要体现在车表静电防止上,其作用原理是隔断尘埃与车表金属摩擦。由于涂覆蜡层的厚度及车蜡本身附着能力不同,它的防静电作用有一定的差别,一般防静电车蜡在阻断尘埃与漆面摩擦的能力方面优于普通车蜡。

(4)防紫外线作用。

其实,车蜡对紫外线作用与它的抗高温作用是并行的,只不过在日光中,由于紫外线的特性决定了紫外光的较易于折射进入漆面,防紫外线车蜡充分地考虑了紫外线的特性,使其对车表的侵害得以最大限度地降低。

(5)上光作用。

上光是车蜡的最基本作用,经过打蜡的车辆,都能改善其表面的光亮程度,使用权车身恢复亮丽本色。

18)汽车漆面的研磨与抛光

由于阳光(紫外线)、雨水和空气中的杂质,车漆在使用一段时间后(六个月左右)会逐渐出现氧化层,开始时肉眼看不见,但用手抚摸车体会感觉不平,严重时车体会失光,打蜡也无济于事。为了延长汽车漆面的寿命,不仅需要经常洗车,而且还需要定期进行更深层次的漆面护理,研磨和抛光就是漆面深层护理中两个必不可少的步骤。研磨是通过表面预处理清除漆面上的污物,消除严重氧化及微浅划痕或减轻表面缺陷。按照操作方法可分为手工研磨和机械研磨两种。用于漆面瑕疵的研磨处理,可以起到去除漆面轻微白化、划痕、砂纸痕、漆面失光、失真、柏油、漆雾、酸雨印迹等作用。以便提供适应抛光要求的良好基底,它是漆膜达到平整而耐久的保证。

抛光的作用:

(1)依靠抛光剂与车漆产生的化学反应,让车漆显示出本身的光泽,达到镜面效果;

(2)治理(如未经研磨的话)车漆的轻微损伤,包括:酸雨点、碱性水点、石灰水泥点、虫体鸟类、工业污染等。

(3)为打蜡作好准备。

(4)消除研磨造成的细微划痕(发丝划痕)

19)深浅划痕的区分与处理

(1)视觉区分

用眼睛观察车漆表面划痕,如露白色说明已露底漆,属于深划痕。若划痕颜色和车漆一致,属于浅划痕。

(2)触觉区分

用手指甲从划痕上横向轻轻划过,若感觉有轻微的隔手,属于浅划痕,如隔手严重,属于深划痕。

深划痕只能用局部补漆方法处理。

浅划痕处理方法:先将各种砂纸浸泡 10 分钟,先用 3000# 砂纸在划痕上顺方向打磨,若效果不明显,再选用 2000#、1500# 或 1200# 砂纸进行打磨。在使用砂纸处理划痕的过程中应不时地向划痕处喷水,以来降温。划痕去掉后再用研磨机进行研磨抛光即可。

20)汽车内室的桑拿清洗

车内桑拿是用高温蒸汽机(桑拿机)产生的高温水蒸气,对汽车车内各部位进行清洁,可达到清洁、软化污垢、杀灭细菌、除去车内异味的作用。

随着汽车业的发展,人们对车室内的装饰要求也越来越高,车室内真皮丝绒座椅、顶棚、仪表板、地毯、脚垫、门板等皮、塑、橡胶、纤维物件,长期使用易藏污纳垢,不但令人生厌,而且还会使细菌滋生而产生霉味,影响使用者的身心健康,所以要经常清洗桑拿。

21)发动机表面美容

汽车在行驶过程中,发动机外表不可避免地接触各种油脂、灰尘、砂粒等,形成难以处理的油垢,既不美观,同时影响发动机自身的散热效果。发动机状态非常好就可在最经济油耗情况下,提供充分的动力。但经过一段时间的运行,发动机油在不断的使用中,因发动机内产生的积炭、胶质等有害物质,而会慢慢地累积为油泥。它将造成发动机的耗油增加,功率降低,无法满足发动机较为精密配合间隙的要求,严重时甚至造成发动机的损坏。即使您按照汽车生产厂家的要求保养发动机,但在一些恶劣复杂的使用环境中或非正常的运行,如不按时清洗,也会造成发动机损坏。

清洗剂可以有效地溶解、分散油箱、燃烧室、汽缸中的缸壁、活塞及活塞环上的有害沉积物质,同时可以有效地清除积累在各个润滑部位的积炭、油泥,使您的发动机恢复马力,节省燃料,有效地提高发动机的工作效率,带给您最好的经济利益。

22)发动机内部清洗

润滑系统是汽车的重要组成部分。当汽车运行时,机油便工作在高温、高压状态之下,系统中不可避免存在灰尘、金属磨粒等杂质。这样,机油会逐渐失去保护能力,颜色变黑。经常换机油是有益的,但问题仍然存在,因为大部分废机油中的油泥和漆状物仍留在系统内。新机油加入后,与油泥和漆状物迅速溶合,周而复始,润滑系统将会因为油泥和漆状物的存在而堵塞(尤其是机油泵的滤网)。机油流动不连贯,导致发动机发生故障。

为了解决这个问题,延长发动机使用寿命,并且改善机体性能,应定期清洗发动机润滑系统,清洗掉系统内的油泥、漆状物和其他包容物,进而减少新机油的污染。

23)轮胎的护理

(1)轮胎护理的必要性。轮胎在使用过程中直接与各种条件的路面接触,易粘附路面上各种污物,这些污物有一些会浸入轮胎橡胶表面,造成以下后果:

①轮胎橡胶失光。被污物浸蚀后的轮胎将失去原有纯正黑色,而呈现灰黑色,影响汽车视觉效果,且这种失光通过清洗是无法解决的。

②轮胎橡胶老化。受浸蚀的橡胶极易老化、变硬,失去原有的弹性及耐磨性。

(2)翻新用品。轮胎翻新主要用品是轮胎保护剂,其中美丽狮轮胎保护剂适合于各种橡胶制品,特别适于清洁保养轮胎,它能迅速渗透于橡胶内,分解浸入的有害物质,延缓轮胎橡胶老化,且具有增黑增亮功能。

习　题

1. 名词解释

(1)定期检测

(2)例行维护(日常维护)

（3）一级维护

（4）二级维护

（5）汽车大修

（6）总成修理

（7）汽车小修

（8）零件修理

（9）视情修理

（10）车辆的进厂检验

（11）汽车的过程检验

（12）汽车的出厂检验

2. 填空题

（1）汽车维修业是由_____和_____组成的、为汽车运输服务的、相对独立的行业。它通过维护和修理来维持和恢复汽车技术状况,延长汽车使用寿命,是汽车流通领域中的重要组成部分。

（2）当前,我国汽车维护按作业范围的深度,一般分为三级:_____、_____和_____。

（3）按修理对象和作业范围将修理分为_____、_____、_____和_____。

（4）视情修理必须经过_____和_____,而不能认为只听车辆所有者或使用者的意见来随便确定修理时间和项目。

（5）按照国家标准《汽车维修业开业条件》规定,汽车维修企业按经营项目分为三个类别:_____、_____、_____。

（6）按修理对象和作业深度划分为:_____和_____。

（7）汽车保养分为_____和_____两大类。

（8）定期保养有:_____、_____、_____。

（9）质量管理或质量保证体系是按照:"_____、_____、_____、_____"管理循环的方式进行运作的。

（10）按照交通部的有关规定,车辆维修要实行"三级检验"制度,即:_____、_____和_____。

（11）汽车维修按其经营性质可分为_____和_____两种。

（12）汽车的装饰服务项目有:_____、_____、_____、_____及_____等。

（13）车窗和车身构成汽车外表面,其装饰效果直接影响到汽车的外观。车主应根据汽车的实际情况,本着_____、_____、_____和_____的原则,有针对性地选择装饰项目,确保装饰效果。

（14）汽车车身装饰可分为三类:_____,_____,_____。

3. 思考题

（1）汽车维护和汽车修理有何不同?

（2）汽车维修业的特点有哪些?

（3）简述汽车维修新制度的建立。

（4）定期检测包含哪两重含义?

(5)汽车保养的主要任务有哪些?

(6)特殊情况下的汽车保养包括哪些方面?

(7)影响汽车维修质量的因素有哪些?

(8)汽车维修行业管理的范围有哪些?

(9)汽车美容有哪些作用?

(10)护理性美容作业项目有哪些?

(11)修复性美容作业项目有哪些?

(12)汽车美容有哪些依据?

(13)汽车美容的原则有哪些?

(14)太阳膜的功用有哪些?

(15)汽车内室装饰有哪些项目?

第**5**章
汽车配件经营管理

学习目标

1.了解国内外汽车配件市场历史演进与现状,掌握汽配流通行业及汽车零配件的经营特点。

2.掌握汽车配件零售网点的选址,汽车零配件零售网点的商品计划,汽车零配件的采购。

3.掌握汽车配件交易市场的特点,了解汽车配件交易市场的运作管理及汽车配件交易市场的品牌经营。

4.掌握汽车配件连锁经营的特点,了解汽车配件特许经营店的运作管理及特许经营店的布局设计。

5.1 国内汽车配件市场历史演进与发展趋势

在改革开放前的计划经济体制下,我国的汽配流通体系基本上由国家统筹控制,国营汽配公司是市场中唯一的流通渠道。配件的需求方为拥有车辆的国家机关、企事业单位以及国营汽车维修企业,汽车配件处于卖方市场。

随着经济体制改革的进行,市场经济体制在我国得以逐步建立和完善,汽车配件销售的市场发生了巨大的变化,其显著的特点就是市场分散化,这主要表现为市场分布区域广和市场需求化整为零,适应这种特点,就出现了大量个体维修企业和零配件供应商。为了加强汽车配件市场的宏观管理,同时也为了提高汽车配件流通行业的运营效率,20世纪90年代起一些大城市还开始兴起了"汽车配件市场",随着社会汽车保有量的不断增长,各省市也相继出现了面向零售网点或汽车维修企业的二级批发市场。据当时汽车配件市场联合会的有关资料显示,该联合会在全国的理事单位中就有60家是汽车配件市场,这60家汽车配件市场分布于25个省,50多个城市,规模大的汽配城拥有800多家商户,年营业额达25亿人民币。

伴随着中国汽车的"井喷式"增长,中国汽配行业也实现了持续快速增长,而且增幅巨大。中国汽车市场的飞速发展让全球汽车产业及相关领域的投资者都认为这是一次巨大的市场机会而不能忽视。从2002年以来,在中国汽车市场巨大潜在利益的诱惑下,跨国汽车零部件企业争先恐后地来到中国以各种方式进行投资合作,特别是一些跨国汽配巨头在对中国汽配市场进行了认真客观的评估后,以战略布局为重点的方式进入中国,希望在中国这个巨大的潜在市场中取得相应的地位和长期的利益。

那么中国汽配市场有多大呢?进入汽配市场可以有哪些方式?进入汽配市场后又该怎样运作的呢?《2006 年中国汽车配件服务市场分析报告》就上述几个问题进行了讨论、分析,在此我们主要从市场运行、需求、供应这三个维度来描述当前的汽配市场情况,对未来汽配市场的发展趋势进行预测。

5.1.1 市场规模及预测

汽配行业利润丰厚,是行业中普遍认同的事情,而且这种现象并不是仅仅在中国才有的,纵观汽车发展史可以清晰看出每个国家在经济发展到一定水平后汽车保有量就会有一个加速增长期,随后汽车配件经营就成了高利润行业。美国《新闻周刊》和英国《经济学家》周刊,近年都曾刊载专门文章,对汽配市场(尤其是中国的汽配市场)的潜力和前景进行分析,同时引用了世界排名前 10 位的汽车公司近 10 年利润情况分析,最后得出结论:在一个完全成熟的国际化的汽车市场,有 50%~60% 的利润是在其服务领域中产生的。随着国内汽车市场的对外开放使得我们的国际化程度日益提高同时市场也在逐渐成熟,汽车产业链越来越长,中国汽车后市场的"类摩根时代"即将到来,所以我们目前面对的不是汽配市场大不大,发展前景是否乐观的问题,而是应该决定采取什么态度和方式去迎接这一快速发展的市场。

汽车配件服务市场我们可以粗略的将其分为两个部分:一个是普通维修配件的维修销售服务,一个是汽车用品的维修销售服务。据国家权威部门统计,2006 年,整车产销量为 726 万辆。零部件产业中原厂配套(OEM)产值约在 400 亿元左右;维修市场产值约 1 200 亿元,再加上汽车用品市场约 520 亿元,2006 年整个汽配市场总量约为 2 120 亿元。预计在 2007 年将达到 2 400 亿,与此同时,由于中国汽配市场还处于初级阶段,许多汽车服务还是处在供不应求的状态,导致目前国内汽配商利润率可高达 40%,远远高于其他机械行业的平均水平。

未来汽配市场的增长速度会略高于汽车零部件制造行业的增长速度(行业普遍认为大约为 20%),比较合适的速度约为 25%,因此以 2006 年 2 120 亿为基数的话,到 2010 年汽配市场总量大约为 4 000 亿元。

5.1.2 市场主要的运营模式及主要经营实体

根据汽配市场的特点和经营模式的不同,汽配市场的渠道分为三类,分别是:

(1)传统的流通模式:指我国传统的通过批发商、经销商最后到达车主的这种流通模式,流通价值链上环节多,结构相对复杂,流通交易过程主要在全国各类汽配城中完成。

(2)整车厂售后服务模式:这种模式主要指的是整车厂的售后服务系统,也叫二次配套。汽配的流通方式和流通规模一般由整车厂决定,也有的整车厂是通过自己指定的代理商完成。主要的运营实体是"4S"店和特约维修服务站等。

(3)价值链垂直整合模式:该模式是把汽配市场价值链上的生产、流通和终端环节的某几个环节进行整合,通过把价值链缩短,降低成本和提高利润。这种模式对企业的资源需求较高。比较常见的有把流通和终端整合的连锁快修、汽配超市、汽配大卖场和把生产和流通整合的汽配营销商模式。

这里的汽配营销商是指以自有品牌进入市场,同时以自有品牌组织产品生产的企业,产品既可以是自己生产,也可以是贴牌生产。

目前我国汽配市场中主要以前面两种模式为主,第三种模式尚处于成长阶段,而这种模式在欧美则已经非常成熟,也有很多该类型的国外企业正在逐渐进入中国市场,如美国的 NAPA(蓝霸),第三种模式很可能会成为未来汽配市场投资的一个热点。

在我国,汽配流通是汽配服务市场中的核心环节,流通过程中主要有三类中间流通商,其中,中小规模的经销商是主体,按照 2007 年 6 月底的统计大约有 32 万家左右。他们的主要经营实体有下面几类。

大型批发商(WD):主要集中在广州、上海等中心城市,数量很少。采购对象或是进口配件或从各 OE 厂商处采购,销售对象主要是中小经销商(Jobber)。随着采购规模迅速扩大,其呈现出买断某一品牌或多个品牌汽配件的能力。

汽配经销商(Jobber):主要集中在汽配城,大约有 25 万家,采购对象主要是各级 WD、OE 厂商和大量中小一般厂商,以及其他汽配经销商,直接面向各类维修厂(站)销售,这是数量最多的一类流通商。

维修站:汽车维修终端,通过厂家封闭或准封闭式供货渠道进货,有的时候也向副厂商(贴牌生产厂家)进货,直接在车辆维修、养护过程中将配件销售至车主;在满足自己维修的同时还同其他维修厂和中小经销商合作销售配件。由于我国汽配市场并不成熟,零售终端没有从目前的维修企业单独的分离出来,所以最终用户面对的一般是各种类型的维修站。

据不完全统计,目前国内仅汽车维修正式在册的企业就有 30 万家左右,但具有二类资质及以上的不到 1/3;在汽车用品和服务方面,经营汽车美容的企业有 20 000 家左右。计划经济阶段,我国已经形成了一个相对独立的、以城市为依托、一类企业为核心、二类企业为基础、三类企业为补充、汽车检测站为质量保证的汽车维修网络和市场格局。经过 30 年的改革开放和汽配行业市场化的基本完成,把汽修企业按照一、二、三分类并以汽车监测站为修理质量保证的市场格局基本不复存在了,汽车维修组织在向"汽车维修服务中心 + 特约维修、专营店 + 品牌连锁维修店"的全新格局转变,转变的动力基本来自市场需求。

5.1.3　市场需求分析

汽车市场的持续增长和消费群体的不断变化,使我国汽车配件服务市场产生不少新的趋势,呈现出许多新的特点。

1)国内汽车保有量增幅的不断提高推动了汽配需求量的持续增长

汽配市场的需求量同整车的销售量是分不开的,特别是与汽车保有量有关系密切,早在 2003 年中国就已经成为全球第三大汽车消费市场、第四大汽车制造国,到 2006 年我国汽车销售量已经超过日本成为新车销售的第二大国,同时成为第三大汽车制造国,这为汽车零部件产业提供了很好的发展机遇。

我国机动车保有量近几年快速增长,2007 年 6 月已突破 1.5 亿,2007 年 9 月底全国私人拥有的机动车位 1.2 亿,其中私人汽车为 3 300 万辆,比去年同期增加 7.2%。伴随着中国汽车的"井喷式"增长,中国汽配行业也实现了持续快速增长,而且增幅巨大。

2)未来汽配市场的发展主要在乘用车和重卡车型上

汽车保有量中,乘用车的比例不断攀升,从 1998 年的 51% 到现在的 69%,这同时也说明汽车逐渐进入家庭消费的速度在加快。从汽车市场规模来看,2006 年车市中轿车和重卡增长最快,分别是16%和28%。这也说明未来市场中,轿车和重卡的汽配市场机会比较大。

3)机械类零部件是市场主流,电子产品发展潜力巨大

从汽配市场的构成来看,在我国市场上机械类零部件是主流产品,大约占市场总量的一半以上,其次就是电子、电器类产品,共有43%比例。

4)汽配市场中汽车用品发展潜力大

汽车用品涵盖范围很广,种类繁多,主要是用于汽车养护和提高汽车舒适度的产品(比如太阳膜、防噪声装饰、底盘装甲等),特别是随着个人车主的数量的快速增长,汽车用品市场也将会有一个快速增长的过程。中国汽车工业协会专家委员会估计2006年中国汽车用品市场总额约200亿元,同时预计未来汽车用品市场会以年均25%的速度增长。

在2006年底纳入统计的1 700家企业中,全国汽车零部件企业总资产为4 227亿元,实现工业总产值4 157亿元,销售收入为4 035亿元,利润总额为236亿元。

国家将出台汽配经销规范,预计全国零部件市场规模将从2000年的1 700亿元发展到2008年的7 200亿元,而到了2010年这一数字预计还将扩大到14 000亿元。

伴随着汽车工业的发展,汽车配件流通行业近年来也保持着高速发展的态势,市场前景十分可观。但是,与发达国家相比,我国的汽车配件流通行业在经营规模、经营效率和管理水平上还存在明显的差距并有待改进。

随着汽车跨国大公司大量进入中国,世界著名的德尔福、博世、伟世通、电装、江森、李尔等一大批汽车零部件企业,都来华投资,在中国建立了合资或独资企业。这些汽车零部件跨国公司大量进入中国,带来了先进的技术和管理,促进了我国汽车零部件工业整体水平的提高,初步形成了具有一定竞争力的汽车零部件制造体系,不但满足国内市场的需求,而且部分汽车零部件产品已进入国际市场,推动了我国汽车零部件工业的快速发展。据不完全统计,目前国际汽车零部件企业在我国投资建立合资或独资的零部件企业已超过500家。上述因素加上中国汽车行业发展的特殊背景,产生了以下几个明显的特征:

(1)中国汽车零部件制造主要以配套市场为主

由于中国汽车工业发展的特殊性,特别是过去受计划经济时代的影响,造成了中国汽配行业发展较晚,市场规模还没有形成的现状。中国汽车零部件制造企业普遍不重视汽车综合服务市场,大规模的企业多以整车配套为主要业务,例如一汽富奥集团,78%的产品是给一汽配套的。根据汽车工业信息网统计的数据2006年中国零部件销售额约4 200亿元,而进入汽配市场的零部件仅约为1 100亿元(不包含汽车用品)。

(2)整个零部件制造行业的利润率不断下降

由于中国汽车整车市场竞争激烈,车市价格频频调低,而整车厂为了保证自身的利润水平,则把降价导致的利润减少转移到零部件制造企业身上,造成了国内汽车零部件制造业利润下降迅速,2004年开始出现利润总额负增长,到2005年汽车零部件行业的整体利润率只有5.8%,2006年行业整体利润基本维持在2005年的水平上。

(3)中国汽车零部件制造行业制造能力过剩

根据摩根士丹利的研究表明,中国汽车零部件近年来发展过快,产能利用率很低,预计到2008年只有40%的产能发挥作用。这就造成了中国汽车零部件制造业当前竞争激烈的现状,零部件行业已经进入买方市场。

5.1.4　汽车配件流通行业的需求特点

1）配件需求总量同汽车制造业的发展具有很强的相关性

根据产品之间的销售关系分类,产品可分为互补品、独立品、条件品和替代品四种。条件品是指一种产品的购买以另一种产品的前期购买为条件。在这种情况下,只有那些曾购买过某种产品的购买者才会成为另一种相关产品的潜在购买者,例如计算机和计算机软件的关系等。从汽车与汽车配件的关系来看,汽车配件属于条件品,也即汽车配件的购买是以汽车的前期购买为条件的。因此,汽车的现时保有量就基本上决定了汽车配件市场需求总量的大小。从实际情况来看,汽车业与汽车零部件业的发展也是相辅相成的,汽车工业的发展壮大,必将带动一大批汽车零部件流通企业的发展,同时,汽车零部件业日臻成熟对汽车业整体水平的提高亦将起到促进作用。因此,讨论汽车配件的流通显然不能脱离整个汽车工业的发展状况。汽车业和汽车零部件业共同发展的关系如下图 5.1 所示。

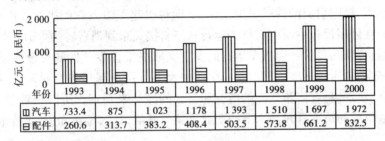

图 5.1　汽车业和汽车零部件业共同发展的关系

2）需求品种和规格的多样性

据统计,近几年来中国汽车市场始终保持着高速增长的态势,据专家预计,在随后几年里中国汽车的年产销量增长率平均达到 30% 左右,而整车保有量在 2002 年就已超过 2 000 万辆。中国汽车保有量的增长如图 5.2 所示。

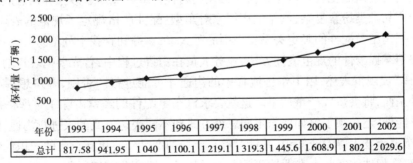

图 5.2　1993—2002 年汽车保有量曲线图

一辆车大约有近万个零部件,在汽车的生命周期中,约有 3 000 种零部件存在损坏和更换的可能。同时伴随着产量的迅速增长,整车市场中的车型也日益丰富,从 2003 年以来每年上市的新车都接近或超过 100 种,这样相应对汽车配件种类和型号也在成几何状增加。不同的车型、年款,零配件规格型号等,决定了汽车零配件商品种类会越来越繁多,产品线的宽度、深度都会快速放大。

3）需求在时间、地点和品种上分布广

汽车配件市场的另一个显著特点是需求在时间、地点和品种上分布十分广泛，这是由汽车的使用特点所决定的。我国幅员辽阔，汽车作为一种便捷的交通工具，运行范围遍及城乡，在运行过程中，配件的损坏是随机的，而在维修的时候必须有全新的配件以作更换之用，因此配件的需求在时间、地点和品种上都只能是随机的。这一特点决定了配件经营必须是在地域上分散化，在品种上要求尽量齐全并保有适量库存以满足在时间上的随机性。但实际上没有任何一个配件经销商能做到备齐所有车型的所有配件，这样我们就看到了另一个趋势，所有的经销商和维修企业都只能在市场细分的前提下按照自己拥有的资源优势选择为有限的车型和配件需求服务。

4）需求品质的安全性和服务的技术性

汽车发展史证明汽车永远是许多最新技术和常规技术的载体，这就决定了汽配经营必须与服务——特别是技术服务相配套。比如汽车上有很多零件的安装及使用有其特殊的装配要求，如果装配不当，轻则引起配件的早期损坏，重则将引起车毁人亡的事故。汽车作为一种比较特殊的商品，在使用过程中所有机件的运行状态直接关系到消费者的生命安全，所以对其运行中的安全性有特殊的要求。而汽车运行的安全又取决于各零部件的质量保证，由此消费者要求配件具备较高的质量标准。然而现实生活中大部分用户都是非专业人员，对零部件的质量很难做到正确鉴别，只有依赖厂商的信誉和自己的经验来判别。所以相对于一般生活用品而言，卖配件最重要的是拥有较高水准的职业道德与诚信，其次是卖知识、卖技术、卖品质和卖服务。

5.1.5 汽车零配件的经营特点

1）汽车零配件的经营专业性强

汽车零配件的经营是针对在用汽车的服务性行业。其最终用户主要是汽车维修服务企业或车主。其营销的商品主要是汽车维修所必须的易损件或因交通事故损坏的总成和零件。如前所述由于产品种类纷繁复杂，汽车生产厂家对车型、配件严格规定了规范的表述方法，业务人员据此掌握车型与配件的确定关系。但因品种太多，掌握和查找十分不易。不仅如此，由于客户一般并不掌握配件的规范表述方法，业务人员在销售过程中，首先要把客户的不规范表述准确地"翻译"成规范表述，以下销售流程中的沟通才可能进行。否则，客户想买与商家所卖的不是一种东西，将会造成严重后果。这就要求汽车零配件的经营者除了掌握一般商业经营的知识和技能外，还必须了解如何与不同思维方式和不同表达方式的人进行沟通、同时了解汽车构造、汽车电子技术等专业知识，并针对整车市场的产品随时更新自己的知识储备和知识结构，可见汽车零配件的经营在专业性要求上远远超过一般商业零售行业。

2）经营库存和资本具有相对集中性

由于汽车配件行业直接为汽车维修、保养服务提供备品、备件，而车辆故障的随机性直接导致对配件的需求随机性放大，因此，为了满足及时交货的需求，取得竞争优势，汽车配件经销商必须保有适当库存。但是相对其他商品而言，汽车配件平均价值高，占用资金较多，消费需求预测困难造成库存周转相对较慢，这不可避免地将带来库存增加，使经营成本显著增大。当然，解决的办法还是存在的，即使是维修单独一个品牌的车也不可能库存该车型所有的零部件，如果自有资金是无限的，当然可以保证满足所有的配件需求。实际上即使资金不紧张也不

会有这样经营的配件商,在实际工作中零配件的库存是按照一定的规律来进行的,通过相关的数据统计可以对某一品牌的车在一般情况下使用可能由于零部件失效导致发生故障最多的是哪些情况,次多的有哪些? 针对本地区而言大概多长时间会有损坏总成的交通事故发生,在这类事故中自己服务的品牌占百分之几十? 在数据分析的基础上自然可以把有限的资金用于库存需求量最大的配件上。目前各个品牌的4S站也都是这么做的,当然,按照统计学规律进行配件库存仅仅是表示了或然性的大小,在实际工作中会有偶然性发生(没有库存配件),只能通过临时紧急订购应付偶然性,配件经营成本与控制偶然性的高低直接相关。

3)规模经济效益明显,但实现障碍较大

汽车配件同其他商品一样,具有规模经营效益。首先,大规模经营通过统一规划采购、物流配送和客户资源能够获得较高的价格折扣,实现对库存的实时监控和管理,降低运营成本;其次,能满足对品种的随机需求,吸引客户,赢得信誉,扩大交易量,增加利润。但汽车配件本身成本高、周转慢、库存沉淀大、造成资金的大量积压,而需求分布广泛,采购批量小,商品种类繁杂、技术性强都提高了规模经济效益的实现难度。我们可以从配件价值链的起始端进行分析:首先汽车生产厂家是否会在满足整车装配的前提下库存自己生产的所有品牌和所有型号的车的配件? 答案是否定的。汽车制造厂所用的零部件绝大多数是外协件,库存的多少直接影响生产经营成本,成本高产品的市场竞争力就下降,汽车生产厂会把经营风险转移到配件生产厂,要求配件厂保持一定量的库存,当4S店紧急订货时万一自己没有库存就直接让配件生产厂向4S店发货。配件厂的库存是否会影响自己的生产成本呢? 有影响但是不大,比如某配件厂库存的配件多于汽车制造厂的订货,该厂会把多余的库存通过相关的渠道流向配件市场,这种形式进入市场的配件是地道的原厂配件标准,但是却不能按照原厂配件的价格销售。目前有很多4S店都通过不同渠道购买这种配件,理由也很简单:质量与原厂配件一样价格却要低很多。作为汽车制造厂在几年前对这种现象打击十分严厉,直接取消配件供应资格,但是近年来配件生产商的力量壮大了,话语权增加了,汽车制造厂家对该类问题多采取睁一只眼闭一只眼的态度。

4)购销渠道的相对稳定性

汽车配件市场的一个突出特点是购销渠道一经建立,相对固定。表现在每一个经销商都有一批相对稳定的关系户,回头客多。这是因为汽车配件消费具有生产资料消费的某些特征,相对于一般的生活消费品而言,同种汽车配件的产品种类少,产品更新换代慢,顾客购买次数少,易于建立稳定的供销关系。另外,稳定的供销关系对经销商和用户双方都有利。对经销商来说,可以稳定销售额;对于用户来说,可以获得多次购买的价格折扣,增强讨价还价的能力,并易于建立商业信任和技术信任。

5.1.6　汽配市场趋势分析

从世界汽车零部件产业结构来看,有零部件独立和剥离、兼并重组步伐加快、劳动密集型产业转移的变化趋势;从汽车零部件技术发展来看,有零部件通用化、模块化,产品电子化、智能化,产品环保化、轻量化、开发数字化、全球化,信息交换网络化的发展趋势;从汽车零部件价值结构来看,有技术发展快、技术含量高的汽车零部件产品,获利情况好,业务增长快的趋势。

2003年中国人均GDP超过1 000美元,成为轿车进入家庭的标志,中国汽车产业也由此进入以大众消费为基础的快速增长阶段。同时,汽配消费正在由公务、商业向私人、生活消费

转变,这将导致汽配流通渠道的变革,以汽配城为主体的原有汽配流通模式也将面临新的挑战。伴随着汽车市场的快速成熟,消费群体从公务市场向私人市场转变,特别一些经济较发达的区域,拥有良好教育背景的企业职员购买经济型轿车的比重将越来越高。根据新华社的一项研究表明,这一群体由于知识和经济条件等特征,将会对汽车售后及配件服务提出更新、更高的需求。

1)汽配的进入障碍将有所提高

在未来几年,我国对汽配的审批也会像欧美和日本一样,门槛会逐步加高。今年3月份由中国工商联汽车摩托车配件用品业商会公示的《汽车配件营销企业经营管理规范》中对汽配行业的进入标准进行界定,规定了汽配营销企业的资质认证标准,根据汽车配件营销企业所应具备的营业条件和经营操作要点,以能够全面客观地反映企业综合实力为原则,从汽车配件营销企业的资产状况、经营能力、管理水平和人员素质四个方面,将企业划分为四个类别,即:一类企业、二类企业、三类企业、四类企业。这标志着我国对汽配行业监管力度的加强,也对目前数量巨大的小规模汽配营销企业带来了冲击。

在维修养护市场上,我国早就实行分类许可制度。机动车维修经营业务根据维修对象分为汽车维修经营业务、危险货物运输车辆维修经营业务、摩托车维修经营业务和其他机动车维修经营业务四类。汽车维修经营业务、其他机动车维修经营业务根据经营项目和服务能力分为一类维修经营业务、二类维修经营业务和三类维修经营业务。

2)品牌将主导市场

当前汽配品牌的缺乏是当前汽配行业的一个软肋,人们认识到,品牌是企业与经销商携手合作的基础,共同发展的桥梁,各种投资优化组合的产物。将来能在汽配市场上站得住脚的,将是把品牌做大的企业、把服务品牌做强的商家,把品种做精的汽配超市。

目前已有河北、天津、河南等十几个省市汽配城内的知名商户被一汽富奥公司授牌成为当地(省级)特许经销商。浙江万向集团已与全国汽配市场联合会达成意向,将在全国各省选定一家汽配市场(城)建立"万向连锁店"。国内大的汽车集团和著名汽配品牌企业,利用品牌的优势,把特许经销商、连锁经营网点选定在汽配城内,使全国汽配市场(城)的网络功能迅速提升,并正成为全国著名汽配生产销售网络的结点。

3)经营模式多样化发展

市场要求经销商依靠自己多年的行商经验和聪明才智,以更富创新的理念和营销模式去适应市场需求,并发展自己。

集成服务商。在当前更多的市场细分和多元化需求的情况下,许多车型零部件产品配套的要求往往是各具特点,变化较大。这种需求为市场造就了很多机会和空间。谁能抓住信息,满足终端用户的需求,谁就是市场的赢家。因此经销商只要抓住主体客户的个性化需求,并为其寻觅和推荐零部件供应商,一旦双方确认,这个经销商就可以通过同时承担售后服务的功能,成为一个业务非常稳定的中间商,由此进一步挖掘利润空间。譬如,通过某大型商用车用户,以指定某种总成或零部件品牌及型号的方式,为该商用车制造企业与配套零部件供应商牵线搭桥,并通过其供应配套零部件和负责售后服务,从而独辟蹊径,创造了一种崭新的经营模式。

经营与连锁快修互为交融。当单纯经营汽车配件,其利润趋薄时,人们很自然地在想,如何生存,如何进一步向市场的深度和广度发展并挖掘利润呢?有一家经销商解决了这个课题。

这家经销商首先是从做 OEM 配件起家,曾经成为上海几家配套零部件供应商售后市场名列前茅的经销商。但由于市场的不规范、恶性竞争,而改为销售自己的定牌产品。当定牌产品又有某种局限之后,他们果断地向快修连锁市场进军,使自己的销售对象队伍扩大,增加了自己的终端客户。目前,快修连锁在全国范围内都有了比较快的发展。这些终端用户增加了对公司配件的需求量,并且快修店获得了配件和修理的双重利润。

总之,传统经销商的所有经营模式的变革和创新,其落脚点只有一个,那就是适应市场、做大市场,并在满足市场的同时不断提高客户满意度,只有做到了这一点,才抓住了变革的根本。

4)国外著名汽车零部件企业全面进入国内汽配市场

自 20 世纪 90 年代开始,一些世界著名的零部件跨国公司纷纷以合资的形式在中国开设工厂企业,在进入 OEM 配套市场之后,又开始把业务的触角伸向了售后市场。其中以博世、电装、TRW、辉门、萨克斯、法雷奥、海拉等品牌为最早。以博世公司为例,早在 1998 年 5 月,博世贸易(上海)有限公司在外高桥保税区成立。它从一开始的通用电气零部件起步,发展到现在拥有检测诊断设备及专业技术培训服务,以及其他门类相当齐全的相关产品,并由此在中国形成了一个"博世汽车专业维修"的新概念。目前,博世贸易(上海)有限公司在中国的特约维修店已有 263 家,其中柴油机维修站 98 家,汽油机维修站 165 家,均有全球统一的外观装修,内部设计及产品陈列。今年博世还将增加 70～80 家维修站,并计划至 2008 年把总数扩大到 500 家。

5)竞争格局将发生变化,独立市场份额增大

国内刚刚起步的连锁汽车快修,在国内市场逐渐成熟的条件下,将凭借位置便捷性和服务针对性的特有核心竞争优势,发挥在快修保养、DIY 用户群方面的优势。而 4S 服务站由于其地理位置,经营成本等限制,目前的快修保养用户将逐渐被连锁汽车快修、汽配连锁大卖场等模式吸引,但对于三包索赔、品牌大修用户 4S 特约服务站依然有着较强的吸引力。目前,汽配城主要由批发二级汽配城、批发维修厂和零售 DIY 用户三块业务组成,其中维修厂主要由快修、保养和大修用户组成,由于汽配城流通模式存在的固有缺陷,未来汽配大卖场的加入及目前汽配连锁超市的成熟,将凭借贴近消费者需求出发设计的优势来抢占汽配城目前三块主要的消费群体,但由于连锁大卖场的模式正式进入中国市场还需要很长一段时间,所以,汽配城等目前主流汽配流通模式仍然有较大的发展空间。需要重视的是独立的汽配企业在未来还将有更大的发展,但这仍需要一定的时间来实现。

5.2　汽车配件零售网点的经营管理

5.2.1　汽车配件零售网点的选址

1)汽车零配件零售门面的选址原则

(1)尽可能节约顾客购买过程的时间与精力成本

构成顾客购买总成本的因素有价格、时间、精力与体力四项,顾客都是价值最大化的追求者。我们假设同样的配件有同样的价格,剩下能让顾客光顾的条件就是购买方便了,要实现该目的,汽车零配件零售门面在选址过程中必须满足方便顾客消费的原则。这主要体现在两个方面:一方面是所开店面能最大限度节省顾客的购物时间,因此分店应设在交通主干道旁边或者汽车维修服务企业相对集中的路段;另一方面,店面开发还应充分把握顾客的购物心理。许多顾客买配件喜欢货比三家,而且常希望在一个地点全部购齐,因此汽车零配件零售店在保证自身经营效率和特点的条件下,不妨将店面设在汽配经营商店比较集中的区域,甚至汽配超市或大型汽配交易市场中,这样一方面可以接触更多的顾客,创造商业机会,另一方面,与其他经销商在经营品种、库存数量上相互补充、优势互补,扩大经营范围提高综合竞争力,现在多数配件零售商都可以承诺送货上门的服务,这样做的理由就是要节省顾客的体力,降低顾客购买的总成本。

(2)有利物流配送

汽车零配件零售企业在经营时,经常要从供应商处(往往不在同一城市)购进大批量的零配件,还要将它们销往各个维修服务企业中,因此在选址时必须考虑是否有利于物流配送,尽量选择距离铁路、公路货场近,交通便利,停车方便的位置,最好能临街便于顾客识别。考虑企业与配送中心之间的相互关系,周围有无银行以及能为企业提供方便快捷的第三方物流的辅助机构。这不仅可以节约配件的运输成本,还可以保证缺货的及时供应,甚至给相邻分店间余缺商品的调剂带来方便。如果店面设在汽车配件大市场则这些问题就相对容易解决,在大市场的筹备过程中上述问题都进行了充分的考虑,否则在招商过程中就会遇到问题。

(3)适应长期规划

汽车零配件零售企业的选址必须具有长期规划性和战略性。不能仅仅着眼于眼前环境上一时的便利,还应充分考虑周围汽车保有量、维修服务企业的发展变化情况,考虑业务发展可能会带来在经营场地、仓储条件和物流配送上的更高要求,为企业的发展保留适当的空间。同时,必须与当地政府的城市与产业规划相适应,预防由于交通、土地使用上的变动给企业经营造成损失,利用那些希望在当地借助汽车销售服务行业的成长推动区域经济发展的政府所提供的优惠政策,从而降低经营风险,提高经营效率。目前,各个城市建设的发展速度都很快,尤其是老城区的开发力度不断提高,选择店面时要充分考虑在老城区经营的城市改造风险。另外,目前汽车维修企业基本在向4S站转变,零配件还处于厂家控制范围,即使靠近4S店经营,按照目前的格局也会有许多不便之处。

(4)占用条件

在选址过程中还有一个需要考虑的问题是所选择的经营场所的占用条件,基本也就两种占用方式:自有与租用:资金充裕的零售商既可以买下经营场所,也可以租用。相对于租用而言,自有房屋有若干优点,不存在经营步入轨道后,由于租约到期时业主不再续约或索取高额租金所带来的风险,在扩大经营范围或改变经营格局时,具有最大的灵活性。此外,如果房产价值上涨,还会为企业带来有形资产的增值。但同时我们也应看到,自置房产初始成本高,如果房产不易变现会抬高转行或行业退出的门槛。因此汽车零配件零售企业在选择店址时应根据自身实际和市场环境的变化趋势综合考虑经营场所的占用条件。

2)汽车零配件零售网点的选址流程

汽车零配件零售网点的选址流程简单的来看,主要包含市场(商圈)调查、确定营业网点位置类型、确定若干个大体位置的备选方案、对可供选择的店址方案进行量化评估和最终确定店址这五个步骤,参见图5.3。

(1)市场(商圈)调查

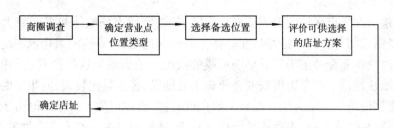

图 5.3　汽车零配件零售网点的选址流程

商圈是指经营某种产品或服务的某家或某类企业的顾客分布的地理区域,是商店的服务辐射范围,调查的目的就是要事先知道在这个区域内目前的和潜在的有汽配需求的顾客大致有多少? 所用车型和车龄的比例如何? 进行商圈调查和分析可帮助投资者了解该位置的市场概况、计算该区域内经营网点的饱和程度和竞争状况,为投资者的营销活动和经营重点确定方向。商圈一般由主要商业圈、次级商业圈和边缘商业圈构成。主要商圈容纳经销商 50% ~ 80% 的顾客,它是离经销商最近、顾客密度最大、平均销售额最高的区域;次级商圈包含另外 15% ~25% 的顾客,它位于主要商圈之外,顾客分布较分散;边缘商圈包含剩下的顾客,分布更加分散。商圈调查主要是了解拟设立汽车零配件零售网点地域的店铺形式和规格、竞争者的分布、竞争者的经营特点、媒体的接收、汽车保有量、行程所需时间和交通状况(如过桥费和路况)等方面的情况。当然,在这之前首先要明确自己的经营战略,如果是无差别战略,那所有的汽车配件经营者都是自己的竞争对手,如果是差别化经营战略,则与自己经营项目相同的经营者为自己的竞争者,如果是细分市场战略竞争对手则要少得多(或者没有),只有根据确定的经营战略才能确定汽车零配件零售网点未来的竞争者与客户的分布状况。

(2)确定营业点的位置类型

汽车零配件零售网点在调查了可供选择的商圈之后,必须根据自身的业务规划确定哪一类位置合乎理想,一般说来,汽车零配件零售网点的位置可简单分为三种类型:孤立汽车零配件零售网点、无规划汽车零配件经营区域和规划的汽车零配件经营区域。

①孤立汽车零配件零售店面

那些坐落在公路或街道旁的单独的汽配零售商店,这类配件经营店面的附近没有其他汽配零售商与之分享顾客。一般习惯称为补缺服务,这一零售网点类型的优点和缺点都很明显:

优点:a. 经营所在地无竞争对手;

b. 如果是租借的房屋,一般情况下经营场所的租金相对较便宜;

c. 经营上比较灵活,在地点选择、场地规划、经营规范上相对自由;

d. 有利于顾客便利购物;

e. 一般道路和交通的可见度较高;

f. 停车较为方便。

缺点:a. 难以吸引新顾客,偶然购买的比例大;

b. 难以与同行形成经营业务的互补,经营品种受限;

c. 经营规模小会导致广告费用高(一般不会打广告);

d. 公共设施的运行费用不能分担,成本较高。

②无规划汽车零配件经营区域

无规划的汽车零配件经营区域是指该地区存在多家汽车零配件经销商,属于一种自发的由众多独立经销商在一定区域内形成规模效应的形式,区域市场整体知名度要大于各个经销商,但区域中经销商的分布并不是经过在总体布局长期规划的,商店的组合也不是按照配件类型搭配的。我国汽车零配件市场发展早期形成的汽配一条街就是这类经营场所的典型,这一类配件经营区域往往位于汽车销售服务企业集中的地段,客流量比较大,但相应的仓储、物流、交通、停车等配套设施由于缺乏统一规划一般条件有限,整体形象也较差。但由于较多经营者在一地集中经营,在经营品种、库存数量上相互补充,适合于顾客一站式的购物需求,同行之间的竞争也相对要激烈许多;另一方面随经营理念的改变在相互竞争的过程中同时相互配合的程度也在提高,顾客在一个店内能把自己所需要的各种配件都配齐,并不是这个经销商的库存完备而是他能及时从其他经营者库内调齐客户所需配件,甚至有很多配件调过来后没有加价,通过这种方式努力与客户建立长期关系。

③规划的汽车零配件经营区域

规划的汽车零配件经营区域是指经由政府和相关行业协会统一规划、统一建设把大部分汽配经销商组织并集中在一起的汽车配件经营区域。其产权和管理相对集中,配套设施齐备,集中了众多经营不同品种、不同类别汽车零配件的经销商,商品和服务组合安排得十分周密,我们通常所说的汽配城、汽配交易市场就是典型的规划的汽车零配件经营区域,其在经营上也具有鲜明的特点:

优点:a. 由于集中经营,统一规划协调,公共设施的运行费用共同分摊,成本较低;

b. 在统一规划下各经销商能够建立和分享以相对良好的共有品牌和形象;

c. 各经销商的客流在集中经营区域中最大;

d. 租金和税收通常较低;

e. 经销商的经营品种和库存相互补充,更适合那些从事专业化经营经销商的经营和发展。

缺点:a. 由于经营场所统一规划,单个经销商经营的灵活性受到一定的影响;

b. 同行之间竞争激烈;

c. 同一区域不同地段客流分布对经营绩效影响大;

d. 公共设施使用强度大,易于造成设备老化;

e. 可能要支付一些对于单个经销商服务价值不大的款项。

(3)选择汽车零配件零售店面位置的备选方案

投资者在根据自身的业务规划综合考虑了众多被选地点的商圈状况后,可初步列出基本满足设立汽车零配件零售网点条件的地点进行仔细的量化评估。只要收集的数据是真实的、分析是客观的,最优位置是以各个方案得分的高低来决定的。

(4)评价可供选择的店址方案

投资者在确定了汽车零配件零售店面位置的备选方案后,则应根据每一个方案涉及的具体商业环境因素和市场环境因素对其进行仔细评估,评估时主要考虑的因素参见表5.1。在所例举的两大指标中,各自还有一系列具体的条件,在评价这些条件时还有不少属于定性判断的,另外还有一些属于主观评价的指标。这些定性的和主观评价的指标会在不同程度上影响评估的精确度。

表 5.1　选址评估时主要考虑的因素条件

选址条件					
商业环境因素			店铺选址因素		
城市结构因素	消费结构因素	商业结构因素	位置条件	相对条件	潜力条件
城市特点(产业结构、文化氛围等); 城市规划(土地征用规划、市政设施规划等); 城市公共设施交通现状等	汽车购置现状及动态(车辆密度、车型构成、车辆分布布局、未来保有量的增长); 人均收入、汽车消费水平等; 生活方式、消费习惯等	城市配件业经营结构和集中化程度及趋向(汽配城、汽配交易中心等); 行业竞争关系等	邻近条件(附近的商业情况、道路情况、交通状况等); 用地条件等	与竞争店的SWOT及互补效应分析	商圈与汽配购买力(购买频率、购买时间、购买配件质量等级、配件采购距离等)

(5)最终确定汽车零配件零售店面的地址

在完成了第四步的评估工作后,就可以最终确定汽车零配件零售店面的地址了,把得分最高的店面地址方案对照汽车零配件零售经营者在中长期上对自身业务进行的规划决策,如果一致则为最佳结合,如果两者差距太大则要考虑备选的店面地址方案或修正经营规划决策。最终优化确定汽车零配件零售店面的经营地。

5.2.2　汽车零配件零售店面的商品计划

汽车零配件零售店面的商品计划是指配件经销商经营商品的种类和数量的组合。具体包括四个方面的基本决策:储存商品的种类、储存每类商品的数量,每种商品计划储存的时间和储存在哪里最方便经济。配件零售组织在制订自己的商品计划时,应尽量使其商品组合具有独特性,与其他竞争者的有所不同,并与自己的零售定位相一致。配件经销商在决定储存何种商品时,不仅要根据自己的市场定位和服务对象决定储存哪些品种的零配件,还要决定经营何种质量的商品和是否经营季节性或厂商促销产品。确定商品质量必须考虑如下几个因素:理想的目标市场、竞争、零售商形象、配件零售商的位置、库存流转、盈利性、消费者服务和约束性决策(见表 5.2)。注意不要在考虑配件种类的独特性时忽略了配件价值,只有高附加值的配件才能有理想的投资回报。

表 5.2　制订商品品质计划考虑的因素

因　素	计划参考
目标市场	商品品质必须满足理想目标市场车型和消费者的期望
竞争情况	汽车配件零售商可以根据市场容量和竞争对手情况与竞争对手有相似品质(跟踪竞争者)或不同品质(吸引不同目标市场)的商品
汽车配件零售商形象	高档汽车配件的品质与消费者对零售商的印象有直接关系
汽车配件零售店的位置	店址影响零售商的形象和竞争者的数量,而且与配件质量相关

因　素	计划参考
库存流转	高档优质的汽车配件的库存周转速度通常比低质量廉价商品低
盈利性	高档优质零件带来的单位利润一般比低档零配件高;但库存周转量可能会使低档汽车配件的总利润更高
消费者服务	高档优质汽车零配件由于其使用者的特点往往要求人员推销、送货等。低档零配件一般没有这样的要求
人员	高档优质汽车零配件要求熟练、有知识的销售人员。低档汽车配件只要求一般人员(自我服务)
约束性决策	(1)汽车配件专卖店或代理商对配件商品品质只有有限的或者没有控制权 (2)向少数大批发商进货的独立汽车配件零售商可选择的商品质量仅限于批发商提供的商品

汽车零部件业务(营业额、利润)增长往往来源于零部件产品附加值的提高,而产品附加值的提高又往往来源于产品技术含量的提高。一般来说,技术发展快、技术含量高的汽车零部件产品获利情况好,能使得业务量增长快。

随着电子技术在汽车产品中的广泛应用,音响与通讯系统、电子电器系统的价值将大幅提高。而由于各国对汽车排放的限制,发动机技术也不断改进,高技术发动机带来高附加值。

其次,随着用户对汽车安全性、舒适性、操纵性要求不断提高,汽车零部件制造商需要不断改进相关系统的性能,如制动系统、空调系统、燃料系统、内饰系统、乘员保护系统、转向系统、悬挂系统、变速箱系统等。

而车桥系统、车身和结构系统、玻璃系统、轮毂与轮胎系统,则因其技术发展的限制,难以在价值上有大的提高。

国外某机构对零部件系统的价值增长潜力作了如下统计:

高增长潜力包括:音响与通讯系统、电子与电器系统、发动机系统;

中增长潜力包括:制动系统、温度控制与空调系统、燃料系统、内饰件系统、乘员保护系统、转向系统、悬挂系统、变速箱系统、排放系统;

低增长潜力包括:车桥和驱动轴系统、车身和结构系统、车身玻璃系统、轮毂和轮胎系统。

汽车零配件零售商制定商品计划的第二个主要决策是经营何种产品以及产品的创新程度。除了确定经营何种产品,汽车配件经销商还往往需要决定是否经营新产品,新产品为经销商的经营带来巨大的市场机会(独特性,因为它是市场上的第一家)的同时也存在巨大的风险(可能因错误判断市场需求和大量库存造成正常经营受阻)。一般说来经销商在决策经营何种产品以及产品的创新程度时应考虑以下几个因素:目标市场、配件销售的增长潜力、零售商形象、竞争、顾客细分、顾客反应、投资成本、盈利性、风险、约束性决策和衰退期商品的撤出(见表5.3)。

表5.3　制订零配件经营品种和配件商品创新程度计划考虑的因素

因　素	计　划　参　考
目标市场	评估目标市场的需求及其发展趋势
产品的增长潜力	根据每一种新产品的最初销售速度、一定时期的最大销量和销售周期的长度进行考虑
零售商形象	零售商经营的汽车配件产品种类受其形象的影响
竞争	在选择的新产品市场上是领导还是跟随竞争
顾客反应	当目标市场有要求时,应经营新产品
投资成本	每种新产品可能有各种类型的投资:产品成本、额外人员(或进一步培训现有人员)
盈利性	每种新供应的配件商品都应估计潜在利润(对于特殊商品,还应估计零售商的整体利润)
风险	主要的风险是可能损坏零售商的形象、投资成本和机会成本
约束性决策	专卖店或代理商可采购的新产品/服务可能受到限制
衰退期产品的撤出	如果销售额和利润太低,从该市场中撤出时的退货条件等

　　汽车零配件零售商评估新产品增长潜力时有三个变量可作参考:最初的销售速度、每段时期内的最大销售潜力和销售周期的长度。即一种新的汽车零配件产品销售的速度有多快? 一个季度或一年内能够达到最大销售额/销量是多少? 新产品持续销售的时间有多长? 在制订零售战略计划的时候,评估新产品增长潜力的另一个有用工具是产品生命周期(Product Life Cycle),判定了一种产品处于生命周期的什么阶段就可以预测其未来的市场走向。传统的产品生命周期有四个阶段:引入期、成长期、成熟期和衰退期。

　　一旦零售商确定了经营何种商品,接着就必须决定存储多少商品。因此,存储商品的宽度和深度是下一步要计划的。品种宽度是指汽车配件零售商经营的不同配件商品大类的数。品种深度是指零售商经营的任何一大类商品的多角化程度。产品的宽度和深度有 4 种不同组合,每种品种组合战略的优点和缺点如表5.4 所示。

表5.4　零售品种战略及其优缺点

优　点	缺　点
宽深组合战略 (经营的汽车配件的种类繁多,每一大类的品种众多)	
广阔的市场 全面的存货 高客流量 顾客忠诚 一站式购物 没有失望的顾客	高存货投资 大众形象 许多品种流转速度低 有一些过时商品

107

续表

优　点	缺　点
宽浅组合战略 （经营的汽车配件种类繁多,但每一大类的品种有限）	
广阔的市场 大客流量 强调方便顾客 成本比宽深组合战略式的低 一站式购物	产品线的多样性差 有一些失望的顾客 较差的形象 许多商品流转慢 较低的顾客忠诚
窄深组合战略 （经营的汽车配件种类较少,每一大类的品种众多）	
专家形象 同一类商品中顾客选择性强 专业的员工 顾客忠诚 没有失望的顾客 成本比宽深组合战略式的低	过分强调某一大类 不能一站式购物 对趋势/周期更敏感 需要更加努力扩大商圈的规模 很少（没有）经营相关（或互补）的商品
窄浅组合战略 （经营的汽车配件的种类较少,每一大类的品种有限）	
目标在于方便顾客 成本最低 很大的商品流转量	很小的宽度和深度 不能一站式购物 形象较差 有限的顾客忠诚 很小的商圈 很少（没有）经营相关的商品

5.2.3　汽车零配件的采购

商品采购是企业商品流通的首要环节,也是确保商品质量和经营绩效的一个关键性环节,因此需要建立严格的采购管理制度,协调与供应商关系,提高采购人员的素质。在进行采购之前,必须先根据库存—订货模型确定订货批量,常用的模型包括单周期库存基本模型和多周期库存基本模型。多周期库存基本模型包括经济订货批量模型和价格折扣模型(具体内容见运筹学相关章节)。采购时,要注意以下基本要求:

(1)良好的配件质量

对于配件质量的衡量,一是配件应该达到基本的技术指标,如耐用性、安全性、与国家标准的一致性等;其次应符合消费者需求,在保证技术指标的前提下提高其各项使用性能。

(2)适当的配件数量

配件采购数量主要指采购总量、商品结构、批量三个方面。

确定采购总量必须把握销售变动趋势和库存状况,商品结构是指采购商品中的品种、规格、标准等方面的构成(参见文中配件商品计划部分),采购批量则可根据具体配件的特点和市场需求走势选用前文所述的订货批量模型进行优化,有经验的经营者还可根据经验对结果进行调整和修正。

(3)合适的采购价格

配件采购价格是否合适,应综合考虑配件质量是否稳定,能否满足顾客的需求;全程交易服务是否良好可靠,如交货是否及时、供应量是否有弹性、对投诉能否迅速做出反应、索赔是否简便等;交易条件是否苛刻,如付款方式、交货地点、交货方式、运费、保险、包装等。

(4)广泛的采购源

商品的货源一般考虑两个方面,一是商品的产地及来源,如是原装进口还是国产件。二是供货商的选择,是生产商还是批发商,其考虑因素一般为供货方的资信状况,商品品质、价格、服务等。

(5)合适的落单时间

落单时间是指双方正式签署购销合约的时间。

(6)合适的交货时间

采购人员既要考虑供货商由接到订单至正式交货所需时间(即购货所需时间),又要考虑现有库存量(总部配送中心和门店)能否保证购货所需时间内的正常销售。

上面所说的配件采购问题主要是针对一般汽配零售商而言的,他们进货的依据是所在商圈内的需求,而一个区域内的配件需求是动态的,去年某种配件销售量大并不一定会延续到今年,所以配件采购的六条原则应该时刻对照采购行为。我们前面已经多次谈到目前汽车维修企业正在向 4S 店转化,转化的结果之一就是使得品牌配件流通渠道简单化,对于 4S 店来说有关配件最大的问题在于如何利用有限的资金储存自己需求量最大的配件,加快配件资金流转减少压库时间,上述六条原则有些就不一定起作用了。

5.3　汽车配件交易市场的经营管理

5.3.1　汽车配件交易市场的特点

汽车配件交易市场是一种多渠道、少环节、大规模、低成本的集群经营模式(如图 5.4(a)、(b)所示)。它将尽可能多的大小经营商户聚集在一起,形成店多成市的规模效应。经过多年的建设发展,我国的汽车配件市场现已具备了相当的规模,在推动汽车工业和地方经济发展中发挥了重要作用。一些现代化的汽车配件市场经过不断建设和探索,在市场的营销、仓储、展示、配送、安全等硬件建设方面已日臻完善;后勤、服务、保障等内部各种管理制度建设也在日趋深入;经营培训、电子商务、连锁经营、信息网络、品牌专卖、授权代理、特许经营等管理和营销手段也已被一些汽车配件市场借鉴和运用。

我国的汽车配件交易市场具有以下优点:

(1)品种优势。集中了众多的汽车配件经销商,各经销商和品种互为补充,使得市场的品种、规格比较齐全,能够满足顾客对配件品种、规格多种多样的要求;

（a）　　　　　　　　　　　（b）

图5.4　汽车配件交易场所

（2）集聚优势。市场通过聚众成市、优势互补，有利于汽配资源的统一整合，使汽配市场具有单个经销商所不具备的规模优势，为进入市场的经销商互通有无、信息交流带来了经营上的便利。竞争优势得到充分开发利用，市场的规模效应汇集了各种汽车配件于一处，各经销商在相对集中的大市场中展开了竞争，价格透明度比较高，便于消费者货比三家、价取其优，通过比较，可以有效的避免和防止因为信息不对称而造成的上当受骗，既方便又节约采购成本。

（3）辐射优势。汽配市场吸纳的汽配商品最终是要到用户手中的，汽配市场往往具有批发、零售、物流、配送、结款等一站式服务，吸引了大量的消费者前来采购。批发商通过销售网络将汽配商品批发到山南海北或零售给周边的汽修厂直接用户，使汽配商品从汽配市场在较短的时间内流通到各地，发挥了市场的辐射功能。

（4）交易现代化手段进一步提高。有的市场在完善市场服务功能的基础上，加快了市场设施改造，提高汽配市场的技术含量，在经营管理上开始大量应用计算机及信息网络技术。

这种组织方式在产生之初适应了市场的需求，产生了巨大的市场效益，但在汽车配件交易市场的发展过程中，也逐渐暴露了一些问题：

①重复建设严重，大多数汽配交易市场表现出不同程度的招商不足。

②缺乏规范管理，多数汽配交易市场充斥着假冒伪劣配件，损害了汽配交易市场的整体形象。

③汽车配件交易市场的组织方式也只是完成了产品的简单集中和信息的简单集约。由于汽配城的各经销商相互独立，信息和产品只是简单的集中在一起，仍不可避免地带来高的信息搜寻成本和交易谈判成本。

④汽车配件交易市场一铺一主、一家一户的经营方式并没有解决汽配行业特有的库存沉淀问题。

⑤大量的经销商云集在一起并没有解决建立信用保证体系和质量保证体系的问题。

由于汽配城的发展速度太快管理跟不上，不少汽配城的管理存在相当不规范，市场中的商品也是良莠不齐、真假难辨，同样一个车型的同一配件，会有不同牌子、价格相差悬殊的不同商品。在北京市，目前汽配市场已经达到饱和状态，竞争非常激烈，正品配件的利润空间逐步缩小，而假冒伪劣产品较之正品又有着明显的价格优势，于是越来越多的不法商贩加入到出售假冒伪劣商品的队伍中，也由此，假冒伪劣产品在汽配市场大行其道。

虽然汽配城有众多经营不同品种的商户集中，在配件品种齐全性上优于其他流通模式，但由于汽配城主要是通过批发业务发展起来的，因此城内经营主体杂多、层次不一，很难进行统一管理，在环境、位置便捷性、价格透明度、信誉等方面存在无法避免的不足，这些都是直接影响消费的原因。

5.3.2　汽车配件交易市场的运作管理

汽配交易市场的营运需要科学的、精心的组织管理方式，集中度与规模越大，分工与专业化越细致，组织管理工作就越重要。

1)汽配交易市场的产品与服务设计

从某种意义上讲，产品设计决定着顾客服务能否取得成功，汽配交易基本属于服务性质，配件质量经销商无法控制，能控制的就是如何让顾客在交易过程中感到舒服，即良好的服务始于优良的服务产品设计。一个不合理的服务产品设计会使服务人员和顾客花费大量精力解决一个小问题，从而降低服务质量。因此，必须让顾客和服务人员参与到产品设计与开发中来，并根据服务产品特性及其对顾客的价值进行合理设计。服务内容是否满足顾客需要，是赢得顾客的一个基本条件。除了一些基本的服务内容以外，配件交易市场还可推出超值服务，即对顾客提供额外的好处，其形式多种多样，如送货上门、免费维修等。总之，在进行服务内容设计时，要考虑服务产品的整体概念，它主要包括核心产品、增值产品及潜在产品层次，一旦顾客获得了更高的价值，其满意度也随之增加。

2)服务制度

企业根据服务战略制定具体实施服务的一些规章、程序、方法、标准、要求等，将它们固定下来，便成了服务制度。服务制度是为服务战略服务的，它要处处为顾客着想，如为商品的退、换及索赔处理等建立相应制度，以规范服务，提高效率，长期提供顾客满意的服务。强调服务制度是在明确增强组织的服务能力，而不是依靠个人的技巧来让顾客满意。

3)服务组织

它是实施服务战略的组织结构，一方面要建立专门机构(例如现在很多企业都设有客户服务部)，另一方面是建立各级销售网络，提供服务。企业必须围绕着它的服务战略进行有效的服务组织设计，服务组织的建立要根据企业规模、产品类型、市场范围以及竞争对手的情况来决定。服务组织应当具有柔性，它允许根据顾客需求的波动而重新配置，如后台员工在某些情况下走向前台参与服务，或在高峰时刻开设一条高速干线等。

4)服务手段

在服务手段或服务方式上，企业应充分考虑到行业特点、企业自身特点、便利顾客、先进技术等因素。例如随着信息技术的发展，各种各样的非店铺销售日益兴盛。它是指顾客不直接去交易市场，而由双方在交易市场之外的地方进行买卖的方式。如上门推销、网络购物、邮购等。

5)服务信息管理系统

服务信息管理系统能统计、分析、反馈市场信息，包括顾客档案、产品档案、顾客服务信息等，以实现销售服务工作的连续性，为营销决策提供依据。其中，现代企业实施顾客满意的服务战略尤其需要建立顾客满意分析处理子系统，它能科学地反映顾客意见，用科学的方法和手段检测顾客对企业产品或服务的满意程度，及时反馈给企业管理层，使企业不断改进工作，及时、方便地满足顾客的需要。

6)汽配交易市场服务人员

优秀的服务人员，可以确保企业成为以顾客为中心的企业，企业必须在相应的岗位上启用合适的人才。对于服务人员来说,应具备两方面的条件:第一是技术上的能力,即与服务有关的专业能力,即必须具备相关的汽车及汽车零部件专业知识;第二是人际交往的能力,它包括真诚的服务态度、良好的精神风貌、以及对顾客的尊重、信任、理解、体谅、有效沟通(包括与顾客与同事与上级领导),在沟通过程中能运用心理学的知识揣摩客户内心真实想法等。企业应重视对服务人员的选拔、培养和考核,加强服务质量意识的培养和服务技能的培训,使员工牢固树立为顾客服务的思想,认识到服务质量的重要性以及自己在提高质量中的责任,从而自觉提高服务水平。服务人员培训的内容除了常规的技术培训、人际交往培训和企业价值观培训之外,还应培训他们成为"主动了解顾客,及时发现问题、解决问题"的人。只有这样,才会使服务人员在服务过程中能够圆满地解决所遇到的问题,更好地为顾客服务。

要确立"优质服务是我们最好的品牌"的经营战略,比如开通购物班车,即将实施先行赔付,建立网上购物平台,接受电子订单等诸多经营措施的出台执行将带动汽配行业市场的规范化,同时还将为商户提供更加完善的服务保障、信息保障和安全保障。

5.3.3 汽车配件交易市场的品牌经营

品牌是买主用来识别商品或劳务的名称、术语、记号以及其象征或设计;并打算用来区别商品或劳务的卖主和竞争者的一种标志。它包括品牌名称和商标。品牌具有强大的市场开拓力、文化内蓄力、信誉辐射力、资产扩张力和在市场上表现出的超常创利能力,对企业是一笔巨大的无形资产。美国万宝路公司总裁马克斯韦说过,名牌是企业发展的最大资本,它如同储蓄的户头,只要不断提高产品的质量、信誉等累计价值,便可以享受它的高额利息。跨国公司的经验还表明,名牌产品拥有的不仅是广阔的销售市场,而且还拥有相当可观的商业利润。因此,汽车配件交易市场建立自己的品牌是十分必要的。

品牌经营是一个系统工程,是一个整体的体系,经过品牌设计,生产高质量的品牌产品,进行品牌传播,使消费者对品牌认同和对品牌忠诚,进行品牌保护,加强品牌管理,进行品牌延伸和品牌扩张,强化品牌增值,达到扩大市场规模的占有率,增强竞争力,提高效益和利润的目的。好品牌不一定就是高价格,对于汽配交易市场来说好品牌意味者顾客可以放心在此交易,除了可靠的商品质量外还可以享受良好的服务。

1)品牌设计

品牌设计是品牌经营的基础,其目的是将品牌个性化为品牌形象。品牌设计得好,易在消费者心中留下深刻的印象,也就容易得到认同,增强品牌的市场竞争力,品牌设计得不好,会使消费者看到品牌没有购买欲望。品牌设计包括设计品牌名称、品牌标志、品牌形象、品牌定位。

2)品牌产品

品牌载体是产品或服务,一个高质量的产品或服务是品牌经营的基础。质量是品牌的生命,质量是品牌生存的保障,波音公司董事长威尔森说:从长远看,无论在哪个市场上,唯一经久的价值是质量本身。我国经济已由粗放型向集约型转变,由数量型向质量型转变,品牌必须强化质量管理,并与国际通行的质量标准体系接轨,使品牌质量不断推陈出新,得到国内外有关质量权威机构的认同,获得通行世界的"绿卡"。

汽配交易市场的品牌产品包含两方面的内容,一是管理者必须对市场内商品的质量作出要求和规定,才能保证整个汽配交易市场品牌产品对消费者具有高质量的内涵;二是管理者必须为市场内的商家提供更好的服务,树立品牌产品对商家同时也具有高质量的内涵。

3）**品牌传播**

一个好的品牌设计和品牌产品,要让消费者了解,必须进行品牌传播,否则就白生产、空设计,品牌传播的主要形式是品牌广告和品牌公关。

（1）品牌广告

广告是品牌传播的主要方式,广告是通过各种传媒使自己的品牌为大众所知,并形成自己的优势。品牌广告的媒体主要有电视、报纸、杂志、广播、互联网、户外媒体。各媒体各有优劣。品牌广告宣传一般应以电视广告为主,辅之以报纸、杂志、互联网、户外广告等。

（2）品牌公关

品牌公关的形式主要有公关宣传、公关赞助、公关咨询等。公关宣传和各种媒体密切相关,企业代表通过各种形式,如讲话、座谈会、发表文章等向公众传播企业品牌信息。公关赞助则通过公益性事业的赞助来吸引注意力,可以通过赞助体育活动,赞助教育,赞助慈善事业等来实现。公关咨询是一种消费者与品牌企业的直接交流形式,可以在广场、广播、电视中开展专家咨询,设立咨询电话,开展网络问答等形式,还可以让品牌企业负责人各地进行演讲,开报告会等,开展对话,开展公关。

4）**品牌认同与品牌忠诚**

（1）品牌认同

品牌认同是品牌经营者想要消费者如何看待这个品牌。体现品牌认同,首先要找出品牌定位的主张,再确定目标对象,展现自己品牌的优势,使之与消费者共鸣,最后对竞争者及自我进行策略性分析。

（2）品牌忠诚

培养品牌忠诚首先必须企业对消费者忠诚,重视和分析消费者,满足他们的要求,努力与顾客建立关系,相互交流,建立顾客数据库,进行市场调查和追踪服务,还可以利用先进的互联网与消费者沟通,争取更多的消费者的品牌忠诚。有些经销商实行会员打折消费,购买金额累积奖励等也是很好的措施。

5）**品牌保护**

品牌保护是指品牌面对外界侵害或可能的侵害进行预防反击,使品牌不受侵害。主要是知识产权保护和法律保护。

（1）品牌的知识产权保护

品牌属知识产权,应对它进行知识产权方面的保护,首先是将品牌商品或服务注册成商标。凡企业都应该有自己的品牌,我国市场上流通的商品,大多数没有注册商标,除非是驰名商标,其他商标未注册不受法律保护。注册商标可以采取注册联商标的形式,其次是商品或服务申请专利保护。专利产品或服务一旦被侵权可受保护,但专利权有一定时间期限,超过期限要公开并被其他人使用。如要不被他人使用,可不申请专利而改用商业秘密。

（2）品牌的法律保护和其他保护

品牌受到侵害,可以寻求法律保护。如侵犯了注册商标、专利、商业秘密等,可以向法院提起诉讼,法律的保护力度大,公正合理,缺点是诉讼周期长、短期难以结案。

（3）保护品牌还可以注册互联网域名。保护品牌的域名就是保护品牌,由于我国企业甚至包括不少驰名商标企业对域名重视不够,一些大的公司域名被抢注。又由于互联网的国际性,有些大公司的品牌域名被在外国抢注,对抢注的域名,可通过买回和法律诉讼的途径要回,但买回价格不菲,法律诉讼时间长,而且不一定能够要回。对品牌商品进行打假是重要的一环。

6)品牌管理

品牌管理是对品牌的全过程进行有机管理。品牌管理有六个步骤:

(1)建立品牌管理组织,设立品牌经理。品牌经理制的概念诞生于1931年美国的宝洁公司,麦克爱尔洛埃是世界上第一位品牌经理,从此以后,以"品牌经理"为核心的营销管理体系逐步建立,当然品牌管理还可以设立品牌管理委员会,设立品牌助理等形式。

(2)市场分析。分析市场边界和细分的市场结构,做到知己知彼。

(3)品牌情势分析。分析自己的品牌目前所处的形势状况。

(4)未来品牌地位议定。品牌经理或其他品牌管理者不仅要了解当前的品牌地位,也要为品牌的未来定位。

(5)测试新产品或新功能。这是检验未来是否成功的有效方法,避免致命伤。

(6)企划与评估。确立投入经费的比重,设定一套目标及评价方法,以过去经验为鉴,以消费者为导向,进行评估。

7)品牌延伸和品牌扩张

(1)品牌延伸

品牌延伸是指利用已取得成功的品牌来推出新产品或新业务,使新产品或业务投放市场后获得原有品牌的优势支持。要成功地进行品牌延伸,必须注意以下几点:一是评估实力,并不强大的品牌延伸是冒险的,品牌延伸的产品质量必须是同行业中的优先者。二是保持相关性。三是产品的定位较一致。四是增加副品牌,为减少延伸的风险,可在主品牌后加副品牌。

(2)品牌扩张

品牌扩张是指企业将某一知名的优势品牌扩展到完全不同的产品上,以凭借现有成功品牌推出新产品的过程。品牌扩张可以推动新产品迅速占领市场,降低进入市场成本,扩大品牌的市场影响力。品牌扩张的方式主要有:一是品牌特许经营,特许经营在中国还处于起步阶段,但发展较快;二是企业并购,企业并购可以实现市场规模,实施品牌扩张,西方一些大企业有很多进行了并购;三是战略联盟,有诸如授权联盟、分清联盟、买卖双方联盟、投资联盟等。

8)品牌增值

品牌增值是指被消费者所感知的高于产品基本功能性价值的价值。品牌增值分为内在品牌增值与外在品牌增值。

内在品牌增值是相对增值,它是在品牌基本功能相近的情况下,通过扩大规模、选择原料供应商、采用新技术与新方面等措施降低成本,使品牌产生与其他品牌相比相对增强的优势而增值。

外在品牌增值是通过外在品牌设计、广告、公关、个性化服务、系统化服务、品牌扩张与延伸等形式,使该品牌与其他品牌有差异,进而使消费者认为或认可它比别的品牌更有价值。

在中国已经加入WTO的背景下,汽车配件流通领域的产品和服务竞争加剧,为使企业立于不败之地,必须学习国外优秀企业,必须构建品牌经营体系,进行品牌经营这个系统工程,扩大市场占有率和营业额,提高效益,获得巨大利润,增强我国汽配交易市场的竞争力。

作为现代产业经济发展的必然产物,连锁经营是与现代化大生产相适应的大流通的组织形式,兼具大机器工业生产和传统商业特点两方面的优势,能够在分散经营、众多分店深入城乡居民区营业的同时,采取现代大工业生产的经营方式,实现经营过程的标准化、集中化、专业化和简单化,促进了流通领域的现代化管理。汽车配件流通企业的需求特点和经营特点决定了连锁经营是汽车配件交易流通的一种有效形式。

5.4　汽车配件的连锁与特许经营

就配件的连锁与特许经营而言,4S 店非常具有典型意义。我们都知道 4S 服务站是在整车厂的控制下成长起来的,以为整车品牌提供售后服务为目的,所以存在价格、品种等方面的不足。4S 服务站由于可以经常享受整车厂专门的技术培训和支持,所以在大修特别是同品牌的大修和核心件的供应方面具备其他模式无法比拟的优势。

4S 店其实早已有之。早在 2002 年,这种捆绑式的经营模式已经被欧盟以妨碍自由竞争和损害消费者利益为由所否决。新规定(1400/2002 新的汽车销售法规)中,汽车生产厂商不能强制经销商必须兴建专门的经销店、维修站、经营生产厂指定的汽车配件品牌,并把这项业务列入了自由竞争的市场经营范畴。

汽车产业发展政策中这一规定,实际上是大企业意见的综合反映,因为他们最愿意通过4S 店的实施来树立其品牌形象,并推销合资外方的检测维修设备。市场每投放一种新车型,就要购买一套昂贵的新设备,所以通过制造厂售后服务部销售的配件价格也远高于市场价。但同时,也有人反映 4S 店的维修技术并不一定高,因为大量建站,高素质技术工人奇缺,培训不能立竿见影。

商务部令 2005 年 16 号《汽车贸易政策》中,明确指出:"国家鼓励汽配流通采取特许、连锁的方式向规模化、品牌化、网络化方向发展,支持汽配流通企业通过整合,实行结构升级,提高规模效应和服务水平"。

政策中提到的具备这种特点的流通模式正开始在中国兴起。日本最大的两家汽车用品连锁公司澳德巴克斯和黄帽子都相继在中国开展业务。这种汽车用品连锁店,在国内尚属比较新型的业态,因为它需要较大的资金实力。这种用品连锁店经营的品种都在 8 000 种以上,其中相当部分的产品是国内定牌生产。

近年来,中国汽车市场处于井喷阶段,而带有计划经济色彩的汽配领域在流通、销售等市场环节却相对滞后,而且相应的分销模式严重阻碍了汽车配件市场的发展。为了更好地发挥汽配市场的潜力,应该成立集整车销售、零部件供应、装饰维修、信息平台、二手车交易、汽车租赁等汽车相关联市场为一体的新型汽车配件市场模式——汽配超市城,把超市的概念引入到汽配市场。

刚刚进入中国的蓝霸(NAPA—中国)汽配连锁超市有限公司被形象地比喻成"超市中的沃尔玛、连锁中的麦当劳。"

"超市中的沃尔玛"即"产品全、价格合理、质量保障"。蓝霸(NAPA)拥有几乎覆盖中国市场全部车型系列的零配件,产品类别涵盖汽车配件、化学品、油品、轮胎轮毂、工具设备、汽车精品和饰品,等等,同时由于采用规模化、标准化的全新采购模式,加盟店将具备非常强的市场价格竞争能力,鉴于汽配产品的特殊性,蓝霸追求的不是"最低价格",而是在全面保障质量基础上的"合理价格"。

"连锁中的麦当劳"即"店面标准化、服务标准化、管理流程标准化"。蓝霸采用了直营店和特许加盟的方式来快速发展营销渠道网络,此种销售网络模式是否能够成功的关键即在于管理体系的标准化是否能够得到合理和有效地执行,其运营管理模式包括汽配连锁经营的采购、物流、培训、财务、人员、信息化建设,等等。

5.4.1 连锁经营的特点

连锁经营的概念历来有多种定义,比较概括的定义为:连锁店(Chain Store)或者说连锁经营,是指经营同类商品和服务的若干企业,在核心企业或总部的领导下,通过规范化经营,实现规模效益的经营形式和组织形态。连锁系统的分店像锁链似地分布在各地,形成强有力的销售网络。从所有权和经营管理权集中程度来划分,连锁店可分为三种类型:直营连锁、自由连锁、特许连锁。

从国际连锁业的发展来看,当直营连锁店发展到一定规模,形成自身的品牌及成型的管理软件后,一般都转向以特许经营为主来拓展市场空间。而特许连锁经营模式内在的经营管理所直接产生的竞争优势又恰恰与汽配行业的发展特点相吻合,特别是其管理现代化、资源规模化、资本集约化、品牌统一化和人员专业化所产生的优势集中地满足了汽配市场的需求,保证了汽配行业健康快速的发展。因此,汽配特许经营是提高企业与社会经济效益的客观需要,是汽配营销现代化的要求,必将成为国内汽配业中推动流通产业模式发展和创新的、最具增长潜力的连锁经营模式。

特许连锁(Franchise Chain,简称 FC)也称合同连锁、加盟连锁、契约连锁等,是一种较直营连锁更具活力,较自由连锁更具约束力的经营模式,被誉为第三次商业零售革命和 21 世纪的主导商业模式。美国商务部对特许连锁的定义是:"主导企业把自己开发的商品、服务和营业系统(包括商标、商号等企业象征的使用,经营技术,营业场合和区域),以营业合同的形式授予加盟店在规定区域的经销权和营业权。加盟店则交纳一定的营业权使用费,承担规定的义务。"国际特许经营协会(NFA)将特许经营定义为:"特许经营是双方一种持续的合作关系,特许总部提供一种被经许可的商业经营特权,并在组织、培训、商业计划和管理、分销上提供支持,以从加盟者处获得报酬。"由此可将特许连锁的含义归结为三点:

(1)特许连锁是存在于总公司和加盟店之间的一种契约关系。这种契约有既定的格式,总公司将相同的契约交付申请加盟者,让其同意后签订。

(2)契约的主要内容包括总公司赋予加盟店的所有权利、加盟店应承担的包括权利金、加盟金及遵守公司管理制度的义务。

(3)总公司允许加盟店使用其店名、商标等企业标志,同时提供经营及销售的相关技术并加以指导,加盟店在总公司的指导下进行运作。

特许连锁的主要特征是:加盟店所有权独立,经营管理权高度集中于总部,一切按照总部规定的条件去办,特许连锁合同是双方关系的纽带基础。特许连锁统一程度低于直营连锁、高于自愿连锁;成员店独立性高于直营连锁,低于自愿连锁,在统分结合上更好地发挥两个优势。

5.4.2 汽车配件特许经营店的运作管理

1)特许经营店的组织管理

汽配特许经营店一般采取以下组织原则:

（1）统一指挥的原则

特许经营店从最底层的职员到最高层的员工,只有在指挥链条清晰、明确、统一,每个职务、环节都安排有人负责的情形下,才能够成为一个有机整体。

（2）以工作为中心的原则

在店内首先要明确工作,而后根据工作需要招聘员工,分配工作任务,以保证特许经营店的营运效率。只有以工作为中心进行组织设计,才能保证特许经营店组织机构精简,人员工作效率高。

（3）组织层次与管理幅度要适当

特许经营店应尽量限制组织层次,因为组织层次越多,各个层次间的沟通就越困难,需要协调的问题就越多。另外,管理人员的管理幅度要适当,应视其不同的职位而有所不同。总经理应能对各个部门经理实施有效管理,部门经理应对本部门员工实施管理。

（4）对称的原则

店的组织要符合对称的原则,要求权力、责任、能力与职位相对称。权力是在一定职位上具有的指挥和行事的权力;责任是在接受职位、职务时应尽的义务。所有人的职务、权力、责任都应详细记载在特许经营店的组织章程和营运手册中。

（5）专业化的原则

特许经营店的组织设置要按专业化进行。按功能的不同,可将特许经营店分为决策功能、执行功能和销售功能,分别由各职能部门具体承担。

2）特许经营店的组织设置

汽配特许经营包括总部—分店两个层次,它们是构成连锁店的最基本要件。从总部的职能部门与分店的关系来看,两者是平等的,不存在上下级关系。前者执行加盟店的采购与配送等职能,分店则完成销售职能,而对于人事、财务等职能,连锁店只要有一个就够了,因此总部职能部门是与众多分店的销售职能相协调的。基于上述分析,汽配特许连锁店总部与分店是一种互补的、平等的、专业化分工的关系,而非上下级关系,因为总部所具备的功能,分店不具备,分店具有的功能,总部不具备。董事会是总部的领导者,也是分店的领导者。因此,汽配特许店的总部与分店实质上是同一层次内的关系。这样,组织层次便可精确表述为:最高管理层及其领导指挥下的职能部门与分店。最高管理层的职责是决策,而总部的各职能部门则承担确定采购标准、销售价格、促销计划等任务,分店则按各职能部门的设计进行销售。汽配特许经营连锁体系的标准组织形式如图5.5所示:

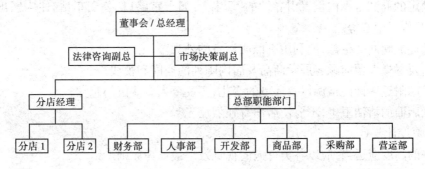

图5.5　汽配特许经营体系的组织形式

3）特许经营店的职责分工

为了确保巩固的客户群,发展新客户,树立良好的企业形象,特许经营店的服务工作就显得尤为重要。这些服务工作具体由特许经营店工作人员分工完成(如表5.5所示)。

表5.5 特许经营店的职责分工表

工作人员	工作任务
销售员/营业员	向用户介绍商品的性能、特点及市场优势;传授该商品的安装尺寸和方法、技术性能、使用、保养方面的知识以及辨别假冒伪劣产品的技能;负责商品的陈列和包装;负责顾客接洽和客户跟踪服务
POS机收银员	与顾客结算、处理现金收据、包装、存货控制
存货管理员	验收商品、检查核对运输单据、商品标价、存货控制、退货处理,帮助解决各种疑难紧缺配件的供应问题
展示员	橱窗展示、店内展示、流动广告、卖场广告
客户服务人员	建立产品售后质量保证追踪卡,需要时上门解决疑难技术问题。负责商品维修、调换、处理客户抱怨、顾客意见调查等
店面服务人员	店铺清洁、各项器物设备维修
管理人员	人事管理、销售预测、资金预算、任务协调
配送人员	为客户将商品运输配送上门

5.4.3 特许经营店的布局设计

汽配特许经营店铺一般由店面、卖场、后场三个部分组成,店面与卖场是店铺布局、设计的两个主要部分。

1）店铺外观设计

店铺外观设计的目的是招揽客户,主要包括:店前诱导设施,如停车场、店前空地等;门面构成,如外观、招牌、门面、商品陈列等。

（1）外观设计要点

①店铺外设立引人注目的特许连锁商号标志,以吸引过往行人。

②在预定的商圈范围内设置引导性的"看板",如十字路口、公交车站、住宅区出入口、停车场、客运及货运中心等。

③为了促成晚间的生意,要利用有照明设备的外观。

④店面要尽量保留向顾客展示商品及店内陈列的空间和视线。

⑤要考虑附近店铺的格调以及环境的变化,不要令人有落伍的感觉。

⑥注意店面的清洁卫生,不要使店面有强烈反光。

（2）招牌设计要点

①招牌的高度应适当,应以各类行人的视觉效果最佳为原则。

②色彩选择以温馨、明亮、能清楚表示、容易记忆为原则。

③为了使关门后还能提高商店的宣传效果,可在门面上写上店名、营业时间、商标及表现

营业内容的文字和图形。

（3）出入口设计要点

①基本原则是"让消费者很容易地走进来"。

②选择行人经过最多或最接近的方向与位置作为入口。

③入口应比较宽敞、明亮，不要设置人为障碍。

④入口应有明显的标准，以便引导消费者走入店内。

2）店堂布局

（1）布局的基本原则

引导——利用醒目的店名、标识吸引顾客的目光，将店门开在顾客方便进店的位置上。店门处不能有任何障碍物，让顾客能顺利、方便地进入商店。

方便——店内所有商品的摆放都能让顾客看得见、摸得着，不论高处的或低处的商品，用不着服务人员的协助都可以自如地取放商品。

吸引——尽量延长顾客在店内的停留时间，顾客在货架前停留的时间越长，购买商品的可能性就会越大。

舒适——要充分利用有效的空间，尽可能使照明、音响以及装潢布置有机配合，创造一个良好的、有独特个性的购物环境。

（2）店堂基本布局图

汽配特许连锁分店店堂的布局参考图 5.6 所示。

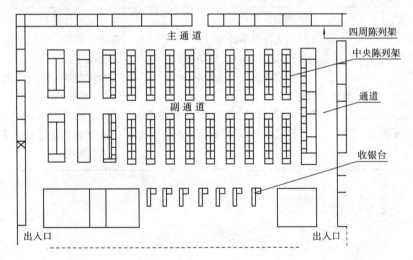

图 5.6　汽配特许连锁分店店堂布局参考图

（3）店铺出入口安排

在店堂布局中，出入口（见图 5.6）具有驱动顾客流动的作用，好的出入口设计能够自然地推动顾客流从入口到出口，顺序浏览全店。其原则为：

①出口和入口标志鲜明；

②入口和出口分开，有利于顾客走遍整个营业现场；

③卖场通道的设置。

在店堂布局中，合理的主、副通道（见图 5.6）设置具有引导顾客的重要作用。通道设置应该引导顾客按设计者的意图走过店堂的每一个货架,看到所有的商品,不形成死角,使店堂的空间得到充分的利用。在设计通道设置时,要使顾客在购物时感到舒适,即使在顾客较多时也不感觉十分拥挤。

3)"磁石"理论的运用

运用磁石理论可以进行合理的商品配置。所谓"磁石"商品,是就商品对顾客的吸引力的一种形象化的说法。不同商品类型、品种由于种种原因构成对顾客不同程度的吸引力,根据这种吸引力的不同,可以分为不同的系列,相应地予以不同的位置安排。

磁石配置原则:

(1)把主力商品合理地陈列在主通道旁,以引导顾客按设计的流动线路行走并选购商品,达到提高销售额的目的。

(2)单列货架的配置原则,是整车同一组成体系中的配件按照消费的统计频率大小,依次布置在货架的高磁石至低磁石的区域。

(3)对于同一品种的配件按照生产厂家或者品牌的原则归类。

(4)对于相同的品牌或厂家的同种配件再按照规格的不同分类陈列。

以下是第一到第三磁石商品的参考类型表5.6。

表5.6 不同磁石商品类型

第一磁石商品区 (沿着主通道,显眼必经之地)	第二磁石商品区 (副通道沿线穿插)	第三磁石商品区 (副通道端架)
消费量大的配件 消费频率高的配件 进货能力强的配件 普通汽车消耗品 (如通用型零件、油品、汽车电子设备、汽车维修设备,部分发动机、行驶系统中常更换的配件等)	前沿品种 引人注目的品种 厂商促销品种(新品种) 新闻媒介广告宣传品 特价品 (如发动机、转向系统、制动系统、传动系统、行驶系统中常用件及易损件)	非主流配件品种 低价展销品 廉价品 有意识大量陈列的品种 (如发动机、转向系统、制动系统、传动系统、行驶系统中比较大型且更换频率不高的耐损件或者非主流廉价配件)

5.5 汽车零部件再造的意义

事实上,人们通常把循环经济理解成为前三个环节,而忽略了再制造这个重要环节。再造是以产品全寿命周期理论为指导,以优质、高效、节能、节材、环保为准则,以先进技术和产业化生产为手段,进行修复、改造废旧设备产品的一系列技术措施或工程活动的总称。装备再制造特点突出,优势明显:它以报废或落后的设备为对象;以尺寸、性能恢复和技术改造为内容;产品再制造后性能达到或超过原型机新品;成本低于新品的50%;与回炉相比耗能在40%以下,节材在70%以上,环保效益突出;充分吸纳高新技术;采用正规化、规模化的生产方式。

"再制造装备的成本是新品的50%,可节能60%,节材70%。"目前,全球再制造产业的年产值可达1 000亿美元。其中,美国占一半以上。在美国设备维修领域中,再制造产品占比达 85%。

　　作为装备再制造的试点行业，汽车零部件的再制造产业化尚需政策的支持与引导。再制造模式亟待产业化再循环、再使用、再回收（环保处理）、再制造，四者构成了循环经济的四大流程。

　　作为我国装备再制造产业发展首个试点的汽车零部件行业，目前仍处于"吃不饱"和"消化不良"之间。即废旧产品市场大，再制造产业发展跟不上，与此同时，由于回收程序不规范及相关新品标准的缺失，又反过来制约着再制造产业的发展速度。根据中国汽车工业协会的统计，2010 年我国汽车保有量将超过 6 000 万辆。目前，我国汽车的市场保有量已达到 5 350万辆，2004 年达到报废标准的汽车已逾 250 万辆。当前，报废车辆仍以平均每年 200 万辆的速度递增。

　　表面上看，零部件再制造企业应该因稀缺而赚得盆满钵满，实则不然。由于缺乏报废零部件回收体系，正规回收再制造企业缺乏稳定的供应源，加之目前汽车再制造产品的回收、市场准入和监管办法方面的法规政策缺失等，导致再制造企业无法获得规模效应。对于汽车零部件再制造产业发展的意义，以上海大众联合发展有限公司动力总成分公司的发动机再制造为例，再制造 1.3 万台发动机，可节约钢材 756 吨，节约铝 208 吨，节约电 146 万千瓦时；在环保方面，可减少二氧化碳排放 7 345 吨，减少氮氧化合物排放 13 吨，减少一氧化碳排放 79 吨，减少二氧化硫排放 51 吨。

　　在经济效益方面，以济南复强动力有限公司斯太尔发动机再制造为例，1 万台发动机的再制造附加回收值可达 3.23 亿元，可节约投入成本 2.9 亿元。

　　可见，以节能与环保为主的汽车零部件再制造产业的发展，将对整个行业的节能减排起着重要的推动作用。

　　汽车零部件的再制造系统还包括企业资质的确定，产品标准的设立，装备工艺的提升，再制造产品范围的确定与扩大的依据等。这些问题的解决，都需要政策的支持与保障。对于汽车零部件再制造的行业监管，国家发改委产业政策司处长李万里指出："汽车零部件的再制造，应从立法开始做起，然后逐步形成再制造全流程（包括登记制度）的一套管理制度，使汽车本身可以利用的部分发动机、变速箱或其他产品，通过一个高技术的重新整理之后，仍然能够回到使用环境中去。"

　　关于再制造法律体系的完善，北京大学经济学院教授陈海威建议，应加快立法，确立再制造的知识产权保护原则；尽快出台《汽车使用和回收再使用法》，统一有关汽车的各项规章制度；通过有关法律树立生产者延伸责任制度，促使生产者关注产品淘汰之后的再制造问题。他表示，相关部门应尽快完善原材料来源监管制度及废旧物资回收体系，包括完善有关再制造产品的进口政策，严格废旧产品的进口审批程序，避免国外旧机器、零部件等"洋垃圾"打着再制造的幌子进入国内。

　　同时，应建立废旧物资回收网络，鼓励大型再制造企业建立大型（跨地区）连锁（零部件）回收网络、物流体系及回收加工基地，提高废旧物资回收率和综合利用率。

　　值得关注的是，在国务院近日发布的《节能减排综合性工作方案》中，明确了要健全法律法规。包括积极开展节约用水、废旧轮胎回收利用、包装物回收利用和汽车零部件再制造等方面立法准备工作。据业内人士透露，《废旧家电回收处理管理条例》、《废旧轮胎回收利用管理条例》已列入今年的国务院立法计划。

习 题

1. 名词解释:
(1)商圈
(2)商品计划
(3)品牌
(4)"磁石"理论
(5)特许连锁

2. 填空
(1)汽车零配件的经营是针对_____汽车的服务性行业。
(2)汽车配件零售网点的运营管理从本质上说是一种_____管理的行为。
(3)汽车零配件零售网点的选址流程简单的来看,主要包含商圈调查、确定_____、选择大体位置的备选方案、_____和最终确定店址五个步骤。
(4)确定商品质量必须考虑如下几个因素:理想的目标市场、_____、零售商形象、配件零售商的位置、_____、盈利性、消费者服务和约束性决策。
(5)汽车配件交易市场是一种多渠道、少环节、大规模、低成本的_____模式。
(6)企业根据服务战略制定具体实施服务的一些_____、程序、_____、标准、要求等,将它们固定下来,便成了服务制度。
(7)连锁店可分为三种类型:_____、自由连锁、_____。
(8)店铺外观设计的目的是招揽客户,主要包括:_____,如停车场、店前空地等;_____,如外观、招牌、门面、商品陈列等。

3. 思考题
(1)请简述我国汽车配件流通的行业特点。
(2)请简述汽车配件零售网点选址时应考虑的因素。
(3)请简述影响配件零售网点制订商品计划的因素。
(4)请简述汽车零售网点进行采购的原则。
(5)配件交易市场集中经营相对于一般经营模式都有哪些优点?
(6)汽配特许经营店的组织原则一般有哪些?
(7)汽车零部件再造的可行性依据是什么?

第**6**章
旧机动车交易

学习目标:
1. 了解我国旧机动车交易的内涵以及我国旧车交易市场的发展演进及其历史背景。
2. 掌握旧机动车交易关键环节的运作知识。
3. 掌握旧机动车交易的行业管理相关知识。
4. 了解国外二手车交易的相关规则。

6.1 概 述

2007 年我国换车带来的新车需求量至少为 200 万辆,车市已正式步入换车时代。

2007 年至少会有 850 万辆新车流入市场,其中二次购车的比例估计将达到五分之一强。据公安部统计,从 1997—2006 年这 10 年间,我国的乘用车保有量从不到 1 200 万辆,发展到 3 500 多万辆,增加了近 3 倍。

根据专业咨询公司的调查统计的数据表明有 36% 的车主有换车意向,因此把今年定为置换车年。去年北京市销售新车 39.2 万辆,平均每天 1 000 辆,每 5 秒钟一辆;值得重视的是二手车,销售了 32 万辆,比 2005 年同期增长了 57%,预计今年二手车交易能达到 50 万辆。

目前,国内车主实际换车平均年限为 6.5 年,其中 36.6% 直接流入二手车市场。2006 年,全国 255 个较大规模的二手车交易市场交易量为 196.59 万辆,同比增长 31.5%,超过同年新车需求增长量 6.37 个百分点。而实际二手车的交易量应该更多,大约在 270 万辆。

有接近半数的(44.4%)车主把拥有汽车视为改变生活质量的重要标志。有 40.3% 车主认为车辆在使用到第 5 年时为最佳的换车时机,大部分有过 5 年以上私家车的车主(71.2%)将换车周期锁定在 3 至 5 年内。私家车消费从 2002 年大规模出现至今,已经步入了第 5 个年头,依据大部分用户集中在第 5 年换车的调查结果推测,今年车市将步入一个换车高峰期,中国的二手车市场也会由于消费者的这种需求倾向而得以大发展,在可以预计的将来二手车交易增长的势头将一直保持下去。

汽车在不断地更新换代,汽车厂商更是不遗余力地推陈出新,加之汽车在使用一段时间后出现机件性能下降、养护成本提高等,以上诸多因素都会促使用户更新在用车辆。换车行为的发生与经济实力的增长紧密相连。

不少消费者称,前几年车市选择较少,主要为合资品牌,同时由于消费能力普遍较低,购买的车型多为经济型轿车,但"二次换车"高峰的到来,将意味着车市销售进入新一轮洗牌。目前有71.4%的用户认为所更换车辆要比上一辆车提高一个档次,另有21.3%用户会考虑不同类型车,只有7.3%的用户会在同一档次车里进行挑选。由此判断,在二次换车过程中,10至20万元级别的中级车将取代此前10万元以下的经济型轿车,成为多数消费者更新车辆时价格选择的区间。

随着消费理念的变化,二次购车族对价格和外形的要求明显低于首次购车者,他们更注重车辆的品牌、安全性、车系和油耗问题,这些特征表明了消费者在成熟。从专业咨询公司在消费者车辆更新相关问题的调查中得到这样的数据,只有4.5%的车主表示肯定会选择与之前车辆一样的品牌,而选择"肯定不会"的车主达到了21.7%。这表明我国消费者对汽车品牌的忠诚度还很低,不同品牌车辆市场占有率还存在很大的变数。

处理旧车无疑通过三种途径,一是通过二手车交易公司,二是买新车的时候在4S店置换,三是转卖给自己的亲戚朋友。对于急欲换车的消费者来说,第二种方式是最省力的,预计二手车置换,将成为汽车4S店下一个获取利润的增长点。

从2004年开始我国陆续有多个品牌开展了二手车4S店置换业务。从自主品牌奇瑞,到上海通用、上海大众,甚至宝马、奥迪等高档车品牌,都在经营类似业务。

目前中国的二手车市场也从初期的无序状态朝着规范化,市场化的方向发展。越来越多的厂商、经纪公司和国外品牌进入中国的市场。中国的二手车存在着巨大的发展潜力,从去年开始这种潜力已经明显成为了现实,我们通过观察北京、广州、上海等中心城市二手车交易量的变化就能证实这种趋势。伴随着私家车的普及,会有更多的二手车流入到市场当中,然而买卖二手车并不是一件简单的事情,在本章节中我们需要的是熟悉二手车交易市场的现状及相关运作知识。

6.2 旧机动车交易市场的发展现状

6.2.1 国内外旧机动车交易市场的发展情况

1)美国二手车市场

从1996年到2006年的10年里,美国新车的年平均销量为1 600万辆,而二手车的年销量却高达4 000万辆以上,基本上是新车的2～3倍。二手车的热销除了与美国大众对二手车有着异乎寻常的热情有很大关系以外,一个主要原因是美国二手车市场经过数十年的发展已经相当成熟,形成了一套行之有效的市场规则,从价格、质量、服务等多个汽车消费的关键领域给消费者提供了保证和信心。

(1)美国二手车法规的主要内容

美国的二手车市场总体上是一个具有很强自我规范能力的主体,政府在市场运作、车辆流通等环节的参与和干预力度都非常有限。在政策层面,美国联邦贸易委员会实行的《二手车法规》(Used Car Rule)是针对国内二手车流通管理的一部最重要的规定,主要内容包括以下两方面：

①执照申领。《二手车法规》规定,在一个年度(12 个月)之内出售 5 辆二手车以上的经销商必须申领二手车销售执照,执照的发放由各个州自行管理。

②《买车指南》(Buyers Guide)。《二手车法规》提供了统一格式的《买车指南》,规定二手车经销商在出售二手车的同时,必须填写完整《买车指南》,并张贴在车内的明显位置,以供买方参考。《买车指南》的主要内容包括车辆的基本信息、质量状况、维修历史、厂家或经销商的质保承诺等重要信息,并且成为购车合同的一个重要组成部分,从而在法律上确保经销商提供的二手车信息的准确性,同时将消费者关心的保修承诺合同化,保证了消费者的权益。

(2)美国的二手车流通主要途径

①汽车经销商。在美国,几乎所有的汽车经销商都同时经营新车和二手车业务,二手车的车型不受经销商专卖车型的限制,笔者 2007 年 8 月在美国的西雅图看到过造型还很现代化,但是已经退役的主战坦克在二手车市场待售。1994—2005 年,汽车经销商年均销售二手车2 000万辆,约占二手车销售总量的50%,其中60%为零售,40%为批发,二手车利润占其总利润的近30%。其中55%的二手车来源于消费者的置换业务,另45%来源于拍卖、私人收购等其他途径。总体上看,汽车经销商对于二手车的流通起着十分关键的作用,虽然通过汽车经销商的二手车其价格略高于其他途径销售的二手车,但由于经销商的专业经营和高诚信度,消费者对此表示普遍接受并认可。还有一种比较有意思的二手车经营途径,美国设有汽车工程专业的院校基本都具有二手车经营资格,将收购来的二手车作为学生的实习对象,通过修复后再出售,除了可以解决学生部分的实习对象问题外还可以赢得一部分利润。

②二手车连锁店。规模比较大的二手车连锁店也是二手车销售的一个重要途径,此类连锁店通常对出售的二手车做一些外部整修,对部分二手车提供一定时间的保修服务,出售的价格比汽车经销商稍低。此外,还有一些规模很小的二手车出售点,一般只有 20～30 辆车,通常不会提供任何保修服务,消费对象多为附近收入较低的群体,这类二手车经销商一般都在远离城市的农村设点,二手车的来源也基本来自农场主。

③私人。私人出售二手车多以在报纸上刊登广告为主,但由于良莠不齐,鱼龙混杂,又缺乏相应的保障,私人二手车的流通量相对比较小。

④拍卖。拍卖的二手车多为车龄比较长、车况相对比较差的旧车,甚至还有接近报废的车辆,虽然一般也不提供任何保障,但价格非常低廉,主要针对社会低收入群体。

(3)美国二手车质量的保证体系

质量和品质在汽车消费领域居于至关重要的地位,不仅对新车如此,对二手车则更突显出其重要性。上述《二手车法规》中规定的《买车指南》,便是政府强制规定二手车经销商增加透明度,解决买卖双方的信息不对称问题,以保护消费者的合法权益。另外,在实际流通过程中,美国的二手车市场也形成了以下两条非常有效的做法,对于保证二手车质量起到了非常重要的作用。

①推广认证制度

从 20 世纪 80 年代开始,美国开始出现"认证(Certified)"二手车,起初是由一些规模较大的经销商对自己出售的二手车进行认证,目前这项制度已经推广到几乎所有品牌的汽车生产商。

所谓二手车质量的认证制度,就是由汽车生产商或者大型经销商对二手车进行全方位的质量检测,以确保汽车的品质达到一定的出售标准,同时,经过认证的二手车还可以在一定时期内享受与新车同样的售后保障。

尽管认证二手车要比没经过认证的二手车平均售价高出 1 000 ~ 1 500 美元,但由于认证二手车的质量得到了保证,并可享受保修服务,消费者对二手车质量存在的顾虑便得以解决,极大地激发了消费者购买认证二手车的热情。

②建立历史档案

美国有专业而且独立的汽车评估公司,利用车辆识别代码(VIN)的唯一性,为每辆车建立档案,撰写"车辆历史报告"。报告的内容包括:所有权及变更、里程数、尾气排放检验结果、使用、维修、抵押、事故等众多重要信息。这些信息来源于生产商、车辆使用者、管理检验部门、消防与警察部门、以及租赁拍卖公司等多个途径,一方面确保了车辆历史报告的全面性,另一方面保证了信息的准确性和公正性。

消费者在购买二手车的时候,可以通过支付少许费用获得此类报告,从而对二手车的使用历史及质量情况做到心中有数,避免了由于信息不全面而造成购车的盲目性。图 6.1 是美国华盛顿州的 Bellevue 市丰田雷克萨斯经销商销售的一辆二手车,车窗户上贴的该车历史档案表(全国统一格式)。

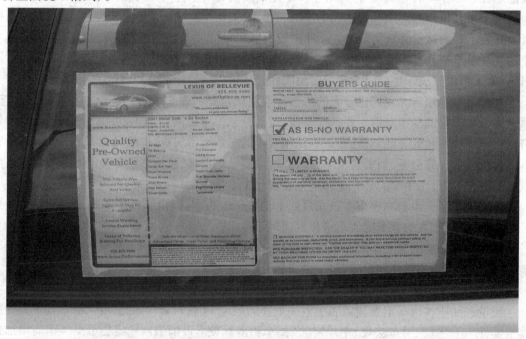

图 6.1　美国二手车历史档案表事例

(4)美国二手车价格体系

除了质量以外,价格则是消费者最为关注的另一个重要因素。二手车价格的高低直接关系到消费者的切身利益,消费者在购买二手车时很难获取一个客观和公正的二手车估价,则成为消费者止步于二手车门前的一只拦路虎。

在美国,二手车价格不是由原车价格通过折旧来确定,而是决定于二手车的市场残值,即该车目前在市场上还能卖多少钱。美国没有专门的二手车鉴定估价师,消费者通常参考汽车经销商和二手车连锁店发行的二手车价格参考书。其中,美国汽车经销商协会(NADA)从

1933 年开始发行的"二手车价格指南"是较为权威的一种。该指南按东南西北把美国分为九个区,各地有不同的版本,每月发行一本。

指南中的价格分为:置换价格(Trade-in)和零售价格(Retail Price)两大类别。置换价格是消费者在车行进行以旧换新时二手车的折价,通常也是经销商回收二手车的批发价,相对较低;零售价格则是车行单独出售的二手车价格,一般比置换价格高 20% 左右,具体的车型价格也会随供需平衡关系变化。

2) 中国旧车交易

我国汽车保有量从改革开放之初的 136 万辆,至 2006 年已增至 6 100 多万辆。进入 20 世纪 90 年代以来,每年递增 100 多万辆。随着汽车保有量的增长,想通过交易现有汽车的途径来更换新车的数量急剧增加,2002 年至今的 6 年中国汽车爆发式的增长也使得旧机动车的交易成为整个汽车市场交易活动的重要组成部分,我国旧机动车交易每年在 60 万辆左右。我国从 1985 年建立旧机动车交易市场以来,各地旧机动车的交易呈日趋活跃之势,交易量以每年 20% 的速度递增,到 2006 年全年二手车交易量为 196.56 万辆。预测 2010 年中国二手车交易量将超过 400 万辆,交易金额将超过 1 400 亿元。如果加上由此衍生的二手车贷款、售后服务、广告,二手车产业价值将在 2008 年或者更早就超过千亿元。

2006 年下半年以来,我国二手车市场特点显著:一是二手车交易量的增长速度快于新车的增长速度。从 2006 年底统计的数字看,全国 48 家旧机动车交易中心(市场)共交易二手车 137 万辆,同比增长 26.92%,其中载重车、轿车、客车分别比同期增长 29.77%、28.93%、38.82%。2007 年上半年仍然看好。据统计,全国主要旧机动车交易中心(市场)二季度二手车交易量比一季度交易量增长六成,特别是南京、山东、北京、沈阳等地区的二手车交易量是一季度的 2 倍以上。北京中联市场在税收政策出台后每天办理过户手续六七十辆,相当于过去每天过户量的 4 倍。上海上半年二手车交易量达 5.39 万辆,金额 27.5 亿元,同比分别增长 50%、122%。成都西部汽车城由于许多经销商二手车货源准备不足,已经断了货源,特别是进口品牌的二手车是有一台卖一台,出现了预购者先交订金现象。从目前情况看,我国二手车交易量平均以每年 25% 的速度增长,大大快于新车增长速度。

二是二手车资源丰富,选择空间大。二手车资源主要受新车的影响,去年底以来,大量新品牌车型纷纷上市,入世后进口汽车关税下降,进口汽车大幅增长,同比增长 46.66%,再加上汽车报废标准的调整,私人、公务、旅游等用车的使用年限放宽,使得二手车市场资源丰富,有较大的选择空间。

三是随着国家出台的一系列西部大开发政策,带动了西部经济,同时也带动了西部二手车市场的发展,云南、成都、宁夏等地二手车交易情况同期比较都有很大的提高。云南、成都已位居全国交易量前五名。

中国旧车交易的渠道目前还比较单一,主要集中在旧车交易市场,从 2005 年以来各个品牌的 4S 店开始进行旧车置换业务,但是规模不大。我们的旧车估价还是采用车龄剩余残值的方法,理论上比较科学但是忽略了市场需求对旧车估价的影响。另外对已出售的二手车也没有全国同一的质量标准,从消费者的角度看很难确定是否物有所值。

(1) 全国二手车交易势头看好的原因分析

① 国家扶植二手车交易政策的力度加大

a. 2000 年底国家经贸委、国家计委、公安部、国家环保总局出台了《关于调整汽车报废标准若干规定的通知》,特别是9座(含9座)以下非营运车(包括轿车、含越野车)使用年限调整为15年,并对其达到年限的车辆以安全、环保检验合格,作为延长使用年限的依据,意味着国家对私人、公务和旅游用车使用年限放宽。

b. 2001年1月4日公安部出台了《机动车登记办法》(此办法于2001年10月1日起执行),5月31日配合新办法的实施公安部又制定了《机动车登记工作规范的通知》(公通字[2001]31号)。12月7日公安部又根据各地区执行《办法》、《规范》中遇到的问题,下发了《关于贯彻<机动车登记办法和机动车登记工作规范>工作中若干操作问题意见》(公交管[2001]106号),这些政策的出台,一方面标志着我国机动车从此有了"身份证"即产权证,可以作为财产进行转移、抵押等。另一方面标志着我国在机动车管理上更加规范,严厉杜绝走私车、非法拼装车、报废车流入市场。

c. 为了贯彻《国务院关于整顿和规范市场经济秩序的决定》(国发[2001]11号),加强旧机动车市场管理,规范旧机动车交易行为,保障旧机动车交易双方的合法权益,12月13日国家经贸委、公安部联合下发了《关于加强旧机动车市场管理工作的通知》(国经贸贸易[2001]1281号)文件,加大了整顿二手车市场的力度。

d. 2001年中国银行、建设银行、农业银行、中国人民保险公司等分支机构在各地推出了二手车按揭业务和二手车保险业务,满足了一些想购车,但资金不足又担心车况质量的消费群体的需求。

e. 2002年3月13日,财政部、国家税务总局联合下发了《关于旧货和旧机动车增值税政策的通知》(财税[2002]29号),针对二手车增值税不合理因素进行了调整,特别是:对纳税人销售自己使用的属于应征消费税的机动车,售价未超过原值的免征增值税,售价超过原值的按照4%的征收率减半征收增值税。一般情况下,二手车交易价格通常不会超过原值,因此这项政策的调整,使得一部分二手车购买者不需再交纳4%的增值税。此政策出台后,激活了二手车的消费,活跃了二手车交易。

f. 据了解,国家计委将出台《扩大汽车市场鼓励汽车消费政策的建议》方案,这一方案包括方便汽车消费、鼓励私人购车、改革公务用车、鼓励二手车流通等等。

②全社会都在重视、关注、支持二手车市场的发展

首先国务院各部门和各地方政府主管部门重视二手车市场的发展。近年来,国务院的领导以及国务院各部门都十分重视、关注二手车市场的发展,据国家经贸委产业政策司行业处的同志反映,上报国务院的信息,被采用最多的信息是汽车信息,特别是汽车市场信息国务院办公室更为重视。各地方政府也提高了对二手车市场发展的重视程度,如太原市整顿和规范市场经济秩序领导小组对太原市8个二手车市场进行整顿,整顿后只保留一个较规范的太原旧机动车交易中心。湖南省内贸行业管理办公室与湖南省公安厅联合召开了旧机动车交易管理工作会议,对省辖14个二手车交易中心(市场)进行全面清理和整顿,对问题较多、不规范的二手车市场进行关闭,对非法市场坚决予以取缔。湖北省贸易物资行业管理办公室、湖北省公安厅、湖北省工商局结合本省实际,对旧机动车市场行业管理、市场开办条件和审批程序、鉴定评估师认证以及清理整顿二手车市场进行了具体部署和规定。山东省成立了山东省旧机动车流通协会,此协会是全国首家旧机动车专业协会,同时在省贸易厅的领导下,针对二手车交易中不规范,即交易凭证不统一等问题,在全国第一个统一了全省旧机动车交易凭证(即山东省旧机动车交易专用发票)。

其次各地区二手车交易中心(市场)更加重视"练内功",即加强市场内部管理,不少市场建立了工作业务流程和岗位目标责任,开展服务创新活动,同时有些市场按照 ISO9000 标准对企业管理体系进行规范和提升,加快了与国际接轨的步伐。

三是一些汽车生产企业特别是品牌轿车企业,就新、旧车置换促进新车销售等问题专门成立了相关机构进行推动,并对二手车市场进行研究。

四是外国企业关注我国二手车市场的发展。比如,日本丰田公司对我国二手车市场的发展和国外企业准入二手车市场等问题进行了深入的研究。一些国外企业也纷纷通过电话或E-mail 与我国联系,询问中国二手车市场的宏观政策和发展情况。

五是一些科研院所和高校也重视二手车市场的发展。一些科研单位和中介咨询公司受国内外企业的委托,就二手车市场的发展进行专题调查,做课题研究,有些院校的专业课程中还增设了二手车评估和二手车流通的内容。

六是各新闻媒体更加重视二手车的发展,《中国商报》、《中国汽车报》、《汽车周报》等都设有专栏定期分析我国二手车市场的发展动态。目前社会上刊登有关二手车市场内容的报刊越来越多,加大了宣传效应。

③二手车市场的服务功能不断加强

一些二手车经销商为方便用户,与寻呼台合作,开通了二手车寻呼业务,方便了消费者购买二手车的咨询。北京中联旧车市场还开辟了"竞价寄卖"的交易模式,避免了强买强卖的交易格局,使二手车价格趋于合理,使二手车经营者在公平竞争中不断发展。为了方便消费者办理机动车辆登记相关手续,北京地区还缩短了办理时间,由 30 个工作日缩短到 8 个工作日。上海机动车拍卖中心针对市场需求,推出了双休日二手车拍卖。太原市推出了二手车置换、分期付款等销售方式,满足了部分消费者由于资金不足,又急需购买的需求。成都二手车市场还实行了"旧车市场交易专用签",即在所售汽车的显著位置上,将经营商家的地址、联系电话、年审情况、养路费交纳情况、车购费情况、底盘号、发动机号、车牌号等,一目了然标明在专用签上,增加了二手车交易的透明度,让购车者买二手车放心。

(2)我国二手车市场存在的问题

我们从宏观与微观两个方面来讨论二手车市场存在的问题。

①宏观方面存在的问题

主要是市场变化与政策的不稳定性。进入今年以来,二手车的经营者们明显感到了经营中的压力,这全是因为二手车市场变化有点太快,稍有不慎就可能赔钱。以一辆1996 年产普通桑塔纳为例,在北京某市场上平均价格半年时间降了一万多元。

新品牌轿车频繁上市,对二手车市场影响较大。半年里有近 30 种品牌,40 余种型号的轿车上市,新款式、新配置,加上厂家使出浑身解数挖掘出的新车的新卖点,使人们目光更多地投向了新车。6 万元左右的微车,与 6 万元左右的二手车,除了车身小以外,不管是内饰还是各种电子设备,各项性能指标均优于二手车。一些准备买二手车的准车主们经受不住新车的诱惑,转而投向了新车。

另外从 2007 年年初新车市场的降价旋风也使得二手车市场价格一路下滑。今年以来,市场上新车的降价不论是速度还是幅度都在加快,降价在一万以内的促销措施已经对消费者没有什么刺激作用了,有媒体称 2007 年是中国汽车价格年,足以反映出今年市场价格的波动是多么大,以红旗轿车为例,2007 年初的价格为 21 万元左右的世纪星到 6 月底就已降到 17 万多元,新车的降价,对二手车的经纪公司的经营增添了更大的风险,收车更加谨慎,不见兔子不撒鹰,经营额明显下降。

一些政策因素的不确定性也为经营者增添了许多风险。比如北京市对黄标车的限制在社会上已经传了一段时间,但一直没有一个准确的消息,突然公布后,使黄标车的价格急剧下落,让一些经营者措手不及,只好赔钱甩卖。此次受到限行的高排放机动车约 30 万辆。所谓黄标车是指领取的是黄色环保标志的车辆,它们中绝大多数是 1995 年以前领取号牌的化油器或开环电喷车。

现在二手车交易中,几乎没有运用现代化手段,基本上是靠经验,尤其是对车辆的检测,还处在看和摸的地步,这就为经营增加了许多风险。从国外的经验看,独立的二手车评测机构是保证二手车市场走向规范的保证,旧车的检测和估价技术性强,需要有专门的设备和技术人员,另外评测机构的独立性也很重要的,只有独立,才能保证公正。卖方向中介公司隐瞒行驶里程数或事故历史的事情时有发生,中介公司看走眼收错车的事也不稀奇。

二手车市场存在“散、乱、差”现象,为经营者增加了经营难度。据统计,目前全国登记注册的旧机动车交易市场有 387 家,其中还不包括一些个体户开的“地下市场”。一些旧车市场单纯追求经济效益,为争夺客户,赚取过户手续费,不管是拼装车还是偷盗车,车价明显偏低,都一律开票放行,据统计,1997 年全国计划报废的 25 万辆汽车,一大部分又被旧车市场非法收购。交通部门的统计表明,目前道路交通事故中,有近 1/5 是由于违反规定驾驶车况恶劣的拼装车、报废车造成的。由于有这些现象的存在,使顾客普遍对二手车产生了不信任的态度,消费者对每一辆车都抱有怀疑态度,更加大了二手车经营的难度。

②微观方面存在的问题

a. 服务功能不完善

大部分二手车交易中心(市场)目前场内并没有形成真正的二手车交易,只是提供一个过户的场所,绝大部分地区的二手车市场服务功能还不完善,市场交易的一条龙服务和二手车售后服务应进一步加强。

b. 新的营销方式没普及

随着二手车市场的发展,部分中心(市场)引进“汽车置换”,即收旧卖新等新的营销方式,但是由于经销商没有小轿车经营权,影响了中心(市场)这方面业务的开展。

c. 还缺少全国统一的评估系统

车主卖给经销商的车需要一个公平的评估,经销商卖给消费者的车也需要一个中立的、公正的评估机构出具评估资料,需尽快建立一个全国统一的评估系统。

d. 还没形成全国统一的收费标准

各地二手车交易手续费标准不一致,个别地方存在部门搭车收费现象。

e. 交易还存在不规范现象

由于各地二手车交易过程中出具的交易凭证不一致,且凭证也不规范,给办理转籍登记手续带来麻烦。同时由于各地二手车档案移送,落户存在不同方式,给跨地区交易带来一些困难,在一定程度上影响了二手车的流通。

f. 行业管理还有待加强

从二手车流通行业看,缺乏区域市场的规范和管理,目前山东、河南、湖北、湖南、太原等地有关部门和行业协会已把本省市的旧机动车交易中心(市场)组织起来,在发展和规范区域市场中发挥着重要的作用,但大部分省市二手车流通行业存在着小、散、乱等不规范问题。

g. 信息化滞后

二手车信息网络建设应尽快适应二手车市场的发展,特别是尽快建立全国统一的二手车指导价格。

h. 专业人士匮乏

二手车评估与经营本来应该是一个专业化和技术含量程度很高的职业,由于我们国家汽车行业发展的历史有限,在专门的汽车院校还没有体系健全并大致符合市场需要的专业,目前二手车经纪人基本属于半路出家的,加上经营政策的不健全以致于在二手车市场的经纪人还是一个以个人经验和经历为主要职业能力的群体,相对缺乏科学性。同时这也是各个专门的汽车院校的一个机会,加速培养二手车经营人才来满足市场对该类人才的需求。

6.3 旧机动车评估

6.3.1 机动车技术状况的判定

汽车在使用过程中,随着行驶里程的增加,机件之间的磨损,橡胶、塑料件的老化不可避免,甚至有些车辆还有发生事故的情况,这都会对车辆的性能和使用寿命带来影响,因此,公正客观地对准备交易的旧机动车的技术状况进行鉴定是旧车交易的基础。

旧机动车技术状况的鉴定方法有静态检查、动态检查和利用辅助仪器进行检查三种。

1)旧机动车技术状况的静态检查

旧机动车技术状况的静态检查是指在车辆静止(发动机根据需要可以怠速运转)的状态下,鉴定人员运用所掌握的知识和经验通过对车辆外观、部件总成进行观察,进而对车辆技术状况做出判断的鉴定方法。一般包括识伪检查、事故判断和技术状况判定三方面的内容。

(1)旧机动车的识伪检查

机动车的识伪检查是指通过对交易车辆的有关手续文件和实际车况进行检查,以判断其是否具有合法的交易资格,主要是杜绝各种被盗车辆、走私车、拼装车混入旧车交易当中,损害消费者利益。识伪检查应首先检查车辆的来历凭证及其行驶手续,新车要有销售发票,二次交易的旧车要有旧车交易发票,对于因经济赔偿、财产分割等引起的所有权转移则需要有由法院出具的发生法律效力的判决书、裁决书或调解书,车辆行驶证所记录的车辆发动机号、车架号、厂牌型号和车辆外观要与事物相符。凡是正规进口的车辆,均应贴有中国商检特有的 CCIB 标志,通常还附有中文使用手册和维护手册。一般来说,走私或拼装的旧车辆都会留下改装的痕迹,因此在识伪检查时,还可通过观察车辆外观和内饰进行初步判断。

检查列举:在外观上,主要察看是否有重新做过油漆的痕迹,尤其是顶部下沿。曲线部分的接合部线条是否流畅,大面是否凸凹不平,尤其是小曲线接合部在目前手工技术条件下不可能处理得天衣无缝,留下的再加工痕迹亦特别明显。另外还可以用手从顶部开始向下触摸,如经过再加工处理,手感一定不那么平整光滑。车门和发动机盖同车身的接合部口缝是否一致、整齐,间隙是否过大等。在车辆内装饰方面,察看装饰材料是否平整,表面是否干净。尤其是压条边沿部分要特别仔细检查,经过再装配过的车辆内装饰压条边沿部分往往有手指印或其他工具碾压过后留下的痕迹印。

（2）旧机动车的事故判断

机动车发生事故无疑会极大的损害车辆的技术性能，但由于车辆在投入以前往往会进行整修、修复，因此正确判别车辆的是否发生事故对于准确判断车辆技术状况、合理评定车辆交易价格具有重要意义。

检查列举：

①检查车辆的周正情况，在汽车制造厂，汽车车身及各部件的装配位置是由生产线上经过严格调试的装、夹具保证的，装配出的车辆各部分对称、周正。而维修企业对车身的修复则是靠维修人员目测和手工操作，装配位置难以精确保证。因此检查车身是否发生过碰撞，可站在车的前部观察车身各部的周正、对称状况，特别注意观察车身各接缝，如出现不直，缝隙大小不一，线条弯曲，装饰条有脱落或新旧不一，说明该车可能出现事故或修理过。

②检查油漆脱落情况。查看排气管、镶条、窗户四周和轮胎等处是否有多余油漆。如果有，说明该车已做过油漆或翻新。用一块磁铁沿车身周围移动，如遇到突然减少磁力的地方，说明局部补了灰，做了油漆。当用手敲击车身时，如敲击声发脆，说明车身没有补灰做漆；如敲击声沉闷，则说明车身补灰做漆。

③检查底盘线束及其他连接部件状况。未发生事故的车辆，正常情况下，其连接部件应配合良好，车身没有多余焊缝，线束、仪表部件等应安装整齐、新旧程度接近。因此在检查车辆底盘时，应认真观察车底是否漏水、漏油、漏气，锈蚀程度与车体上部检查的是否相符，是否有焊接痕迹，车辆转向节臂、转向横直拉杆及球销有无裂纹和损伤，球销是否松旷，连接是否牢固可靠，车辆车架是否有弯、扭、裂、断、锈蚀等损伤，螺栓、铆钉是否齐全、紧固，车辆前后桥是否有变形、裂纹。固定在车身上的线束是否整齐，新旧程度是否一致，这些都可以作为判断车辆是否发生过事故的线索。

（3）技术状况判定

车辆即使不发生事故，随着使用时间和行驶里程的增加，车辆技术状况也会由于零部件的正常磨损、老化等原因而下降，带来交易车辆价值的变化。在对车辆进行静态检查时，可以从以下几个方面对车辆技术状况做一个初步判断。

①检查橡胶件的老化程度；

②检查车身金属锈蚀程度；

③观察渗漏情况；

④其他部位的目视检查，查看四周玻璃升降是否灵活。

检查列举：

①坐在车上试试所有踏板有没有弹性。离合器踏板应该有少许空行程，同时留心听听踏下踏板时有没有异声发出。

②检查发动机机油量。拿出机油量度尺看看机油是否混浊不堪或起水泡，并且要注意油的高度，如过高可能表示烧了气缸垫，水箱水混入了曲轴箱内；油的高度太低，则可能机油上窜，与汽油一并被烧掉了，意味着迟早要大修。用手试试机油的黏性，看看有没有沙砾，颜色应以深黄为最佳。

③检查附属装置，如刮水器、收音机、仪表、反光镜、加热器、灯具、转向信号、喷水装置、空调设备等是否破损、残缺；并对附属装置进行动态检验。如刮水器动作、喷水装置喷水、空调器

制冷、各灯光、仪表是否正常工作。

④车辆底部检查:将车辆开进地沟或上举升器的工位进行检查。检查车辆钢板弹簧是否有裂纹、断片和缺片现象,其中心螺栓和 U 型螺栓是否紧固;减振器是否漏油,减振弹簧是否有裂纹等。检查车辆传动轴中间轴承、万向节是否有裂纹和松旷现象。

2)旧机动车技术状况的动态检查

旧机动车技术状况的动态检查是指在车辆运行过程中,鉴定人员运用所掌握的知识和经验通过对车辆在各种工况下(如发动机启动、怠速、起步、加速、匀速、滑行、制动、换挡)的运行状况进行观察,检查汽车的操纵性能、制动性能、滑行性能、动力性能、噪声和排放状况,进而对车辆技术状况做出判断的鉴定方法。

3)利用辅助仪器、仪表对旧机动车技术状况进行检查

利用辅助仪器、仪表对旧机动车技术状况进行检查是指利用仪器设备对车辆的技术性能和故障进行定量、客观的检测和诊断,并依此对车辆技术状况做出判断的鉴定方法。常用的主要有发动机功率检测和发动机汽缸密封性检测。虽然发动机功率检测精度高,反映车辆技术状况全面,但设备投资大,技术复杂,操作不很方便,因此在实际工作中,更多的是采用汽缸密封性检测来反映车辆发动机及整车技术状况的好坏。表6.1 为一份宝马车的评估资料,供大家参考。

表 6.1　旧车评估资料

评估车型	宝马 5281WBADD61020BR
登记日期	1997 年 9 月
行情评估价格	19.5 万元左右
新车包牌价格	进口宝马 528 系列最低 60 万元左右
评估电话	51118858
表征行驶里程	17 万公里
此车手续	购置附加税:有效,养路费:2005 年 11 月,车船使用税:2005 年度,保险到期,海关进口外迁未核档。
该车配置	直列五缸 2.8 升发动机、前双安全气囊、5 挡手动自动一体变速箱、高级音响、前排座椅电动调节、方向盘可调节、ABS + EBD、电子稳定系统、定速巡航、驾驶员信息提示等。
评估说明	这款 1996 年款的宝马 528 系列是国内认知程度比较高的宝马系列车型,其丰富的配置、充沛的动力、良好的操控性都得到了高度认可。当时的进口价格在 100 万元以上,如今国产宝马 5 系列虽然价格下降,但是品牌认知程度不如进口系列。
静态检查	车辆整体外观良好,没有明显的碰撞修复痕迹,由于车辆放置时间较长,尘土较多,经过仔细摸查没有发现大量做漆,只有边角局部有一些重新喷漆的痕迹。对车架的检查中没有发现锈蚀、弯曲痕迹,相对使用将近 10 年但是仍比较"新颖"。车辆内部封闭性能较好,各电器部件位置正常,操作基本正常,但是部件的反应明显表现出车辆的"放置损失",需要对一些部件进行润滑、修整等工作。发动机舱内布置整齐,边角牢固,各连接焊点可靠,螺丝没有明显的更换松动痕迹,电瓶失效,玻璃水、机油、齿轮油都需要更换补充。底盘良好,轮胎破损明显,刹车盘片需要更换,悬挂基本正常但是有生锈痕迹。

续表

动态检查	搭载电瓶后车辆启动正常,噪音抖动都不明显,急速稳定性非常好,车内电器工作基本正常,变速箱结合动力良好,其他功能基本正常。
综合评定	总体来说这款车的性价比比较好,虽然登记时间比较早,但是车辆基本上有一半的时间处在停放状态。车辆的一些常用部件的老化现象明显,需要进行比较多的更换和检查,但是重要部件诸如发动机、变速箱、底盘、电路等都非常良好。车辆没有发生过比较明显的事故,经过整备后将能充分发挥其潜能。这款老5系宝马外形刚中带柔,更贴合中国人的审美标准,既豪华又不过分张扬,是中产阶级的重要选择之一,相对来说20万元以下的价格比起国内某些新车还是有很大的竞争力。毕竟是宝马系列,根据市场行情预测,这款车的评估价格在19.5万元左右。

6.3.2 旧车交易价格的评估

在旧车交易中,让消费者最棘手的问题是"评价"。也就是说,一辆旧车究竟值多少钱?大家都知道,由于每辆车的使用、维修、保养情况不同,车况便千差万别,所以如何把握旧车车况,是消费者急需了解的。旧车交易市场需要一杆"公平秤",专门对旧车交易中的"缺斤少两"的问题进行把关。

旧机动车评估定价是指旧机动车评估定价从业人员,根据机动车的行驶里程、使用时间、车辆安全排放情况、主要零部件的技术状况和该车型现行市场价等有关因素,依据《旧机动车评估定价标准》,确定旧机动车的价格。国务院商品流通行政主管部门负责组织对旧机动车评估定价从业人员进行培训和考核,对考核合格者颁发《旧机动车评估定价师》证书。旧机动车评估定价从业人员必须取得《旧机动车评估定价师》证书方可上岗。

1)旧车交易价格评估的前提

旧车交易价格评估的前提也叫旧车价格评估假设。对任何一辆二手车的价格评估都要以某种假设为价格评估的前提条件,否则,旧车价格评估无法进行或评估结果毫无意义。具体来说,旧车价格评估的前提有继续使用前提、公开市场前提和破产清算(偿)前提。

(1)继续使用前提

旧车评估的继续使用前提是指旧车的价格评估是以该车将按现行用途继续使用,或转换用途继续使用为评估前提的假设条件。对这些车辆的评估,就要从继续使用的假设出发,而不能按车辆拆零出售零部件所得收入之和进行价格估价。所谓旧机动车继续使用主要有两种形式:一是在用续用,即处于使用中的被评估车辆在产权发生变动后,将按照其现行用途及方式继续使用下去。二是转用续用,即被评估车辆在产权发生变动后,将改变其用途,按照新的用途继续使用下去。

以继续使用为假设前提对二手车进行价格评估,主要需注意以下几点:

第一,车辆具有显著的剩余使用寿命,例如技术状况和使用年限均未达到国家强制报废标准,运营车辆仍具有运营资格等;

第二,该车能用其提供的服务或用途满足所有者或占有使用者期望的收益,即该项资产在继续使用中能带来收益;

第三,车辆的产权关系明晰或者通过界定可以明确,车辆从经济上和法律上允许转作他用,即车辆手续完备、合法,车辆保持完好,经价格评估交易后,可以过户。

(2)公开市场前提

旧车价格评估的公开市场前提是指假定被评估旧车可以在完全竞争的二手车市场上,按市场原则进行交易,交易双方彼此地位平等,彼此双方都有获取足够市场信息的机会和时间,以便对车辆的功能、用途及其交易价格等做出理智的判断,评估价格的高低取决于该公开市场上的供求行情。公开市场前提的关键在于认识和把握公开市场的实质和内涵,所谓公开市场是指一个有足够多的买者和卖者的竞争性市场,在这个市场上,买者和卖者的地位是平等的,将按照市场上供求关系决定的均衡价格成交,彼此双方都有足够的市场机会和时间,买卖双方的交易行为是理智和自愿的,而不是在强制或受限条件下进行的。公开市场前提是二手车价格评估的基本前提。凡是能在公开市场上交易,用途较为广泛或通用性强的二手车,都应该考虑按照公开市场假设条件为前提进行价格评估。

(3)处置清算前提

旧车价格评估的处置清算前提是指评估是以车辆所有者在某种压力下,被迫出售评估车辆或快速处置变现的假设条件为前提。这种情况下的旧机动车评估具有一定的特殊性,适应强制出售中市场均衡被打破的实际情况,与公开市场中的旧车交易不同的是:交易双方的地位不平等,卖方是非自愿地被迫出售;交易双方的信息不对称;交易的范围狭小;交易被限制在较短的时间内完成。因此在这种情况下,二手车的评估价格一般大大低于继续使用或公开市场前提下的评估值。适用于对破产企业车辆、罚没走私车辆和抵债车辆等进行价格评估的场合。

综上所述,在旧机动车评估中,由于机动车辆未来效用有别而形成了三种不同的评估前提。在不同的前提条件下,评估依据各不相同。继续使用前提要求评估旧机动车辆的继续使用价值;公开市场前提要求评估旧机动车辆的市场价格;而清算前提则要求评估旧机动车辆的清算价格。因此,旧机动车鉴定估价人员在业务活动中要充分分析了解评估条件,判断评估车辆最可能的效用,才能得出旧机动车辆的公平价格。

2)旧车交易价格评估的方法

旧机动车评估方法和资产评估的方法一样,根据不同评估目的、价值标准和业务条件,按照国家规定可分为现行市价法、收益现值法、重置成本法和清算价格法等四种。

(1)现行市价法

现行市价法又称市场法、市场价格比较法和销售对比法。是指通过比较被评估车辆与最近售出类似车辆的异同,并针对这些异同经过必要的价格调整,从而确定被评估车辆价值的一种评估方法。这种方法的基本思路是:通过市场调查,选择与评估车辆相同或类似的车辆作为参照物,分析参照物的结构、配置、性能、新旧程度、交易条件及成交价格,并与待评估车辆比较、对照,按照两者的差别及现实市场行情对评估价格进行适当调整,计算出旧机动车辆的评估价格。现行市价法是最直接、最简单的一种评估方法,也是二手车价格评估最常用方法之一。

①现行市价法应用的前提条件

运用现行市价法对二手车进行价格评估必须具备以下两个前提条件:

第一,需要有一个充分发育、活跃的旧机动车交易市场,即二手车交易公开市场。在这个市场上有众多的卖者和买者,有充分的参照物可取,这样可以排除交易的偶然性。市场成交的二手车价格可以准确反映市场行情,这样,评估结果更加公平公正,易于为双方接受。

第二,评估中参照的二手车与被评估的二手车有可比较指标并且这些可比较的指标、技术参数的资料是可收集到的,并且价值影响因素明确,可以量化。

②参照物的选择

在运用现行市价法对旧机动车进行价格评估时选择参照物十分关键,参照物的交易时间与车辆评估基准日必须相近,此外参照车辆与评估车辆还应具有可比性,包括车辆的功能、性能、配置、市场条件都要有可比性。按照通常做法,参照物一般要在三个以上。因为运用现行市价法进行二手车价格评估,二手车的价位高低在很大程度上取决于参照物成交价格水平。而参照物的成交价不仅仅是自身市场价值的体现,还受买卖双方交易地位、交易动机、交易时限等一系列外界干扰因素的影响。因此,在评估中除了要求参照物与评估对象在功能、交易条件和成交时间有可比性,还要选择足够数量的参照物以排除偶然因素的影响。

③现行市价法评估的步骤

运用现行市价法进行旧机动车价格评估,评估师一般要经历收集资料、选定参照对象、分析可比性因素和调整差异做出评估结论四个步骤。

收集资料:收集评估对象的有关资料,包括车辆的车辆型号、装备性能、生产厂家、购买日期、行驶里程,了解车辆技术状况以及尚可使用的年限。

选定类比的参照对象:所选定的类比车辆必须具有可比性,可比性因素包括:车辆型号和制造厂商、车辆来源、车辆使用年限、行驶里程数、车辆实际技术状况、市场状况、交易动机和目的、成交数量、成交时间。

分析可比性因素:按以上可比性因素选择参照对象,一般选择与被评估对象相同或相似的三个以上的交易案例。某些情况找不到多台可类比的对象时,应按上述可比性因素,仔细分析选定的类比对象是否具有一定的代表性,要认定其成交价的合理性,才能作为参照物。

综合上述可比性因素,对待评估的车辆与选定的类比对象进行认真的分析类比。分析调整差异,做出评估结论。

④现行市价法的具体计算方法

运用现行市价法确定单台车辆价值通常采用直接法和类比法。

直接法是指在市场上能找到与被评估车辆完全相同的车辆的现行市价,并依其价格直接作为被评估车辆评估价格的一种方法。所谓完全相同是指车辆型号、使用条件和大体技术状况相同,生产和交易时间相近,寻找这样的参照物一般来讲是比较困难的。通常如果参照车辆与被评估车辆类别相同、主参数相同、结构性能相同,只是生产序号不同并只作局部改动,交易时间相近的车辆,可作为直接法评估过程中的参照物。

类比法是指评估车辆时,在公开市场上找不到与之完全相同但能找到与之相类似的车辆时,以此为参照物,并根据车辆技术状况和交易条件的差异对价格作出相应调整,进而确定被评估车辆价格的评估方法。

用现行市价法进行评估,了解市场情况是很重要的,了解的情况越多,掌握的数据与案例越多,评估的准确性越高,这是运用现行市价法进行旧机动车价格评估的关键。

⑤采用现行市价法的优缺点

优点:运用现行市价法进行旧机动车价格评估,能够比较客观地反映旧机动车目前的市场情况,其评估的参数、指标直接从市场获得,评估值能反映市场现实价格,评估结果易于被各方面理解和接受。

缺点:采用现行市价法必须要有成熟、公开和活跃的市场作为基础。另外由于旧车的可比因素多而且复杂,即使是同一个生产厂家生产的同一型号的产品,同一天登记,也可能由于使用强度、使用条件、维护水平的不同而带来车辆技术状况不同和评估价值的差异。

(2)收益现值法

收益现值法是将被评估的车辆在剩余寿命期内预期收益,用适当的折现率折现为评估基准日的现值,并以此确定评估价格的一种方法,旧机动车的价格评估一般很少采用收益现值法,但对一些特定目的的有特许经营权的二手车,人们购买的目的往往不是在于车辆本身,而是车辆获利的能力。因此对于营运车辆的评估采用收益现值法比较合适。

①收益现值法的基本原理

收益现值法是基于这样的假设,即人们之所以购买某车辆,主要是考虑这辆车能为自己带来一定的收益。采用收益现值法对旧机动车辆进行评估所确定的价值,是指为获得该机动车辆以取得预期收益的权利所支付的货币总额,它以车辆投入使用后连续获利为基础。如果某车辆的预期收益小,车辆的价格就不可能高,反之车辆的价格肯定就高。

②收益现值法的应用前提

被评估的旧机动车必须是经营性车辆,且具有继续经营和获利的能力,继续经营的收益能够而且必须能够用货币金额来表示,经营过程中的风险因素能够转化为数据加以计算,体现在折现率和资本化率中。非盈利的旧机动车不能用收益法评估。

③收益现值法评估值的计算

收益现值法评估值的计算,实际上就是对被评估车辆未来预期收益进行折现的过程。被评估车辆的评估值等于剩余寿命期内各期的收益现值之和。收益现值法中各评估参数的确定决定了剩余经济寿命期的确定。剩余经济寿命期指从评估基准日到车辆到达报废年限所剩余的使用寿命。各类汽车剩余经济寿命期的确定,参考《汽车报废标准》。

④预期收益额的确定

收益现值法在运用中,收益额的确定是关键。收益额是指由被评估对象在使用过程中产生的超出其自身价值的溢余额。对于收益额的确定应把握两点:第一,收益额指的是车辆使用带来的未来收益期望值,是通过预测分析获得的。对其收益的判断,不仅仅是看现在的收益能力,更重要的是预测未来的收益能力。第二,收益额的构成,以企业为例,目前有几种观点:有观点认为应取企业所得税后利润;另有观点认为应取企业所得税后利润与提取折旧额之和扣除投资额;还有人认为应取利润总额。关于选择哪一种作为收益额,应针对旧机动车的评估特点与评估目的具体分析,一般为估算方便,推荐选择第一种观点,目的是准确反映预期收益额。

⑤折现率的确定

确定折现率,首先应该明确折现的内涵。折现作为一个时间优先的概念,认为将来的收益或利益低于现在的同样收益或利益,并且,随着收益时间向将来推迟的程度而有系统地降低价值,即投资具有机会成本。同时,折现作为一个算术过程,是把一个特定比率应用于一个预期的将来收益流,从而得出当前的价值。从折现率本身来说,是将未来有限期的预期收益折算成现值的比率,用于有限期收益还原。它是一种特定条件下的收益率,说明车辆取得该项收益的收益率水平。收益率越高,车辆评估值越低。因为在收益一定的情况下,收益率越高,意味着单位资产增值率高,所有者拥有资产价值越低。折现率的确定是运用收益现值法评估车辆时比较棘手的问题。折现率必须谨慎确定,折现率的微小差异,会带来评估值很大的差异。

一般来说,折现率应包含无风险利率、风险报酬率和通货膨胀率。无风险利率是指资产在一般无风险经营条件下的获利水平,风险报酬率则指承担投资风险的投资所获得的超过无风险报酬率以上的部分的投资回报率,一般随投资风险递增而加大。风险收益能够计算,而为承担风险所付出的代价为多少却不好确定,因此风险收益率不容易计算出来,只要求选择的收益率中包含这一因素即可。每个行业,每个企业都有具体的资金收益率。因此在利用收益法对机动车评估选择折现率时,应该进行本企业、本行业历年收益率指标的对比分析。但是,最后选择的折现率应该起码不低于国家债券或银行存款的利率。此外还应注意,在使用资金收益率这一指标时,要充分考虑年收益率的计算口径与资金收益率的口径是否一致。若不一致,将会影响评估值的正确性。

⑥收益现值法评估的程序

在运用收益现值法进行旧机动车价格评估时,首先应调查、了解营运车辆的经营行情,营运车辆的消费结构,充分考察被评估车辆的情况和技术状况,确定预测预期收益、折现率等评估参数,最后将预期收益折现处理,确定旧机动车评估值。

⑦收益现值法的特点

收益现值法与投资决策相结合,能真实和较准确地反映车辆投资的未来收益的本金化价格,易于被交易双方接受,但预期收益额的预测难度大。

(3)清算价格法

清算价格法是以清算价格为标准,对旧机动车辆进行的价格评估。所谓清算价格,是指企业由于破产或其他原因,要求在一定的期限内将车辆变现,在企业清算之日预期出卖车辆可收回的快速变现价格,具体来说主要根据二手车技术状况,运用现行市价法估算其正常价值,再根据处置情况和变现要求,乘以一个折扣率,最后确定评估价格。

①清算价格法的适用范围

清算价格法适用于企业破产、抵押、停业清理时要售出的车辆。企业破产是指当企业或个人因经营不善造成严重亏损,资不抵债时,企业应依法宣告破产,法院以其全部财产依法清偿其所欠的债务,不足部分不再清偿。

抵押是指企业或个人为了进行融资,用自己特定的财产为担保向对方保证履行合同义务的担保形式。提供财产的一方为抵押人,接受抵押财产的一方为抵押权人。抵押人不履行合同时,抵押权人有权利将抵押财产在法律允许的范围内变卖,从变卖抵押物价款中优先获得赔偿。

清理是指企业由于经营不善导致严重亏损,已临近破产的边缘或因其他原因将无法继续经营下去,为弄清企业财物现状,对全部财产进行清点、整理和查核,为经营决策(破产清算或继续经营)提供依据,以及因资产损毁、报废而进行清理、拆除等的经济行为。

在上述三种经济行为中若有对机动车辆进行评估,则可用清算价格作为标准,但在评估时要注意评估车辆必须具有法律效力的破产处理文件或抵押合同及其他有效文件为依据;车辆在市场上可以快速出售变现,所卖收入足以补偿因出售车辆的附加支出总额。

在旧机动车评估中决定清算价格的有以下几项主要因素:破产形式、债权人处置车辆的方式、清理费用、拍卖时限、公平市价、参照物价格。

②清算价格的评估方法

旧机动车清算价格的评估方法主要有如下三种:

现行市价折扣法:指对清理车辆,首先应用现行市价法确定评估车辆的评估价格,然后根据快速变现原则估定一个折扣率并据以确定其清算价格。

模拟拍卖法(也称意向询价法):这种方法是根据向被评估车辆的潜在购买者询价的办法取得市场信息,最后经评估人员分析确定其清算价格的一种方法。用这种方法确定的清算价格受供需关系影响很大,要充分考虑其影响的程度。

竞价法:是由法院按照法定程序(破产清算)或由卖方根据评估结果提出一个拍卖的底价,在公开市场上由买方竞争出价,谁出的价格高就卖给谁。

(4)重置成本法

重置成本法是指以评估基准日的当前条件下重新购置一辆全新状态的被评估车辆所需的全部成本(即完全重置成本,简称重置全价),减去该被评估车辆的各种陈旧性贬值后的差额作为被评估车辆评估价格的一种评估方法。

其基本计算公式可表述为:

被评估车辆的评估值 = 重置成本 − 实体性贬值 − 功能性贬值 − 经济性贬值

或:　　　被评估车辆的评估值 = 重置成本 × 成新率

上式可看出:被评估车辆的各种陈旧贬值包括实体性贬值、功能性贬值、经济性贬值。

实体性贬值也叫有形损耗,是指机动车在存放和使用过程中,因机件磨损和损耗等原因而导致的车辆实体发生的价值损耗,亦即是指由于自然力的作用而发生的损耗。投入交易的旧机动车一般都不是全新状态的,因此都存在实体性贬值。

功能性贬值是指由于科学技术和生产力的发展导致的车辆贬值,即无形损耗。这类贬值可能是由于技术进步引起劳动生产率的提高,生产成本降低而造成重新购置一辆全新状态的被评估车辆所需的成本降低而引起的车辆价值的贬值。对于营运车辆,也可能由于技术进步,出现了新的、性能更优的车辆,致使原有车辆的功能、生产率、收益能力相对新车型已经落后而引起其价值贬值。具体表现为原有车辆在完成相同工作任务的前提下,在燃料、人力、配件材料等方面的消耗增加,形成了一部分超额运营成本。

经济性贬值是指由于宏观经济政策、市场需求、通货膨胀、环境保护等外部环境因素的变化所造成的车辆贬值。这些外界因素对车辆价值的影响不仅是客观存在的,而且对车辆价值影响还相当大,在旧机动车的评估中不可忽视。重置成本法假定任何一个理性的投资者在购买某项资产时所愿意支付的价格,不会超过具有同等效用的全新资产的最低成本。如果该项资产的价格比重新建造,或购置一全新状态的同等效用的全新资产的最低成本高,投资者肯定会去新建或购置全新的资产。这也就是说,待评估资产的重置成本是其价格的最大可能值。相应的,旧机动车的重置成本是购买一辆与被评估车辆相同的车辆所支付的最低金额。

按重新购置车辆所用的材料、技术的不同,可把重置成本区分为复原重置成本(简称复原成本)和更新重置成本(简称更新成本)。复原成本指用与被评估车辆相同的材料,制造标准、设计在同样技术条件下,以现时价格复原购置相同的车辆所需的全部成本。更新重置成本则是指利用新型材料,新技术标准、新设计等,以现时价格购置相同或相似功能的车辆所需支付的全部成本。一般情况下,在进行重置成本计算时,如果同时存在复原成本和更新成本,应选用更新成本;如果不存在更新成本,则再考虑用复原成本。通过对重置成本法计算公式的分析不难发现,要合理运用重置成本法评估旧机动车的交易价格,必须正确确定车辆的重置成本、实体性贬值、功能性贬值、经济性贬值和成新率。

旧机动车成新率是表示旧机动车的当前功能或使用价值与全新机动车的功能或使用价值相比所占的比率,也可以理解为旧机动车的现时状态与机动车全新状态的比率,是反映旧机动车新旧程度的指标。

成新率作为重置成本法的一项重要指标,如何科学、准确地确定该项指标,是旧机动车评估中的重点和难点。通常采用使用年限法、技术鉴定法、综合分析法三种方法。

①使用年限法

使用年限法是建立在以下两个假设之上:首先旧机动车在整个使用寿命期间,实体性损耗是随时间的递增呈线性递增的。其次,旧机动车价值的降低与其损耗的大小成正比。机动车的规定使用年限,按照1997年7月15日国经贸经[1997]456号文《汽车报废标准》(1997年修订)和1998年7月7日国经贸经[1998]407号文《关于调整轻型载货汽车报废标准的通知》中规定的使用年限来确定。即微型载货车、带拖挂的载货汽车、矿山作业专用车及各类出租汽车使用8年,其他车辆使用10年;对于大中型拖拉机,其使用年限不超过15年;对于其他机动车辆,国内尚无可供评估使用的规定使用年限,其规定使用年限的确定需要评估人员自行解决。解决的办法是参照《汽车报废标准》和该类产品的会计折旧年限。已使用年限是指旧机动车开始使用到评估基准日所经历的时间。运用使用年限法确定旧机动车成新率,方法简单,容易操作,一般用于旧机动车的价格粗估或价值不高的旧机动车价格的评估。使用时要注意使用年限是代表工作累计强度的一种计量,这种计量是以车辆的正常使用为前提。在实际评估过程中,应充分注意车辆的实际已使用的时间,而不是简单的日历天数,同时也要适当考虑实际使用强度。

②技术鉴定法

技术鉴定法是指评估人员在对旧机动车辆进行技术观察和技术检测的基础上,判定旧机动车的技术状况,再以评分的方法或分等级的方法来确定成新率的方法。在实际操作中技术鉴定法又有部件鉴定法和整车观测分析法两种。

部件鉴定法是在确定旧机动车各组成部分的技术状况的基础上,对旧机动车按其组成部分对整车的重要性和价值量的大小来加权评分,最后确定成新率的一种方法。其做法是:将车辆按总成分成若干个主要部分,根据各部分的建造费用占车辆建造成本的比重,按一定百分比例确定权重,在技术检测的基础上确定各部分的功能与技术状况,给出各部分成新率(各部分技术状况与全新车辆相同,则该部分成新率100%,其功能完全丧失,则成新率为0),再分别与权重相乘即得各部分的加权成新率,最后对各部分的加权成新率求和即得旧机动车的成新率。这种方法既考虑了旧机动车实体性损耗,也考虑了旧机动车维修换件可能会增大车辆的价值,更接近实际,可信度高,但操作过程费时费力,各组成部分权重之间关系复杂。一定程度上限制了它的使用,多用于价值较高的机动车辆评估。

整车观测法是指评估人员采用人工观察的方法,辅之以简单的仪器检测,判定旧机动车技术状况等级以确定成新率的方法。

成新率与旧机动车的有形损耗率存在如下关系:

$$成新率 = 1 - 有形损耗率$$

或

$$有形损耗率 = 1 - 成新率。$$

表 6.2 旧机动车成新率评估参考表

	新旧情况	有形损耗率（%）	技术状况描述	成新率（%）
车况等级	使用不久	0~10	刚使用不久,行驶里程一般在3~5万km,在用状态良好,能按设计要求正常使用	100~90
	较新车	11~35	使用一年以上,行驶15万km左右,一般没有经过大修,在用状态良好,故障率低,可随时出车使用	89~65
	旧车	36~60	使用4~5年,发动机或整车经过二次大修,大修较好地恢复原设计性能,在用状态良好,外观中遭受损,恢复情况良好	69~40
	老旧车	61~85	使用5~8年,发动机或整车经过二次大修,动力性能、经济性能、工能可靠性能都有所下降,外观油漆脱落受损、金属件锈蚀程度明显。故障率上升,维修费用、使用费用明显上升。但车辆符合《机动车安全技术条件》,在用状态一般或较差	39~15
	待报废处理车	86~100	基本到达或到达使用年限,通过《机动车安全技术条件》检查,能使用但不能正常使用,动力性、经济性、可靠性下降,燃料费、维修费、大修费用增长速度快,车辆收益与支出基本持平,排放污染和噪声污染到达极限	15以下

旧机动车成新率评估参考表是就一般车辆成新率判定的经验数据,仅供参考。运用整车观察法确定旧机动车成新率简单易行,但评估值没有部件鉴定法准确,一般用于中、低等价值的旧机动车的估算,或作为综合分析法鉴定估价要考虑的主要因素之一。在实际操作中,评估人员的经验和技术水平对评估结果影响较大。

通过对重置成本、实体性贬值、功能性贬值、经济性贬值和成新率的分析,我们已经能够运用重置成本法确定旧机动车的评估价格,在使用中尽管工作量大,难以计算经济性贬值,但它比较充分地考虑了车辆的损耗,评估结果公平合理,在不易计算车辆未来收益或难以取得市场(旧机动车交易市场)参照物条件下可广泛应用。

③综合分析法

为了使评估结果更加准确、客观,综合分析法以使用年限法为基础,再综合考虑对旧机动车价值影响的多种因素,以系数调整来确定成新率。其计算公式为:

成新率=(规定使用年限−已使用年限)÷规定使用年限×综调系数×100%

鉴定估价时要综合考虑的因素有:车辆的实际运行时间、实际技术状况;车辆使用强度、使用条件、使用和维护保养情况;车辆的原始制造质量;车辆的大修,重大事故经历;车辆外观质量等。

附录1：一汽——大众认证二手车业务简易流程图

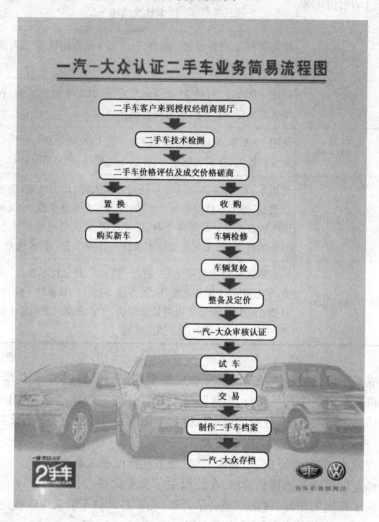

附录 2：旧机动车鉴定评估报告书

（示范文本）
××××鉴定评估机构评报字（200　年）第××号

一、绪言

××（鉴定评估机构）接受××××的委托，根据国家有关资产评估的规定，本着客观、独立、公正、科学的原则，按照公认的资产评估方法，对××××（车辆）进行了鉴定评估。本机构鉴定评估人员按照必要的程序，对委托鉴定评估车辆进行了实地查勘与市场调查，并对其在××××年××月××日所表现的市场价值作出了公允反映。现将车辆评估情况及鉴定评估结果报告如下：

··

二、委托方与车辆所有方简介

（一）委托方××××，委托方联系人×××，联系电话：×××××。

（二）根据机动车行驶证所示，委托车辆车主×××。

三、评估目的

根据委托方的要求，本项目评估目的

□交易　□转籍　□拍卖　□置换　□抵押　□担保　□咨询　□司法裁决。

四、评估对象

评估车辆的厂牌型号（　　　　　）；号牌号码（　　　　　）；发动机号（　　　　　）；车辆识别代号/车架号（　　　　　）；登记日期（　　　　　）；年审检验合格至　年　月；公路规费交至　年　月；购置附加税（费）证（　　　　　）；车船使用税（　　　　　）。

五、鉴定评估基准日

鉴定评估基准日　　年　　月　　日。

六、评估原则

严格遵循"客观性、独立性、公正性、科学性"原则。

七、评估依据

（一）行为依据

旧机动车评估委托书第　　　　号。

（二）法律、法规依据

1.《国有资产评估管理办法》（国务院令第 91 号）；

2.《摩托车报废标准暂行规定》（国家经贸委等部门令第 33 号）；

3. 原国家国有资产管理局《关于印发〈国有资产评估管理办法施行细则〉的通知》（国资办发[1992]36 号）；

4. 原国家国有资产管理局《关于转发〈资产评估操作规范意见（试行）〉的通知》（国资办发[1996]23 号）；

5. 国家经贸委等部门《汽车报废标准》（国经贸经[1997]456 号）、《关于调整轻型载货汽车及其补充规定》（国经贸经[1998]407 号）、《关于调整汽车报废标准若干规定的通知》（国经贸资源[2000]1202 号）、《农用运输车报废标准》（国经贸资源[2001]234 号）等；

6. 其他相关的法律、法规等。

（三）产权依据

委托鉴定评估车辆的机动车登记证书编号：

（四）评定及取价依据

技术标准资料：

技术参数资料：

技术鉴定资料：

其 他 资 料：

八、评估方法

□重置成本法　□现行市价法　□收益现值法　□其他[1]。

计算过程如下：

···

九、评估过程

按照接受委托、验证、现场查勘、评定估算、提交报告的程序进行。

十、评估结论

车辆评估价格　　　　　元,金额大写。

十一、特别事项说明[2]

十二、评估报告法律效力

（一）本项评估结论有效期为 90 天,自评估基准日至　　年　　月　　日止；

（二）当评估目的在有效期内实现时,本评估结果可以作为作价参考依据。超过 90 天,需重新评估。另外在评估有效期内若被评估车辆的市场价格或因交通事故等原因导致车辆的价值发生变化,对车辆评估结果产生明显影响时,委托方也需重新委托评估机构重新评估；

（三）鉴定评估报告书的使用权归委托方所有,其评估结论仅供委托方为本项目评估目的使用和送交旧机动车鉴定评估主管机关审查使用,不适用于其他目的；因使用本报告书不当而产生的任何后果与签署本报告书的鉴定估价师无关；未经委托方许可,本鉴定评估机构承诺不将本报告书的内容向他人提供或公开。

附件：

一、旧机动车鉴定评估委托书

二、旧机动车鉴定评估作业表

三、车辆行驶证、购置附加税（费）证复印件

四、鉴定估价师职业资格证书复印件

五、鉴定评估机构营业执照复印件

六、旧机动车照片（要求外观清晰,车辆牌照能够辨认）

注册旧机动车鉴定估价师（签字、盖章）

复核人[3]（签字、盖章）

（旧机动车鉴定评估机构盖章）

年　　月　　日

- -

[1]指利用两种或两种以上的评估方法对车辆进行鉴定评估,并以它们评估结果的加权

值为最终评估结果的方法。

[2]特别事项是指在已确定评估结果的前提下,评估人员认为需要说明在评估过程中已发现可能影响评估结论,但非评估人员执业水平和能力所能评定估算的有关事项以及其他问题。

[3]复核人须具有高级鉴定估价师资格。

备注:本报告书和作业表一式三份,委托方二份,受托方一份。

附件一:

旧机动车鉴定评估委托书

委托书编号:_____

_____旧机动车鉴定评估机构:

因□交易 □转籍 □拍卖 □置换 □抵押 □担保 □咨询 □司法裁决需要,特委托你单位对车辆(号牌号码_____车辆类型_____发动机号_____车架号_____进行技术状况鉴定并出具评估报告书。

附:委托评估车辆基本信息

车 主		身份证号码/法人代码证			联系电话	
住 址					邮政编码	
经办人					联系电话	
住 址		身份证号码			邮政编码	
车辆情况	厂牌型号				使用用途	
	载重量/座位/排量				燃料种类	
	初次登记日期	年　月　日			车身颜色	
	已使用年限	年　个月	累计行驶里程(万公里)			
	大修次数	发动机(次)		整车(次)		
	维修情况					
	事故情况					
价值反映	购置日期	年　月　日	原始价格(元)			
	车主报价(元)					
备注:						

填表说明:

1. 若被评估车辆使用用途曾经为营运车辆,需在备注栏中予以说明;

2. 委托方必须对车辆信息的真实性负责,不得隐瞒任何情节,凡由此引起的法律责任及赔偿责任由委托方负责;

3. 本委托书一式二份,委托方、受托方各一份。

委托方:(签字、盖章)　　　　　　　　　　　经办人:(签字、盖章)

（×××旧机动车鉴定评估机构盖章）

年 月 日 年 月 日

附件二：

旧机动车鉴定评估作业表

车主			所有权性质	□公 □私	联系电话	
住址					经办人	
原始情况	厂牌型号			号牌号码		车辆类型	
	车辆识别代号（VIN）				车身颜色		
	发动机号			车架号			
	载重量/座位/排量				燃料种类		
	初次登记日期	年 月	车辆出厂日期		年 月	
	已使用年限	年 个月	累计行驶里程	万公里	使用用途	
检查核对交易证件	证件	□原始发票 □机动车登记证书 □机动车行驶证 □法人代码证或身份证 □其他				
	税费	□购置附加税 □养路费 □车船使用税 □其他				
结构特点						
现时技术状况						
维护保养情况			现时状态			
价值反映	帐面原值（元）		车主报价（元）			
	重置成本（元）		成新率%		评估价格（元）	
鉴定评估目的						
鉴定评估说明						

注册旧机动车鉴定估价师（签名） 年 月 日

复核人（签名） 年 月 日

填表说明:1.现时技术状况:必须如实填写对车辆进行技术鉴定的结果,客观真实地反映

146

出旧机动车主要部分(含车身、底盘、发动机、电气、内饰等)以及整车的现时技术状况;

2. 鉴定评估说明:应详细说明重置成本的计算方法,成新率的计算方法以及评估价格的计算方法。

本表由国家经贸委贸易市场局提供

6.4　二手车置换操作过程

6.4.1　二手车置换现状分析

汽车置换成为近两年车市热点。去一些汽车品牌销售店的消费者常会听到销售顾问这样的推荐:"你只要将自己的旧车来我们店置换了,再添一点钱就可以买这辆新车。"相关数据显示,2007 年北京有 36% 的消费者准备换车或买二手车。

随着置换业务的兴起,各种问题也开始出现。据了解,目前国内主流的汽车品牌 4S 店,如一汽大众、一汽丰田、东风日产等均已开展了置换业务。但是相对于单一的卖车或买车,汽车置换流程要更为复杂。

目前置换过程中存在的诸多问题一方面是因为目前旧车评估体系不完善造成,在国外旧车评估多是由第三方机构鉴定,但是国内的旧车收购主要是品牌经销店与旧车市场,前者由于是利益的其中一方,价格方面会有压低现象,而后者不少由中介机构把持,手续可能会不完备。另一方面,旧车置换在一些店的操作中缺乏透明度,使一些人浑水摸鱼。消费者决定进行旧车置换时也应该学习置换的相关知识,掌握一定技巧。

1)二手车置换流程

(1)客户至汽车授权服务中心,提出置换要求;顾客通过电话或直接到品牌销售店进行咨询,也可以登录网站进行置换意向登记。

(2)顾客到销售店了解新车情况,了解旧车置换业务的优惠政策。

(3)旧车评估定价,由销售店的专业评估师进行旧车评估。买卖双方商议新车与旧车的价格及旧车交车时间。

(4)双方签订旧车购销协议以及置换协议。

(5)置换旧车的钱款直接冲抵新车的车款,顾客补足新车差价后,办理提车手续并提供一条龙服务。

(6)顾客如需贷款购新车,则置换旧车的钱款作为新车的首付款,销售店的销售顾问协助顾客办理购车贷款手续,建立提供因汽车消费信贷所产生的资信管理服务,并建立个人资信数据库。

(7)销售店办理旧车过户手续,顾客提供必要的协助和材料。

2)注意事项

(1)新车牌照:新车仍使用原二手车牌照的,经销商代办退牌手续和新车上牌手续;新车上新牌照的,经销商可代办手续;

(2)新车需交钱 = 新车价格 - 旧车评估价格;

(3)贷款置换:如果旧车贷款尚未还清,可由经销商垫付还清贷款,款项计入新车需交

钱款;

(4)售后服务:商家提供可选择的替换车、救援、异地租车等多项个性化增值服务。

6.4.2 二手车置换案例分析

案例1:夸大旧车问题

导致后果:一些经销店为了压低收购价格从中谋利,故意夸大旧车问题,从而降低旧车收购价。车主如果不了解车辆残值,可能就会受到欺骗,将高价车低卖。

案例回放:王先生欲出售自己的一辆旧车,当时因为车前部发生过刮蹭,收购商在验车时表示,刮蹭部位与发动机相邻,会对发动机造成一定影响,因此要扣除1 000元。王先生随后又在其他店中检测,却没有这个问题。

因为直接与收购价格相关,车辆检测是旧车交易的一个重要环节。一般来说,车辆的状况很难以外表全面衡量,例如尾气、侧滑、轴重、制动、底盘、汽车电控单元等,需要借助"诊断"仪器来完成。目前,北京一些品牌4S专卖店、汽车修理厂以及专门从事二手车检测的"鉴定评估"公司应运而生,建议去4S店或专业机构找专业评估人员进行评估。

知识链接:二手车评估正规叫作"旧机动车鉴定估价",其整个过程有严格的专业仪器与专业的流程,包括静态检查、动态检查、手续审验、车辆合法性审查等步骤。只有综合评定以上方面,才能评估出一辆车的现值价格。目前北京已有不少第三方评估鉴定机构,评估过程很客观,但是会收取250~300元的费用。

案例2:压低收购价格

导致后果:即便对于一些并没有大毛病的旧车,一些经销商也会利用车主不了解旧车市场行情故意压低收购价,让车主蒙受经济损失。

案例回放:因为换车,郭先生欲将目前的老捷达出售。经过一个朋友介绍,他认识了一个经销商,对方在验车后提出6.5万元的收购价,而事后郭先生发现,这个价格要低出市场行情1万多元。

建议车主在置换之前先去媒体、网站、市场了解同型号品牌、同年代车辆的大致价格区间和车况。同时如果可能的话,可以将车开到旧车市场与多家店先行让对方做价格评估,对收购价格心中有底,也可在置换过程中与经销商讨价。

案例3:新车"降价、优惠"存在虚假成分

导致后果:部分经销商利用较低的价格诱引顾客到店,然后通过混合报价,条件成交等方式获得高额利润;也有经销商对于置换的客户在选购新车时设置种种限制,使得消费者从中并未得到过多的实惠。

案例回放:刘小姐想将手中的爱车升级,逛一家汽车品牌销售店时,对方的销售顾问表示如果在店以旧换新,新车将有一定幅度的优惠。刘小姐非常动心,但真正置换时她才发现,自己想买的那款新车并不在优惠的范围之内。

价格因素固然是车主购车时最为关注的,但更应该时刻保持清醒的头脑了解到所需购车的真实优惠程度。另外车辆价格也包含了经销商的服务承诺在其中,不要"捡起芝麻丢了西瓜"。建议如果价格相差不多的情况下还是选择有服务保障的4S店购买。

案例4:推销库存车

导致后果:如果是库存车,可能某些部件会因库存时间较长而产生问题。同时库存也会导

致车辆贬值,并对所购车辆以后的售后服务会产生影响。

案例回放:赵女士在一家品牌销售店按照满意的价格做了汽车置换,用旧车换了一辆新车高高兴兴地开回家。可开了不到半年,就发现轮胎、雨刷等橡胶部件出现了老化现象。后来经懂行的朋友检查才发现,这辆车在赵女士购买前已经出厂近 1 年了,属于库存车。

购买前仔细看清车辆的出厂日期和车辆配置介绍,可根据自己的实际需求制定消费计划,不要盲目跟从。不管厂家怎样调整产量计划和价格政策,都是由消费者决定的,要掌握一套科学的考量方法。

知识链接:库存车要细检查

所谓"库存车"一般是指制造完成出厂以后超过 3 个月以上,还没有销售出去的车。由于库存车优惠幅度较大,会受到一些准车主的青睐,但如果购买库存车,有一些注意事项需要提醒消费者的注意:检查一下车辆具体的出厂日期;一般车辆的行驶里程应该在 1 000 km 以内;检查雨刷、引擎皮带、轮胎等橡胶件是否有老化的现象;检查电瓶是否有问题;开动引擎,检查一下其运转时是否有异常情况;库存车的漆面往往不太光亮,可以在拿到车以后就去抛光上蜡。

案例 5:利用所谓一条龙中间加价

导致后果:消费者盲目信任,造成在办理手续期间购买超出市场价格的产品,最后导致没买到满意的商品却买来了烦恼。

案例回放:马先生近日看上一款新车,厂家指导价为 3.58 万元,马先生咨询了好几家店均无优惠,可有一家店却声称优惠 1 800 元。马先生特地到店里去了解,才知道优惠后是单车价格,需要消费者在店里办理一条龙服务,全套价格为 4.4 万元。而按照正常手续购买,以中保全险的价格来计算,本车全部费用超不过 4.2 万元。

消费者在购买车辆时,不要只关注车本身的价格,避免给人以可乘之机。现在汽车经销商一般都会提供"一条龙"的验车上牌服务,顾客首先要详细询问一条龙服务包含的项目和费用。在遇到不合理价格和产品时拒绝购买;其次在合同签订环节特别需要注意合同或协议中所涉及的"一条龙"服务包含什么项目,避免服务缩水。目前,北京市收取的标准"一条龙"费用为 500 元。

案例 6:贷款购车,让消费者在空白合同上签字

导致后果:少数违背诚信商业道德的经销商,钻消费者法律知识匮乏的空子,蒙骗消费者在空白合同上签字,然而在贷款手续办完后,消费者接到信贷合同书时却发现贷款额比先前承诺的价格要高很多。此外,发票金额是许多其他收费项目的"税基",比方说保险费等。一旦客户碰上资产评估或抵债的事情,少开几万元的发票损失可就大了。

案例回放:王女士以 5 年期贷款方式购得一辆标价为 39 900 元的某品牌小轿车。办购车手续时,经销商告知交齐 20% 首付款后只需贷款 32 000 元,并让王女士在空白合同上签了字。几天后,王女士接到信贷合同书时却发现不但贷款多了 5 000 多元,首付款、车险等各种附加费用、贷款及管理费相加后的总额竟比标价车款多了 13 000 元。

合同是消费者权益保障的重要依据,忽视该环节后果不堪设想。消费者首先要选择一家有实力、有声誉的汽车经销商,包括能提供办理分期贷款的金融机构,一般大品牌汽车制造商都有自己的分期金融机构,在很多方面可以保证消费者的利益。另外,消费者贷款要慎重,弄清应承担的责任义务并签订好合同后再行购买。

案例7：不按规定时间交付，或中间漫天涨价

导致后果：客户要等待很长时间，耽误自己应该去办的事情，自己的权益无法保证，而且要付超出此车价值的经济损失。

案例回放：近日石小姐在一家店中选购了一辆新车，由于当时无货，只是交了订金并与经销商签订购车协议，但是在经销商先前允诺的交车时间内，石小姐却迟迟等不到车。她几次催问经销商，但对方以生产周期和运输周期较长、排队等车的人较多为理由来搪塞。最后，经销商表示，如果石小姐想早点提到车，交纳3000元即可。

首先要选择一家有实力、有声誉的汽车经销商及时签订正规购车合同，明确合同责任，在对合同条款无争议的情况下再签字盖章。正规的4S店都提供相应品牌的标准合同文本，如遇到特殊情况需要双方草签"协议"，那么就请注意以下几项：车辆交付的时间，上牌问题、质量标准、检验期、质量保证期、违约责任、争议解决等等。顾客要妥善保留合同副本以便为依据处理买卖双方的异议。如发现经销商违背了当初的购车合同，消费者可向有关部门提起诉讼。

知识链接：延期交车，经销商要受罚

随着新车投放频率加快以及厂家加强产能控制，消费者订购新车后，不能按预订日期提车的情况越来越多。在2006年8月公布的《北京市汽车买卖合同》（以下简称《合同》）草案当中，规定了经销商未按时交付车辆的，向消费者支付违约金；消费者和经销商协定延期交付车辆超过一定时间，消费者有权解除合同。

案例8：以少交税为理由降低发票金额

导致后果：不排除一些店为了自身少交税而劝消费者采用降低发票税额，但也有可能是一些经销店为了推销问题车、试驾车或各种抽奖活动中的奖品汽车，汽车质量也无法得到保证。同时，如果发票额与实际车售价不符的话，可能会导致今后的售后服务出现问题，最终如果仅为了一点点小便宜，消费者可能会损失更大。

案例回放：朱女士全家在比较之后买了一款车，交款时，经销商以可以让双方都少交点税为由，在开发票时，将本为4.4万元的车价写成了3.73万元。当时朱女士贪小便宜，就同意了他们的做法。而开新车的头几天，朱女士发现车提速慢，噪音大，而且问题愈发严重，在指定的维修点修了好几次也没有好转。而在另一家汽车维修中心，经检测后维修人员告诉她，车中的好多线路有明显的改装痕迹，该车很可能是旧车返售的。

不要抱以侥幸心理或贪便宜的心理违反国家相关规定。购买车辆要到正规的经销商处购买，不要轻易购买低于市场价格的车辆。

6.5 旧机动车交易行为的管理

根据1998年3月9日国内贸易部内贸机字［1998］第33号文颁布《旧机动车交易管理办法》：

6.5.1 机动车交易中心的设立

旧机动车流通涉及车辆管理、交通安全管理、国有资产管理、社会治安管理、环境保护管理等各个方面，属特殊商品流通，必须在批准的旧机动车交易中心进行。

旧机动车交易中心是指以企业经营活动为依托,辅之以必要的政府协调功能,具有旧机动车评估定价及旧机动车收购、销售、寄售、代购、代销、租赁、拍卖、检测维修、配件供应、美容及信息服务等功能,并为客户提供过户、上牌、保险等服务的经济实体。

旧机动车交易中心实行分级审批制度,原则上每个地级以上城市批准设立一个。建立旧机动车交易中心应当充分发挥国有汽车流通企业的主渠道作用,充分利用已有的旧机动车交易场所。

申请设立旧机动车交易中心必须具备下列条件:

(1)注册资本金不低于 500 万元;

(2)有固定的交易场所,场地面积不低于 10 000 平方米;

(3)有专业的评估定价人员;

(4)具备车辆检测、维修、配件供应等设施;

(5)能够为客户提供过户、上牌、保险、代收税费等服务;

(6)具备旧机动车收购、销售、寄售、代购、代销、租赁、拍卖、美容和信息服务等功能。

申请设立旧机动车交易中心,须经当地人民政府同意后,向上级商品流通行政管理部门提出书面申请,并提交本办法第十条规定的书面证明材料。商品流通行政管理部门在接到申请 30 天内,应当将结果以书面形式答复申请者。

6.5.2　旧机动车交易行为

旧机动车交易包括旧机动车的收购、销售、寄售、代购、代销、租赁、拍卖等。

旧机动车寄售是指卖车方与旧机动车交易中心签订协议,将所售车辆委托中心保管及寻找购车方,中心从中收取一定场地费、服务费及保管费的一种交易行为。

旧机动车收购、销售是指旧机动车交易中心为方便客户、服务群众,避免卖车方远距离、长时间、多次入市,而采取的直接将车购买后出售的一种经营活动。

旧机动车代购、代销是指在无需客户进场直接销售或购置的前提下,旧机动车交易中心按照客户的要求,代为销售或购置旧机动车的一种经营活动。

旧机动车租赁是指旧机动车交易中心将旧机动车向客户提供租赁的一种经营活动。

旧机动车拍卖是指旧机动车交易中心以公开竞价的方式销售旧机动车的一种经营活动。

经国务院商品流通行政主管部门批准,汽车租赁试点企业可以对租赁期满后的旧车进行处理。

经国务院商品流通行政主管部门批准,国家汽车代理制试点企业可以对卖新收旧后的旧车进行处理。

旧机动车进行交易前,必须通过车辆管理部门安全排放检测,并须经旧机动车交易中心业务人员质量检测,作出检测记录,符合条件的,可准许交易。

旧机动车交易中心和有旧机动车经营权的企业要建立交易过户档案,内容包括交易凭证、成交发票、原始发票、介绍信、个人身份证号码、评估定价人等。

进行旧机动车交易,销车方须向旧机动车交易中心出具单位介绍信或证明信(属于个人卖车的须持居民身份证)、机动车行驶证、原始购车发票、成交发票、购置附加费凭证、车船使用税"税讫"标志、养路费交纳凭证等。购车方须出具单位介绍信或个人身份证。工商行政管理部门凭旧机动车交易中心或有旧机动车经营权企业的交易凭证予以验证,车管部门凭此办理转籍过户手续。

下列机动车禁止交易：

（1）已经办理报废手续的各类机动车；

（2）虽未办理报废手续，但已达到报废标准或在一年时间内（含一年）即将报废的各类机动车；

（3）未经安全检测和质量检测的各类旧机动车；

（4）没有办理必备证件和手续，或者证件手续不齐全的各类旧机动车；

（5）各种盗窃车、走私车；

（6）各种非法拼、组装车；

（7）国产、进口和进口件组装的各类新机动车；

（8）右方向盘的旧机动车；

（9）国家法律、法规禁止进入经营的其他各种机动车。

6.5.3　二手车交易基本常识

1）车辆过户

旧机动车交易完成后，由于车辆的所有权发生了变更，因此交易双方必须到有关管理部门办理专机于过户手续，才能清楚界定交易双方在车辆以后行驶中所负有的责任。1997年5月20日，公安部关于印发《机动车注册登记工作规范》的通知中，规范了旧机动车的转籍登记、交易过户等行为。

旧机动车交易过程中，销车方须向旧机动车交易中心出具单位介绍信或证明信（属于个人卖车的须持居民身份证）、机动车行驶证、原始购车发票、成交发票、购置附加费凭证、车船使用税"税讫"标志、养路费交纳凭证等。购车方须出具单位介绍信或个人身份证。工商行政管理部门凭旧机动车交易中心或有旧机动车经营权企业的交易凭证予以验证，车管部门凭此办理转籍过户手续。

2）车辆转籍

车辆转籍是指在一地登记注册的机动车辆因车主工作地址变动或所有权变更等因素转往另一地车管部门管理的过程。旧机动车完成交易后的转籍包括车辆转出和车辆转入。

3）机动车辆报废及过户年限规定

（1）不同车辆有不同的报废年限规定，客户购车时应特别注意，详细的资料请考阅报废年限表。

（2）轿车、客车过户年限

9座（含9座）以下非营运的轿车、客车，在年检有效期内的，无过户年限限制。

9座以上非营运的载客汽车，在年检有效期内的，过户年限为20年。

（3）货车过户年限

微型货车总质量在1.8吨以下，车长在3.5米以下，在年检有效期内的，过户年限为8年；

微型货车总质量在1.8吨以上，车长在3.5米以上，在年检有效期内的，过户年限为15年；

重、中、轻型货车，总质量1.8吨以上微型货车、专项作业车、半挂牵引车、半挂车，在年检有效期内的，过户年限为15年。

全挂车,在年检有效期内的,过户年限为 12 年。

(4)租赁车过户年限

租赁车,在年检有效期内的,过户年限为 15 年。

(5)出租客运过户年限

微小型载客汽车,排气量小于 1 升的,出租客运或 2001 年 3 月以后出租营转非的,在年检有效期内的,过户年限为 6 年。

中、小型载客汽车,排气量大于 1 升(含 1 升)的出租客运或 2001 年 3 月以后出租营转非的,在年检有效期内的,过户年限为 8 年。

大型载客汽车(20 座以上),出租客运、出租营转非,在年检有效期内的,过户年限为 12 年。

4)外地客户购车应特别注意的问题

(1)外地客户应先咨询所在地的车管部门,了解你想购买的车辆类型及年份可否在当地上牌。

(2)注意车辆报废年限,不要购买即将报废的车辆。

(3)选购时,应关注车辆状况,仔细查看车辆各部件。

(4)慎付定金,定金应在认可车况和买卖双方签订交易合同后,方可生效。

(5)注意查看车辆《登记证》上的内容。

5)进口车买卖中应注意的问题

进口车手续比较复杂,应特别注意。需要买卖的进口车辆,需填写《进口车辆办理过户,转籍查询单》经车管部门查询海关解管,解管年限等信息后,确定可以交易的,方可办理交易手续。

6)交易车辆必须验车

目前所有交易车辆,必须进行认定性查验,以确定车辆身份是否可以交易。这是保护买卖双方权益的重要举措,也是防止各种不法车辆进行交易主要手段。

7)查封车不能交易。解封后可以交易。

8)过户后,养路费购置税也应过户

买主可凭新的行驶证,过户凭证到所在地的养路费,购置税征收处办理过户手续。

9)市场内交易车辆主要检测的内容

(1)车辆在年检有效期内的,要核对车辆的车架钢印号,发动机钢印号,核对无误后方准许交易。

(2)特别提醒客户,由于车架钢印号,发动机钢印号,对认定、识别车辆身份非常重要。所以不要到不正规的修理厂维修车辆,避免因不当维修,改动钢印,而产生车辆不能交易的后果。如因维修一定要改动的,应到车管所办理变更手续。

6.5.4　旧机动车交易后的其他有关事宜

(1)变更、改装登记旧机动车交易完成后,新车主由于修复的需要或根据自己的喜好往往对交易车辆进行某些改装,特别要注意的是,我国目前的法规对车辆的改装进行了限制,已注册的机动车只允许对《机动车登记表》中车身颜色、外廓尺寸、燃料种类、发动机、车身(车架)进行变更或改装,并且发动机和车身(车架)不得同时变更,变更后的车辆参数应当与《目录》

内同类型车辆参数相同,车辆检验合格。改装后,车主还应就改装内容向当地车管部门申请变更登记,对符合变更规定的机动车,由当地车管所长在《机动车变更、过户、改装、停驶、复驶、报废审批申请表》"审核意见"栏内签字、盖章,重新核发行驶证。变更记录如与行驶记载项目无关的,可免换发行驶证。

(2)停驶、复驶登记:部分交易的机动车在交易前办理了停驶手续,交易完成后,车主应首先按照车管所的要求到制定检测单位对机动车进行检验,取得检验合格证明后到车管所办理恢复行使手续,取回车辆号牌和行驶证后,车辆才能合法上路行驶。

保险批改旧机动车交易完成后,车辆保险受益人必须由原车主变更为新车主,否则在车辆发生事故时,保险公司有权拒赔,具体办理时,交易双方首先取得合法旧车交易发票,携带原车单位同意变更的证明和变更保险受益人的申请(车主为私人时还应提供车主身份证),到保险公司办理保险批改手续。

6.5.5 案例分析

案例1:旧车不及时过户

导致后果:很多消费者在购买二手车后,由于没有及时过户,车辆发生违章或事故后,极易产生纠纷,对于购买二手车的人来说也是一个较大的损失(包括对车辆的所有权等问题),将来车辆发生事故原车主也会负一定连带责任。

案例回放:李先生要卖一辆宝来,由于经销商出示的价格超过心理价位,李先生很快就出售了车,该车一直未过户。此后半年时间过去了,李先生陆续收到不少违章通知书。当他找到当时的购车人时,对方却说车已经转手了。由于没有找到最新的购车人,已收到的罚款都要由李先生来承担。

专家提示:如果仅是罚款尚是小事,因为根据《道路交通安全法》相关规定,一旦发生交通事故并造成人员伤亡的,机动车所有人在整个事故处理程序中自始至终都将被列为案件的当事人。相关文件确认了机动车转让未过户,发生事故后原车主仍要承担连带赔偿责任的规则。因此提醒车辆的出卖人,在车辆出让、转移实际控制权后务必要到机动车登记管理部门办理过户手续。

知识链接:个人对个人的旧机动车过户所需证件包括:①卖方个人身份证;②买方个人身份证;③车辆购置发票;④过户车辆机动车登记证书;⑤车辆行驶证;⑥旧机动车买卖合同。

习 题

1. 名词解释
(1)旧机动车评估定价
(2)收益额
(3)折现率
(4)旧机动车成新率
(5)车辆过户
(6)车辆转籍

2. 填空题

(1)旧机动车技术状况的鉴定方法有_____、_____和_____进行检查三种。

(2)旧车交易价格评估的前提也叫旧车价格评估假设,旧车价格评估的前提有_____、_____和_____前提。

(3)根据不同评估目的、价值标准和业务条件,按照国家规定旧机动车评估方法可分为_____、_____、_____和清算价格法等四种。

(4)旧机动车清算价格的评估方法主要有_____、_____、_____等三种。

(5)成新率作为重置成本法的一项重要指标,通常采用_____、_____、_____三种方法。

3. 思考题

(1)我国二手车市场存在哪些问题?

(2)简述现行市价法评估的步骤。

(3)简述采用现行市价法进行评估的优缺点。

(4)简述收益现值法评估的程序及特点。

(5)简述清算价格法的适用范围。

(6)目前二手车置换过程中存在的问题有哪些?

(7)简单描述二手车置换流程。

(8)旧机动车交易中心的作用及申请设立旧机动车交易中心必须具备哪些条件?

(9)外地客户购买二手车应特别注意哪些问题?

(10)二手车市场内交易车辆主要检测哪些内容?

第 **7** 章
汽车综合服务管理政策法规及汽车法律服务概述

※※※※※※※※※※※※※※※※※※※※※※※※※※※※※※※※※※

学习目标：
1. 了解汽车技术服务管理政策法规。
2. 了解汽车产业发展的相关政策。
3. 了解汽车贸易、汽车消费策略及相关法律法规。
4. 了解汽车法律服务的内涵及体现形式。

7.1 汽车技术服务管理政策法规

汽车技术服务管理是指交通部、国家工商行政管理局等主管部门根据国家有关法律、法规对汽车技术服务行业进行行业准入、质量控制、市场监督的外部行为。针对汽车技术服务行业是汽车处于完好技术状况和工作能力的保障，具有技术性强、工艺复杂与安全密切相关等特点，目前已经制定了《机动车维修管理规定》、《汽车运输业车辆技术管理规定》等政策法规。

7.1.1 《机动车维修管理规定》

《机动车维修管理规定》已于 2005 年 6 月 3 日经第 11 次部务会议通过，本规定自 2005 年 8 月 1 日起施行。经国家发展和改革委员会、国家工商行政管理总局同意，1986 年 12 月 12 日交通部、原国家经委、原国家工商行政管理局发布的《汽车维修行业管理暂行办法》同时废止，1991 年 4 月 10 日交通部颁布的《汽车维修质量管理办法》同时废止。

《机动车维修管理规定》共七章，五十七条。其主要内容有：

1）经营许可

申请从事汽车维修经营业务的，应当符合下列条件：①有与其经营业务相适应的维修车辆停车场和生产厂房。租用的场地应当有书面的租赁合同，且租赁期限不得少于 1 年。停车场和生产厂房面积按照国家标准《汽车维修业开业条件》(GB/T 16739) 相关条款的规定执行。②有与其经营业务相适应的设备、设施。所配备的计量设备应当符合国家有关技术标准要求，并经法定检定机构检定合格。从事汽车维修经营业务的设备、设施的具体要求按照国家标准《汽车维修业开业条件》(GB/T 16739) 相关条款的规定执行；从事其他机动车维修经营业务的设备、设施的具体要求,参照国家标准《汽车维修业开业条件》(GB/T 16739)执行,但所配备设施、设备应与其维修车型相适应。③有必要的技术人员。

开业的技术条件应按照经营项目分类制定,主要分为:汽车大修、总成修理;汽车维护;汽车专项修理(指专门从事发动机、车身、电气系统、自动变速器维修及车身清洁维护、涂漆、轮胎动平衡和修补、四轮定位检测调整、供油系统维护和油品更换、喷油泵和喷油器维修、曲轴修磨、气缸镗磨、散热器、空调维修、车辆装潢、车辆玻璃安装等业务)。各类维修企业和个体维修户必须具备与其经营范围、生产规模修理厂房、停车场地、相应级别的汽车维修工程技术人员或技工,且必须符合国家要求。

2) 维修经营

机动车维修经营者应当按照经批准的行政许可事项开展维修服务。机动车维修经营者不得擅自改装机动车,不得承修已报废的机动车,不得利用配件拼装机动车。

机动车维修经营者应当加强对从业人员的安全教育和职业道德教育,确保安全生产。

机动车维修经营者应当公布机动车维修工时定额和收费标准,合理收取费用。机动车维修工时定额可按各省机动车维修协会等行业中介组织统一制定的标准执行,也可按机动车维修经营者报所在地道路运输管理机构备案后的标准执行,也可按机动车生产厂家公布的标准执行。当上述标准不一致时,优先适用机动车维修经营者备案的标准。机动车维修经营者应当将其执行的机动车维修工时单价标准报所在地道路运输管理机构备案。机动车生产厂家在新车型投放市场后一个月内,有义务向社会公布其维修技术资料和工时定额。

机动车维修经营者应当使用规定的结算票据,并向托修方交付维修结算清单。维修结算清单中,工时费与材料费应分项计算。维修结算清单格式和内容由省级道路运输管理机构制定。

机动车维修经营者不得使用假冒伪劣配件维修机动车。

机动车维修经营者对机动车进行二级维护、总成修理、整车修理的,应当实行维修前诊断检验、维修过程检验和竣工质量检验制度。机动车维修竣工质量检验合格的,维修质量检验人员应当签发《机动车维修竣工出厂合格证》;未签发机动车维修竣工出厂合格证的机动车,不得交付使用,车主可以拒绝交费或接车。

机动车维修实行竣工出厂质量保证期制度。汽车和危险货物运输车辆整车修理或总成修理质量保证期为车辆行驶 20 000 公里或者 100 日;二级维护质量保证期为车辆行驶 5 000 公里或者 30 日;一级维护、小修及专项修理质量保证期为车辆行驶 2 000 公里或者 10 日。

质量保证期中行驶里程和日期指标,以先达到者为准。机动车维修质量保证期,从维修竣工出厂之日起计算。

在质量保证期和承诺的质量保证期内,因维修质量原因造成机动车无法正常使用,且承修方在 3 日内不能或者无法提供因非维修原因而造成机动车无法使用的相关证据的,机动车维修经营者应当及时无偿返修,不得故意拖延或者无理拒绝。

在质量保证期内,机动车因同一故障或维修项目经两次修理仍不能正常使用的,机动车维修经营者应当负责联系其他机动车维修经营者,并承担相应修理费用。

3) 监督检查

道路运输管理机构应当加强对机动车维修经营活动的监督检查;积极运用信息化技术手段,科学、高效地开展机动车维修管理工作。

道路运输管理机构的执法人员在机动车维修经营场所实施监督检查时,应当有2名以上人员参加,并向当事人出示交通部监制的交通行政执法证件。

检查的情况和处理结果应当记录,并按照规定归档。当事人有权查阅监督检查记录。

从事机动车维修经营活动的单位和个人,应当自觉接受道路运输管理机构及其工作人员的检查,如实反映情况,提供有关资料。

4)法律责任

违反本规定,视情节轻重分别给予:停业整改、罚款、吊销其经营许可,构成犯罪的,依法追究刑事责任(具体内容参见《机动车维修管理规定》)。

7.1.2 《汽车运输业车辆技术管理规定》

《汽车运输业车辆技术管理规定》由国家交通部于1990年发布,当年的10月1日起开始实施,用于加强汽车运输业车辆(汽车和挂车)的技术管理,保持运输车辆技术状况良好,保证安全生产,充分发挥运输车辆的效能和降低运行消耗。

其主要内容有:

(1)规定了由交通部归口管理全国汽车运输业车辆技术管理工作。同时,还规定了交通部、各省、自治区、直辖市交通厅(局)以及运输企业车辆技术管理的主要职责。

(2)凡需购置营业性运输车辆的单位和个人,应事先向交通运输管理部门提出申请,经审核批准后方可购置。未经交通运输管理部门批准购置的车辆,不予签发营运证。

(3)规定了车辆的基础管理:车辆的经常性装备应符合国标GB 7258—87《机动车运行安全技术条件》、GB 4785—84《汽车及挂车外部照明和信号装置的数量、位置和光色》和交通部JT 3111—85《公路客运车辆通用技术条件》、JT 3105—82《货运全挂车通用技术条件》、JT 3115—82《货运半挂车通用技术条件》的有关规定,并保证齐全、完好,不得任意增减。运输危险货物的车辆装备,应符合交通部JT 3130—88《汽车危险货物运输规则》的有关规定。同时,还要建立完整的车辆技术档案,档案主要内容包括:车辆基本情况和主要性能、运行使用情况、主要部件更换情况、检测和维修记录以及事故处理记录等。规定了车辆技术状况等级的划分。

(4)规定了车辆在运输使用状态的货物装载、拖挂质量和燃料的使用情况、车辆在特殊条件下使用的要求以及车辆驾驶基本要求和日常维护工作。

(5)对车辆检测诊断与维修以及车辆改装、改造、更新与报废主要技术内容、步骤和注意事项进行了说明。

具体内容请参见《汽车运输业车辆技术管理规定》。

7.2 汽车产业发展政策

为适应不断完善社会主义市场经济体制的要求以及加入世贸组织后国内外汽车产业发展的新形势,推进汽车产业结构调整和升级,全面提高汽车产业国际竞争力,满足消费者对汽车产品日益增长的需求,促进汽车产业健康发展,特制定汽车产业发展政策。通过本政策的实施,使我国汽车产业在2010年前发展成为国民经济的支柱产业,为实现全面建设小康社会的目标做出更大的贡献。

1) 汽车产业发展政策目标

(1) 坚持发挥市场配置资源的基础性作用与政府宏观调控相结合的原则,创造公平竞争和统一的市场环境,健全汽车产业的法制化管理体系。政府职能部门依据行政法规和技术规范的强制性要求,对汽车、农用运输车(低速载货车及三轮汽车,下同)、摩托车和零部件生产企业及其产品实施管理,规范各类经济主体在汽车产业领域的市场行为。

(2) 促进汽车产业与关联产业、城市交通基础设施和环境保护协调发展。创造良好的汽车使用环境,培育健康的汽车消费市场,保护消费者权益,推动汽车私人消费。在 2010 年前使我国成为世界主要汽车制造国,汽车产品满足国内市场大部分需求并批量进入国际市场。

(3) 激励汽车生产企业提高研发能力和技术创新能力,积极开发具有自主知识产权的产品,实施品牌经营战略。2010 年汽车生产企业要形成若干驰名的汽车、摩托车和零部件产品品牌。

(4) 推动汽车产业结构调整和重组,扩大企业规模效益,提高产业集中度,避免散、乱、低水平重复建设。

通过市场竞争形成几家具有国际竞争力的大型汽车企业集团,力争到 2010 年跨入世界 500 强企业之列。

鼓励汽车生产企业按照市场规律组成企业联盟,实现优势互补和资源共享,扩大经营规模。

培育一批有比较优势的零部件企业实现规模生产并进入国际汽车零部件采购体系,积极参与国际竞争。

2) 汽车产业发展规划

(1) 国家依据汽车产业发展政策指导行业发展规划的编制。发展规划包括行业中长期发展规划和大型汽车企业集团发展规划。行业中长期发展规划由国家发展改革委会同有关部门在广泛征求意见的基础上制定,报国务院批准施行。大型汽车企业集团应根据行业中长期发展规划编制本集团发展规划。

(2) 凡具有统一规划、自主开发产品、独立的产品商标和品牌、销售服务体系管理一体化等特征的汽车企业集团,且其核心企业及所属全资子企业、控股企业和中外合资企业所生产的汽车产品国内市场占有率在 15% 以上的,或汽车整车年销售收入达到全行业整车销售收入 15% 以上的,可作为大型汽车企业集团单独编报集团发展规划,经国家发展改革委组织论证核准后实施。

3) 汽车产业发展技术政策

(1) 坚持引进技术和自主开发相结合的原则。跟踪研究国际前沿技术,积极开展国际合作,发展具有自主知识产权的先进适用技术。引进技术的产品要具有国际竞争力,并适应国际汽车技术规范的强制性要求发展的需要;自主开发的产品力争与国际技术水平接轨,参与国际竞争。国家在税收政策上对符合技术政策的研发活动给予支持。

(2) 国家引导和鼓励发展节能环保型小排量汽车。汽车产业要结合国家能源结构调整战略和排放标准的要求,积极开展电动汽车、车用动力电池等新型动力的研究和产业化,重点发展混合动力汽车技术和轿车柴油发动机技术。国家在科技研究、技术改造、新技术产业化、政策环境等方面采取措施,促进混合动力汽车的生产和使用。

(3) 国家支持研究开发醇燃料、天然气、混合燃料、氢燃料等新型车用燃料,鼓励汽车生产企业开发生产新型燃料汽车。

(4)汽车产业及相关产业要注重发展和应用新技术,提高汽车的燃油经济性。2010年前,乘用车新车平均油耗比2003年降低15%以上。要依据有关节能方面技术规范的强制性要求,建立汽车产品油耗公示制度。

(5)积极开展轻型材料、可回收材料、环保材料等车用新材料的研究。国家适时制定最低再生材料利用率要求。

(6)国家支持汽车电子产品的研发和生产,积极发展汽车电子产业,加速在汽车产品、销售物流和生产企业中运用电子信息技术,推动汽车产业发展。

4)汽车产业发展结构调整

(1)国家鼓励汽车企业集团化发展,形成新的竞争格局。在市场竞争和宏观调控相结合的基础上,通过企业间的战略重组,实现汽车产业结构优化和升级。

战略重组的目标是支持汽车生产企业以资产重组方式发展大型汽车企业集团,鼓励以优势互补、资源共享合作方式结成企业联盟,形成大型汽车企业集团、企业联盟、专用汽车生产企业协调发展的产业格局。

(2)汽车整车生产企业要在结构调整中提高专业化生产水平,将内部配套的零部件生产单位逐步调整为面向社会的、独立的专业化零部件生产企业。

(3)企业联盟要在产品研究开发、生产配套协作和销售服务等领域广泛开展合作,体现调整产品结构,优化资源配置,降低经营成本,实现规模效益和集约化发展。参与某一企业联盟的企业不应再与其他企业结成联盟,以巩固企业联盟的稳定和市场地位。国家鼓励企业联盟尽快形成以资产为纽带的经济实体。企业联盟的合作发展方案中涉及新建汽车生产企业和跨类别生产汽车的项目,按本政策有关规定执行。

(4)国家鼓励汽车、摩托车生产企业开展国际合作,发挥比较优势,参与国际产业分工;支持大型汽车企业集团与国外汽车集团联合兼并重组国内外汽车生产企业,扩大市场经营范围,适应汽车生产全球化趋势。

(5)建立汽车整车和摩托车生产企业退出机制,对不能维持正常生产经营的汽车生产企业(含现有改装车生产企业)实行特别公示。该类企业不得向非汽车、摩托车生产企业及个人转让汽车、摩托车生产资格。国家鼓励该类企业转产专用汽车、汽车零部件或与其他汽车整车生产企业进行资产重组。汽车生产企业不得买卖生产资格,破产汽车生产企业同时取消公告名录。

5)汽车产业发展准入管理

(1)制定《道路机动车辆管理条例》。政府职能部门依据《条例》对道路机动车辆的设计、制造、认证、注册、检验、缺陷管理、维修保养、报废回收等环节进行管理。管理要做到责权分明、程序公开、操作方便、易于社会监督。

(2)制定道路机动车辆安全、环保、节能、防盗方面的技术规范的强制性要求。所有道路机动车辆执行统一制定的技术规范的强制性要求。要符合我国国情并积极与国际车辆技术规范的强制性要求衔接,以促进汽车产业的技术进步。不符合相应技术规范的强制性要求的道路机动车辆产品,不得生产和销售。农用运输车仅限于在3级以下(含3级)公路行驶,执行相应制定的技术规范的强制性要求。

(3)依据本政策和国家认证认可条例建立统一的道路机动车辆生产企业和产品的准入管

理制度。符合准入管理制度规定和相关法规、技术规范的强制性要求并通过强制性产品认证的道路机动车辆产品,登录《道路机动车辆生产企业及产品公告》,由国家发展改革委和国家质检总局联合发布。公告内产品必须标识中国强制性认证(3C)标志,不得用进口汽车和进口车身组装汽车替代自产产品进行认证,禁止非法拼装和侵犯知识产权的产品流入市场。

(4)公安交通管理部门依据《道路机动车辆生产企业及产品公告》和中国强制性认证(3C)标志办理车辆注册登记。

(5)政府有关职能部门要按照准入管理制度对汽车、农用运输车和摩托车等产品分类设定企业生产准入条件,对生产企业及产品实行动态管理,凡不符合规定的企业或产品,撤消其在《道路机动车辆生产企业及产品公告》中的名录。企业生产准入条件中应包括产品设计开发能力、产品生产设施能力、产品生产一致性和质量控制能力、产品销售和售后服务能力等要求。

(6)道路机动车辆产品认证机构和检测机构由国家质检总局商国家发展改革委后指定,并按照市场准入管理制度的具体规定开展认证和检测工作。认证机构和检测机构要具备第三方公正地位,不得与汽车生产企业存在资产、管理方面的利益关系,不得对同一产品进行重复检测和收费。国家支持具备第三方公正地位的汽车、摩托车和重点零部件检测机构规范发展。

6)汽车商标品牌

汽车、摩托车、发动机和零部件生产企业均要增强企业和产品品牌意识,积极开发具有自主知识产权的产品,重视知识产权保护,在生产经营活动中努力提高企业品牌知名度,维护企业品牌形象。

汽车、摩托车、发动机和零部件生产企业均应依据《商标法》注册本企业自有的商品商标和服务商标。国家鼓励企业制定品牌发展和保护规划,努力实施品牌经营战略。

2005年起,所有国产汽车和总成部件要标示生产企业的注册商品商标,在国内市场销售的整车产品要在车身外部显著位置标明生产企业商品商标和本企业名称或商品产地,如商品商标中已含有生产企业地理标志的,可不再标明商品产地。所有品牌经销商要在其销售服务场所醒目位置标示生产企业服务商标。

7)汽车产品开发

(1)国家支持汽车、摩托车和零部件生产企业建立产品研发机构,形成产品创新能力和自主开发能力。自主开发可采取自行开发、联合开发、委托开发等多种形式。企业自主开发产品的科研设施建设投资凡符合国家促进企业技术进步有关税收规定的,可在所得税前列支。国家将尽快出台鼓励企业自主开发的政策。

(2)汽车生产企业要努力掌握汽车车身开发技术,注重产品工艺技术的开发,并尽快形成底盘和发动机开发能力。国家在产业化改造上支持大型汽车企业集团、企业联盟或汽车零部件生产企业开发具有当代先进水平和自主知识产权的整车或部件总成。

(3)汽车、摩托车和零部件生产企业要积极参加国家组织的重大科技攻关项目,加强与科研机构、高等院校之间的合作研究,注重科研成果的应用和转化。

8)汽车零部件及相关产业

汽车零部件企业要适应国际产业发展趋势,积极参与主机厂的产品开发工作。在关键汽车零部件领域要逐步形成系统开发能力,在一般汽车零部件领域要形成先进的产品开发和制造能力,满足国内外市场的需要,努力进入国际汽车零部件采购体系。

制定零部件专项发展规划,对汽车零部件产品进行分类指导和支持,引导社会资金投向汽车零部件生产领域,促使有比较优势的零部件企业形成专业化、大批量生产和模块化供货能力。对能为多个独立的汽车整车生产企业配套和进入国际汽车零部件采购体系的零部件生产企业,国家在技术引进、技术改造、融资以及兼并重组等方面予以优先扶持。汽车整车生产企业应逐步采用电子商务、网上采购方式面向社会采购零部件。

根据汽车行业发展规划要求,冶金、石化化工、机械、电子、轻工、纺织、建材等汽车工业相关领域的生产企业应注重在金属材料、机械设备、工装模具、汽车电子、橡胶、工程塑料、纺织品、玻璃、车用油品等方面,提高产品水平和市场竞争能力,与汽车工业同步发展。

重点支持钢铁生产企业实现轿车用板材的供应能力;支持设立专业化的模具设计制造中心,提高汽车模具设计制造能力;支持石化企业技术进步和产品升级,使成品油、润滑油等油品质量达到国际先进水平,满足汽车产业发展的需要。

9)汽车营销网络

(1)国家鼓励汽车、摩托车、零部件生产企业和金融、服务贸易企业借鉴国际上成熟的汽车营销方式、管理经验和服务贸易理念,积极发展汽车综合服务贸易。

(2)为保护汽车消费者的合法权益,使其在汽车购买和使用过程中得到良好的服务,国内外汽车生产企业凡在境内市场销售自产汽车产品的,必须尽快建立起自产汽车品牌销售和服务体系。该体系可由国内外汽车生产企业以自行投资或授权汽车经销商投资方式建立。境内外投资者在得到汽车生产企业授权并按照有关规定办理必要的手续后,均可在境内从事国产汽车或进口汽车的品牌销售和售后服务活动。

(3)2005年起,汽车生产企业自产乘用车均要实现品牌销售和服务;2006年起,所有自产汽车产品均要实现品牌销售和服务。

(4)取消现行有关小轿车销售权核准管理办法,由商务部会同国家工商总局、国家发展改革委等有关部门制定汽车品牌销售管理实施办法。汽车销售商应在工商行政管理部门核准的经营范围内开展汽车经营活动。其中不超过九座的乘用车(含二手车)品牌经销商的经营范围,经国家工商行政管理部门依照有关规定核准、公布。品牌经销商营业执照统一核准为品牌汽车销售。

(5)汽车、摩托车生产企业要加强营销网络的销售管理,规范维修服务;有责任向社会公告停产车型,并采取积极措施保证在合理期限内提供可靠的配件供应用于售后服务和维修;要定期向社会公布其授权和取消授权的品牌销售或维修企业名单;对未经品牌授权和不具备经营条件的经销商,不得提供产品。

(6)汽车、摩托车和零部件销售商在经营活动中应遵守国家有关法律法规。对销售国家禁止或公告停止销售的车辆的,伪造或冒用他人厂名、厂址、合格证销售车辆的,未经汽车生产企业授权或已取消授权仍使用原品牌进行汽车、配件销售和维修服务的,以及经销假冒伪劣汽车配件并为客户提供修理服务的,有关部门要依法予以处罚。

(7)汽车生产企业要兼顾制造和销售服务环节的整体利益,提高综合经济效益。转让销售环节的权益给其他法人机构的,应视为原投资项目可行性研究报告重大变更,除按规定报商务部批准外,需报请原项目审批单位核准。

10)汽车产业投资管理

(1)按照有利于企业自主发展和政府实施宏观调控的原则,改革政府对汽车生产企业投资项目的审批管理制度,实行备案和核准两种方式。

(2)实行备案的投资项目

①现有汽车、农用运输车和车用发动机生产企业自筹资金扩大同类别产品生产能力和增加品种,包括异地新建同类别产品的非独立法人生产单位。

②投资生产摩托车及其发动机。

③投资生产汽车、农用运输车和摩托车的零部件。

(3)实行备案的投资项目中第1款由省级政府投资管理部门或计划单列企业集团报送国家发展改革委备案;第2、3款由企业直接报送省级政府投资管理部门备案。

(4)实行核准的投资项目

①新建汽车、农用运输车、车用发动机生产企业,包括现有汽车生产企业异地建设新的独立法人生产企业。

②现有汽车生产企业跨产品类别生产其他类别汽车整车产品。

(5)实行核准的投资项目由省级政府投资管理部门或计划单列企业集团报国家发展改革委审查,其中投资生产专用汽车的项目由省级政府投资管理部门核准后报国家发展改革委备案,新建中外合资轿车项目由国家发展改革委报国务院核准。

(6)经核准的大型汽车企业集团发展规划,其所包含的项目由企业自行实施。

(7)新的投资项目应具备以下条件:

①新建摩托车及其发动机生产企业要具备技术开发的能力和条件,项目总投资不得低于2亿元人民币。

②专用汽车生产企业注册资本不得低于2 000万元人民币,要具备产品开发的能力和条件。

③跨产品类别生产其他类汽车整车产品的投资项目,项目投资总额(含利用原有固定资产和无形资产等)不得低于15亿元人民币,企业资产负债率在50%之内,银行信用等级AAA。

④跨产品类别生产轿车类、其他乘用车类产品的汽车生产企业应具备批量生产汽车产品的业绩,近三年税后利润累计在10亿元以上(具有税务证明);企业资产负债率在50%之内,银行信用等级AAA。

⑤新建汽车生产企业的投资项目,项目投资总额不得低于20亿元人民币,其中自有资金不得低于8亿元人民币,要建立产品研究开发机构,且投资不得低于5亿元人民币。新建乘用车、重型载货车生产企业投资项目应包括为整车配套的发动机生产。

新建车用发动机生产企业的投资项目,项目投资总额不得低于15亿元人民币,其中自有资金不得低于5亿元人民币,要建立研究开发机构,产品水平要满足不断提高的国家技术规范的强制性要求的要求。

⑥新建下列投资项目的生产规模不得低于:重型载货车10 000辆;乘用车:装载4缸发动机50 000辆;装载6缸发动机30 000辆。

(8)汽车整车、专用汽车、农用运输车和摩托车中外合资生产企业的中方股份比例不得低于50%。股票上市的汽车整车、专用汽车、农用运输车和摩托车股份公司对外出售法人股份时,中方法人之一必须相对控股且大于外资法人股之和。同一家外商可在国内建立两家(含两家)以下生产同类(乘用车类、商用车类、摩托车类)整车产品的合资企业,如与中方合资伙伴联合兼并国内其他汽车生产企业可不受两家的限制。境外具有法人资格的企业相对控股另一家企业,则视为同一家外商。

(9)国内外汽车生产企业在出口加工区内投资生产出口汽车和车用发动机的项目,可不受本政策有关条款的约束,需报国务院专项审批。

(10)中外合资汽车生产企业合营各方延长合营期限、改变合资股比或外方股东的,需按有关规定报原审批部门办理。

(11)实行核准的项目未获得核准通知的,土地管理部门不得办理土地征用,国有银行不得发放贷款,海关不办理免税,证监会不核准发行股票与上市,工商行政管理部门不办理新建企业登记注册手续。国家有关部门不受理生产企业和产品准入申请。

11)汽车产业进口管理

(1)国家支持汽车生产企业努力提高汽车产品本地化生产能力,带动汽车零部件企业技术进步,发展汽车制造业。

(2)汽车生产企业凡用进口零部件生产汽车构成整车特征的,应如实向商务部、海关总署、国家发展改革委报告,其所涉及车型的进口件必须全部在属地海关报关纳税,以便有关部门实施有效管理。

(3)严格按照进口整车和零部件税率征收关税,防止关税流失。国家有关职能部门要在申领配额、进口报关、产品准入等环节进行核查。

(4)汽车整车特征的认定范围为车身(含驾驶室)总成、发动机总成、变速器总成、驱动桥总成、非驱动桥总成、车架总成、转向系统、制动系统等。

(5)汽车总成(系统)特征的认定范围包括整套总成散件进口,或将总成或系统逐一分解成若干关键件进口。凡进口关键件达到或超过规定数量的,即视为构成总成特征。

(6)按照汽车整车特征的认定范围达到下述状态的,视为构成整车特征:

①进口车身(含驾驶室)、发动机两大总成装车的;

②进口车身(含驾驶室)和发动机两大总成之一及其余三个总成(含)以上装车的;

③进口除车身(含驾驶室)和发动机两大总成以外其余五个总成(含)以上装车的。

(7)国家指定大连新港、天津新港、上海港、黄埔港四个沿海港口和满洲里、深圳(皇岗)两个陆地口岸,以及新疆阿拉山口口岸(进口新疆自治区自用、原产地为独联体国家的汽车整车)为整车进口口岸。进口汽车整车必须通过以上口岸进口。2005年起,所有进口口岸保税区不得存放以进入国内市场为目的的汽车。

(8)国家禁止以贸易方式和接受捐赠方式进口旧汽车和旧摩托车及其零部件,以及以废钢铁、废金属的名义进口旧汽车总成和零件进行拆解和翻新。对维修境外并复出境的上述产品可在出口加工区内进行,但不得进行旧汽车、旧摩托车的拆解和翻新业务。

(9)对进口整车、零部件的具体管理办法由海关总署会同有关部门制订,报国务院批准后实施。对国外送检样车、进境参展等临时进口的汽车,按照海关对暂时进出口货物的管理规定实施管理。

12)汽车消费

(1)培育以私人消费为主体的汽车市场,改善汽车使用环境,维护汽车消费者权益。引导汽车消费者购买和使用低能耗、低污染、小排量、新能源、新动力的汽车,加强环境保护。实现汽车工业与城市交通设施、环境保护、能源节约和相关产业协调发展。

(2)建立全国统一、开放的汽车市场和管理制度,各地政府要鼓励不同地区生产的汽车在本地区市场实现公平竞争,不得对非本地生产的汽车产品实施歧视性政策或可能导致歧视性结果的措施。凡在汽车购置、使用和产权处置方面不符合国家法规和本政策要求的各种限制和附加条件,应一律予以修订或取消。

(3)国家统一制定和公布针对汽车的所有行政事业性收费和政府性基金的收费项目和标准,规范汽车注册登记环节和使用过程中的政府各项收费。各地在汽车购买、登记和使用环节,不得新增行政事业性收费和政府性基金项目和金额,如确需新增,应依据法律、法规或国务院批准的文件按程序报批。除国家规定的收费项目外,任何单位不得对汽车消费者强制收取任何非经营服务性费用。对违反规定强制收取的,汽车消费者有权举报并拒绝交纳。

(4)加强经营服务性收费管理。汽车使用过程中所涉及的维修保养、非法定保险、机动车停放费等经营服务性收费,应以汽车消费者自愿接受服务为原则,由经营服务单位收取。维修保养等竞争性行业的收费及标准,由经营服务者按市场原则自行确定。机动车停放等使用垄断资源进行经营服务的,其收费标准和管理办法由国务院价格主管部门或授权省级价格主管部门制定、公布并监督实施。经营服务者要在收费场所设立收费情况动态告示牌,接受公众监督。

公路收费站点的设立必须符合国家有关规定。所有收费站点均应在收费站醒目位置公布收费依据和收费标准。

(5)积极发展汽车综合服务贸易,推动汽车消费。国家支持发展汽车信用消费。从事汽车消费信贷业务的金融机构要改进服务,完善汽车信贷抵押办法。在确保信贷安全的前提下,允许消费者以所购汽车作为抵押获取汽车消费贷款。经核准,符合条件的企业可设立专业服务于汽车销售的非银行金融机构,外资可开展汽车消费信贷、租赁等业务。努力拓展汽车租赁、驾驶员培训、储运、救援等各项业务,健全汽车行业信息统计体系,发展汽车网络信息服务和电子商务。支持有条件的单位建立消费者信用信息体系,并实现信息共享。

(6)国家鼓励二手车流通。有关部门要积极创造条件,统一规范二手车交易税费征管办法,方便汽车经销企业进行二手车交易,培育和发展二手车市场。

建立二手车自愿申请评估制度。除涉及国有资产的车辆外,二手车的交易价格由买卖双方商定;当事人可以自愿委托具有资质证书的中介机构进行评估,供交易时参考;任何单位和部门不得强制或变相强制对交易车辆进行评估。

(7)开展二手车经营的企业,应具备相应的资金、场地和专业技术人员,经工商行政管理部门核准登记后开展经营活动。汽车销售商在销售二手车时,应向购车者提供车辆真实情况,不得隐瞒和欺诈。所销售的车辆必须具有《机动车登记证书》和《机动车行驶证》,同时具备公安交通管理部门和环境保护管理部门的有效年检证明。购车者购买的二手车如不能办理机动车转出登记和转入登记时,销售商应无条件接受退车,并承担相应的责任。

(8)完善汽车保险制度。保险制度要根据消费者和投保汽车风险程度的高低来收取保费。鼓励保险业推进汽车保险产品多元化和保险费率市场化。

(9)各城市人民政府要综合研究本市的交通需求和交通方式与城市道路和停车设施等交通资源平衡发展的政策和方法。制定非临时性限制行驶区域交通管制方案要实行听证制度。

(10)各城市人民政府应根据本市经济发展状况,以保障交通通畅、方便停车和促进汽车消费为原则,积极搞好停车场所及设施的规划和建设。制定停车场所用地政策和投资鼓励政策,鼓励个人、集体、外资投资建设停车设施。为规范城市停车设施的建设,建设部应制定相应标准,对居住区、商业区、公共场所及娱乐场所等建立停车设施提出明确要求。

(11)国家有关部门统一制定和颁布汽车排放标准,并根据国情分为现行标准和预期标准。各省、自治区、直辖市人民政府根据本地实际情况,选择实行现行标准或预期标准。如选择预期标准为现行标准的,至少提前一年公布实施日期。

(12)实行全国统一的机动车登记、检验管理制度,各地不得自行制定管理办法。在申请办理机动车注册登记和年度检验时,除按国家有关法律法规和国务院规定或授权规定应当提供的凭证(机动车所有人的身份证明、机动车来历证明、国产机动车整车出厂合格证或进口机动车进口证明、有关税收凭证、法定保险的保险费缴费凭证、年度检验合格凭证等)外,公安交通管理部门不得额外要求提交其他凭证。各级人民政府和有关部门也不得要求公安交通管理部门在注册登记和年度检验时增加查验其他凭证。汽车消费者提供的手续符合国家规定的,公安交通管理部门不得拒绝办理注册登记和年度检验。

(13)公安交通和环境保护管理部门要根据汽车产品类别、用途和新旧状况商有关部门制定差别化管理办法。对新车、非营运用车适当延长检验间隔时间,对老旧汽车可适当增加检验频次和检验项目。

(14)公安交通管理部门核发的《机动车登记证书》在汽车租赁、汽车消费信贷、二手车交易时可作为机动车所有人的产权凭证使用,在汽车交易时必须同时将《机动车登记证书》转户。

13)其他

汽车行业组织、中介机构等社会团体要加强自身建设,增强服务意识,努力发挥中介组织的作用;要积极参与国际间相关业界的交流活动,在政府与企业间充分发挥桥梁和纽带作用,促进汽车产业发展。

7.3 其他相关汽车政策

1)缺陷汽车产品召回管理规定

随着汽车保有量的快速增长,我国由于汽车产品缺陷所导致的公共安全问题尤其突出,为了加强对缺陷汽车产品召回事项的管理,消除汽车产品对使用者及公共人身、财产安全造成的不合理危险,维护公共安全、公共利益和社会经济秩序,2002年10月23日,国家质量监督检疫总局公布了《缺陷汽车产品召回管理规定(草案)》,广泛征求意见。这是我国以缺陷汽车产品为试点首次尝试制定汽车召回制度。2004年3月15日,由国家质量监督检疫总局、国家发展和改革委员会、商务部和海关总署共同制定的《缺陷汽车产品召回管理规定》(以下简称《规定》)正式发布,并于2004年10月1日起正式实施。这是我国以缺陷汽车产品为试点首次实施召回制度。《规定》共8章46条,其主要内容有:

(1)叙述了制定产品召回管理规定的目的,还对召回对象及范围进行了界定;即在中华人民共和国境内生产、进口、销售、租赁、修理汽车产品的制造商、进口商、销售商、租赁商、修理商,应当遵守本规定。

(2)规定了召回管理制度,即国务院质量监督检验检疫部门为管理缺陷汽车召回的行政主管部门,按照管理部门的部署和要求开展与缺陷汽车召回的有关监督管理工作,主管部门还将对制造商进行的召回过程加以监督。

（3）规定了经营者及相关各方的义务,汽车产品的制造商对其生产的缺陷汽车产品需要履行召回义务,以及消费者有权报告缺陷,并向主管部门提出书面报告。

（4）指出了汽车产品缺陷的报告、调查和确认。即汽车制造商如何向主管部门提交申请报告,以及如何对缺陷产品提出论证报告。

（5）规定了缺陷汽车产品召回程序。

2）WTO 有关汽车综合服务方面的主要条款

2001 年 12 月 10 日,国家外经贸部公布了"中国加入贸易组织法律文件"（英文版）,其中《WTO 服务贸易总协定》（以下简称"协定"）对我国汽车综合服务行业的权利和义务作了相关规定,其主要内容有:

（1）贸易权（进出口权）。在 3 年过渡期内,我国将逐步放开外商投资公司贸易权的范围和可获性。外资投资企业从事进出口不需建立特定形式或单独的实体从事进出口,也不需要获得包含分销在内的新的营业许可。

（2）分销服务。加入后 1 年内,允许外资服务提供者设立合资企业,从事所有进口和国产汽车的分销服务;加入后 2 年内,分销企业允许外资控股,取消所有数量限制;加入后 3 年内,没有限制。

（3）租赁服务。加入时,对跨境提供服务和境外消费没有限制。只允许设立合资企业。外国服务提供者的全球资产应达到 500 万美元。加入后 1 年内,允许外资控股;加入后 3 年内,允许外商设立全资子公司。

（4）银行及其他金融服务。《协定》允许外资进入汽车贷款融资领域。自加入 WTO 之日起,我国允许非银行的外资金融机构（如福特信贷等）在国内为汽车消费提供信贷服务;在加入 WTO 两年后,外国银行可进入当地货币交易市场,在经济特区及部分特定地理区域内,享受与国内银行同等权利;五年后,地域及客户限制将全面取消,可向中国居民提供个人汽车信贷业务。

①保险及其相关服务

加入 WTO 后,我国将有条件、分步骤地向外资逐步开放保险经纪、寿险、非寿险、再保险及法定分保业务。但是不允许外资保险公司经营法定保险业务。根据《中国加入工作级报告书》有关规定:"法定保险仅限于下列险种:汽车第三者责任险、公共汽车和其他商业运载工具驾驶员和运营者责任险。"

②交通服务

公路卡车和汽车货运:加入时,只允许设立合资企业,外资股本上限为 49%;加入后 1 年内,允许外资控股;加入后 3 年内,允许外资设立全资子公司。

仓储服务:加入时,只允许设立合资企业,外资股本上限为 49%;加入后 1 年内,允许外资控股;加入后 3 年内,允许外资设立全资子公司。

③维修服务

加入时,对跨境提供服务和境外消费没有限制。只允许设立合资企业。加入后 1 年内,允许外资控股;加入后 3 年内,允许外资设立全资子公司。

④货运代理服务

加入时,有连续 3 年以上货运历史的外国货运代理企业,可以在华设立中外合营货代企业,外资比例不超过50%,中外合营货代企业的最低注册资本为100万美元。加入后1年内,允许外资控股;加入后2年内,中外合营货代企业在华经营1年以上,并且其注册资本已全部到位的,可以设立分支机构,每设立一个分支机构,其注册资本应相应增加12万美元,加入后2年内,这一额外资本金要求将实现国民待遇;加入后4年内,允许外资设立全资子公司,在注册资本上实行国民待遇,经营期限不超过20年;加入后5年内,中外合营货代企业在华经营5年以后,其外方投资者方可在华设立第二家中外合营货代企业,经营期限不超过20年。加入后2年内,这一要求将被减至2年。

⑤技术测试、分析和货物检验服务(不含法定检验)

加入时,对跨境提供服务和境外消费没有限制。在本国提供检验服务3年以上的外国服务提供者,可以在中国设立合资技术测试、分析和货物检验机构,注册资本应不少于35万美元;加入后2年内,允许外资控股;加入后4年内,允许外国服务提供者在华设立全资子公司。

⑥其他专业服务

涉及这方面的有技术研究与开发服务、信息咨询服务、技术咨询服务、培训、市场调研、广告服务、法律服务等,《协定》规定,中国政府可承诺对外开放,但需在市场准入与国民待遇方面做出详细规定,细化约束条目,并在各规章法规中予以体现,将各有关限制措施规范化、制度化,但有关汽车方面的信息统计暂不对外资开放。

⑦加入WTO后将保留的保护政策

加入WTO后,我国仍将保留或对国内汽车综合服务贸易行业采取保护的政策有:

①政府仍将享有合资项目的审批权(含服务贸易领域的外资准入);

②在WTO框架允许范围内,通过非关税措施,利用合理的法规条款对国内汽车工业进行有效的保护,主要包括反倾销协定、保障措施、补贴与反补贴协议和技术壁垒措施。

我国汽车工业的法律法规体系正处于不断完善之中,除了前面所概述的汽车综合服务法律法规及政策外,还有一些与汽车综合服务密切相关的政策法规标准正在制定或需要制定。如很多发达工业国家都有的《汽车法》,对汽车的生产、销售、认证、登记、税收、保险、收费、召回、维修、检测、车辆管理、旧车交易、安全、环保、报废等所有与汽车有关的方面都作出了法律规定;政府还应该尽快出台尚处于空白的针对汽车产品的二手车市场有关政策、技术性法律法规;还有目前广为人们所关注的车内空气污染标准及规定的制定;以及一些汽车标准的制定,如汽车安全标准、节油标准、环保标准、质量标准等。

7.4 汽车法律服务

所谓法律服务,是指法律工作者或相关机构通过开展各项业务,以维护当事人的合法权益,维护法律、法规的正确实施,保障和促进社会的法制建设而进行的活动。作为现代社会文明与进步秩序化的标尺,法律服务在西方国家已经有了好几百年的发展历史。中国现代意义上法律服务制度的建立,是以1980年8月26日颁布的《中华人民共和国律师暂行条例》(现已废除)为标志的,虽然出现的时间比较短,但是随着市场经济的建立和完善,中国的法律服务业也在快速发展和完善,取得的成绩是有目共睹的。但与发达国家相比,还存在相当大的差距,尤其是汽车综合服务,不论是从业务范围还是经营理念,差距更为巨大。

1) **汽车法律服务概况**

汽车法律服务作为汽车综合服务的一种表现形式,随着我国汽车工业的发展和汽车保有量的不断增加,其贸易额也逐年攀升。一方面,我国作为世界第二大引进外资国,巨大的市场和商机吸引国际汽车集团纷纷加大对中国的投资,另一方面,加入WTO后面临的经济全球化和游戏规则化,以及我国对还很幼稚的汽车工业实施保护的需要,这些都需要提供复杂交易和高科技含量的专业化法律服务。另外,日益庞大的私人用车市场也对汽车法律服务提出了个性化和差异化服务的要求,同时汽车法律服务本身也面临全球化竞争,因此,研究我国汽车法律服务的内涵和市场需求,对壮大和完善我国汽车法律服务、推进汽车法律服务全球化是十分必要的。

2) **汽车法律服务的内涵及特征**

本书所指的汽车法律服务是一种狭义概念上的法律服务,即指法律服务的从业人员(一般是指律师)根据委托人的要求,所进行的与汽车生产、投资、贸易、消费等相关的各种法律服务活动。

汽车法律服务作为法律服务中的一种专业服务,必然具有法律服务的基本特征,同时,又具有汽车的专业特性。汽车法律服务的特征有:

(1)专业性

汽车法律服务提供者一般需经专门法律职业考试才能取得进入市场的资格,同时,还必须具备一定的汽车专门知识。

(2)地域性

所提供的服务往往与服务提供者或接受者所在地的政治、经济、文化、法律制度及语言密切相关,不同国家的法律制度往往具有不同的社会性质,在法律属性、术语、结构、实施等方面也大相径庭,外国律师要提供涉及东道主或者第三国法律服务的业务,相当困难,因此,外国律师主要以从事本国法律或国际法有关的业务为主。因此,汽车企业在进行跨国诉讼时,往往会聘请一个律师团,其中必定包括当地的律师。

(3)信任性

汽车法律服务的对象既有汽车生产制造企业,也有汽车贸易维修企业,同时也有汽车消费者,几乎涉及社会各个领域,服务提供者与委托人之间往往有直接且高度信任的关系。

(4)差异性

汽车法律服务内涵的多样性决定了汽车法律服务的差异性,另外,国际汽车法律服务的增加,各国之间汽车法律服务市场的需求差异也极大。

3) **汽车法律服务的表现形式**

我国的汽车法律服务主要是在以下领域开展业务:

(1)反倾销领域

由于我国劳动力成本的竞争优势,我国的许多行业曾经遭受过国外的倾销指控,我国汽车虽然竞争力还不强,但在个别领域也曾被提出倾销指控,如我国的汽车玻璃、摩托车等,我国的汽车法律服务工作者为此付出过大量的努力,并取得了一定的成果。另一方面,中国加入WTO后,有可能面临外国汽车的低价竞争,中国可以考虑利用反倾销手段对其加以限制,以保护本国汽车工业。在汽车工业上采用这一手段,从法律上是可行的,但我国的《反倾销和反补贴条例》,与WTO的《反倾销协议》还是有不相符之处的,如在司法审查程序方面等,应当及时加以完善。

（2）解决贸易争端领域

加入 WTO 后，我国现行的许多政策、法律、法规都与 WTO 的要求存在很大差距。在中国加入 WTO 后，尽管仍有一段过渡期，但要在这么短的时间内完成国内法律法规与 WTO 规则的协调工作是相当困难的。因此可以预料，在我国加入 WTO 后，肯定会在诸多方面与其他成员国发生争端。尤其在汽车产业，由于汽车工业是我国的重点保护部门，而外国汽车厂家又对我国汽车市场垂涎已久，我国与他国发生贸易争端的可能性更大。一旦发生这种贸易争端，我们便可以利用 WTO 的贸易争端解决机制加以解决。WTO 的贸易争端解决机制是一套很独特的争端解决机制，我国汽车法律服务工作者应当研究已经发生过的其他国家之间运用 WTO 贸易争端解决机制解决争端的案例，比如美国与日本之间的汽车贸易战。这对我国今后灵活运用这一机制保护自身利益至关重要。

（3）汽车消费领域

目前，我国在汽车消费领域普遍存在着"维权难"这种说法，一方面是由于以前，我国没有专门针对汽车这一特殊消费品的消费法律，消费者只能根据《中华人民共和国产品质量法》和《中华人民共和国消费者权益保护法》维护自己的权益，往往针对性不强，合法权益难以得到保护，但是随着《缺陷汽车产品召回管理规定》的出台，应该可以大大缓解这一问题。另外，由于汽车消费者需求的差异性，汽车法律服务者有时会发现没有相应的国家法律作为法律活动的支撑，如 2004 年北京某消费者购买一微型车后，怀疑因车内空气污染导致感染疾病而死，这一典型安全案例虽然引发了关于进行车内空气污染立法的讨论，但消费者本身因为缺乏相应的法律支撑而败诉。汽车法律服务还在汽车金融保险领域、国内贸易争端、汽车人力资源的争夺等领域开展了大量的业务活动，如某汽车集团诉讼一国产汽车品牌技术抄袭等。随着汽车综合服务贸易的发展，汽车法律服务还将进一步发挥作用。

4）WTO 体制下的汽车法律服务贸易

加入 WTO 后，中国经济将在产业结构、组织结构、文化形态和管理模式等方面加快与世界经济的整合；中国的产品、劳务、技术、信息和资本将全面汇入世界经济大潮；中国的企业将在全球范围内进行生产要素的最佳组合和配置，分享经济全球化带来的结构优化和规模经济的实惠；中国人的消费结构、投资结构和消费理念将发生深刻的变化，这些都将潜在的影响汽车法律环境的改变，导致汽车法律服务需求的增长，汽车法律服务的竞争力将加强，其国际化进程也将加快。

具体表现为：

（1）在 WTO 体制下，汽车法律服务的执业环境得到改善

入世后，中国将按 WTO 的规则办事，对经济活动、行政活动、社会管理、法律领域等各方面进行调整，强化国家的宏观管理职能，逐步减少国家的行政干预，以前惯有的部门审批、行业保护、部门垄断将逐步消失，市场参与者之间进行的是公平和平等的竞争。从社会管理方面看，随着依法治国基本方略的实施，各种社会关系、经济关系都将逐步实现法治化，国家依法行政、依法管理社会各项事务，所有宏观行为都将在法制的轨道上进行。从法律领域看，中国的立法、司法、执法体系将发生改变，在处处强调"按法律规则办事"的 WTO 氛围下，市场主体进行经济活动必须受法律规范调整。

（2）汽车法律服务需求日益增长

入世后，大量国外资本和国外企业如汽车综合服务企业、汽车金融企业等进入中国市场，具有涉外性的金融、投资、贸易、争端等也将不断涌现，对高层次、高质量的汽车法律服务需求也越来越大。

（3）汽车法律服务的竞争力加强

国外法律服务业在进入中国市场带来竞争压力的同时，还带来国外律师业先进的做法和经验，如发展战略规划、内部管理制度、服务质量控制等，中国法律服务业在进行国际法律服务、开拓国际市场的时候，也在不断积累服务经验。这些都将促进我国汽车法律服务业竞争力的提高，缩短与国外汽车法律服务业的差距。

（4）汽车法律服务国际化进程加快

入世后，对外投资条件的放宽，将会有大量的汽车、摩托车整车和零部件制造企业走出国门，拓展国外市场，参与国际竞争，汽车法律服务业也将随之进入国际市场，为这些企业服务。另外，国外法律服务业进入中国，也将提高中国法律服务业的国际意识，促使中国法律服务业提高服务质量、拓宽服务范围，并逐步走向世界，为世界经济全球化服务。当然，加入WTO，也对我国汽车法律服务带来了一定的冲击。国外律师事务所的进入将会对国内律师事务所带来较大的冲击，经济全球化后，涉外业务如国际汽车经济贸易法律服务等业务将会被国外律师事务所占领大部分，同时，国外律师事务所的进入也会导致律师人才的加速流动，给国内律师事务所造成负面影响。

总之，加入WTO扩大了中国汽车法律服务市场，为中国的律师进军国际汽车法律服务市场提供了机遇。一方面，外国律师事务所在"市场准入"的前提下，大量进入中国，冲击中国的法律服务业，尤其是涉外法律服务较多的汽车法律服务业；另一方面，加入WTO，会使中国法律服务工作者放眼世界，通过与外国律师的全球竞争，提高自身竞争力，同时也提高了中国汽车法律服务的整体服务水平。

习　题

1.《机动车维修管理规定》中规定从事汽车维修经营业务的，应当符合哪些条件？

2.根据《机动车维修管理规定》，机动车维修经营者在开展维修服务时，应该注意哪些问题？

3.据《汽车运输业车辆技术管理规定》，车辆技术档案的建立与管理有哪些要求？

4.简述我国汽车产业发展政策目标。

5.简述我国汽车产业发展技术政策。

6.思考我国汽车消费政策中的关键问题。

7.简述我国对缺陷汽车产品指令召回程序。

8.简述我国加入WTO签署的有关协议中对我国汽车产业的有关规定。

第**8**章
汽车综合服务市场的开发

学习目标:
1. 了解汽车综合服务市场的性质与发展趋势。
2. 了解停车场与停车管理系统,熟识经营性停车场的投资与管理。
3. 了解汽车装饰美容专营店、超市及汽车装饰美容特许连锁店的运营管理。
4. 掌握汽车租赁的内涵与分类,汽车租赁的经营模式及汽车租赁企业的运营管理。
5. 了解汽车运动与汽车文化市场的内容与发展趋势。

8.1 概　述

　　随着汽车市场规模的日益扩大,汽车综合服务产业的发展正在从传统的价值链关系向价值网建设迈进。汽车销售服务产业的市场价值实现是一个由核心(销售维修)→辅助(配套服务)→特色(文化氛围)逐层拓展延伸的过程,各个产业环节之间相互联动、支撑,由此逐步实现价值的增值。在这种情况下,汽车综合服务产业的市场特征出现新的变化:服务的精细化分工,企业营销网络的分散化和经营规模的集团化同时出现,不同服务项目之间的融合,消费需求个性化的实现程度提高。
　　中国汽车售后市场整体上还处于一个初级阶段,在这个日益膨胀的市场背后,还缺少一系列真正规范化、高效率的运作平台。原来在讨论汽车综合服务市场的时候细分市场并不断延伸的观点是主流,因为只有专业化才能高效率。但是,如果从客户的角度考虑问题也许就不是这样了,因为那意味着每遇到一个问题就要另外再找一个服务商。客户感觉到麻烦的地方就是商机所在的地方,能不能有这样一个汽车综合服务平台,能提供目前客户需要的所有服务?这并不是说要把目前各个门类的服务机构简单的组合起来,而是把其中最关键的因素通过共有的需求整合起来,整合力决定占有率。汽车综合服务行业在开始阶段是强调市场细分、强调专业服务,发展到目前继续细分市场已经产生了企业无利可图的高成本,专业的深入也随汽车修理量大幅减少已经不能依靠专业取得明显的竞争优势了。当在服务业中强调专业服务时,目标是客户;进行汽车综合服务整合后强调的是服务。就每一类汽车综合服务单项比较,专业服务质量也许会好于整合后平台的服务质量。但,那只是冰山一角,我们抓住客户这一个点,就带起了汽车售后的一系列相关服务。无论客户有多少有关汽车综合服务的问题,一个电话就可以全部搞定,非常类似一个能满足绝大多数需求的超市服务。

完整意义的汽车俱乐部应该是全方位的服务性组织,通过俱乐部能整合产业链中的全部环节,从而最大限度地为会员提供便利,这已成为汽车售后服务市场的全新态势。

这样的汽车俱乐部不同于传统的汽车俱乐部,它是一个能够整合产业链中全部环节、最大限度为会员提供"安全、方便、省钱"服务的全方位机构。一张会员卡集成了汽车生活各方面的所需服务。

这个全方位是什么意思呢? 只要是这种新型俱乐部的会员,拨打一个容易记忆的简单电话,服务平台就可以提供涵盖从救援、车险、维修、装饰、旅游、金融到住宿等多层次的服务。所有的服务都聚集在这个平台上。未来利用信用卡,可以进行汽车各方面的消费服务,以此积累的庞大数据库,又会形成以调研报告为主的新业务。所以,汽车综合服务市场的开发可以认为是无止境的,具体如何做要取决于自己所占有的资源和环境。就目前我们国家大多数城市,汽车用户感到最不方便的恐怕是停车的问题了,开车出去办事如何能就近停车是个颇费周折的问题,下面我们首先讨论停车场的建设与管理的问题。

8.2　经营性停车场的建设与管理

8.2.1　停车场

停车场的定义及分类

汽车停车场是指从事汽车保管、存放,并可进行加油、充气和清洁的作业场所;按照不同的分类标准具有不同的分类方法。

(1)按照停车场所处的位置的不同可将停车场分为路上停车场、路边停车场和路外停车场。

路上停车场:城市道路的两侧或一侧,在不妨碍公共交通的前提下,划出若干段带状路面供车辆停泊的场所。目前在许多城市的非主干道上都有这样的停车场,主要是方便临时办事停车的需要。

路边停车场:指在道路用地(红线)以内划定的供车辆停放的场地。它包括公路路肩、城市道路行车带以外加宽部分、较宽的绿带内、人行道外绿地圈或利用高架路、立交桥下的空间停车。路边停车场设置简单,一般在统一规划下因地制宜地采用标志、标线划定出一定的范围即可,适宜供车辆临时停放。这样的停车场一般都标明了收费标准和停车的限制时间。主要是方便进餐、喝茶、购物等活动的需要。

路外停车场:指在道路用地控制线以外专门投资兴建的停车场、停车库、停车楼和各类建筑附近的停车场以及各类专业性停车场。通常建在商业繁华地段、机场、火车站、码头、公共交通枢纽、文体活动中心和居住密度高的大型社区。一般投资较高,多设有完备的停车管理系统。按照目前的设计要求服务区域和停车区域的面积要形成一定的比例,有很多大型超市把免费停车作为一种方便顾客吸引客源的方式,还有的采取凭在本超市购物小票免费停车,没有购物的则要缴纳比较高的停车费。

（2）按照停车场的服务对象不同可分为公共停车场、配建停车场和专用停车场。

社会公共停车场：指设在大型商业、文化娱乐等公共设施附近，面向社会开放，为各种出行者提供停车服务的停车场，多由政府统一规划和建设，这种由政府设置的停车场并不代表免费，仅仅是收费标准比较低而已，一般情况下在同一个区域内还有商业停车场，商业停车场的收费要比政府设置的高很多。

配建停车场：又称建筑物附设停车设施，是新建面积在达到一定规模以上的建筑物（如住宅、办公楼、商业场所、餐饮娱乐场所、影院、医院、旅馆、学校）依据相关条例在此建筑物或者其附属范围内必须建设的停车场。另外，如剧场、百货商店和其他特定用途的停车需求量较大的场所，即使面积未达到一定规模也要遵从有关条例、有义务附设停车设施。配建停车场主要为该建筑或设施的使用者及其相关的出行者提供停车服务，由政府颁布标准强制设立，目前，所有在建民用住宅建筑都按照规定配套了停车位。一般情况下还是以建筑物地下室作为停车场比较合适，小区地面上停车位由于多属于露天停放不利于车辆的保养和安全，在2007年10月1日以后物权法的正式实施后容易引起纠纷。

专用停车场：指建在企业、机关、团体、政府部门等组织的内部，为内部车辆和往来业务单位的来访提供停车服务的停车场。

（3）按照停车场的建筑类型与位置可分为地面停车场和地下停车场。

①地面停车场即广场式停车场，是指位于地面上的停车场所，具有布局灵活、不拘形式、不拘规模、不拘场地、停车方便等优点，是最为常见的停车场。具体来讲又有单层和多层（停车楼）、室内和室外之分。

单层停车场分为露天和室内两种。按其布置形式，室内停车场又可以分为敞开式、分隔式、敞开——分隔式、综合式4种。

多层停车场也称多层车库、停车楼等，主要用于停放小型轻便汽车。按其垂直方向移动方式的不同，多层停车场可分为斜道式停车楼和机械式停车楼。斜道式停车楼是指汽车的上升、下降是靠汽车在连接各楼层的斜道上自行移动实现的，国内外的多层停车场基本属于这种方式。机械式停车楼是指汽车的上升和下降是用机械进行的。

②地下停车场：也称地下停车库，是指建筑在地下的具有一层或多层的停车场所，通常建在公园、道路、广场和建筑物的下面，具有能节省城市用地、设置位置很少受限制等优点。

（4）按使用车型分类可分为机动车停车场和非机动车停车场

机动车停车场：指用于机动车辆停放的停车场，包括中心商业区和出入口交通集散枢纽（如车站、码头、港口等）、公共活动中心（如宾馆饭店、医院、文体场馆、公园等）和公共交通停车场、终点站的机动车停放、维修场地等。

非机动车停放场：指各类非机动车的停放处。通常非机动车停放场地比机动车停放场地要分散得多，设施要简单得多。

（5）按管理方式分类可分为免费停车场、限时停车场、限时免费停车场和收费停车场。

8.2.2 停车管理系统

经营性停车场的运营除了基本的场地设施以外，还需要一套高效的收费管理系统。以往主要靠人工进行停车位置调度、车辆识别、停车计时和收费等工作，由于当今大型停车场规模大，服务车辆繁杂，人工管理的效率和可靠性已难以满足其在管理上提出的要求，因此，智能停车场管理系统得到了广泛的应用。

1）智能停车管理系统的分类

智能停车场管理系统可分为半自动智能管理系统和全自动智能管理系统两种。所谓半自动停车场管理系统,是指由人工完成收费操作,其他功能诸如车辆识别、车位显示车辆引导等功能都可在计算机控制下自动完成。全自动停车场管理系统则进一步通过设立自动收费站,无须操作员即可完成收费管理工作,实现所有停车场管理功能的自动化。目前国内主要还是人工收费的形式为主,国外由于人工成本太高所以基本属于全智能型的停车场管理,每个车位在计算机上都有标识,车辆停放后可利用投币或消费卡刷卡系统自己选择停放时间,如果停放后没有缴费停车场会在计算机系统的识别下将没有缴费的车辆拖走,车主还要付拖车费用。

停车场管理系统按其所在环境不同,可分为内部停车场自动管理系统、公用停车场自动管理系统和两种性能兼有的综合停车场管理系统三大类。

（1）内部停车场自动管理系统,主要面对长期固定租用该停车场车位的单位和个人,多用于写字楼和民用住宅的专用停车场、自用停车场或社区配建停车场等。此种停车场使用者固定,一般禁止外来车辆使用,比较好的内部停车场还设有专门供来访者停车的位置,一般只准许停车 3 小时,超过要缴费。住户在购买住房时就根据需要或物业管理部门分配了指定的停车位（与住房同时购买）。

（2）公用停车场自动管理系统,则主要设在大型公共场所,来访车辆随机使用其停车位,具有占用时间短、使用频率高等特点,一般收费都会比较高。

（3）综合停车场自动管理系统,通过划分不同的服务区或提供差异化的服务设施,既服务于一般临时停车客户,也提供内部车辆的长期停车服务。

2）智能停车场管理系统构成

智能停车场管理系统一般包含出入控制的挡车系统、车辆识别系统、车位显示系统、收费系统等几个子系统,并在相应的计算机管理系统的协调下工作（如图 8.1 所示）。

（1）挡车器系统

挡车器由金属机箱、电动机、变速器、动态平衡器、控制器、横杆、防砸检测器等组成。控制器在对各种输入信号处理的基础上（如防砸信号、车辆驶入、驶出信号等）,指挥各执行机构执行相应操作,电动机经过变速器为各执行机械提供动力,如横杆的开启与落下等。车辆驶近停车场入口,系统借助于埋设于车道中栅栏前的感应线圈,感知到有要进场的车辆。对临时停放的车辆自动发放临时停车票。停车票记录车辆进入的时间、日期、车位号码及入场序号、车型等信息用作收取停车费的计费依据。对于长期客户使用的磁卡或 IC 卡需要设定停车场的编码（一般 3 位数）,固定车位号,以防止同一张停车卡拿到不同的停车场使用。系统读卡确认后,挡车器升起放行,车辆驶过挡车器后,挡车器自动放下,阻挡后续车辆进入。

（2）车辆自动识别系统

车辆的自动识别装置是停车场智能管理系统的核心技术,一般采用卡片识别技术,包括司机手持的磁卡、条码卡、IC 卡、非接触型 RF 射频识别卡等。非接触型 RF 射频识别卡由于能在一定距离上实现自动识别,可靠性高,处理速度快,适用于单位、住宅小区、写字楼和公寓等自用的内部停车场。若停车场作为公共停车场,使用者通常只是临时停车,数量多、时间短,则价格低廉、制作简单的 IC 卡、磁卡或打印条码式智能管理系统比较适合,但他们的缺点是可靠性相对较低,处理速度慢,易被仿造,保密性不高。目前,最先进的识别系统将 IC 卡和图像识

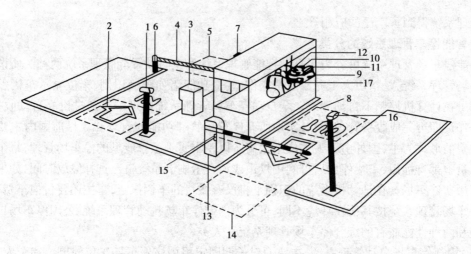

图 8.1　智能停车场管理系统主要系统组成示意图

1—车位已满告示牌;2—入口地下感应器;3—入口时/月租磁卡记录机;4—入口电动栏杆自动升降机;
5—入口自动落杆感应器;6—红外线感应系统(附加);7—入口 24 h 录像系统(附加);8—出口地下感应器;
9—出口时/月租磁卡复验机;10—收费显示器;11—出口时/月租电脑收费系统;12—收据打印机;
13—出口挡杆自动升降机;14—出口自动落杆感应器;15—红外线感应系统(附加);
16—出口 24 h 录像系统(附加);17—管理员

别技术综合在一起,并形成计算机网络管理与控制,在入口处通过摄像头摄入进场车辆,经计算机加以处理并传输到管理中心主系统储存起来,车辆出场时,由收费人员进行比对,与驾车人所持票据编号的车辆在入口时的信号相比,若两者相符即可放行,大大提高了停车场管理系统的安全性和可靠性,但管理成本也会相对提高。

(3)收费系统

收费系统由计算机、读卡机、网络控制软件组成,主要用于对临时车辆的停放进行识别、记录和收费,并兼有长期停放车辆的识别功能。当车辆驶入时,驾驶员通过出示识别卡或操纵发卡机获取一张临时停车票(或卡),将进入时间及其他有关信息传送至计算机,如有图像识别系统则传至计算机的还有相关图像,当该车驶出时驾驶员将停车票交给收费管理员,收费管理员读卡后系统自动计算计费时间和应收费用,收费完成后,栏杆抬起,收费系统会将收取费用自动进行累计。

(4)车位显示系统

汽车驶入停车场后,为了提高各车位的利用率,并使客户迅速停在合适车位上,智能停车场管理系统一般设有车位显示系统,该系统由车位探测器、供电器、控制器、LED 显示板组成。车位探测器安装在车位上方,当有车辆进入时探测器发出有车信号,控制器将显示板上的代表该车位的 LED 发光二极管发出的光由绿色变为红色,显示该车位已被占用。LED 显示板一般安装在停车场的入口处,以方便进入停车场的驾驶员根据显示板所显示的车位情况选择停车位。

(5)车辆引导系统

车辆引导系统由三部分组成:第一部分是数据采集系统,它由车辆探测器和控制器组成。第二部分是中央处理系统,其功能对采集数据进行分析,并在相应输出设备上进行显示。第三部分是输出显示系统,它由显示屏和引导牌组成。图 8.2 为该系统结构示意图。其工作原理通过车位探测器,将停车场的车位数据实时采集,系统对停车场的车位相关信息进行收集,并按照一定规则通过数据传输网络将信息送至中央处理系统,由中央处理系统对信息进行分析处理后,将各相关处理数据通过输出设备,给停车场内各指示牌、引导牌等提供信息,指导车辆进入相关车位。对于相关的车位信息,系统提供数据查询接口。

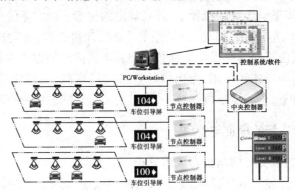

图 8.2　车辆引导系统结构示意图

3）智能停车场管理系统的管理中心。

智能停车场管理系统的管理中心由中央控制计算机和停车场管理系统软件组成,负责整个系统的协调与管理,既可以独立构成停车场管理系统,也可以与其他计算机网相联,组成更大的集散控制系统,通常具有以下五种功能。

(1)实时监控

实时监控是指每当读卡器探测到智能卡出现,立即向计算机报告,在计算机的屏幕上实时地显示各出入口驾驶员的卡号、状态、时间、日期、驾驶员信息。

(2)IC 卡管理

IC 卡管理的主要功能是发行、查询、删除、修改智能卡信息,包括持卡人、卡号、身份证号码、性别、工作部门、车牌号等,可以根据用户的需求自动删除或人工删除到期的 IC 卡。

(3)设备管理

设备管理的功能是对出入口读卡器和控制器等硬件设备的参数和权限等进行设置。

(4)报表功能

生成程式报表,以进行统计和结算。

(5)软件设置

可对软件系统自身的参数和状态进行修改、设置和维护,包括:口令设置、修改软件参数、系统备份和修复、进入系统保护状态等。

目前,对于停车场来说自己并不对管理系统进行设计、制作、安装、维护,而仅仅是使用,出了问题应该由出售设备的公司来负责维护,管理者需要知道的是究竟什么样的设备(包括软件)最适合自己。

4）智能停车场的工作流程

停车场智能管理系统本质上是一种分布式的集散控制系统,其工作流程如下:

(1)待停车辆驶近入口,可看到停车场车位显示与信号标志。标志显示入口方向与停车场内空余车位情况,若停车场未满,允许车辆进入停车,驾车员在入口处购置停车票卡或将专用停车卡在验读机上读卡,或使用核准的停车场出入感应卡感应,入口栏杆升起放行。

(2)车辆驶入后,栏杆自动放下,阻挡后续车辆进入。进入的车辆可由摄像机将车牌、颜色甚至车型等信息影像摄入并传送到系统控制中心加以处理和储存,形成进入车辆的"车牌数据","车牌数据"与停车凭证数据(凭证类型、编号、进场日期、时间)一齐存入管理系统计算机内。进场的车辆在停车引导灯的指导下,停到规定的位置。同时系统反馈该车位已被占用。

(3)车辆驶离时,汽车驶近出口处,出示停车凭证验读机识别,此时出场车辆的停车编号、出场时间、出口车牌摄像识别器提供的车牌数据和验读机读出的数据一起送入管理系统,进行核对与计费计算,若需当场核收费用,由出口收费器(员)收取,手续完毕后,出口栏杆升起放行,车辆通过后栏杆落下,车场停车数据减一,入口指示信息标志中的停车状态刷新一次。

8.2.3 经营性停车场的投资与管理

1)经营性停车场的投资环境与投资成本分析

在日本,有关停车管理政策,已经制定了八个法律法规,即《车库法》、《建筑基本法》、《停车场法》、《都市规划法》、《汽车站法》、《道路交通法》、《标准停车场条例》、《交通安全设施等整备事业紧急措施法》。完善的法律法规,推动了日本停车产业的发展,相比之下,我国目前已颁布的有关条例无论在数量还是质量上都存在差距,例如颁布的建筑物配建停车场指标多年不变,新建民用住宅小区还是按照30%的比例安排车库的设计,实在难以适应汽车保有量迅速增长的现实,法律法规的不健全也从另一个方面制约了商家、房地产投资商在设计建造现代化商场、楼盘时对停车场的投资。由于停车场既有一定的商品特性又有一定的公共物品的特征,单纯依靠市场机制调节或完全由政府投资都无法很好地解决其产业化问题,因此,政府应当在加强整体规划和立法推动的基础上给予适当的政策支持,积极引入民营资本参与停车场的建设,在美国民营停车场的规模与数量要远远高于政府出资建设管理的停车场。对于住宅小区建设在政策上应该鼓励多建停车位(库)以适应今后一段时期汽车保有量的增加,停车库的建设要注意目前的社会环境因素,强化安全防护设计。

从市场前景来看,据美国停车协会统计,美国停车业的年产值为200多亿美元,而我国的停车产业尚处于起步阶段,城市汽车保有量与停车位之比远低于国际公认的1.3∶1的合理比例,广州市区有近20万辆乘用车,而停车位仅有3万个,按照一般的使用比例每天至少有12万辆乘用车在违章停放,加之今后相当长的一段时期内,作为国家支柱产业的汽车工业和汽车市场还将保持高速成长的态势,汽车保有量的增加必将带来对停车市场的需求增长,可见,只要城市有关政策给予适当支持,停车业作为一个新兴产业具有广阔的前景,其发展规模和潜力巨大。

停车场项目的工程投资组成与一般的建筑工程相似,主要包括土地费用、土建工程费用、设计、咨询费用和停车管理设备费用等几个方面(见表8.1)。由于结构方面的差异,停车场的基建成本要相对低得多。目前我们国家法律确定了土地所有权属于国家,任何单位与个人只有使用权,这样多少会影响投资者的决策,建一个楼式多层停车场可以使用几十年,可由于没有土地所有权,万一有政策方面的原因可能就会导致无法继续经营,所以只能获得土地使用权的开发商不会过多考虑长期利益建设经营停车场。

表8.1　各类停车场建设运行投资情况一览

停车设施类型	建设周期	需要楼面面积（平方米/车位）	需要地面面积（平方米/车位）	运行消耗	交换/重建设施的难易
地面	短	20~30	20~30	基本没有	自由
地上（非机械化）	较长	25~35	5~7(5层)	供照明能量	困难
地上（机械化）	较短	15	3~5	运转机器维护费用	较自由
地下（非机械化）	很长	30~45	几乎为0	供照明能量,运转机器维护费用	不可能
地下（机械化）	长	15	几乎为0	运转机器维护费用	不可能

2）经营性停车场的选址

在选址时还应考虑如下因素：

（1）停车需求

这主要指备选地周边的交通流量和相关机构可能为停车场所带来的停车客户的多少，以及周边其他停车设施的形式、数量可能会对投资造成的影响。一般而言，在人口密集的生活小区或商业区的繁华路段修建经营性停车场是比较可行的，但是想要在这种寸土寸金的地段为停车场获得土地使用权也是非常困难的。

（2）步行距离

各国对停车设施规划中的停车后步行时间都曾做过研究，人们一般倾向于停车后有短距离的步行即可到达出行的目的地。对美国的调查表明，人们对停车后步行距离有一定的可容忍范围，一个停车点要保证95%~85%的使用者在其可容忍的服务半径以内，而人们对影响停车后步行距离的时间是主要指标及主要考虑因素，一般能容忍15分钟的步行路程，超过15分钟的步行路程绝大多数需要停车的驾车者就不会选择这个停车场了。

（3）交通方便性

指停车场所处的交通环境造成的汽车到达停车场的难易程度，主要与停车场周围的路网结构和交通疏导方案有关，交通越方便，停车场的吸引力就越大。

（4）连通街道的通行能力

指连接停车场与城市主干道的街道，其通行能力必须要适应停车场建成后所吸引的附加交通量，并能提供车辆一定的等候排队所需的空间。这在国内是个比较明显的问题，首先是我们多数城市中大型超市喜欢集中在人流密度大的区域，这是因为我们目前每百人拥有的汽车数量不高，卖东西基本是步行，在人口密度大的繁华区域很难想象能有通行能力强的停车场，这是由我们的国情所决定的。国外大型超市基本在城市边缘的高速公路旁边，超市本身都建有很大的停车场，所以连通街道的通行能力自然很好。

（5）土地拆迁的难易及费用

是指拟建设停车场土地上是否存在建筑物需要拆迁，以及拆迁所需的成本和时间，是否有难度较大的地上、地下管线改造，是否存在地质处理等，我们国家人多地少征地属于难度非常大的工作内容，加上物权法的实施后征地成本会成倍提高，高价征来的土地即使真的作为停车场使用，为了收回投资停车费用也会提高很多。

(6)建设方案与城市总体规划的协调

指在停车场的使用寿命内,停车场的服务范围内将来可能发生的停车源的变化,主要考虑新建街道或交通干道出入口布局和现有街道系统的改造。这些因素都是影响停车场建设的因素,若建了一个停车场计划使用 50 年,结果使用了 20 年后国家要收回土地使用权,是否收回了投资国家是不会考虑的,但是作为投资者却不得不考虑,可实际情况是投资者在开始的时候根本无从考虑,因为城市规划属于政府考虑的问题,到目前为止国内各个城市还没有 20 年不变的城市规划,这就是投资风险。

3)停车场的有关行政管理(审批、收费、消防)

停车场作为一种准公共设施,其设立和营运管理受政府有关部门的严格监督,各地针对自己不同的具体情况都相继制定了一系列的有关管理规定,归纳起来主要集中在停车场设立的审批、营运收费和消防要求等几个方面。

(1)经营性停车场建设的审批

停车场建设的审批在我国一般由公安交通管理部门牵头会同规划部门、土地管理部门和消防部门共同负责,公安交管部门负责根据城市总体规划的要求协助规划局制定有关市停车场建设的专业规划。对专业性停车场(库)、楼和公共建筑配建的停车场(库)以及临时性停车场的选址地点,是否符合道路交通管理要求和城市规划进行审核,并对设计方案和停车场(库)设计的施工图纸进行审核,确定其是否符合《停车场规划设计规则》的要求,对不符合规定的,提出整改要求,并要求其限期整改,并会同有关部门对停车场(库)的建筑施工过程进行技术监督、检查。城市规划部门则主要负责制定城市停车场的专业规划,对报建的停车场(库)设计方案提出具体设计要求,对停车场建设和管理实行监督。城市土地管理部门负责审批单位或个人专项建设停车场(楼),申请以划拨或出让方式用地的审批手续。消防部门则负责对停车场的消防情况进行审核。

(2)停车场收费

2000 年 9 月 1 日,国家有关部门根据《中华人民共和国价格法》等有关法律、法规规定制定、颁布了《机动车停放服务收费管理办法》,规定县级以上地方人民政府价格主管部门负责机动车停放服务收费方面的管理工作。机动车停放服务收费行"统一政策、分级管理"的原则。国务院价格主管部门统一负责全国机动车停放服务收费管理政策的制定;各省、自治区、直辖市人民政府价格主管部门负责制定本行政区域内机动车停放服务收费实施细则;机动车停放场所所在城市人民政府价格主管部门负责制定机动车停放服务收费具体标准。机动车停放服务收费实行市场调节价、政府指导价、政府定价 3 种定价形式,对于停车收费还是应该属于市场调节的问题,国家可以政策引导,但最好不干涉,同时各地政府自己也要建若干公共停车场,这样的停车场收费标准就是一种指导价。

(3)停车场的消防管理

1998 年 5 月 1 日。由公安部编订,建设部批准实施了《汽车库、修车库、停车场设计防火规范》,从消防安全的角度对停车场、停车库的设计、建设提出了具体要求,内容包括:专业术语、防火分类和耐火等级、平面布局和平面布置、防火分隔和建筑构造、安全疏散、消防给水和固定灭火系统、采暖通风和排烟以及电器等。这一规范颁布实施后,成为各地对停车场项目进行消防验收的权威和法定标准。

8.3　汽车装饰美容专营店的运营管理

8.3.1　汽车装饰美容专营店经营现状

长期以来,我国汽车装饰美容行业的经营模式以专营店的形式为主,经营者往往仅涉足汽车综合服务领域的美容装饰业务,通过与汽车销售服务企业合作,这种合作更多的是与汽车销售顾问个人之间的,汽车销售顾问在成交后向他们的客户推荐合作者经营的产品和服务,目前有不少特约服务站自己也开始经营汽车装饰美容服务和开设门市,开展零售业务。

汽车装饰美容专营店经营模式,投资少(一般在1.5~10万元人民币),经营方式灵活,经营成本低,只要能赢得客源,就可获得稳定的收益,适应行业发展早期的市场环境(目前在汽车综合服务行业很多成功人士开始都是从汽车美容装饰服务做起的),但在这种经营模式下的企业资本不足、规模小、组织化程度低、服务能力差、产品质量缺乏保证,更重要的是由于受规模和实力所限,缺乏系统的技术支持和培训机制,在技术上难以跟上当前汽车厂商不断推陈出新的现实需求。近年来,一些规模小,技术陈旧,不具备竞争条件的汽车美容装饰店为了生存采取了设备升级、技术培训的措施,没有采取相应措施的经营者则多数被逐渐淘汰出局,退出了这一市场。为了获得聚集效应和保持行业整体的发展能力,一些地方相继组建了汽车美容装饰超市,通过扎堆经营,在单店投资不变的条件下实现整体经营规模的扩大,丰富了产品线、扩大了知名度。这样可以让消费者在多种产品和品牌中自主选择,再辅之以完善的服务,多数消费者对此措施表示欢迎。汽车装饰美容的专营店和超市在经营上与本书第5章所述的汽车配件零售网点和配件市场的经营在管理内容和经营手段上基本类似,在此不再赘述。

8.3.2　汽车装饰美容特许连锁店的运营管理

特许连锁也称合同连锁、加盟连锁、契约连锁等,被誉为第三次商业零售革命和21世纪的主导商业模式。目前广泛应用于汽车发达国家的汽车装饰美容行业。

1)汽车美容装饰特许连锁经营的内涵

特许经营是一个起源于外国的"泊来词",其现在的英文单词是"franchise"。……目前国内对franchising这个词的翻译和理解大致有以下两种:第一种是把franchising译为特许连锁或加盟连锁,这种译法认为特许连锁是连锁店的一种组织形式,与直营连锁(又称公司连锁、正规连锁)、自由连锁(又称为自愿连锁)并列为连锁的三种类型。需要注意的是,这几种经营形式各自定义不同,在实践中各自特点也不同,是有严格区别的。在这种翻译理解之下,franchising就有了多种中文称呼,比如特许连锁、特许加盟、连锁加盟、加盟连锁等,很不规范与统一,而其实质就是将"特许"、"连锁"、"加盟"这三组词进行不同的排列组合。第二种是把franchising译为特许经营。把特许经营组织与连锁店、自由连锁、合作社等并列,属于所有权不同的商店的范畴。

我国《商业特许经营管理条例》对商业特许经营的定义也作了明确规定:商业特许经营,是指拥有注册商标、企业标志、专利、专有技术等经营资源的企业,也就是特许人,通过订立合同,将其拥有的上述范围内的经营资源许可其他经营者也就是被特许人使用,被特许人按照合同约定在统一的经营模式下开展经营,并向特许人支付相应费用的经营活动。

从上述关于特许经营的定义可以看出,特许经营包括四个基本要素:

①是,特许人必须拥有注册商标、企业标志、专利、专有技术等经营资源,并通过合同形式许可被特许人使用上述经营资源。特许人如果不具备上述条件,特许经营也就无从谈起。因此,《商业特许经营管理条例》对特许人从事特许经营活动应当具备的条例作了明确规定。

②是,特许人和被特许人之间是一种合同关系。特许人和被特许人是相互独立的市场主体,双方通过订立特许经营合同,确定各自的权利和义务。《商业特许经营管理条例》明确规定特许人和被特许人应当采用书面形式订立特许经营合同,并对特许经营合同应当内容以及订立特许经营合同的有关要求做了明确规定。

③是,被特许人应当按照特许人的要求,在统一的经营模式下开展经营。特许经营是一种高度系统化、组织化的营销方式,统一的经营模式是其核心要求之一,也是保证服务的规范性、一致性以及维护品牌形象的需要。这种统一的经营模式体现在各个方面,大到管理、促销、质量控制等,小到店铺的装潢设计甚至标牌的设置等。

④是,被特许人应当向特许人支付相应的费用。特许人拥有的经营资源一般都经过了较长时间的开发、积累,具有较高的商业价值。被特许人经许可使用这些经营资源也是为了开展经营活动,因此需要支付相应的费用。支付费用的种类、数额以及支付方式,由双方当事人在合同中约定。

2)汽车装饰美容特许连锁店的优势

(1)品牌优势

国外汽车装饰美容业的发展已经证明,在经历了行业初创时期的混乱竞争之后,品牌将成为创造竞争优势的重要手段,特许加盟连锁机构,通过多年的发展,在行业内积累了较高的知名度,尤其一些进口品牌,在国外声誉极高。再加上连锁店在总部的统一规划下,进行统一的广告、促销,从而能在提高品牌价值的同时达到品牌共享的目的。我们国家目前在汽车装饰美容方面还没有走出混乱竞争的阶段,所以也没有出现声誉很高的品牌企业。

(2)技术优势

随着汽车设计与制造技术的不断发展,汽车美容与装饰行业的技术含量和技术要求也要求相应提高,企业必须建立持续的技术跟踪与培训机制,跟踪行业内新产品和新技术的应用,这是一般规模较小的汽车装饰美容企业所难以做到的。加盟连锁机构可利用其规模效应,连锁机构总部可以在获得汽车生产厂商和汽车装饰美容用品制造厂商的技术支持下,为加盟者提供系统的操作培训和新产品开发培训,使其在与同行竞争中获得持续的技术优势。

(3)管理优势

作为加盟连锁机构的总部,一般都有一套经过多年实践积累下来的经营管理模式,以及多年建立的加盟网络和适应各类环境的比较成功的营销方案。他们都会依照加盟协议为加盟商设计统一的店面装潢、统一的广告宣传策划,还提供从店面选择到开业初期的订货和运营等方面的全方位指导,使加盟者迅速适应经营环境,提高运营效率,降低投资风险。

(4)品质优势

加盟连锁机构依靠其规模统一安排经营用品的采购和物流配送,一方面降低了采购成本,另一方面,出于维护品牌形象的要求,采购的用品也往往是经过了多年的考验,从质量和信誉方面有很好保证或通过了权威质量机构认证的品牌产品。从而保证加盟者经营的产品具有品质的优势。

3）特许连锁店的设立与加盟程序

加盟汽车美容装饰特许连锁机构一般都要经历申请授权、开业前培训和正式开业三个阶段。在申请阶段，双方就各自的权利义务进行细致的沟通并对目标市场区域共同进行调研，在达成初步授权意向后，申请者正式进入授权程序，可以招聘营业所需的有关人员，并按照授权者的要求进行全面的岗前培训（大部分情况下，培训由授权者组织实施）并进行考核，以熟悉连锁经营的理念、操作流程、市场开拓模式和有关产品知识。最后，特许连锁机构协助申请者采购安装初期运营所需的设备、产品、备品备件，共同制定和运作正式的开业计划，随后，新的汽车美容装饰特许加盟店就可以投入运营了。

4）加盟汽车装饰美容特许连锁机构的权利与义务

（1）特许连锁授权者的权利和义务

制定整体市场战略，明确加盟者的市场目标，依法与双方签订的合同或合作协议履行双方约定的权利和义务。培训专业技术人员及向加盟者提供后续技术支持；确定加盟网点的运作流程和服务标准，指导经营，对加盟网点提供广告支持；制定加盟战略及促销方案，提供信息，反馈行业有关信息；向加盟者提供经营网点全套装修设计标准和运营手册。

（2）加盟者的权利和义务

授权经营者在授权地区和级别下对加盟机构的产品和品牌享有独家经营权。加盟者需要按授权者要求进行统一的店面装修和专有标识的制作。加盟者享有总部统一配送汽车装饰美容消耗品的服务，但主要备品备件一般被要求向总部采购。加盟者需要按统一经营管理模式和工作形象运作。总部提供有关服务的参考定价标准，但加盟者可根据当地实际情况，在不违背总部经营理念的前提下，自行确定具体的价格政策。加盟者应与总部保持联系，及时反馈市场信息和行业动态。

5）特许连锁店市场开拓

（1）特许连锁店的选址 一般情况下，选择汽车装饰美容企业的营业地点可遵循以下原则：

1）尽量靠近大型汽车销售市场或汽车品牌专营店集中的地段；

2）不一定在闹市区，但尽量选择汽车流量大、停车洗车方便的地段，店门口宽敞，但不要靠红绿灯太近，如果店面临街，则应制作相应的指示牌；

3）洗车点，加油站、宾馆、停车场附近；

4）同业或业务互补行业店铺较多的地段。

（2）营销策略

伴随着近年来汽车装饰美容业的蓬勃发展，汽车装饰美容业的竞争也日益激烈，受产品特点及国家有关法律的影响，汽车装饰美容业的竞争手段日趋同质化，一方面产品有形部分的差异越来越小，另一方面，顾客由于长期接受各类广告的感官轰炸，使得对一般的价格、广告促销等手段有了很强的感觉适应，没有特色的宣传难以取得预期效果。按照营销理论高度同质化的商品不做媒体广告，基本靠服务与价格竞争，对汽车装饰美容这种同质化程度也很高的行业来说也不例外。这就要求经营者必须更加重视汽车装饰美容业务的服务内涵，对客户进行广泛地服务营销，及时传播有关商品和服务信息，公正、诚恳处理顾客投诉，不断改进售前、售中、售后服务创造顾客满意，通过差别化的服务，"一对一营销"将普通用户变成满意用户进而变成忠诚用户，从而创造竞争优势。由于服务不同于有形产品，具有无形性、异质性、不可保存性和生产与消费同时进行等特点,因此在营销组合上除了注重传统的产品、价格、分销渠道、促销外更需要注意改进服务者的服务理念、无形服务的有形展示和服务的过程管理。

(3)市场推广与广告

汽车装饰美容连锁机构除了总部会在一些全国性的媒体上进行广告宣传,一般也会向各特许加盟连锁店提供广告手册甚至直接的广告指导,协助各连锁店进行当地的市场推广。特许加盟连锁店进行广告宣传可以达到两个目的,一是提高连锁店的知名度,积累连锁店的品牌效应;二是可以增加客源。在媒体的选择上,应以发行量大、当地高收入人群比较关注的报纸、杂志、电视广告(中小城市户外广告牌)为主。一般来说,晚报、广告传单、杂志和地方台广告对增加客源效果比较明显。在广告内容上,以介绍连锁店服务项目、服务价优势、优惠活动、联系方式等为主,可以适当加入一些技术性资料和连锁经营的 VI 标识。这里又可能形成一个悖论,如果本地只有一家汽车装饰美容店在经营,则不用进行店面范围以外的广告宣传,因为在本地区没有其他选择;如果有竞争者存在(指本地区)那各方都会采取大致同样的宣传手段,这样大家的经营成本都会增加、利润下降,而且由于属于高度同质服务,任何单独的企业组织打广告都等同于给行业打广告,谁还愿意做这种让竞争者搭顺风车的傻事呢?

(4)客户开发

汽车装饰美容连锁店的客户开发根据客户类型的不同,可分为老客户开发和新客户的开发。巩固老客户对连锁店的发展至关重要,这是因为开发新客户的成本远远超过保留老客户。而且,只要能留住老客户,连锁店就能获得稳定地营业收入。新顾客开发是连锁店经营的基础和扩大经营规模的必然选择。新顾客的来源通常有两类:一类是新增汽车用户,另一类是从其他汽车美容养护店转移过来的客户,连锁店要分别针对这两种客源采取适宜的开发策略。要增加新用户,很重要的一点是必须与汽车销售企业建立合作联盟,通过他们的销售人员,让顾客购买汽车的同时就接受相关汽车装饰美容连锁店产品和服务的推荐,形成先入为主的印象。一旦成交,必须抓住和顾客的接触机会,做好售中和售后服务,创造顾客满意和顾客忠诚。而要吸引挖掘其他汽车美容养护店的客户,首先需要经营者和员工对当地其他汽车装饰美容店的服务特点、客户情况有所了解,分析这些汽车美容养护店的不足及其违背客户的满足需求,进而采取适当的促销手段进行市场渗透。

8.4　汽车租赁

中国汽车租赁业虽然仅有十几年的历史,但其发展速度比西方始创之时速度要快得多。据统计,全国租赁汽车保有量 2006 年底大约为 60 000 辆(不包括黑车),北京 21 000 辆;占全国总量的 40%。全国汽车租赁企业上千家,北京 240 家,其中通过政府主管部门认证的企业70 家(从数量上经营车数 100 辆以上才能被认证)。也就是说,目前百辆以上的公司超过 70家,超过 1 000 辆的企业不过两、三家,这 70 家拥有租赁车辆 15 000 多辆。这 70 家最具代表性的企业有首汽租赁、今日新概念、福斯特、银建等。上海汽车租赁企业 30 家,租赁车 7 000辆,最具代表性的企业有上海安吉、永达、锦江等。近几年来全国汽车租赁业发展呈现两个特点,一是发达地区进入调整期,发展速度减缓,其中北京最为突出。从 2000 年到今天,八年多来租赁车总量基本维持原有水平,而汽车租赁企业则从原来的 200 多家减至 100 多家。汽车租赁企业减少的原因多为合并重组,也有经营不善倒闭转行的。一是汽车租赁正向中小城市发展,如石家庄的大众凯华租赁、郑州的大众、海南昌导、深圳荣基业、唐山、锦州等地的连邦、银川的凯跃、新疆的首远等,但这些内陆地区特别是西部地区,一是规模较小,二是网点较少;与沿海发达地区总体呈现不平衡状态。

1)汽车租赁的内涵

在我国,自从汽车租赁业务开展以来,管理部门、租赁企业和学术界曾各自从不同的角度对汽车租赁给出过不同的定义,比较有代表性和权威性的定义主要有两种:一种是国内贸易部在 1997 年颁布实施的《汽车租赁试点工作暂行管理办法》中针对汽车租赁相对于一般租赁行为的特点,提出汽车租赁为实务租赁,是以取得汽车产品使用权为目的,由出租方提供租赁期内包括汽车功能、税费、保险、维修及配件等服务的租赁形式。另一定义则是交通部和国家发展计划委员会在 1998 年颁布实施的《汽车租赁业管理暂行规定》中针对汽车租赁业务的运营特点,提出汽车租赁是指在约定时间内租赁经营人将租赁汽车交付承租人使用,收取租赁费用,不提供驾驶劳务的经营方式。从这两种定义不难看出,汽车租赁的实质是在将汽车的产权与使用权分开的基础上,通过出租汽车的使用权而获取收益的一种经营行为,其出租标的除了实物汽车以外,还包含保证该车辆正常、合法上路行驶的所有手续与相关价值,不同于一般汽车出租业务的是,在租赁期间,承租人自行承担驾驶职责。目前由于对汽车租赁的相关法律条文还没有明确承租人出交通事故,出租公司是否要负连带责任等,所以租赁行业的发展还有很多具体问题还需要探讨、界定。

2)汽车租赁分类

按照不同的分类标准,汽车租赁具有不同的分类方法,常见的有按照租赁期长短划分和按照经营目的划分两类。

(1)按照租赁期长短划分

国内贸易部在 1997 年颁布实施的《汽车租赁试点工作暂行管理办法》中按照租赁期的长短将汽车租赁分为长期租赁和短期租赁。

长期租赁,是指租赁企业与用户签订长期(一般以年计算)租赁合同,按长期租赁期间发生的费用(通常包括车辆价格、维修维护费、各种税费开支、保险费及利息等)扣除预计剩存价值后,按合同月数平均收取租赁费用,并提供汽车功能、税费、保险、维修及配件等综合服务的租赁形式。

短期租赁,是指租赁企业根据用户要求签订合同,为用户提供短期内(一般以小时、日、月计算)的用车服务,收取短期租赁费,解决用户在租赁期间的各项服务要求的租赁形式。在实际经营中,一般认为 15 天以下为短期租赁,15 ~ 90 天为中期租赁,90 天以上为长期租赁。

(2)按照经营目的划分

汽车租赁还可以按照经营目的划分为融资租赁和经营租赁。

融资租赁是指承租人以取得汽车产品的所有权为目的,经营者则是以租赁的形式实现标的物所有权的转移,其实质是一种带有销售性质的长期租赁业务,一定程度上带有金融服务的一些特点。

经营性租赁,这种租赁指承租人以取得汽车产品的使用权为目的,经营者则是通过提供车辆功能、税费、保险、维修、配件等服务来实现投资收益。

3）汽车租赁的经营模式

目前,我国汽车租赁企业由于经营时间短,规模和实力有限,一般多采取分散独立经营的模式,但随着我国经济的发展和租赁市场的成长,这种模式由于难以为顾客提供方便快捷的服务,限制了企业的市场开拓和经营规模的扩大,难以为企业提供持续健康发展的空间。通过分析发达国家汽车租赁业的发展不难发现,汽车租赁企业在经历了最初的市场培育之后,其经营模式必将走上连锁经营和与生产厂商合作的道路。

尽管目前我国汽车租赁业存在着这样或那样的一些问题,但是应该指出:上述一些制约因素都是发展中的问题,随着时间的推移终将得到解决。可以预言,在未来的 5 ~ 10 年内,我国的汽车租赁将向着品牌化、规模化、网络化发展,到 2010 年左右,我国的汽车租赁市场随着我国信用体系的建立,市场经济的进一步完善,我国汽车租赁业将会有更快的发展。

目前国外的赫兹(Hertz)、安飞士(Avis),已经登陆中国,并提出雄心勃勃的拓展计划,国内不少公司也在积极策划各种经营方式,随着经济的发展和 2007 年以后租赁业可以存在外资独资的企业,中国的汽车租赁必将出现一次大分化、大组合、大发展。以著名品牌为代表的几大汽车租赁公司将以连锁经营的方式出现在中国大地,将形成几大公司为代表的庞大的经营网络。那时汽车租赁企业的管理将更现代化、科学化、规范化、服务将呈现多样化、个性化,飞机 + 汽车、火车 + 汽车的联运形成,异地租还,全国预定,自驾休闲、商务服务等多种形式的服务将更加完善。那时随着国家信用体系的完善,人们可以像西方一样方便快捷地租还车,将充分体现省心、放心、舒心的租车服务。中国是一个人口众多的国家,2008 年北京市将新增 60 万左右的驾驶员,增长速度是机动车的 2 倍左右,有近百万的缺口,学车一定是为了开车,但不一定要人人都有车。因此中国更适宜汽车租赁。届时全国汽车租赁业投入使用的车辆会增加到 30 万辆,北京由于奥运会等因素的影响,汽车租赁市场会有一个快速增长。据统计,发达国家流动人口、商业旅游人口的租车量占整个租车总量的 40% 左右。

4）特许连锁经营

连锁经营是指经营同类商品和服务的若干企业,在核心企业或总部的领导下,通过规范化经营,实现规模效益的经营形式和组织形态。连锁系统的分店像锁链似地分布在各地,形成强有力的销售网络。世界知名的汽车租赁企业无一不采用连锁经营的方式,其连锁经营网点遍布各地,大型租赁公司的连锁租赁站点都在 1 000 以上,其中 Hertz 公司在 140 个国家设有5 600 余个站点。

图 8.3　HERTZ 标

备注:HERTZ,2004 年全球知名品牌榜第 78 名。HERTZ,世界最大的汽车租赁服务集团。"HERTZ"黄色标志(如图 8.3 所示)代表着一卡在手,行车无阻。

连锁经营的汽车租赁企业通过统一的管理标准和运营体系还有在车辆型号、车辆技术管理、服务质量管理等方面不断优化提高,从而赢得大量稳定的客户。汽车租赁企业实行连锁经营,通过建立广泛的网络,统一管理,统一调配资源,能带来经营上的很多优势。

①构建连锁网络的同时,由于经营规模的扩大,使得企业统一采购的车辆和服务数量大大增加,提高了连锁企业与汽车厂商和相关服务企业的议价能力,从而易于获得优惠价格。

②连锁经营的汽车租赁企业通过统一管理标准和统一调配资源,大大提高了客户在租车的时间、地点上的方便性和使用中出现故障时进行施救的及时性,简化顾客租赁的手续,完善顾客的信用管理体制进而提高企业整体的服务水准和顾客满意程度,同时,也能够在更高的层

次上实现企业各项资源的优化配置,提高各种设备、设施的利用效率。

5)与制造厂商的合作经营

汽车租赁公司要扩大规模、降低经营成本,另一个不容忽视的方面是必须要加强与汽车生产厂商之间的合作。通过合作,厂商一方面为汽车租赁公司提供了融资上的支持,有利于汽车租赁公司扩大规模获取规模经济效应;另一方面,租赁公司还可获得来自厂商直接的技术支持,为出租车辆提供专业维护和维修质量担保,提高了车辆整体技术状况,降低了出租车辆在使用寿命中的使用成本,从而在一定程度上保证汽车租赁企业资产投资的有效性和收益能力。

6)汽车租赁企业的投资与成本测算

(1)汽车租赁企业运营成本构成

汽车租赁企业的运营成本主要包括以下几个方面:

①车辆折旧:折旧期一般以五年计算(国内出租车一般按照8年使用期限,国外不限制租赁车辆的使用年限)。

②车辆维修、检测费用。

③职工工资福利。

④财务成本。

⑤各种税费:包括一次性税费和每年固定税费。

一次性税费:车辆购置附加费、牌照费;

每年固定税费:保险费、营业税、养路费、车船使用税、交通规费等。

⑥经营场所场租费用。

⑦不可预计风险准备费用(包括可能产生的交通事故连带责任)。

⑧其他经营管理费用:办公费、广告宣传费、救援费用等。

(2)汽车租赁企业的投资限制

交通部、国家计委1998年颁布实施的《汽车租赁业管理暂行规定》对汽车租赁企业的投资规模进行了一些规范,主要体现在汽车租赁企业的技术经济条件必须达到以下要求:

①汽车租赁企业配备车辆数不少于20辆,且汽车车辆价值不少于200万元。租赁汽车应是新车或达到一级技术等级的车辆,并具有齐全有效的车辆行驶证件。

②汽车租赁企业须有不少于汽车车辆价值5%的流动资金。

③汽车租赁企业有固定的经营和办公场所,停车场面积不少于正常保有租赁汽车投影面积的1.5倍。

④汽车租赁企业有必要的经营机构和相应的管理人员,在经营管理、车辆技术、财务会计等岗位分别有一名具有初级及其以上职称的专业技术人员。

7)汽车租赁企业的岗位设置与职责

要保证汽车租赁企业的正常运作,汽车租赁企业必须合理设计其组织结构,明确各部门的分工与职责,同时确保部门间协作的效率。通常汽车租赁企业都设有业务部、车辆管理部、财务部、行政部,一些大型的连锁经营的汽车租赁公司为了开拓加盟连锁市场还设有网络发展等部门。汽车租赁企业的一般组织结构如图8.4所示。

经理:统筹规划租赁企业各项事宜,制定企业发展战略,带领企业开拓市场,提高服务质量,规避经营风险,赢得竞争优势和利润。

行政部:处理日常内部事务和后勤保障工作,协调各部门运作,制定和实施企业人力资源

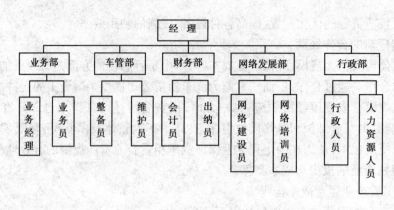

图 8.4　汽车租赁企业的组织结构

规划。

业务部:解答咨询,接待客户,洽谈业务,审核客户租车担保手续、承租者资信状况进行租赁业务的风险控制,进行资信审查、签订汽车租赁合同;制定汽车租赁的价格政策;与财务、车管部门配合,收发租赁车辆,跟踪租赁营运车辆车况及排除隐患,包括:与车管部门配合,协助救援、安排替换并完成有关交接手续等;为租赁车辆办理保险及事故处理、保险索赔;并对租赁市场状况进行分析和中短期预测,提出业务发展意见。

车管部:租赁车辆的整备、维护,易损件更换;租赁车辆收发时的查验;租赁车辆车况跟踪,安排救援及替换车辆;事故车辆维修、送修,配合定损、索赔等;租赁车辆档案建立、健全与管理。

财务部:租赁业务涉及款项(如:租金、押金等)收支、结算及出具票据;租赁业务流程中相关单据、票据、存单的保管、整理与归档;本站点租赁状况分析及财务报表提交;协助业务部门对风险规避的措施提出意见。

网络发展部:制定和实施网络发展规划、网络运营的商务政策,组织和实施对新加盟的网络成员进行技术、管理和市场开拓方面的培训。

8)汽车租赁业务流程

汽车租赁作为一种服务产品,为了提高服务质量、控制运营风险,业务运行中的过程管理十分重要,因此汽车租赁企业应制定和实施合理、严格的业务流程。具体涉及租车、还车和实施救援三个方面。

(1)租车流程

客户到达汽车租赁站点后,应由业务人员负责接洽,简要介绍租赁业务情况,解答客户提出的有关价格、车辆使用限制、信用担保、交还车程序等方面的疑问;根据客户的租车目的、用途、所需车型、所用时间等具体情况为客户制定租赁方案,尽可能满足客户需求(对有预约的客户可简化接洽程序)。租车流程图如8.5所示。

租车时单据、证件流转程序。在此过程中,业务人员应始终具备较强的风险防范意识,一旦出现难以确认的情况或用户提出超出公司控制条件的要求时,应及时上报主管领导,进行慎重的个案处理。另外,对于长期租赁的客户,业务人员应定期与客户保持联系,了解车辆使用状况,提醒客户定期回公司对租赁车辆进行维护和保养,以确保车辆的安全、车况良好,以延长车辆使用寿命。

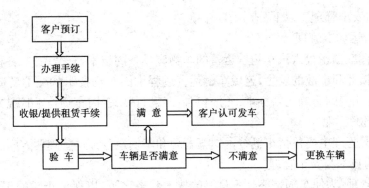

图 8.5　租车流程图

（2）还车流程

客户到租赁公司交还承租车辆时，业务员应给予客户主动热情地接待，和顾客一起迅速查验汽车租赁合同、车辆交接单等相关单据及其租车时所用证件、证明，会同车管部门对照车辆交接单对车主交还的车辆进行现场勘验；验车结果经车管部门和承租方共同确认后，双方签字验收。然后，由业务人员引导顾客至财务部门进行账务结算（若有车损情况，双方应相互协商，由技术部门出具合理赔偿单据，承租方依单据缴纳赔偿金后，方可进行账务结算），财务部门出具结算证明，还车手续结束，汽车租赁合同终止。还车流程如图 8.6 所示。

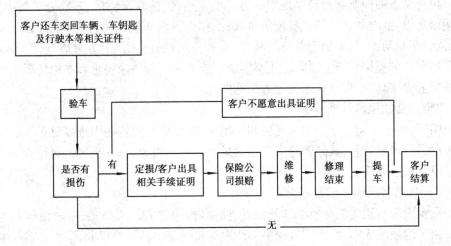

图 8.6　还车流程图

（3）车辆救援流程

当收到客户要求救援的信息后，业务员应及时建立与客户的现实联系，询问顾客所在具体地点、联系方式、车辆状况、车损程度、是否需要替换车辆的情况。然后通知车管、技术部门安排救援（包括救援车辆、替换车辆的派遣，随车修理工具、通讯工具的准备，或准备拖车）。并及时提醒或协助客户向公安交管部门和保险公司报案，并会同本公司自己的车管人员迅速赶赴现场，到达事故现场后，应仔细进行检查，与客户和公安交管部门一起确认事故原因、责任方及车辆损坏程度，协助保险公司进行定损，双方在救援单据上记录情况并签字确认。然后由工作人员进行维修及必要的车辆替换并跟踪办理保险理赔手续。

9）租赁车辆的技术与安全管理

租赁车辆的技术与安全管理工作主要包括三个方面，即：车辆营运标准管理、车辆档案管理、车辆技术与安全管理。以下分别予以介绍。

（1）车辆营运标准管理

车辆运营标准是指投入汽车租赁运营的车辆应具备的技术、安全条件,各租赁公司为了减少车辆非正常损耗和事故的发生,避免车辆运营过程中因车辆技术状况不良造成租赁双方的纠纷,都应制定相应的车辆运营标准,一般包含:车辆行驶文件;车辆技术状况文件。

（2）车辆档案管理

车辆的档案管理主要包括车辆技术档案管理和车辆运营证件管理两方面的内容。

（3）车辆的技术与安全管理

车辆技术管理:为使车辆始终处于良好的技术状态之下,以保证车辆的正常使用,车管部门应按照车辆使用说明书和维护手册上规定的公里数和时间要求,定期对租赁车辆进行仔细检查、维护,不应以任何理由拖延;对交还公司的租赁车辆进行技术状况检查,并详细记入技术档案,以消除故障隐患,一旦发现车辆故障,及时报有关管理人员,本着"安全性、低耗时、低成本"的维修原则进行安排修理,并提交书面报告,说明故障原因、需修理部位、预计修理耗时及费用并记入车辆技术档案,从而最大限度地减少车辆技术状况的非正常损耗,降低经营成本,保证租赁车辆的正常使用。

车辆安全管理:车辆安全管理主要涉及预防车辆事故的发生和事故发生后的处理。车管部门应将租赁站点的停车场地科学地划分为待租车辆区、检修车辆区、车辆通道等不同区域,避免车辆因乱停、乱放和移动造成碰撞等事故;工作人员将车辆驶入停车场后,必须关掉所有电门、拉紧驻车制动器、锁好门窗及防盗装置,检查一遍,确定无误后方可离开;配备专门人员做好停车场车辆的登记、管理工作,防止车辆缺损或丢失。按国家要求和本地情况为停车设施配备有效的灭火工具,并保证停车管理人员能熟练使用。

10）租赁企业的风险管理

汽车租赁,由于车辆交于承租人驾驶和使用,租赁企业在租赁期中难以对车辆的使用状况和使用方法进行现场监督,其经营具有一定的风险。一般来说,汽车租赁企业经营中的风险主要存在于以下几个方面:

（1）车辆技术状况的非正常损耗

由于承租人对所租赁的车辆的驾驶特点、性能、构造等方面不熟悉,造成操作不当。或者为了减少租车的使用成本,在使用过程中不注重对租用车辆的维修保养,带来车辆技术性能的非正常损耗,或者由于企业自身对租赁运营车辆的技术管理出现漏洞,没有及时地检查和维修,致使租车人在使用过程中造成车辆损坏。这些都将导致车辆的使用寿命降低、企业的经营成本升高,妨碍企业投资的按时收回,从而给企业的经营带来风险。

（2）承租人的道德风险

是指承租人违反双方议定的租赁合同,在租赁过程中侵占租赁企业的合法利益的行为。常见的有两种情况:一是承租人不按合同规定交付租金。有些用户延长用车时间而不补交租金或延期支付租金,超时使用短则十几天,长则几个月,造成企业的租金不能按时收回,车辆周转受到影响。另外租赁合同在规定每日基本租赁价格外,一般还对每日行驶里程、行使范围有一些限定,对超出使用里程和范围的部分加收部分租金。部分顾客为了多行驶一些里程而少付费,拆卸租赁车辆的历程表,使企业经营蒙受损失;二是承租人非法侵占租赁车辆的所有权,承租人在租赁期内采取不法手段将租赁的汽车进行抵押、偿债或擅自改变汽车的结构,更换零部件,甚至以租车为名,行盗车之实,将租赁的车辆变卖,直接侵占汽车租赁企业的营运资产。

11)租赁客户的客户关系管理

客户关系管理是在对汽车租赁客户的顾客价值及其形成过程的深入分析的基础上,运用现代 IT 技术和系统集成技术,通过为顾客提供个性化汽车租赁服务建立、发展与顾客之间长期、稳定的合作关系,在实现顾客价值最大化的同时为汽车租赁企业赢得竞争优势的管理手段。它不同于一般传统意义上的顾客管理,不仅对顾客的个人资料、租赁的车型、租期、是否违规等一般信息进行收集和分析,以作为营销和决策的参考,它更多的是对顾客在租赁过程中的价值体验,以及通过与顾客建立稳固合作关系所带来长期收益进行评估和管理。它更能够为汽车租赁企业创造长期稳定的发展和提高顾客的忠诚度。

建立 CRM(客户关系管理)平台所需的关键技术主要有:知识发现、数据挖掘和数据仓库。知识发现是一种强有力的解决信息超载的方法,它通过自动检索大量数据来探求事件模式,并提交简单易懂的分析结果,使得组织能够更好的理解商业过程。数据挖掘则是一系列技术的组合,旨在发现隐藏在大量数据背后的有价值的数据模式,其目的是通过建立决策模型来分析过去、预测未来,通过数据挖掘,发现隐藏在大量信息中对顾客消费决策有潜在价值的知识和规则,从而掌握单个顾客的价值链构成和价值偏好。这两项技术与由各种分类数据库集成的数据仓库相结合,使汽车租赁公司能够通过 CRM 平台持续不断地获得各类客户的相关信息,从中归纳、预测租车客户在汽车租赁的过程中的价值链构成和消费行为模式,再有针对性地进行一对一营销,使得租赁公司在和租车客户的每一次接触中,都能够尽可能多地为顾客提供针对该顾客的消费习惯而专门设计的服务组合,从而提高顾客对其消费行为所感知到的效用和价值,提高顾客满意度。这种双方互利的接触经过一段时间后,将在汽车租赁公司和顾客间建立起基于信任和承诺的稳定关系,同时由于这些营销政策都是一对一的定制服务,难以被其他汽车租赁企业模仿,从而能够为汽车租赁企业在竞争中带来长久的竞争优势。需要指出的是,CRM 不仅仅是一套计算机管理系统,它是以全公司员工参与,通过识别消费者偏好以批量定制的手段进行一对一营销,从而创造竞争优势的管理过程。信息技术知识为其运作提供了一个信息收集、处理、共享的平台,全体员工的服务观念和参与实践是客户关系管理能否取得成功的关键。

目前市场上 CRM 平台的模块主要包括有:市场管理(Marketing Management)、服务管理(Service Management)、呼叫中心(Call Center)、销售管理(Sales Management)和电子商务(E-Business)五个部分。

在这五个模块中呼叫中心是实施 CRM 的重点,是平台的重要组成部分。它集成了服务管理和销售管理两个模块,让企业进行实时的服务和销售。在市场管理模块中可以通过分析客户的资料进行市场决策,而且还可以评估和追踪企业的市场策略,分析自己和竞争对手的资料,进行有效的市场决策。服务模块通过动态建立知识库,使客户服务代表能够有效的提高服务质量,提高客户的满意度,发掘潜在用户等。销售模块主要是用来存储管理用户信息、商业机会以及销售渠道等各方面的内容,企业可以通过这个模块进行更好的更有效的销售活动。电子商务模块是上述所有模块的逻辑集成,目的是更大程度地满足客户的需求。

8.5 汽车文化及其相关服务市场

8.5.1 汽车文化

汽车的发明和发展都是社会文明的产物。《现代汉语字典》对文化的解释是：文化指人类在社会历史发展过程中所创造的物质财富和精神财富的总称。汽车文化是指汽车发明和发展过程中所创造的物质财富和精神财富的总和。汽车文化包括技术文化、车史文化、造型文化、名人文化、名车文化、车标文化、赛车文化等内容。从1886年德国人卡尔·本茨发明第一辆汽车到今天的智能化汽车，汽车文化从静止形态，如汽车影展、挂历、明信片、邮票、T恤衫、车模、图书、摄影图册、期刊、报刊等，逐渐发展为动态，如汽车旅游、汽车运动、汽车娱乐等，现代社会则更多地表现为二者交融，如汽车俱乐部、汽车餐馆、汽车影院、汽车酒吧、汽车旅店、汽车书屋、卡丁车赛场乃至汽车厕所。这些流动的汽车不但给人们的生活带来极大的方便，而且也是汽车文化在社会生活中的顽强表现，这种汽车文化已经步入人们的生活。汽车工业发展促进了汽车文化的发展，静态与动态汽车文化的交融，不但有助于汽车工业的发展，而且有助于社会整体的发展，这种汽车文化为社会的发展创造了无限的商机，改变了人们常规的生活，同时汽车文化形成的市场潜力巨大。这种市场主要表现在：汽车俱乐部、汽车赛事、汽车广告、汽车展览及婚庆花车等方面。

2004年9月首次F1中国站大奖赛在汽车城的成功举办，以赛车、卖车、玩车的"汽车文化"链条也在这里开始形成。汽车博览公园是继上海国际赛车场之后上海的又一个城市文化亮点。公园占地近1 150亩，以汽车文化为主题，设有汽车世界、汽车博物馆、会展中心以及和汽车文化相关的娱乐项目，是国际一流、国内首创的汽车文化主题公园，其中汽车世界项目已经获得国际著名娱乐品牌——美国米高梅公司的品牌授权，将运用高科技娱乐技术和手段，展示现代汽车制造的全过程，这一项目预计每年能够吸引250万到500万的游客流量。全国目前有十几个不同名称的汽车文化节，比照上海汽车文化节的游客流量，每年全国至少有3 000万左右的人光顾汽车文化节，产生的影响与经济效益会对汽车的发展起到积极的推动作用。目前国内著名的汽车展览有北京和上海，伴随汽车展览会派生出许多令人目不暇接的文艺活动与促销活动。

从微观的层面看也有令人称奇的汽车文化杰作，66号公路餐厅——北京大型汽车文化主题餐厅。该餐厅每间包厢的四周都是相关汽车品牌的资料，进入任何一间包间后不要以为你进了一家汽车文化展厅，因为除了中间那张圆形餐桌外，周围墙壁上都是不同品牌汽车的系列介绍。比如其中的一个包间墙壁上介绍的是通用车的陈列室，左边墙面上是：通用车历史的介绍，别克创始人大卫·顿巴·别克的大幅画像，别克徽标的演变，室内还有别克车模。人们由于种种差异产生对于不同车的钟情，这也是餐厅设置汽车主体包间的初衷。像这样的包间还有奔驰、丰田、奥迪、凯迪拉克、法拉利等知名汽车品牌。

除了这样别具一格的汽车包间。餐厅的装潢更是体现了汽车文化氛围。用方向盘做成的餐厅大门把手，以汽车轮胎为底座的吊灯，墙面装饰采用汽车为主题的装饰画、小知识、各式车牌、老照片、改装车标，甚至连台座上都是各大汽车品牌的简介。其实餐厅的菜单扉页上已经说明欢迎八类人光临:喜欢车的人,研究车的人,设计车的人,制造车的人,卖车的人,开车的人,修车的人,管车的人。

餐厅的菜单也别具一格,有两种菜单,一种是普通点菜单,满足客人用餐需要;一种是汽车菜单介绍各种汽车小知识,客人可以从中找到精神食粮。无论如何餐厅创使人希望八类客人可以在这里各得其所。

从上面有关 66 号公路餐厅的案例可以看出对于汽车文化的需求已经体现在日常生活当中了,现在越来越多的人开始喜欢汽车了,但多数汽车消费者对汽车知识的了解还是比较浅,甚至存在不少误解,例如,越野车就是"Jeep"的笑话比比皆是。由于真正了解汽车文化的人很少,这一矛盾导致了很多问题。比如 2002 年,中国汽车保有量约 1 400 万辆,全年交通事故发生了 77.3 万起;2002 年,德国汽车保有量为 4 400 万辆,而全年交通事故只有 6 000 起。这一组对比鲜明的数字说明,两个国家在驾车技能、交通法规意识,以及汽车本身性能的认识上存在很大差异,因此导致了在安全用车方面完全不同的效果,北京 66 号公路餐厅就是在这种背景下产生的。如果我们按照这个思路走下去,如果每个汽车品牌在设有特约服务站的地区设立一个餐厅,把餐厅当成宣传汽车品牌的场所,可以肯定这种近距离的接触加上餐饮氛围的烘托,该品牌对潜在客户起到潜移默化的影响,在进餐过程中这种效果尤其显著,对开着本公司出产的汽车来店就餐可以打折等相关促销手段也就顺理成章了。

从上面的事例中我们可以明显感觉到,不管你愿不愿意汽车文化都已成为人们日常生活的重要组成部分。例如各种汽车杂志纷纷问世,许多报纸开辟了有关汽车的专栏,电视台、广播电台也纷纷举办汽车专题报道,新闻媒体对汽车文化的形成与发展功不可没。21 世纪,汽车会真正成为国人生活的一部分,只有当我们与汽车同生存时,才可能创造出形式各异的汽车文化。归根结底,汽车文化是以汽车为载体,以文化为依托,两者相辅相成,缺一不可。今年对于汽车文化的发展应该算是一个比较有意义的年头,《变形金刚》的上演把汽车文化演绎成了多数人能感觉到的新形式,我们回顾一下在变形金刚里面各种机器人对应的车型,福特、通用等品牌的车随电影《变形金刚》的上演,无论是知名度还是美誉度都有大幅度地上升,这种效果是其他宣传形式无法比拟的。

开车时适合听什么音乐? 这个问题似乎问得有点多余,一般的观点是在开车时愿意听什么就听什么。从 2007 年初开始,几个著名的门户网站几乎同时开辟了汽车音乐的栏目,按照各自一贯的风格征集十大适合开车时听的音乐或歌曲,响应者甚众。社会心理学中有一种理论称为"从众压力",当多数人都认为开车时听那些音乐合适的时候,特别是自己周围的朋友也这样认为时,即使自己有不同意见也会在车上放上大家公认的音乐,以示迎合潮流。从这些现象中我们可以体会到汽车对人类生活的影响已经远远超过了简单的代步作用,从汽车派生出来的文化可以成为一个重要的文化分支,就像目前网络文化一样,随着科学技术的进步汽车对人类的作用也日益深入、扩展。我们在本章开头所说,汽车行业的价值链正在飞快地演变成价值网。围绕汽车产生的价值正在向其他非物质方向发展,《变形金刚》给我们展示了一个过去还没有认真考虑过的问题,即汽车行业的竞争正从传统的营销模式转向文化方式。我们通过汽车餐饮、汽车音乐、汽车电影三种文化方式显示了汽车文化生命力与影响力的强大。对于这种发展趋势业内人士需要做好充分的准备。

8.5.2　汽车俱乐部

汽车产品目前无论是对发达国家还是对发展中国家的消费者而言都还属于大件商品之一。一旦拥有,相关的一系列需求随之而派生,汽车俱乐部就是为了满足其中的若干需求而产生的。功能较全的汽车俱乐部涵盖了汽车售后的一切服务项目,包括汽车维修。目前,国内的汽车俱乐部很多,这些俱乐部大都是汽车生产厂家、社会团体、汽车发烧友和大学生们组织的。俱乐部的形式也是多种多样,有充满文化沙龙式气息的,有火药味极浓的以赛车为主的,也有集销售、维修、租赁、旅游为一体的俱乐部。汽车俱乐部大致可划分为以下几种类型:救援型、租赁型、文化娱乐型、企业型、汽车品牌、综合型俱乐部。可以感觉到,按照喜好、功能组成的俱乐部娱乐的功能大于服务的功能,我们在前面已经触及过这个问题,俱乐部应该集合了大部分汽车使用者在使用汽车时希望得到的服务,而且这种服务的集合度还会不断地提高。从汽车综合服务的角度看问题,我们认为今后汽车俱乐部应该成为一个平台,在这个平台上由于有能满足各类消费者提出的大多数汽车综合服务方面的需求,而不是仅仅有共同爱好,该平台强调的是服务的完整性与便利性。虽然服务的对象是具体的客户,但是不再像提供专业服务维修站那样强调把客户放在首位,而是把客户利益放在首位。这两者的差异在于前者强调客户会通过认可提供服务的人进而认可企业,后者强调通过一站式地满足客户的绝大多数需求进而认可这种便利性给自己带来的利益来保持与企业的联系。这是一种理念上的质变,强调从细分市场营销策略转向无差别化市场营销策略。

汽车俱乐部因为有着强大的市场作为其发展的经营基础,它的成长速度是惊人的(因为汽车保有量的增幅是惊人的)。在这里,汽车作为纽带将会员集合在一起,但在一起却又不仅仅是为了汽车这种代步工具,它已成为人们扩大社交范围的便利方式。汽车为消费者服务,汽车能为消费者提供什么服务要看是否有支撑其服务的条件,汽车俱乐部就是努力向消费者提供条件的组织。

1)**国外的汽车俱乐部**

随着汽车的诞生,1897 年英国成立了世界上最早的汽车协会——皇家汽车俱乐部,即现在的 R. A. C 前身,随后 1902 年美国 AAA 汽车俱乐部、1904 年 FIA 国际汽车联合会、1905 年 ACI 即意大利汽车俱乐部等相继诞生,世界上最早的汽车俱乐部至今度过了百年诞辰。目前,全美 69 个地区的汽车俱乐部拥有会员 4 800 万,初级会员年费为 70 美元。

100 多年来,美国 AAA 汽车俱乐部服务范围和种类不断扩大,目前有以下几项主要服务:出行服务、会员服务、预订服务、金融服务、保险服务,汽车救援服务作为汽车主要服务嵌入到上述各项特色服务之中。

ADAC 全德国汽车俱乐部,现有 1 500 万会员,成立于 1903 年,是一家企业化运作、非营利性、混合性的组织。拥有保险、空中救援、旅游、通讯、汽车金融、汽车运动等领域的经营性公司18 个,然而最基本的汽车救援等服务是以会员制的方式,收取少量的年费,服务时不收费或少收费向客户提供的。

ADAC 也是 AIT(国际汽车旅游联盟)与 FIA(国际汽车协会)的双重会员。ADAC 在德国各地共设有 18 个地区性汽车俱乐部,会员数量超过 1 500 万,仅次于拥有 4 800 万会员的美国汽车俱乐部。

ADAC 拥有救援直升机 39 架、27 个直升机站,自成立以来,执行过 130 万次的救援任务。

ADAC 在海外,包括:美国、加拿大、欧洲各国等国,拥有 16 个海外会员救援呼叫中心,配备德语为母语工作人员,为会员提供各种(包括医疗在内)救助。

ADAC 追求高质量的救援网络建设,除不断完善自有的网络拓扑外,发展了 4 100 个合作伙伴,与他们签订特约服务合同,建立通讯联系、疏通指挥渠道,巩固、发展合作伙伴关系,实现更加有效、及时地向公众提供服务的目的。

ACI 意大利汽车俱乐部集团,成立于 1905 年,公开声明自己是法定的非营利组织,但却是一个上市公司。拥有 106 家汽车俱乐部,11 个全资公司,7 个参股公司,经营范围涉及:旅游、保险、通讯、出版物、传媒、救援、汽车运动、二手车评估等各个领域。13 个分支机构遍布意大利全国。受国家委托,从 1927 年开始,机动车登记及国家车辆信息数据库管理由 ACI 负责,并监控车辆征税状态。数据库资源无偿为国家服务。

ACI 的会员每年交纳 70 欧元的会费,可以得到免费救援、安全驾驶培训等服务,若会员通过该集团所属的保险公司购买保险,不仅可以达到 20% 的优惠,还可以得到每年 2 ~ 4 次的免费救援服务。

日本汽车联合会(Japan Automobile Federation,简称 JAF),成立于 1962 年,现有会员 1 720 万,基本会费每年 2 000 日元。

日本汽车联合会也公开称自己为公众组织,他们的宗旨:为增强驾车人的安全与提高安全意识服务,努力改善驾驶安全与公共交通环境与秩序。这样的宗旨还体现在他们提出的三原则之中,即:面向服务的原则;面向挑战的原则;开放的原则。

也即是说,为会员服务是该机构的第一宗旨;不断改进服务,面向新的挑战,是提高为会员服务质量的根本;保持与会员的联系,利用各种手段与机会创造一个透明的运行环境,使会员充分地了解自己,向会员开放,是该机构不断发展,保持生命力的根本。

考虑到在 21 世纪,现在 16 ~ 17 岁的青少年将是摩托化社会的骨干以及老龄化社会到来的现实,日本汽车联合会别具特色开发了面向个体会员、家庭会员、16 ~ 17 岁青少年的服务,满足不同人群、不同需求的不同内容的服务,兑现了他们的服务宗旨。

澳大利亚汽车协会(The Australian Automobile Association,简称 AAA)成立于 1924 年,由 8 个州和地区的俱乐部组成,现有会员 620 万人。

协会的宗旨是:让所有的成员保持汽车综合服务领域的世界一流水平。使命是:提高驾车人对公共政策的影响力,推动会员有效地利用俱乐部。

"新车碰撞试验程序与检测标准"项目是否能代表驾车人的利益,是俱乐部是否站在驾车人立场上的一个重要标志。ANCAP(Australian New Car Assessment Program)是 AAA 代表公众利益设立的一项试验项目。不同年份、不同车型的新车碰撞检测的结果被公开在网站上,任何人均可以查阅。

AusRAP(The Australian Road Assessment Program)作为 ANCAP 的姐妹项目,它的作用是要绘制一张道路风险图,告知驾车人、提示驾车人,某种道路、某条高速公路的事故风险率,以保障安全出行。该系统每年将实际发生事故的数据:死亡人数、伤亡人数,事故类型等进行统计分析,做出报告,并公示给社会大众。

澳大利亚汽车协会从 2000 年至 2005 年六年间,共向会员、政府或相关部门提出咨询建议或提案 28 件,2003 年提案 9 件,其次是 2005 年有 6 件。涉及地方铁路与道路网络的出入口衔接问题、生物燃料问题、俱乐部年度预算等诸多内容。充分体现了该组织的宗旨,代表会员行使了对公共政策的影响力,实实在在站在了消费者一边。

各种具体的服务与活动是通过 NRMA、RACV、RACQ、RAA、RAC、RACT、AANT、RACA 等八个州或地区俱乐部落实的。提供的各类服务与美国 AAA 向车主提供的各种服务类似。

成立于 1920 年的 NRMA 是最大的实体,有 240 万会员,拥有 500 辆救援车和现代化呼叫中心,每年的救援呼叫量达 280 万次。路面救援到达时间 45 分钟以内,恢复行驶率高达 94%。

从西方汽车俱乐部百年发展的痕迹,我们可以借鉴的经验:

(1)会员制是核心,驾车人只要交纳不多的会费,便可享受到不少的服务;

(2)俱乐部是会员的权益代表,俱乐部要代表会员,维护驾车人、消费者的利益;

(3)非营利性组织是俱乐部体制的本质。集团式的机构,"事业单位 + 公司"的混合式的体制,是发展、生存的需要,也是俱乐部在市场经济大环境下求得发展的必然结果;

(4)救援服务等围绕汽车后市场需求的各种服务仍是服务的主体,不断增加、不断与时俱进开发新的增值服务,一方面满足了日益膨胀的服务需求,另一方面也是俱乐部求生存,赢得利益的所在;

(5)网络式服务体系已经形成,网络经济的运作模式,特约合作伙伴体系的建设,是当前西方发达国家汽车俱乐部普遍采用的运作模式。

2)汽车俱乐部的主要服务项目

拥有汽车的车主,常常会遇到各种麻烦和需求,而且都是车主感到棘手的,甚至根本无从解决的。这就产生了一种服务需求,于是各种汽车俱乐部应运而生。下面是汽车俱乐部的主要服务项目。

(1)汽车救援

汽车救援只是某个综合型俱乐部的一个服务项目。由于它收费低(基本采取年费制),反应速度快,救援质量好,容易得到会员的好评。汽车救援保证在承诺时间内准时到达,做到小故障立刻处理,大故障免费拖至特约维修站,并为你提供备用车、备用油,如果因发生交通事故而要求救援,还将协助车主报警。

(2)金融服务

金融服务在国外的汽车俱乐部中是工作量很大的一部分业务,从信用卡开始到汽车贷款等包括很多服务。国外的许多服务都是借助信用卡实现的,比如异地租车。在中国,虽然有信用卡,却缺少信用体制,这就使租车手续非常麻烦,你得带户口、押金,等等。联名信用卡最大特点就是把汽车综合服务包括进去,有了这张信用卡,租车行就不用担心租车客户不付钱的问题,如果持卡人不向银行付钱,俱乐部也会采取一系列追索办法,化解风险。

(3)车辆保险

在车辆出险后,向保险公司索赔是一件比较耗费精力的事情。但如果你是这类俱乐部的会员,就可以放心地把理赔的烦琐手续留给俱乐部,去忙你自己的事情,而且你会先期得到由俱乐部垫付的车辆保险理赔款。

(4)维修保养

为了维修出险车、故障车,这类俱乐部拥有自己的维修、配件、美容服务网络。这些服务网点在服务质量和工期上均接受俱乐部严格的审查,配件费用和工时费用由俱乐部严格监督。会员可在这个网络里享受相当程度上的打折优惠。而且出现问题后,会员也会投诉俱乐部而非修理厂。

(5)展销咨询

即是为消费者购车当"参谋"。一些汽车俱乐部举办过为期一个月的"双休日家用轿车展销及免费咨询活动"。活动期间,工作人员向用户免费发放各种宣传材料,介绍各种家用轿车的技术参数和性能,同时,还免费提供售车咨询及汽车维修咨询服务。

(6)汽车旅游

一些汽车俱乐部创造性地提出了"汽车旅游"的新概念,为汽车旅行提供条件。

表8.2列举了北京某汽车俱乐部的服务项目。

表8.2 北京某汽车俱乐部的服务项目

服务项目	具体描述	产品	金卡会员	标准会员
会费		一年期会员	580 元	380 元
		连办三年期会员	1 280 元	800 元
驾车出行保障	现场急救	365 天、每天 24 小时的路面救援服务。服务范围是北京行政区域内,包括远郊区县一旦你在路上遇到问题,我们训练有素的救援人员将迅速抵达现场,为你提供优质高效的故障抢修服务	免费	免费
	拖带服务	365 天、每天 24 小时的拖带服务。如果遇到现场无法排除的故障,我们会派拖车将你的爱车拖到你指定的维修地点	1)五环以内免费拖带,五环以外按每公里 8 元收费。 2)或者 20 公里免费拖带,20 公里外按每公里 8 元收费;会员可自行选择	10 公里以内免费;10 公里以外按每公里 8 元收费
驾车出行保障	送油服务	在你途中无油时,我们将为你送上免费汽油,以保障你行驶到最近的加油站	免费送 5 公升汽油(每天限一次)	免费送 3 公升汽油(每天限一次)
	备用配件	当你需要安装配件时,除收取成本价外我们不收取安装配件的工时费	除成本价外,我们不额外收取安装配件的工时费	除成本价外,我们不额外收取安装配件的工时费
驾车出行保障	车况技术鉴定	二手车检测及车市行情(需会员将车辆送到俱乐部马家楼救援中心)	CAA 的服务人员将根据你的车况免费为你提供鉴定报告	免费电话咨询,技术鉴定服务收费200 元

续表

服务项目	具体描述	产品	金卡会员	标准会员
会费		一年期会员	580 元	380 元
		连办三年期会员	1 280 元	800 元
车务服务	驾照年审（审本）及税费缴纳	俱乐部为你代办驾照年审（包括驾驶员体检）及各种税费缴纳服务	你拥有享受免费上门服务的优先权（CAA 的客户服务人员将根据你的要求上门收集相关资料，并全权为你办理相关手续；办理完毕后及时将相关资料返还给你）	1)快递服务（你只需将你的驾照及相关证件快递至俱乐部办公地点，由我们为你办理其相关手续，办理完毕后将所有文件通过快递的形式返还给你，费用由会员负担）；2)上门服务（请登记下你对上门服务的要求，在资源允许的情况下，我们将尽量为你安排上门服务，并收取 20 元的服务费）
	车辆年检	CAA 将帮助你办理车辆年检服务	你拥有享受免费上门服务的优先权（CAA 的客户服务人员将根据你的要求上门收集相关资料或领车，并全权为你办理相关手续；办理完毕后及时将相关资料和车辆返还你手中）	会员自己就开车去检测厂，CAA 的客户服务人员将全程陪同你进行车辆年检
	车务提醒	将通过会刊、短信、电话的形式提醒你办理车务和交费等手续	电话、短信、会刊提醒	短信、会刊提醒
	保险代理及理赔服务	对于在俱乐部购买保险的会员，当你有出险情况，将为你办理理赔	CAA 的保户将免费享受理赔服务	CAA 的保户将免费享受理赔服务
	车务手续	为你代办新车上牌、车辆过户、补办行驶本、环保标及汽车牌照等	会员优惠价	会员优惠价
会员增值服务	实惠的消费打折服务	会员享受洗车、修车、保养、餐饮、娱乐休闲的消费折扣	是	是
	《大陆汽车》会刊	定期赠阅《大陆汽车》双月刊	免费	免费
	自驾车旅游地图及指南	CAA 提供全方位的独家采集的自驾车旅游信息、旅行地图或指南，以供出行参考	免费	免费
	俱乐部活动	CAA 将定期为会员组织各种活动，如：自驾游活动及其他主题活动	免费或会员优惠价	免费或会员优惠价

（7）赛事运动

从 1995 年卡丁车运动传入中国至今，我国已先后成立了一批卡丁车俱乐部。然而，由于宣传力度不够，人们对卡丁车缺乏认识，另外卡丁车均为国外进口，成本高，费用昂贵，成为普及卡丁车运动的一个障碍。但是，在不久的将来，卡丁车运动也会像现在的台球、保龄球一样，成为全民健身运动项目之一。

（8）连锁租赁

连锁租赁是汽车俱乐部推出的重要举措。如一家汽车俱乐部实现联网，通过推出"世纪通卡"，打破区域界限，使租车实现了"一地入会，各地驾车"。目前，该俱乐部已在广州、北京、上海等 15 个城市建立了租赁站，并将发展到 52 个城市。租车时不要押金，不需当地户口，不必办理烦琐手续，可在全国租车、驾车和还车，可谓想到了用户的"心坎"里。总之，汽车俱乐部的服务项目里包含着会员的汽车从生到死的全过程服务，甚至包括准车主们学开车。会员车辆的更新手续、年检、保养、装饰、维修、救援、理赔以及为会员提供应急车辆均是俱乐部的基本项目。

3）汽车俱乐部的性质

汽车俱乐部是服务行业，服务行业最重要的就是管理，在于如何保证为会员提供承诺性的服务。从世界汽车俱乐部的情况来看，它们不是以盈利为目的，或是干脆建成非盈利组织。不以盈利为目的并不是不可以盈利，而是要求所有利润必须返回俱乐部，不能向与俱乐部无关的行业投资。俱乐部的收入都是来自会员的会费，所以每一项投入必须让会员得到实惠。基于这一点，带来了一系列运作上的概念，才能保证会员的利益。反过来，要保证会员的利益，就必须不以盈利为目的。各国的俱乐部运作时都尽量避免利益冲突。我国的汽车俱乐部，除汽车救援之外，还有一个综合服务网，包括与驾车相关的各服务行业，比如汽车维修、保险、加油站等。汽车俱乐部与厂家签定协议，让它们成为指定服务点。这样，会员无论在哪里都可以享受优质优价的服务。其实，是俱乐部把客源带到那里的。例如对修理厂来说，俱乐部介绍会员就是介绍生意，会员可以享受打折优惠，而且出现问题后，会员也会投诉俱乐部而非修理厂。但俱乐部与汽车修理厂没有任何经济关系，这就体现出不以盈利为目的。不以盈利为目的引申出来的内容非常多，如汽车保险，为了保持公正，必须代理三家以上的保险公司的车险，以保证会员有公平自由选择的余地，也就是保险经纪人的概念。用这种方式建立汽车俱乐部，实际上是推行了一种新的商业法则和服务方式，而这种方式确实很有生命力。

8.5.3　汽车赛事

近几年国内汽车赛事越来越频繁，样式也越来越多。除了举办多种样式的汽车拉力赛之外，还举办了古色古香的老爷车赛、中国康巴斯方程式锦标赛、全国卡丁车锦标赛等。由各个汽车俱乐部组织的小型赛事数不胜数。

1）汽车工业和赛车的关系

汽车发展的历史是与汽车运动分不开的，因为汽车比赛的基础是车，高性能、品质卓越的车才能够在赛场上所向披靡。汽车运动和汽车工业的渊源由来已久，汽车运动随着汽车工业的发展而兴起。19 世纪 80 年代，欧洲大陆出现汽车的雏形。1894 年在法国举行了第一次汽车比赛。自 20 世纪 80 年代开始，世界汽车工业飞速发展，推动汽车运动的水平不断提高。1985 年进行了首届香港——北京汽车拉力赛。进入 21 世纪，道路越来越密，汽车越造越多，人们开始参加拉力赛、越野赛、场地赛、普通汽车竞速赛、驾驶技巧赛、卡丁车赛……在汽车运动的各种比赛中,汽车厂商已组队参加。中国的汽车工业也以前所未有的速度发展,对汽车运动的关注与日俱增。

我们国家在1970年就举行了北京——巴黎汽车拉力赛,但当时并没有中国人参加。1985年首届港京汽车拉力赛才意味着中国汽车"运动化"的开启。随后,1992年北京马拉松国际汽车越野拉力赛等赛事接踵推出、中国车手陆续到国际赛道一展身手,直至形成全国拉力锦标赛、全国场地锦标赛、全国场地越野锦标赛、全国卡丁车锦标赛等专业赛事,以及2004年上海被列入F1大奖赛的一站,中国汽车运动在最近20年正以前所未有的速度发展着。

2007年7月20日开始的中国长春短道汽车拉力赛及越野汽车邀请赛在长春汽车文化园进行,此次比赛仅为期2天,可吸引了有来自北京、河北、吉林、黑龙江、广东等地的百余名车手参与,除部分国内职业车手外,参赛者中还有来自公务员、私企老板、高校毕业生、警察等各行业,即便是在报名截止的7月17日当天,也仍然有数十名长春市民打电话报名。参加汽车赛,俨然已不再是职业选手的"专利"。

中国汽车运动的蓬勃发展得益于中国汽车工业的崛起和汽车文化的日益形成,相对于职业车手而言,业余车手群体的不断壮大也同样可观,歌手、演员、作家、企业老板、公务员、学生等各个行业中都有人来扮演车手角色,大大提高了这项运动的人气。

虽然目前国内的竞技水平在国际上还不具备足够的竞争力,其运作市场处于初级阶段,参与者素质也参差不齐,但不可否认它在中国有着巨大的发展空间——无论是参与者和商家都看到了这一点。如今,汽车运动在中国开展得越来越好,汽车运动正日益成为中国人的时尚选择。

2)赛车可促进中国的汽车工业

加速发展运动是工业的橱窗,汽车运动直接展示汽车工业的水平。汽车运动可以称作是汽车工业展示自己生产水平的重要舞台。国际上水平最高的世界一级方程式锦标赛所使用的场地赛车,体现了汽车工业的高新技术,这对汽车工业的科技进步起到了很大的促进作用。赛车能促进汽车的科研工作,提高各种车辆的性能,使其更加舒适,更加适合人们日常生活的需要。汽车生产企业参加汽车赛的目的是为了检验车辆的性能,宣传使用汽车的安全性和可靠性。赛车是对车的极限性的挑战和破坏性使用,这无疑成为检验整车质量的最残酷也是最客观的手段。比赛是在极端的条件下进行的,路面状况差,发动机转速高,这样可暴露出车辆的缺点,同时可以对高新技术进行测试,作为以后车辆改进的反馈渠道。汽车企业逐步认识到,汽车运动对汽车工业的作用不可替代。有关人士指出:将赛车与企业发展结合,不仅迅速提高了汽车工业总体技术水平和实力,而且也改写了中国汽车的竞争规则,为汽车竞争带来了新的要素。

3)赛车有利于企业推广自己的品牌

汽车生产企业借参赛可推广自己的品牌赛车,赛的是车辆的性能、品质;赛的是市场、品牌;赛的是产品竞争力。赛车同时也是用钱堆出来的运动。据了解,参加全国拉力锦标赛的车队全年的投资至少都在100万元以上,多的接近500万元。可以不夸张地说,赛车运动是汽车生产企业最"奢侈"的广告战。企业认识到参加汽车运动对于扩大产品知名度、推销他们的产品能起到很大的作用,图8.7为中国汽车拉力赛吉利冠军车。

图 8.7　中国汽车拉力赛吉利冠军车

目前,全世界汽车生产企业都把参加赛车运动作为有效地树立企业及产品品牌形象,提高产品的市场竞争力的重要手段。国外的大汽车厂家非常重视参与车赛,通过赛车运动从而成功建立企业产品形象的案例比比皆是。本田,原是日本一个小企业,1955 年开始涉足赛车领域。10 年后,本田首次夺得世界一级方程式锦标赛墨西哥站冠军。如今本田汽车业已成为世界名牌,在世界赛场和市场上均占有一席之地。三菱、法拉利轿车等,也是依靠赛车宣扬并成为世界名牌的。

8.5.4　汽车广告和汽车展览

1)汽车广告

汽车文化对广告的发展起着不可估量的作用。日本丰田车的经典广告语:"车到山前必有路,有路必有丰田车"影响了中国人十几年。现在,汽车广告在城市里已经非常普遍。各式各样的广告充斥着公共汽车的里里外外,特别是当举办体育比赛、商贸洽谈会、文化节、艺术节、博览会时,汽车广告更是无所不在。一些商家还将专用运输车和售后服务车作为流动的广告牌走街串巷。投资大、冲击力强、视觉效果显著的汽车广告已成为各种形式广告中必不可缺的一部分。进入新世纪,各大汽车公司兼并联合,实施全球营销战略,使得众多知名品牌涌入世界各地。给综合了视觉、听觉、平面、立体等各类效果的广告及整个广告业创造出更多的契机,尤其在中国这个新兴的汽车消费潜在大国,各大汽车厂商掀起新一轮广告投放热潮。图 8.8、图 8.9 分别为别克君威汽车平面广告和奥迪 A8 3.0 轿车广告。奥迪广告寓意深刻,除了显示该车长途跋涉以外还告诉受众跑的可都是山路。

2)汽车展览

汽车展览不仅是汽车企业家、汽车专家及有关人士的表演舞台,而且还散发出浓浓的汽车文化气息。当观众一步入展厅,就会感受到这种气息。名车美女的演练、深入浅出的讲解,吸引着万千观众。衡量某一车展是否为国际一流的主要依据是:参展商规模和级别、汽车展品的档次、首次亮相的新车、概念车的多少、展出面积、配套设施的先进性、完备性、主办方的服务质量、国内外媒体宣传报道量、观众数量和专业水平等。汽车展览还经常召开多种形式的研讨会,研讨汽车技术、汽车创新、汽车安全、汽车与环境保护等问题,为汽车行业的发展,为大众的汽车消费开拓着美好的未来。当今国际上著名的五大车展分别是:德国法兰克福车展、法国巴

图8.8　别克君威汽车平面广告　　　　　　　　图8.9　奥迪A8 3.0 的广告

黎车展、瑞士日内瓦车展、美国底特律车展和日本东京车展。

（1）法兰克福车展

法兰克福车展创办于1897年,是世界最大车展,有世界汽车工业"奥运会"之称。展览时间一般在9月中旬,每两年举办一次,一年为轿车展,一年为商用车展。展览场地净面积是22万平方米,展出的车辆主要有轿车、跑车、商用车、特种车、改装车及汽车零部件等。

（2）巴黎国际汽车展

巴黎国际汽车展,自1898年创办以来直至1976年每年一届,以后每两年一届,是世界第二大汽车展。巴黎车展的展览时间一般在9、10月间,每两年举办一次,展览时间与德国法兰克福车展交替举办,展览地点位于巴黎市区,共有8个展馆,展出的车辆主要有轿车、跑车、商用车、特种车、改装车、古董车、电动车及汽车零部件等;近几年,德国法兰克福车展和法国巴黎车展中还有颇具当地特色的日用百货展览。巴黎车展是国际车展中商业味最浓的一个。

（3）北美车展

北美车展创办于1907年,起先叫做"底特律车展",是世界最早的汽车展览之一,1989年更名为"北美国际汽车展"。每年1月份举行。近年来,概念车在北美车展上所占的比例越来越高。展览面积约8万平方米左右,会议室、会谈室近百个。车展每年为底特律带来了可观的经济收益,年平均在4亿美元以上。

（4）日内瓦车展

日内瓦车展创办于1924年,是欧洲唯一每年度举办的大型车展。每年3月份举行,是各大汽车商首次推出新产品的最主要的展出平台,素有"国际汽车潮流风向标"之称。日内瓦车展在展览面积7万多平方米的室内展馆举行,面积虽然不大,却是生产豪华轿车的世界著名汽车生产厂家的必争之地! 车展期间,日内瓦大小饭店均告客满,由于人数众多,许多人不得不住到洛桑、苏黎世、伯尔尼等城市甚至邻近的法国。因此,车展给这些地方带来不菲的旅游收入。

（5）日本东京车展

日本东京车展创办于上世纪40年代,每年10月底举行,单数年为轿车展,双数年为商用车展。历来是日本本土生产的各种千姿百态的小型汽车唱主角的舞台。展馆位于东京附近的千叶县幕张展览中心,是目前世界最新、条件最好的展示中心。展出的展品主要有整车及零部件。

（6）北京汽车展

在"世界发展看中国"的大趋势下,国际汽车业巨头对本届 2007 年北京车展空前重视。与上届 2005 年车展对照,上届仅福特公司将北京车展视为 A 级,相比今年戴克、宝马、大众、福特、通用、丰田、日产、标致雪铁龙等八大跨国汽车巨头都将本届车展定位为国际 A 级车展。也就是说,经过 17 年的发展,北京车展已正式跻身国际顶级车展之列。

根据更长远的预测,2010 年,中国的市场规模将达到 1 000 万辆,2020 年,将飙升到 2 000 万辆。在如此诱惑力面前,往届车展几乎没有的全球首发车也首次参展。据悉,本届北京车展发布的全球首发车有 10 辆之多,参展的概念车也惊人的达到 39 辆。全球首发车的多少也是评价一个车展地位的重要指标。过去跨国汽车巨头几乎没有在北京车展上发布过新车型,不过是将底特律、日内瓦车展上首发的车型拿到北京来参展。但本届有 10 款全球首发车型,在这方面北京车展走到了国内前沿。

习　题

1. 名词解释

（1）特许连锁

（2）融资租赁

（3）全自动停车场管理系统

（4）路外停车场

（5）限时停车场

（6）汽车美容

（7）汽车文化

2. 填空

（1）按照停车场所处的位置的不同可将停车场分为_____、_____和路外停车场。

（2）配建停车场又称_____,是新建面积在达到一定规模以上的建筑物（如住宅、办公楼、商业场所、餐饮娱乐场所、影院、医院、旅馆、学校）依据相关条例在此建筑物或者其_____必须建设的停车场。

（3）智能停车场管理系统一般包含_____、_____、_____及收费系统等几个子系统,并在相应的计算机管理系统的协调下工作。

（4）在实际操作中,许多汽车装饰美容连锁机构往往采取_____和_____相结合的经营模式。

（5）汽车租赁的实质是在将汽车的_____与_____分开的基础上,通过出租汽车的_____而获取收益的一种经营行为。

（6）汽车文化包括技术文化、_____、造型文化、名人文化、名车文化、车标文化、_____文化等内容。

3. 问答:

（1）简述智能停车管理系统的工作流程。

（2）简述我国对于停车场的收费管理政策。

（3）经营性停车场在选址时还应考虑哪些因素？

（4）简述汽车装饰美容特许连锁店的加盟程序。

（5）简述汽车装饰美容特许连锁店有哪些优势？

（6）汽车租赁企业的运营成本主要包括哪几个方面？

（7）简述我国对投资建立汽车租赁企业的技术经济要求。

（8）汽车俱乐部的主要服务项目有哪些？

（9）汽车综合服务整合的优势与不足有哪些？

第 9 章
汽车产品回收与再生

学习目标:
1. 了解各国汽车回收的现状及政策。
2. 了解各国汽车回收与再生的管理。
3. 了解我国目前执行的汽车回收政策。

9.1 汽车回收与再生的基本概念

上个世纪90年代以来,世界性的环境污染日趋严重,废弃的汽车也成为一大污染源。2004年全世界汽车保有量突破8.5亿辆,每年大约有5 000~6 000万辆报废,仅仅停放,就要占用500~600平方公里的土地。而报废汽车当中含有多种重金属、化学液体、塑料等物质,不当地拆解也会造成环境污染。汽车生产要使用数百种材料,消耗一亿多吨的钢铁、上千万吨的塑料,以及大量的橡胶、玻璃、纺织品、铝、铜、铅、铬、各种化工产品,等等,消耗大量的资源,其中绝大部分是不可再生的。因此,汽车工业要可持续发展,就要解决材料的循环再生问题,这是本世纪对汽车工业发展提出的新的战略要求。上个世纪,欧盟、日本已经制定了汽车回收利用的法规,要求汽车制造商承担回收自己制造的汽车的责任,汽车制造所用的材料要有80%以上可以再次利用。中国的汽车保有量正在迅速增加,每年的报废量也随之增加,因此报废车的再生利用问题也就越来越紧迫。

汽车回收与再生主要包括三个方面的内容:

(1)是回收利用(Recovery),经过对废料的再加工处理,使之能够满足其原来的使用要求或者用于其他用途,包括使其产生能量的处理过程;

(2)是再使用(Re-use),对报废车辆零部件进行的任何针对其设计目的的使用;

(3)是再利用(Recycling),经过对废料的再加工处理,使之能够满足其原来的使用要求或者用于其他用途,不包括使其产生能量的处理过程。

9.1.1 报废车再利用的指导思想

1)产品生命周期理论

产品生命周期理论又称生命循环或寿命周期,是指产品从自然中来到自然中去,即"从摇篮到坟墓"的全过程,包括从自然中获取天然资源,经过开采、冶炼、加工、再加工等生产过程形成最终产品,又经过产品存储、批发、使用等过程,直至产品报废或处置,构成物质转化的一个生命周期。产品生命周期分析是针对整个生命过程中所有环境影响,以产品为主线,追踪产品的设计、制造、生产、使用和报废各个过程,分析各个过程中的各种环境污染问题产生的自然资源和能源消耗水平,并将各种污染排放问题与全球环境问题相联系。

最近世界上又提出产品多生命周期工程的概念,这种理论认为,产品多生命周期不仅包括本代产品生命周期的全部时间,而且还包括本代产品报废或停止使用后,产品或其有关零部件在换代(下一代、再下一代、……、多代)产品中的循环使用和循环利用的时间(也称为回用时间)。

产品多生命周期工程从产品多生命周期的时间范围,来综合考虑环境影响与资源综合利用问题和产品寿命问题的有关理论和工程技术,其目标是在产品多生命周期时间范围内,使产品回用时间最长,对环境的负影响最小,资源综合利用率最高。

由于科学技术的迅猛发展,产品生命周期将越来越短,因此为了实现产品多生命周期工程的目标,必须在综合考虑环境和资源效率问题的前提下,高质量地延长产品或其零部件的回用次数和回用率,以延长产品的回用时间。

绿色制造理论和技术是产品多生命周期工程的理论和技术基础,而产品及其零部件回用处理技术和废弃物再资源化技术则是关键技术。

产品多生命周期理论还涉及经济与控制策略研究,包括产品多生命周期的成本分析;产品多生命周期的监测系统、信息系统和控制系统的开发研制;可持续工业生产的新型企业的生产、经营、管理集成制造模式研究等。

2)循环经济

循环经济就是把清洁生产和废弃物的综合利用融为一体的经济,也就是生态经济,它要求运用生态学规律来指导人类社会的经济活动。

与传统经济相比,循环经济是:由"资源——产品——再生资源"过程所构成的物质反复循环流动的经济。传统经济是一种由"资源——产品——排放污染"过程所构成的物质单向流动的经济。在这种经济中,人们以越来越高的强度把地球上的物质和能源开发出来,在生产加工和消费过程中又把污染和废物大量地排放到环境中去,对资源的利用常常是粗放的和一次性的,通过把资源持续不断地变成废物来实现经济的数量型增长,导致了许多自然资源的短缺与枯竭,并酿成了灾难性的环境污染后果。循环经济则倡导一种建立在物质不断循环利用基础上的经济发展模式,它要求把经济活动按照自然生态系统的模式,组织成一个"资源——产品——再生资源"的物质反复循环流动的过程,使得整个经济系统以及生产和消费的过程基本上不产生或者只产生很少的废弃物,其特征是自然资源的低投入、高利用和废弃物的低排放,从而根本上消解长期以来环境与发展之间的尖锐冲突。循环经济挑战传统的市场经济模式,从经济全球化的进程看已经不仅仅是一个或少数几个国家的问题了。我们来看看不同经济发展水平下的国家和地区是如何对待这种问题的。发达国家强调的是生活质量,环境的好坏就成为主要问题。与其走生产—污染—治理的恶性循环模式不如从减少资源的投入—减少污染—减少治理费用的逻辑,前提是高科技保证合理利用各种资源(包括我们日常生活中产生的垃圾),良好的制度做保障。对于发展中国家解决温饱是第一位的,环境差一点总比饿死强,由于没有高效率的设备只能通过降低人力成本来保证产品具有竞争力。同样一件产品在发达国家其中有 40% 属于人工成本,在发展中国家一般只有 10% 甚至更低,这样就能抵消由低效率的劳动生产率造成的成本上升,既然人的资源供给几乎是无限的,那就没有必要用稀缺的资金去投资改造设备,而我们都知道低效率的设备包含了对资源的低效率的利用。所以发展中国家在解决温饱之前是不会把环境问题放在首位的,对自然资源消耗的多少不是一个绝对的指标,需要了解在消耗过程中其效率的高低。很多发展中国家对自然资源的消耗总量确实比发达国家少,但是其对自然资源利用的效率低以及排放造成的污染可能并不低。理论上这些对自然资源使用效率低、污染排放大的国家应该对改善环境负起更多的责任,实际上由于经济能力、科技水平的限制,他们是无法做到的。

简而言之,循环经济是按照生态规律利用自然资源和环境容量,实现经济活动的生态化转向。它是实施可持续发展战略必然的选择和重要保证。

3) 绿色设计

绿色设计是一个很宽泛的概念,兼具理想主义色彩与强烈社会责任感,它包含了各种设计工作领域,凡是建立在对地球生态与人类生存环境高度关怀的认识基础上,一切有利于社会可持续发展,有利于减轻地球负担,有利于人类乃至所有地球生物生存环境健康发展的设计,都属于绿色设计的范畴。

绿色设计具体包含了产品从创意、构思、原材料与工艺的无污染、无毒害选择到制造、使用以及废弃后的回收处理、再造或再生利用等各个环节的设计,也就是包括产品的整个生命周期的设计。设计师在考虑产品基本功能属性的同时,还要预先考虑防止产品及工艺对环境的负面影响。原始工业设计的目标只是针对产品的基本属性,即在完成了该产品应达到的技术、功能、工艺以及市场的目标后,其设计就算成功了。

绿色设计提倡三"Re"原则,即"Reduce"、"Re-use"、"Recycling"("少量化、再利用、资源再生"的物尽其能三原则)。所谓少量化,即在产品设计中尽量减少体量,简化结构,去掉一切不必要的用材;在制造中减少能源、原材料和辅料消耗,降低成本;减少消费中的污染。再利用,首先是产品部件结构自身的完整性;其次是产品主体的可替换结构的完整性;第三是产品功能的系统性。资源再生,包含了立法、建立回收运行机制、可回收的结构设计、利用回收资源再造或再设计生产的一整套工程。设计师们所担负的使命,比以往任何一个时期都会来得艰难,他们必须面对许多新的问题:一方面,要关注产品设计——生产——消费——回收——再利用的方法和过程;另一方面,还要有效地利用有限资源和使用可回收材料制成的产品,以减少一次性资源的使用量;还要从材料选择、结构功能、制造过程、包装方式、储运方式、产品使用、废品处理及再生利用等诸方面,全方位考虑资源的利用、对环境的影响以及解决的方法。设计师必须把产品的性能、质量、成本与环境指数堪称同样重要的设计指标,把降低生产能耗、易于拆卸运输、使材料和部件能够循环利用等设计思路纳入设计过程中应该考虑的范畴,从而设计出更多无污染的绿色产品来满足市场。工业设计从以往单调的机械化造型转向具有语意化、人性化的造型设计,并力求使造型简洁,尽量减少空间、减少材料的浪费和消耗,使产品能持久地使用。

4)再制造工程

再制造工程涉及到汽车、机械制造、办公设备、轮胎、阀门等各个工业领域。汽车零部件的再制造尤其是发动机再制造,在国外是一项环保、节能工程,已经有 50 多年的发展历史了,一直得到了政府的高度重视,并利用政策导向引导其发展,对再造科技的新成果加以研究推广。"再制造"概念是近几年引入中国的,尤其是在汽车维修行业,有着广泛的应用前景,是一种全新的汽车维修理念,更是贯彻可持续发展战略、节能、节材、减少环境污染的新型科技和产业领域。

汽车零部件再制造技术是节能、节材、降低生产成本和消费成本的有效途径,物资回收经营企业将是再制造技术货源的最大供应商,与逐步发展成熟的再制造行业有着广泛的合作前景。但就目前我国现行政策情况看,报废汽车的五大总成必须作废钢铁处理,而且汽车发动机实行的是号码终身制。因此,发展我国的汽车零部件再制造技术必须符合我国的产业政策,再制造技术仍需渐进发展。同时,由于再制造技术对象的广泛性,再制造领域要在国家的统一规划下,协调地开展研究和应用。

9.1.2 汽车产品回收利用技术政策的相关术语和定义

汽车产品回收利用技术政策及工作指南中的术语和定义参考《道路车辆可再利用性和可回收利用性计算方法》(GB/T 19515—2004/ ISO 22628:2002)。

①车辆质量(Vehicle Mass)

GB/T 3730.2—1996 中规定的整车整备质量。

②再使用(Reuse)

对报废车辆零部件进行的任何针对其设计目的的使用。

③再利用(Recycling)

经过对废料的再加工处理,使之能够满足其原来的使用要求或者用于其他用途,不包括使其产生能量的处理过程。

④回收利用(Recovery)

经过对废料的再加工处理,使之能够满足其原来的使用要求或者用于其他用途,包括使其产生能量的处理过程。

⑤可拆解性(Dismantlability)

零部件可以从车辆上被拆解下来的能力。

⑥可再使用性(Reusability)

零部件可以从报废车辆上被拆解下来进行再使用的能力。

⑦可再利用性(Recyclability)

零部件和/或材料可以从报废车辆上被拆解下来进行再利用的能力。

⑧可再利用率(Recyclability Rate)

新车中能够被再利用和/或再使用部分占车辆质量的百分比(质量百分数)。

⑨可回收利用性(Recoverability)

零部件和/或材料可以从报废车辆上被拆解下来进行回收利用的能力。

⑩可回收利用率(Recoverability Rate)

新车中能够被回收利用和/或再使用部分占车辆质量的百分比(质量百分数)。

⑪危险废物,是指列入国家危险废物名录或者根据国家规定的危险废物鉴别标准和鉴别

方法认定的具有危险特性的废物。

⑫处理,是指对废旧物品及物质采用物理、化学等方法进行分解、清洁、组合、加工、再制造、再生等作业,达到再利用、无害化或减少危害程度、环保化要求的活动。

⑬处置,是指将固体废物焚烧和其他改变固体废物的物理、化学、生物特性的方法,达到减少已产生的固体废物数量、缩小固体废物体积、减少或者消除其危险成分的活动,或者将固体废物最终置于符合环境保护规定要求的场所或者设施并不再回取的活动。

9.1.3　国外有关报废车处理的法规简介

1)关于废车处理的 EU 指令

欧盟关于报废车处理的 EU 指令于 2000 年 5 月 24 日正式颁布。其主要内容是:

(1)关于新型车使用环境负荷物质的规定

EU 指令规定 2003 年 7 月以后,原则上禁止使用铅、水银、镉及 6 价铬。但下列 13 种情况除外:含铅≤0.35% 的钢(含镀锌钢);含铅≤0.4% 的铝;含铅≤4% 的铅合金;蓄电池;含铅≤4% 的铜合金;铅青铜制轴承套;汽油罐内镀铅;防震装置;高压和燃料软管用添加剂;防护涂料用稳定剂;电子基板及支持器用铅;防锈镀层用 6 价铬;灯管及仪表板指示灯用水银。另对电动汽车电池用铅和镉等 5 种部件正研究中,将在指令公布后一年内正式决定。

(2)关于报废车处理前解体的规定

要求各加盟国必须保证防止报废车处理所造成的环境污染,以下处理设施应取得有关部门发放的许可证和登记证:蓄电池和液化气罐的拆卸;有爆炸危险的部件(如气囊)的拆卸或无害化;燃料、各种油类、冷却液、防冻剂及报废车上其他液体的取出和保管;含水银部件的拆卸。

另为促进再生利用,对以下部件应予拆卸:催化剂、玻璃;含铜、铝、镁的部件(若压碎无法回收的);保险杠、仪表盘、液体容器等大件塑料部件及轮胎。

(3)关于再生利用率的规定

再生利用可能率:95% 以上(其中能源利用 10% 以下),EU 车辆型式认定指令(70/156EEC)2001 年末进行了修订,修订后 3 年对上市的车辆全部认证后按此实施。再生利用实际效率:对 2006 年 1 月起的报废车为 85% 以上(其中能源利用率≤5%);2015 年 1 月以后的报废车为 95%(其中能源利用率≤10%)。

(4)关于报废车回收网络的规定

加盟国对于按经济原则运行的诸行业(贩卖店、回收事业、保险公司、解体事业者、压碎事业者、再生利用事业者、处理事业者)应采取保证报废车和二手部件回收处理系统建立的措施;2002 年 7 月 1 日以后的新车及 2007 年 7 月 1 日以后的全部报废车,应确保交给公认的处理设施回收;加盟国应建立以解体证明书为吊销车证登记条件的系统。

(5)关于报废车无偿回收的规定

对于 2002 年 7 月 1 日以后的新车及 2007 年 7 月 1 日以后的全部报废车,在交给加盟国认定的处理设施处理时,最终所有者不负担费用,生产者负担回收、处理费用的全部或大部,对此应采取必要的保证措施。

2)日本"废旧汽车再生利用规范"

为了促进报废汽车的合理利用,减少粉碎屑的填埋处理,由原通产省在经济产业结构审议会报告基础上,结合原有法规综合为"废旧汽车再生利用规范"并于 1997 年 5 月颁布,然后由汽车工业协会以自主行动计划的方式进行实施。主要内容包括:

(1)主要目标为减少使用有害物质,降低粉碎屑和提高再生利用率,具体目标如下:

①再生利用率(按重量计),2002 年以后 >85%,2015 年以后 >95%;

②填埋场处理量(按容积计),2002 年为 1995 年的 3/5,2015 年以后为 1996 年的 1/5;

③有害物质的使用量,铅的使用量 2000 年以后为 1996 年的 1/2 以下,2005 年以后为 1996 年的 1/5 以下。

(2)对原有处理渠道的改善和高效化。为防止不法丢弃,建立了上下工序互相衔接的管理票据制度,并加强对不法丢弃的处罚。

(3)完善相关部门的信息交流,实现工作的高效化。

(4)明确相关部门的义务,主要为:

①汽车制造商:(a)改进设计为提高再生利用率创造条件;(b)加强与有关部门的信息交流;(c)改进安全气囊、泵的结构,以利再生利用;完善氟利昂的回收系统;(d)扩大二手零部件的再造利用。

②汽车用户:(a)委托按规范进行处理的经销商处理;(b)委托处理报废车时应交处理费。

③对政府、地方自治体、经销商、解体事业者和压碎事业者等有关部门规定了报废车处理过程中的义务。

(5)实施结果和今后改进打算

日本汽车工业协会严格按上述要求,发动各汽车制造商制订自主行动计划,以保证按期完成相关指标。特别提出要抓好以下两项工作:

①成立废旧汽车再生利用支援中心,在和有关部门加强信息交流的同时,共同进行有关提高再生利用率的技术开发,效果较好。

②在新车的设计上除充分考虑易分解和易再生利用的结构和选材外,针对废塑料占目前粉碎屑容积 50% 的特点,狠抓了有关塑料的设计改进,如减少塑料种类并多用易回收的热可塑性塑料,对单重较大的保险杠采用易再生利用的品种。

9.2 国外汽车回收与再生系统与现状

9.2.1 欧盟报废汽车再生利用现状

欧盟各国关于报废汽车再生利用的对策,根据各国不同的背景和实际,由政府和相关行业长期研讨,按照竞争原理和相关行业分担责任的原则,形成一套综合管理系统,大致有以下两种不同的方式:

1)对报废汽车采取有偿交易的方式,主要在英国和法国采用

具体由政府和汽车相关行业共同商定内容由他们自主进行,但尚未形成认定制度及解体证明书为主组成的系统。

2)对报废汽车交易采取付费方式,在德国、荷兰和瑞典实施

但在再生利用方面有不同:在德国,由汽车行业对政府设定的方针表示自愿后实施报废汽

车的回收处理系统,有关交易所、解体事业所、压碎事业所的认定条件、解体证明书和废物的管理方法等均由政府规定。

在荷兰,用户负担费用由法律规定,其他由在相关团体协助下设立的民营公司自主进行。

在瑞典,整个系统的内容由立法制度规定,其中已售车的处理费用按法律规定由用户负担。

3)德国的再生利用系统和现状

德国政府于1991年公布了有关报废车处理的政府令(草案),经过政府和有关行业的长期协商,于1996年2月以德国汽车工业协会为首的15个行业协会同意对报废车进行自主回收处理。以此为前提,政府通过政令规定了有关解体事业者的认定条件、解体证明书、监督方法等,并于1998年4月起实施。

其基本程序是:由汽车最终用户向认定的交易所提出报废车处理的申请,由交易所转交认定的报废车解体事业所解体后,分别将可用的二手部件出售,车体和废液类分别委托压碎事业者和废液类再生处理事业者处理。然后由解体事业者经交易所将解体证明书返还用户,用户以此为据向交通和税务部门吊销车牌证和停止纳税,并向保险公司解除保险合同。关于认证方面,交易所由商工小组负责,解体事业者由商工会议所任命的鉴定师认证并负责检查。

由于政府和行业协会长期协商后采用政令和行业自主行动的方式紧密配合,处理费由汽车厂用提高新车售价的方式转嫁用户负担,而再生费用低则有利于提高汽车厂价格竞争能力,使汽车生产和再生利用向一体化发展。表现在汽车厂从设计时的结构和选材上即为方便再生利用创造条件,有的干脆兼营再生事业,如奔驰公司和宝马公司都兼营二手部件的检修和销售业务。但由于向东欧各国的二手车出口增加,国内处理的废车大幅减少,导致解体事业者的处理量不足,使投入的资金难以回收。

4)荷兰的报废车再生利用系统及现状

荷兰1993年由汽车工业协会、维修业界和解体业界共同成立了荷兰汽车再生协会(ARN)。1995年起在新车登记时征收250荷兰盾的再生附加费(1998年1月改为150荷兰盾),以此作为基金,对与ARN订有合同的解体业者、回收业者和再生利用事业者根据处理实绩给予一定补偿,以促进报废车再生事业的发展。在荷兰,解体证明书和汽车登记系统实施联动,特别是参加ARN的解体事业者,对解体部件、压碎部分和其他废物均有分类记录。按法律规定,向购车者征收再生附加费只要由行业协会向主管部门申请,经批准即可。报废车证明书向由荷兰运输部长认定的600户解体事业者发放,首先由解体事业者将报废汽车分类为解体车和再售二手车;其次对解体车从运输部的登记中履行吊销手续后停止交税;对再售二手车者则转为售车者或解体事业者所有,征税对象亦改变。由于荷兰实施一国一区制,车辆所有者变更时登记号亦不变。ARN和解体事业者订有合同,对合同解体事业者所处理废车的再生利用活动支付部分酬金。目前和ARN订有合同的解体事业者共有280户,他们处理的报废车占全国的88%,1997年实际处理约24万辆,1998年达90%(约23.3万辆),1999年的报废车约50万辆,由于二手车较多,实际作解体处理的仅28.4万辆。ARN可对运输部的汽车登记账进行变更,当合同解体事业者吊销登记证明,即将应再生材料量通知合同解体事业者。合同解体事业者将解体后的部件转交给下一工序的运输事业者时,可按其实绩从ARN领到酬金。

5)瑞典的报废车再生利用系统和现状

瑞典报废车处理的程序:瑞典土地面积比日本大20%,但人口仅900万,报废车非法放置虽不明显,但报废车的非法丢弃仍较多。为此,从 1975 年立法对新车征收预付费作为政府管理基金。回收时,根据认定解体事业者的解体证明返还一部分。但是,回收时的返还金(500克朗)尚不如解体事业者接受废车时征收的费用高,故难以确保废车回收。据此,经汽车界和政府协商后于 1998 年 1 月通过立法,改为售出车报废后由汽车厂无偿回收,再由汽车厂(含进口业者)建立废车处理准备金,具体来源可用提高售价以及附加费方式解决,对基金免税。为此,1998 年以后出售的新车采取了新规定。由地方自治体认可的解体事业者约 700 户,和保险业界订立合同的解体事业者约 170 户,由瑞典汽车协会(BIL)认定的解体事业者约 100 户,后者由他们和汽车厂签订废车解体合同。

现状:BIL 为贯彻无偿回收的新规定,接着成立了从事此项工作的子公司,由他们对解体事业者进行认定,并给认定合格者以较多的补助,实际上发挥了政府的作用。

存在问题:现在的废车以 1998 年前生产的车为主,仍由政府实施费用返还,这一机制对促进合理处理设备的投资有较大影响。另在解体事业者未与汽车厂订立合同之前,对再生利用率的监管亦是不够的。

9.2.2 日本报废汽车的回收利用

日本于上个世纪的 70 年代开始建立循环型经济系统。为应对报废汽车回收物质价格波动、非法丢弃、环境污染和回收利用率低的问题,日本于 2002 年制订了《汽车回收利用法》,并于 2005 年开始实施。该法在资金、信息管理等方面有很多创新和独到之处,实施一年来,取得了较好的效果。

日本报废汽车的回收最初是以回收废钢铁资源为主要目的。1985 年以后,随着日元升值,废钢铁价格越来越低,报废汽车产生量也越来越大,而且国家对环境保护的要求也越来越高,汽车回收制度开始发生了变化。报废车回收处理逐渐转变为以回收处理废弃物,减少其对环境的影响为主要目的。到 1990 年,拆解企业开始使用切片机、粉碎机及其他分选设备,对树脂类废弃物也开始进行回收利用。

日本《汽车回收利用法》的出台背景:日本国土面积约 38 万 km^2,面积与我国的云南省差不多,境内山地面积约占 71%,森林绿化率约 67%。全国划分为 1 都(东京都)、1 道(北海道)、2 府(大阪府、京都府)、43 个县,首都东京。全国人口约 1.3 亿,2004 年全国汽车保有量为 7 470 万辆,千人汽车保有量为 575 辆,每年报废汽车约 500 万辆。目前,日本全国有经过注册和认可的报废汽车回收企业 8.5 万家,拆解厂 3 000 多家、破碎厂 1 200 家。

汽车回收再利用促进中心的目的是为了提高资源有效利用以及保护环境,通过开展有关汽车回收再利用以及合理处理的促进工作,确保汽车用户的方便以及国民经济的健康发展。该中心的赞助者为日本汽车工业协会、日本汽车零部件工业协会等 9 家会员单位。主要工作内容有有关促进汽车回收再利用以及合理处理的调查和研究、普及和推广、信息提供、系统运行和管理、交流合作,以及基于《汽车回收利用法》的资金管理、再资源化、信息管理等工作。另外,该中心还设有一个孤岛对策等研究会,执行有关没有负责回收再利用工作的汽车企业、进口商的汽车(包括小厂、进口商的汽车在内)的处理以及孤岛对策、报废汽车非法丢弃对策等有关业务。

《汽车回收利用法》规定,汽车用户要交纳回收利用费,包括 5 项费用:ASR(Automobile Shredder Residue 汽车破碎残渣)、安全气囊、氟里昂处理费、资金管理费和信息管理费。新车用户在购买时交纳以上费用,在用车车主可通过邮局、银行、便利店等代理机构交纳。另外,也可通过年检的代办机构交费。交费后车主会获得盖章的证明,如果没有这个证明,车辆不能通过年检。以丰田汽车为例,威姿车型的三项处理费用为 9 400 日元、花冠为 10 140 日元、Celsior 为 15 430 日元、艾斯蒂马为 13 430 日元。新车的资金管理费为 380 日元/辆,二手车为480 元/辆,信息管理费统一为 130 日元/辆。

汽车回收再利用促进中心受国家委托征收回收再利用费,并对其进行严格管理和运用,直到报废汽车得以回收利用为止。在确认汽车生产企业、进口商的粉碎残渣、氟里昂、安全气囊回收工作完成后,才向汽车制造厂、进口商支付回收再利用费。

1)日本旧车回收过程

日本报废汽车回收拆解主要是通过旧车回收、废车拆解、金属切片加工(废钢铁破碎及分选)"三段式"来完成整个回收利用过程的。

(1)旧车回收

日本的旧车及报废汽车主要是由汽车销售店和汽车维修厂来回收的。车主去销售店买新车时,原有的旧车通过评估、作价,如果还有一定的使用价值,便可用旧车抵价。如果旧车已经没有使用价值,车主需向销售店交纳一定的处理费,由销售店回收的报废车占报废车总量的近99%。还有一小部分是通过汽车维修厂回收的。

(2)废车拆解

汽车销售店回收来的报废车交由拆解企业进行拆解。拆解企业首先将油箱内剩余的汽油放掉,然后将空调、蓄电池、废机油等对环境危害大的废弃物收集起来,交由专业处理公司采取措施进行专门处理,再将重料件拆下,剩下的以车体为主的轻抛料,连同车座等一起,用专用设备压成块,供出口或给切片厂。在日本,报废车的零部件基本上是不用的,只有很少一部分状况较好的发动机,如国外有订货,经过修理和严格的台架试验后,标明是再生品供出口。而对于事故车,拆解厂则主要将其用来拆解二手零部件,除了车身之外,几乎所有的零部件都有,品种、规格很齐全。从外观上看,一般人很难看出与新零部件的差别,价格却只有新件的五分之一到十分之一。二手零部件一般通过全国联网的二手零部件信息网络寻找客户,出口则主要是按照客户的订单来组织。二手零部件主要销往国外,包括荷兰、澳大利亚等发达国家,少量用于国内汽车维修。拆解、加工和出售二手零部件是拆解厂的主要收入来源。拆解剩下的车身,在拆解工厂压块,大多数废车压块都出口到韩国、中国等国家,近 10% 交由日本国内的切片厂加工。

(3)金属切片加工

报废车压块交到金属切片厂以后,首先通过一套专用设备进行预加工,即进行初步粉碎和分选,然后再进入粉碎机加工、分选(包括人工分选)后,最终能生产出七八种产品,除拳头大小的废钢铁块销售给钢铁企业外,铜、铝、塑料等产品分别供应给其他用户。占报废车压块30% 的终端垃圾(不能利用的铅、塑料、纤维、橡胶、少量金属等混合物)送垃圾填埋场填埋。

目前,日本有近 5 100 多家报废汽车拆解企业,其中有近 1/4 的企业具有处理废弃物的特许。金属切片厂有 140 家(一部分是独立的,还有的是附属于钢铁厂和其他综合商社)。由于拆解企业之间实行自由竞争,导致一些企业通过少收甚至不收处理费的办法从汽车销售店获得报废车,而为了盈利,部分企业便将本应送正规填埋场处理的垃圾随便找地方自行填埋,以逃避交纳处理费,这是目前日本环境管理部门最为头疼的问题。

2）日本汽车回收利用制度的主要特点

（1）基于扩大生产者责任的原则建立回收再利用机制

在旧的汽车回收体系中，粉碎残渣成为回收再利用的阻碍因素。因此，在新的体系中扩大了汽车生产企业的责任。要求企业不仅要负责回收并处理粉碎残渣、氟里昂和安全气囊类废品，还要确保整个回收再利用体系的顺利运行。

（2）有效地利用现有的回收渠道

考虑到总体社会成本的经济原则，在建立新的系统时，充分利用了现有的拆解厂、破碎厂等回收再利用渠道，使报废汽车作为有价资源流通，使参与汽车回收利用的各个方面都有利可图，确保回收再利用工作的顺利开展。

（3）通过征收回收再利用费增强消费者保护环境的意识

与欧洲由汽车生产企业来承担回收利用费用的体系不同，日本的消费者要在购买新车时交纳回收再利用费，并要求在用车辆在法律实施后 3 年内交纳回收再利用费。这样做的目的是让汽车消费者明白，谁报废谁就要支付回收处理费用，从而增强节约资源和爱护环境的意识。

（4）有效利用汽车生产企业间的竞争和合作

回收处理费用是由汽车生产企业来设定的。因为消费者在购买汽车时要考虑这个费用，因此汽车生产企业就不能对费用进行随意设定。另外，报废汽车回收利用体系的实施、运行，以及建立统一的回收物流渠道等，也需要各企业之间相互协调。

（5）公正、透明的电子清单制度

在信息管理方面，建立并运行了电子清单系统，通过互联网接收有关单位报废车的交接信息，即"电子清单（移动报告）制度"，并对这些信息进行统一管理。通过这一系统，政府对报废汽车回收、拆解、破碎等环节的信息有了明确的统计和监督。在此基础上，使回收利用费用的管理做到公正、公开、透明。

3）日本报废汽车回收管理运行机制和法律法规体系

日本中央政府指导和管理报废汽车回收利用的机构主要是经济产业省和国土交通省，经济产业省负责研究制定指导报废汽车回收处理的政策法规，国土交通省实施对车辆和道路交通管理。为进一步促进废旧汽车的回收处理，2002 年 11 月，由日本自动车工业协会等九个相关业者发起，成立了日本废旧汽车回收促进中心，主要目的是推行以生产者负责制为主要内容的废旧汽车回收处理制度。

9.2.3　韩国报废汽车回收利用情况

韩国汽车报废标准分为营运车和个人拥有车两种情况，对营运车实行规定报废年限的强制报废制度，对私车则无报废年限规定。具体是：公共汽车 10 年，个人出租车 5 年，公司出租车 3 年，对行驶里程没有限制。主要通过年检来对汽车的安全及技术状况进行监督和管理。

1）韩国废车回收拆解公司

韩国报废汽车回收拆解主要由专门的废车回收拆解公司负责。除报废车回收外，拆解、压块及废钢铁加工等都在拆解企业完成。拆解下来的旧零部件继续流通销售，车身压块及经过初加工的废钢铁则销售给钢铁企业。

目前，韩国有 191 家报废汽车拆解企业，多数是在 1995 年 12 月以后，国家对报废汽车回收企业的管理由许可制改为备案制后增加的（政策放宽以前，报废汽车回收拆解企业只有 57

家）。由于拆车企业大量增加，企业间的无序竞争加剧，市场秩序比较混乱。

报废汽车一般是由废车回收拆解公司直接从车主手中购买，主要是通过废车回收公司的业务人员为车主提供服务，包括代办车辆注销手续来获得废旧车源。少量的报废车是由车主直接交到废车回收公司的，这一点与我国的情况相似。价格由买卖双方协商而定。平均每台废车的价格大约为5万韩币（相当于人民币330元，1美元＝1250韩币）。报废车的收购没有地域限制，回收公司之间的竞争很激烈，如何收到足够的报废车是公司生存的第一要务，因此，各公司都把收车的办法及方式视为商业秘密。废车公司回收报废车后，向车主出具《汽车回收证明书》，车主根据证明书到有关的车辆管理机关办理车辆注销手续，车牌由废车回收公司当场销毁。

废车回收拆解公司收购废车后，首先将空调器、蓄电池、废机油等危险废物予以拆解和收集，并根据环保要求，采取措施单独进行处理；然后将可以使用的旧零部件拆解下来，堆存、销售，对拆解下来的旧零件基本上不做检验和加工，交易时主要根据买卖双方的经验来判断零部件的质量和价值，并协商确定价格。目前，韩国的有关法律规定，禁止旧发动机、转向机、制动系统流通再用，但有的废车拆解公司将这三种零部件拆下后，供出口或在国内销售，主要销往东南亚、中东等地区。对含有非金属材质的车座等拆下后，在废车回收公司集中进行焚烧处理。拆解剩下的车身，在废车公司压成块。废车块一般都销售给钢铁企业再生利用，也有的在废车公司切片破碎后再销售。

废车压块主要是在废车回收公司、钢铁企业或专业的金属切片厂切片粉碎、分选，金属粉碎物供应给废金属应用企业，其中还有不少杂质。如果供应给钢厂炼钢，还需进行进一步的分选和处理。其他不能利用的废弃物用来做焚烧处理或填埋。

按重量计算，零部件再利用占废车重量的20%～25%，破碎物品的重量占75%～80%，其中75%是金属粉碎物，其余的25%（塑料、玻璃等废物）进行填埋或焚烧。

2）韩国报废汽车回收管理运行机制和法律法规体系

韩国中央政府指导和管理报废汽车回收拆解行业的机构是产业资源部，主要负责研究制定指导报废汽车回收管理的政策法规。中介结构有韩国机械振兴会和韩国废车业协会。政府出台的各种政策法规，基本上都是由中介机构研究起草的。

韩国对报废汽车的管理始于1982年修改的《汽车管理法》，当时立法的主要目的：一是保护环境，再生利用资源；二是防止未经注册的车辆上路行驶，确保车辆的安全性能；三是禁止报废车随意丢弃在街道；四是保护城市景观。具体内容和管理措施：主要包括设立报废汽车拆解企业必须获得政府的批准，即许可制；保证政府对汽车实施从"生"到"死"的控制，制定了报废汽车交易证明书；对从事报废汽车拆解业务的企业，规定了设备、场地、环保设施等方面的具体要求。

之后，随着韩国汽车消费市场的变化，政府对有关管理内容又进行了调整。废车拆解公司由许可（审批）制改为备案制；对旧发动机、转向机、制动系统规定必须销毁，不能再流入市场。

1992年颁布的《资源节约再生利用法》把汽车和家电产品作为第一种指定产品，要求必须从设计、制造阶段就要考虑资源的再生利用。对于年产量在1万辆以上的汽车公司，汽车生产必须在结构设计和材料选用上充分考虑废弃物的再生利用。

9.2.4　宝马汽车公司的再循环和拆除中心

宝马汽车公司在慕尼黑建有一家再循环和拆解中心（见图9.1），负责研究旧车的拆解技术和工具。该中心的场地上存放有数百辆报废车辆,包括宝马公司生产的各种型号的汽车,也包括 MINI 和劳斯莱斯。图 9.2 到图 9.4 所示为宝马车系可回收利用的零部件。

图9.1　宝马公司再循环和拆解中心外景

图9.2　宝马 7 系可以回收再利用的零部件

图9.3　宝马 3 系可以回收再利用的零件

图9.4　宝马 X5 可以回收再利用的零部件

　　图 9.5 向我们展示的是引爆气囊。气囊实际上是一枚没有弹片的微型炸弹,使用了易爆物质,为了保证拆解安全,首先要将其引爆。画面最前面的仪器是可以移动的电引爆器,用电流将气囊引爆。为了减少对环境的影响,引爆气囊是在一个封闭的环境中进行,该中心采用类似帐篷的罩子,引爆后将排出的气体进行过滤。引爆气囊有较大的声音。画面上显示的是气囊引爆后的情况,平时这些气囊都"隐身"在车身各处。一般的轿车气囊数量是没有这样多的。

　　图 9.6 所示为一个专用台架,用于回收各种油料和废液,如油箱中的剩余燃油、发动机底壳中的机油、变速箱油、冷却液、刹车油等,这些废液通过不同的管道分别回收,由专门的工厂进行再处理。这个架子有摇摆装置,可以晃动车身,使废液彻底流出。

图9.5　气囊引爆

图9.6　液体回收台架

图 9.7 所示为采用一个专门的工具切割挡风玻璃。这个工具非常利害,两分钟内可以将挡风玻璃完整切割下来。图 9.8 所示仪表板是复合材料,再制造时要考虑能够分别回收。

图 9.7　玻璃切割

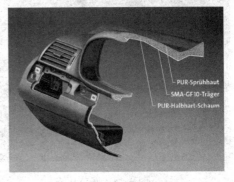

图 9.8　仪表板材料构成

图 9.9 所示为回收仪表板;图 9.10 示为回收线路;图 9.11 所示为回收零件的分类存放;图 9.12 所示为回收的灯罩。

图 9.9　回收仪表盘

图 9.10　回收线路板

图 9.11　回收的零件分类存放

图 9.12　回收的灯罩

图 9.13 所示为拆除内部的车体在这里压扁,整个过程只要一分钟左右。压扁以后,用旁边的机械手将铁块取出,放到一个容器内运走。图 9.14 所示为压扁的车体经粉碎后,再采用重力和磁的分选,分离出钢铁、塑料、纺织、纸张等,再分别处理。无法处理的碎屑进行填埋。

图 9.13　车体压扁

图 9.14　粉碎和分选

9.2.5　国际的旧车拆除数据系统(IDIS)

IDIS 的目的是支援旧车拆除,向再循环公司提供欧盟报废车拆除指令所要求的数据。

IDIS 是一个被 20 多个国家的汽车制造者支持的软件系统。IDIS 免费向再循环公司提供多种语言的只读光盘,数据一年进行两次更新,注册者也可以从互联网上获得有关数据。目前这个数据库有超过 600 种型号汽车的大约 40 000 个零部件的成分。

9.3　我国汽车产品回收利用技术政策

1)日本《汽车回收利用法》对我国的借鉴意义

日本为了建立循环经济和应对报废汽车所带来的一系列问题,开始重新建立报废汽车回收利用制度。该制度既是日本本国经济发展现状的要求,也是全球开展资源节约、环境保护行动的一个体现。我国虽然国土面积大,但人口多,人均可利用资源少。为此,在新的世纪,我国提出了建立资源节约型、环境友好型社会的发展目标。对于废旧汽车回收的管理,我国从1980 年开始,陆续建立了一套针对废旧汽车报废、回收拆解和鼓励更新的管理制度。但随着我国经济发展和机动车保有量的增加,原有的管理制度在某些方面已经不能适应当前的经济发展要求。尤其是在报废汽车回收再利用的管理上,现行的一些规定不利于回收零部件的再利用。因此,有必要进行改革。目前,国家有关部门已经拟定了新的"汽车报废标准",对报废汽车回收利用的管理也开始逐步系统化、制度化、规范化。但目前,我国对报废汽车的回收利用管理还处在起步阶段,有很多地方需要完善,需要借鉴国外在报废汽车利用管理方面成功或失败的经验。

通过对日本报废汽车回收利用管理体系的研究,可以总结出以下几个方面的经验以供借鉴。

(1)报废汽车的回收利用管理要结合本国的实际情况

世界上每一个国家都有区别于其他国家的国情。日本的报废汽车回收再利用体系是在充分研究日本报废汽车回收拆解和回收利用行业的实际情况之后制定的,符合日本的实际情况。就管理制度而言,我们不能简单地以先进或落后来进行评判。欧洲的管理制度适应了欧洲的情况,日本的管理制度适应了日本的情况,只要符合了一个国家的实际情况,管理成本低、效果好,就说明管理制度是成功的。就日本新的报废汽车回收利用制度实施一年来取得的成果来看,这套制度是比较成功的。因此我国对报废汽车回收利用的管理必须要结合自身的产业特点和发展水平,可以借鉴其他国家的管理模式,但不能照搬照抄其他国家的管理模式。

(2)对报废汽车回收利用的管理既要符合市场规律,又要加强政府的宏观管理

从了解的情况看,报废汽车回收利用产业存在一定的利润空间,在这方面进行投资,会得到较好的投资收益。美国对报废汽车回收的管理就是基于这一原则。与欧洲、日本相比,美国是对报废汽车回收利用在法律建设方面是最少的国家,主要靠市场来进行调节。但我国的情况与美国又有差别,市场经济体制还不十分完善,如果完全依靠市场的手段调节,会出现意想不到的问题。比如,在废钢价格上升时,企业会哄抬价格抢购废钢资源,扰乱市场秩序,造成行业整体利润下降,影响企业后续发展。甚至会出现拼装车重新抬头,严重威胁人民群众的生命安全。因此,在管理上,既要充分发挥市场自身的调节作用,又要通过宏观管理来引导、规范这一产业的发展。

(3)应该积极发挥汽车生产企业在报废汽车回收利用方面的作用

日本、欧洲的汽车生产企业在回收利用产业发挥了重要作用,在可回收性技术开发、易拆解性技术开发、环保材料替代技术等方面有着不可替代的作用。汽车生产企业的直接参与,从源头上提高报废汽车的回收利用率水平。因此,中国的报废汽车回收利用体系也要让汽车生产企业积极参与。

(4)应该重视回收利用中的环境保护问题

报废汽车及其零部件在回收、拆解、粉碎、再利用等环节存在着对环境的污染问题,如果处理不当,会对环境造成不可逆转的影响。比如,废油液(包括燃油、润滑油、蓄电池的电解液等等)如果直接渗入土壤,会对生态环境产生不良影响,并影响人们的身体健康。因此,要在科学预见报废汽车回收利用各环节对环境可能产生的不良影响的前提下,不断完善环保管理标准和法规,使回收利用产业健康、可持续发展。

2)我国汽车产品回收利用技术政策

我国第一部有关汽车回收利用的法律文件正式颁布了,执行时间是从 2008 年开始,这将对我国汽车产业造成一个巨大的振动,首先在于汽车设计理念的改变,其次规范性的回收与利用在执行上的可行性。下面附有国家有关这方面的正式文件内容。

附:《汽车产品回收利用技术政策》

第一条　为保护环境,提高资源利用率,落实科学发展观,实现社会经济的可持续发展,特制定本技术政策。

本技术政策是推动我国汽车产品报废回收制度的建立的指导性文件,目的是指导汽车生产和销售及相关企业启动、开展并推动汽车产品报废回收工作。国家将适时建立本政策中提出的有关制度,并在 2010 年之前陆续开始实施。

第二条　本技术政策所称汽车,是指《机动车及挂车分类》(中华人民共和国国家标准GB/T 15089—2001)中规定的 M 类和 N 类机动车辆。

第三条　本技术政策的适用范围,包括在我国境内销售、注册的新车型的设计、生产,以及在用汽车的维修、保养、报废拆解和再利用等环节。

第四条　要综合考虑汽车产品生产、维修、拆解等环节的材料再利用,鼓励汽车制造过程

中使用可再生材料,鼓励维修时使用再利用零部件,提高材料的循环利用率,节约资源和有效利用能源,大力发展循环经济。

第五条 汽车的回收利用率,是指报废汽车零部件及材料的再利用和能量再生比率,通常以可回收利用材料占汽车整备质量的百分比衡量。

回收利用率参见《道路车辆可再利用性和可回收利用性计算方法》(GB/T 19515—2004/ISO 22628:2002)等有关标准。

第六条 国家逐步将汽车回收利用率指标纳入汽车产品市场准入许可管理体系。

第七条 加强汽车生产者责任的管理,在汽车生产、使用、报废回收等环节建立起以汽车生产企业为主导的完善的管理体系。

第八条 政府主管部门将适时制定、修订配套政策、标准,加强指导和监督管理,引导我国汽车产业根据科学发展观,制定科学有效的发展规划,促进材料的高效利用,降低能耗。

建立报废汽车材料、物质的分类收集和分选系统,促进汽车废物的充分合理利用和无害化处理,降低直至消除废物的危害性,不断完善再生资源的回收、加工、利用体系。2012年左右,建立起比较完善的报废汽车回收利用法律法规体系、政策支持体系、技术创新体系和有效的激励约束机制;建立回收利用经济评价指标体系,制定中长期战略目标和分阶段推进计划。

第九条 国家对从事报废汽车处理业务的企业实行核准管理制度,从事收集、拆解、利用、处置报废汽车的单位,必须申请领取许可证。禁止无许可证从事报废汽车收集、拆解、利用、处置活动。

第十条 汽车产业链各环节要加强开发、应用新技术、新设备,以"减量化、再利用、资源化"为原则,以低消耗、低排放、高效率为基本特征,实施符合可持续发展理念的经济增长模式,力争在2017年左右使在我国生产、销售的汽车整车产品的可回收利用率与国际先进水平同步。

第一阶段目标:2010年起,所有国产及进口的M2类和M3类、N2类和N3类车辆的可回收利用率要达到85%左右,其中材料的再利用率不低于80%;所有国产及进口的M1类N1类车辆的可回收利用率要达到80%,其中材料的再利用率不低于75%;同时,除含铅合金、蓄电池、镀铅、镀铬、添加剂(稳定剂)、灯用水银外,限制使用铅、汞、镉及六价铬。

自2008年起,汽车生产企业或销售企业要开始进行汽车的可回收利用率的登记备案工作,为实施阶段性目标作准备。

第二阶段目标:2012年起,所有国产及进口汽车的可回收利用率要达到90%左右,其中材料的再利用率不低于80%。

第三阶段目标:2017年起,所有国产及进口汽车的可回收利用率要达到95%左右,其中材料的再利用率不低于85%。

低速载货汽车、三轮汽车、摩托车以及挂车等车辆,也应参考M类和N类机动车比照执行,具体目标及实施日期另行确定。

汽车生产、使用、报废各环节应注重对环境的保护,产生的废物的处理和处置要符合国家环境保护标准及相关政策法规要求,减少直至避免对人类生存环境造成损害。

第十一条 在我国销售的汽车产品在设计生产时,需充分考虑产品报废后的可拆和易拆解性,遵循易于分拣不同种类材料的原则。优先采用资源利用率高、污染物产生量少,以及有利于产品废弃后回收利用的技术和工艺,提高设计制造技术水平。

第十二条　尽量采用小型或质量轻、可再生的零部件或材料,生产用材的选择要最大限度地选用可循环利用的材料,并不断减少所用材料的种类,以利于材料的回收利用。

汽车产品的所有塑料材料的回收及再生利用率要持续增加。

禁用散发有毒物质和破坏环境的材料,减少并最终停止使用不能再生利用的材料和不利于环保的材料。

限制使用铅、汞、镉和六价铬等重金属,上述重金属需依据一个定期复核的清单只在某些特定情况下使用。

企业要对含有害物质和零部件进行标志、编码。

第十三条　汽车零部件配套企业需向汽车生产企业提供其供应配件的材料构成、结构设计或拆解指南、有害物含量及性质、废弃物处理方法等相关信息,以配合整车生产企业核算其产品的可回收利用率。

第十四条　条件成熟时国家将推进汽车生产企业或进口汽车总代理商选择其品牌销售商或特约维修店进行旧零部件的翻新、再制造等业务,翻新、再制造零部件质量必须达到相应的质量要求,并标明翻新或再制造零部件。

第十五条　2010年起汽车生产企业或进口汽车总代理商要负责回收处理其销售的汽车产品及其包装物品,也可委托相关机构、企业负责回收处理其生产、销售的汽车及其包装物品。

汽车产品包装物的设计、制造,应当遵守国家有关清洁生产的规定,符合标准要求。

电动汽车(含混合动力汽车等)生产企业要负责回收、处理其销售的电动汽车的蓄电池。

第十六条　汽车生产企业或进口汽车总代理商要负责其产品回收并进行符合环保、回收利用要求的处理或处置,或按规定缴纳相关回收处理费。

不同类型汽车的回收处理费由有关部门根据我国不同时期报废汽车回收处理技术水平、再生能力、物价、委托处理业务等因素确定、调整。汽车价格因承担回收处理费而调整的,其增长部分不能超过规定的数值或比例。

回收处理费的管理、收支、用途等以公开、公正、公平的原则进行运作,并接受政府、企业及公众监督。

第十七条　汽车生产企业要积极与下游企业合作,向回收拆解及破碎企业提供《汽车拆解指导手册》及相关技术信息,并提供相关的技术培训,共同促进报废汽车回收利用率的不断提高。

第十八条　汽车生产企业要与汽车零部件生产及再制造、报废汽车回收拆解及材料再生企业密切合作,共享信息,跟踪国际先进技术,协力攻关,共同提高汽车产品再利用率和回收利用率。

汽车生产企业或进口总代理商要积极配合政府部门开展课题研究、政策制定等相关工作,主动开展提高汽车产品可回收利用率的科研攻关、技术革新、设备改造等工作。

第十九条　汽车装饰、维修和保养过程中,要与汽车生产过程一样,选择和使用可回收利用率高、安全和环保的产品。

第二十条　拆卸及报废零部件,要分类收集存放,妥善保管,在政策允许的前提下,鼓励合格的拆卸零部件重新进入流通,作为维修零部件装车使用;

对报废汽车零部件及维修更换的旧零部件,鼓励有技术、设备、检测条件的企业进行再制造,作为维修备件用于汽车修理;

对已不具备原设计性能,又无再制造价值的拆解及报废零部件,应分别交给相应的材料再生处理企业进行再生利用,不应以倾倒、抛洒、填埋等危害环境的方式处置。

第二十一条 汽车保养、维修过程中产生的蓄电池、催化转化器、废油、废液、废橡胶(含轮胎)及塑料件等要按规定分类回收、保管和运输,交给相关企业进行加工处理、改变用途使用,或作为能量再生使用。

第二十二条 对含有有毒物质或对环境及人身有害的物质,如蓄电池、安全气囊、催化剂、制冷剂等,必须交由有资质的企业处理。

危险废物的收集、储存、运输、处理应符合《危险废物贮存污染控制标准》、《危险废物填埋污染控制标准》、《危险废物焚烧污染控制标准》等安全和环保要求。

第二十三条 对处理污染废物及有毒物质的企业实行严格的准入管理,加强监督检查,减少进而避免对环境和人身健康造成损害。

取得环境保护部门颁发的经营许可证的单位,方可从事危险废物的收集、利用、储存、运输、处理等经营活动。

第二十四条 除允许进口车用发电机、起动机及微电机进行再制造用于汽车维修外,不得进口废旧汽车零部件直接或经过再制造用于汽车组装生产或维修。

进口旧电机应符合《进口可用作原料的固体废物环境保护控制标准—废电机》(GB 16487.8—2005)的要求。

第二十五条 在不违反相关环保要求的条件下,材料生产企业可按规定进口报废汽车(已经成为切屑)及其零部件作为生产原料,但禁止以此类进口件装车及进入流通环节。

禁止从进口废旧汽车上拆卸零部件直接或经过再制造用于汽车组装生产或维修。

第二十六条 禁止进口加工能耗高、效率低、污染重或成本高,以及有毒、损害环境的汽车材料。

第二十七条 在发展资源再生产业的国际贸易中,严格控制汽车废物和其他废物进口。

在严格控制汽车废物和其他有毒有害废物进口的前提下,充分利用两个市场、两种资源,积极发展资源再生产业的国际贸易。

第二十八条 回收拆解及再生利用过程中,要本着程序科学、作业环保、再生高效、低耗的原则,提高再生质量,扩大再生范围,减少废弃物数量。

相关企业要科学进行报废汽车的预处理、拆解、切割、破碎、非金属物处理(可证实的再循环和以后有可能用于能量再生的物质),提高报废汽车零部件及各种物质的再利用、循环利用和回收利用率。

第二十九条 汽车材料、物质生产企业应积极开发可循环利用且环保的新材料,尤其要加大对再生材料和替代材料技术的开发应用,扩大回收材料的再生领域,提高再生产品质量,促进循环经济的快速、健康发展。

回收拆解、材料再生及其他回收利用企业应不断提高技术与管理水平,与汽车产品生产企业协力实现我国汽车产品回收利用率分阶段目标,保证社会效益和经济效益。

第三十条 报废汽车回收拆解及再生利用企业要满足第三章对拆解零部件、废油液、贵金属材料、固体废物等的要求。同时,企业制定的操作规范应符合我国法律、法规、技术标准和法规等要求。

第三十一条 回收拆解企业应有必要的专业技术人员,具备与处理能力相适应的专门设备、场地等。

回收拆解及再生企业要通过结构调整、产业优化、技术改造等措施建立必要条件,增强节约与环保意识,完善处理设施,提高处理能力,逐步实现专业化、规模化作业。

第三十二条 为防止环境污染,实现汽车生产企业或进口总代理商承诺的可回收利用率,报废汽车回收拆解企业应与汽车生产企业或进口总代理商签定协议,提高废旧汽车产品的拆解、再利用能力。

对不能达到或不再具备回收处理协议要求条件的回收拆解企业,汽车生产企业或进口总代理商可依法废止协议。

第三十三条 为有效实现报废汽车产品的回收利用,对提前达到产品可回收利用率或超过当时政策规定限值的企业、在生产中使用再生材料达到一定数值的企业、开发并应用回收利用技术及设备的企业和引进专用处理技术及设备并进行国产化开发的企业,国家将给予必要的优惠政策,以鼓励汽车产品生产和回收利用企业提高汽车产品的回收利用率,主动使用再生材料。

第三十四条 鼓励相关企业通过合资、合作及技术引进等措施,消化、吸收国外先进的产品设计、新型材料及环保产品生产、报废车拆解、旧零部件再制造和材料回收再生技术,开发应用先进的检测试验装置及设备,建立新型、高效生产技术体系,提高汽车回收利用技术与设备的国际竞争力。

第三十五条 政府主管部门将组织研究、开发和推广减少工业固体废物产生量的生产工艺和设备,公布限期淘汰产生严重污染环境的工业固体废物的落后生产工艺、落后设备的名录。

生产者、销售者、进口者或者使用者必须在国务院经济综合主管部门会同国务院有关部门规定的期限内分别停止生产、销售、进口或者使用列入前款规定的名录中的设备。生产工艺的采用者必须在政府有关部门规定的期限内停止采用列入前款规定的名录中的工艺。依照前款规定被淘汰的设备,不得转让给他人使用。

第三十六条 政府主管部门将适时制定汽车限用材料时间表,引导企业积极采用环保、有利于回收利用的材料。

产品在一定时间内达不到可回收利用率要求的汽车生产企业或进口商,将受到相应的处罚,并对其加收环保处理费。

第三十七条 提倡有利于节约资源和保护环境的生活方式与消费方式;鼓励使用绿色产品,如环境标志产品、能效标识产品等。

政府采购汽车产品时,要优先选择可回收利用率高的产品。

报废汽车车主、回收拆解企业等要严格按照国务院 2001 年颁布的《报废汽车回收管理办法》(第 307 号令)等相关政策法规交付、回收、拆解、处理报废汽车。

第三十八条 支持汽车发动机等废旧机电产品再制造;建立垃圾分类收集和分选系统,不断完善再生资源回收、加工、利用体系。

第三十九条 汽车生产主管部门及工商、环保等部门应依法加强监管力度,有效提高我国汽车产品的实际回收利用率。

第四十条 完善报废汽车回收利用网络,明确回收处理技术路线,制定促进报废汽车再生利用的法规、政策和措施。

政府有关部门将针对我国汽车产品回收利用情况,组织相关机构、企业等对有关政策、法规进行深入研究,制定、完善各项配套政策,力争如期实现我国汽车产品分阶段回收利用率目标。

9.4 中外汽车回收与再造方面的差距明显

据 1996 年的相关统计数据显示,美国再制造企业有 7.3 万家,年产值 530 亿美元,与制药业、计算机业和钢铁业的产值相当。再制造业直接就业人员多于其他产业。其中,汽车再制造企业超过 5 万家,年销售总额 365 亿美元。2005 年,对美国再制造业的产品统计显示:工业设备占 16%、航空航天及国防装备占 11%、电子产品占 6%、计算机产品占 4%,而汽车及其配件所占比例高达 56%。

德国汽车再制造产业也已达到相当高的水平。德国大众 50 年里已经生产再制造发动机 720 万台,近年来销售的再制造发动机及配件与新发动机的比例达 9∶1。宝马公司建立起全国性回收品经营连锁店网络,改造后的发动机是新发动机成本的 50% ~ 80%。发动机在改造过程中,有 94% 被修复,5.5% 被熔化再生,只有 0.5% 被填埋处理。

与欧美国家相比,我国的再制造业历史非常短。我国的再制造工程是在装备维修工程、表面工程基础上发展起来的,并于 20 世纪 90 年代后期起步。2001 年 5 月,国家级重点实验室"装备再制造技术国防科技重点实验室"成立,标志着国家再制造工程的系统研究正式拉开序幕。

1)政策春天正在缓缓到来

虽然中国机电产品再制造技术的历史较短,但发展极其迅速。

2005 年,中国工程院启动了《建设节约型社会战略研究》,组织了 33 位院士、80 余位专家参加这一研究项目,得出了 17 项关键工程,"机电产品回收利用与再制造工程"就是其中的一个关键工程。目前,再制造工程也正在逐步得到我国政府、企业界的认同和支持。

2005 年,国务院颁发的 21 号、22 号文件均指出:国家将大力"支持废旧机电产品再制造",并把"绿色再制造技术"列为"国务院有关部门和地方人民政府要加大经费支持力度的关键、共性项目之一"。

2007 年 2 月 14 日,国家发改委、科技部、环保总局在对外发布的《汽车产品回收利用技术政策》中指出:"对报废汽车零部件及维修更换的旧零部件,鼓励有技术、设备、检测条件的企业进行再制造,作为维修备件用于汽车修理。"

4 月,曾培炎副总理在国家发改委《关于汽车零部件再制造产业发展及有关对策措施建议的报告》上批示:"同意以汽车零部件为再制造产业试点,探索经验,研究技术,同时要考虑定时修订有关法律法规。"

2)消除误解尚需时日

在这股对再制造工程支持的春风中,国家于 2005 年批准了第一批循环经济试点行业和领域,再制造被列为"四个重点领域"之一。同时,我国发动机再制造企业——济南复强动力有限公司被列为试点单位。同样的发动机再制造企业在上海也有一家——上海大众联合发展有限公司动力总成分公司,该公司已经为桑塔纳提供 1.1 万台"再制造心脏",比更换新发动机节约 647 吨钢材,节电 190 万度。

令人遗憾的是,虽然政策环境越来越好,但是人们消除对再制造的误解仍需时日,这可以从上述两家发动机再制造公司的窘境窥见一斑。

据了解,被列为试点的济南复强动力有限公司现在的日子不好过,而上海大众联合发展有限公司动力总成分公司的日子也好不了多少。《技术政策》的实施也存在一定的风险,比如目前以假当真,以旧充新等损害消费者的行为为数不少,消费者对于什么属于再造零配件什么属于假冒零配件很难界定。所以在技术政策实施前要有一定的宣传力度向消费者解释再造技术。

消费者对绿色再制造工程的认识还有一定的偏差。再制造产品不是二手产品,而是新品。再制造往往是在产品使用数年后实施的,一部分机电产品制造出来,经过若干年后才达到报废,在此期间许多新技术、新材料相继出现,对废旧机电产品进行再制造时可以应用最新的研究成果。高新技术在再制造加工中的成功应用,是再制造产品在质量和性能上达到和超过新品的根本原因。

习　题

1. 名词解释
(1)产品生命周期理论
(2)循环经济
(3)绿色设计
(4)再制造工程
(5)可回收利用率
(6)可回收利用性

2. 思考题
(1)汽车回收与再生有何意义?
(2)简述国外关于报废车处理前解体的规定。
(3)国外废旧汽车回收与再生哪些先进的经验值得我们学习?
(4)欧盟各国废旧汽车回收与再生的流程怎样?
(5)简述日本报废汽车回收拆解过程。
(6)分析日本《汽车回收利用法》对我国的借鉴意义。
(7)美国二手车交易体系及制度是否适合我们的国情?

第 **10** 章
机动车保险概述

学习目标:
1. 掌握国内机动车保险现状及发展趋势。
2. 了解机动车保险的各种险种及内容。
3. 了解购车保险的方案组合及理赔过程。

10.1 机动车保险的含义及作用

10.1.1 保险的含义及基本原理

1)保险的含义

(1)从经济的角度来说,保险是分摊意外事故损失的一种财务安排。保险是运用许多人的共同力量,将个人分散的保费集中在一起,当少数人遭受损失时,由全体予以分摊的一种制度,是一种有效的财务安排。人寿保险还具有储蓄和投资的作用,其财务安排的特征表现的尤为明显。

(2)从法律的角度来说,保险是一种合同行为,指投保人根据合同约定,向保险公司支付保险费,当合同约定的保险事故发生时由保险公司承担赔偿责任,或当被保险人达到合同约定的年龄、期限时由保险公司承担给付保险金责任的商业行为。

(3)从风险管理角度看,保险是风险管理的一种方法,通过保险,可以起到分散风险,消化损失的作用。

(4)从社会角度看,保险是社会保障制度的组成部分,是一个反应灵敏的稳定器。

(5)根据《中华人民共和国保险法》第 2 条的规定:保险是指投保人根据合同约定,向保险人支付保险费,保险人对于合同约定的可能发生的事故因其发生所造成的财产损失承担赔偿保险金责任或者当被保险人死亡、伤残、疾病或者达到合同约定的年龄,期限时承担给付保险金责任的商业保险行为。

2)保险的要素

保险公司所承保的必须是可保风险。可保风险是指符合保险人承保条件的特定风险。一般说来,可以在保险公司投保的可保风险需要符合下面这些条件。

(1)风险必须是纯粹的风险。即风险一旦发生,便成为现实的风险事故,只有损失的机会,没有获利的可能。

(2)风险必须具有不确定性。风险的不确定性有三层含义,即风险是否发生是不确定的;风险发生的时间是不确定的;风险发生的原因和结果等是不确定的。

(3)风险必须使大量标的均有遭受损失的可能。这一条件要求大量标的性质相近、价值相近的风险单位面临同样的风险。

(4)风险必须有导致重大损失的可能。这一条件的含义是,风险一旦发生,由其导致的损失是被保险人无力承担的,是一种发生重大损失的可能性较大、遭受重大损失的机会较小的风险。

(5)风险不能使大多数的保险对象同时遭受损失。这一条件要求损失的发生具有分散性,因此保险人在承保时应力求将风险单位分散。

(6)风险必须具有现实的可测性。保险的经营要求制定准确的费率,费率的计算依据是风险发生的概率及其所导致标的损失的概率,因此,风险必须具有可测性。

3)保险的过程必须是多数人的同质风险的集合与分散

保险的过程,既是风险的集合的过程,又是风险的分散的过程。众多买保险的人将其所面临的风险都转嫁给保险公司,保险公司通过承保将大家的众多风险都集合起来。而当真的发生保险合同中明列的保险责任范围内的损失时,保险公司又将少数人发生的风险损失分摊给全部买过保险的人,也就是通过保险的补偿行为分摊损失,将集合的风险予以分散转移。保险风险的集合与分散应具备以下两个前提条件:

(1)风险必须是多数人的风险。如果风险属于少数人或个别人的,就无所谓集合与分散,而且风险损害发生的概率难以测定,大数法则不能有效地发挥作用。

(2)风险必须是同质的风险。如果风险为不同质风险,那么风险损失发生的概率就不相同,因此,风险也就无法进行同一集合与分散。

4)费率的合理厘定

保险在形式上是一种经济保障活动,而实质上是一种商品交换行为。因此,厘定合理的费率,即制定保险商品的价格,便构成了保险的基本要素。保险的费率过高,保险需求会受到限制;反之,费率厘定得过低,保险供给得不到保障,这都不能称为合理的费率。费率的厘定应依据概率论、大数法则的原理进行计算。

5)保险基金的建立

保险的分摊损失与补偿损失功能是通过建立保险基金实现的。保险基金是用以补偿或给付因自然灾害、意外事故和人体自然规律所致的经济损失和人身损害的专项货币基金。它主要来源于开业资金和保险费。就财产保险准备金而言,表现为未到期责任准备金、赔款准备金等形式;就人寿保险准备金而言,主要以未到期责任准备金形式存在。保险基金具有分散性、广泛性、专项性与增值性等特点,保险基金是保险的赔偿与给付的基础。

6)订立保险合同

保险是投保人与保险人之间的经济关系。这种经济关系是通过合同的订立来确定的。保险是专门对意外事故和不确定事件造成的经济损失给予赔偿的,风险是否发生,何时发生,其损失程度如何,均具有较大的随机性。保险的这一特性要求保险人与投保人应在确定的法律或契约关系约束下履行各自的权利与义务。倘若不具备在法律上或合同上规定的各自的权利与义务,那么,保险经济关系则难以成立。因此,订立保险合同是保险得以成立的基本要素,它是保险成立的法律保证。

10.1.2　机动车辆保险产品特点

机动车辆保险占据各家财产保险公司的百分之六十以上的比例,其盈亏对财产保险公司的整体赢利能力和持续发展具有至关重要的作用。因此,机动车辆保险业务的经营管理能力对于财产保险公司具有重大的战略意义。

1)对机动车险业务的认识

(1)产品的复杂性

机动车辆数量多、分布广、涉及社会家庭和各行各业,影响面大;出险率高且多在公共道路上发生,风险暴露程度高,消费者风险转嫁意识强。机动车辆保险业务(以下简称"车险")保源充足,但同时所包含的风险种类也多;车辆损失险不仅包括了车辆本身的财产保险,还包括了驾驶员、乘客的人身意外伤害保险;第三者责任险承保车辆发生保险事故导致的各类财产损毁和人身伤害,以及购车履约保证保险。车险同时既是商业保险,又包含了法定交强险,属于典型的集管理与服务于一体的技术含量高、劳动密集型业务。

(2)价值的多重性

对车险业务应从内在价值的角度加以衡量,而不是仅从当期的财务经营成果上衡量得失。

①车险需要的资源的多样性和整合的高难度性有助于提升公司的管理能力;

②车险的较高赔付扩大了社会对保险使用价值的认可,有利于培育市场,带动非车险产品的销售,挖掘客户资源;

③车险经营的风险多样性和技术手段的复杂性,有利于培育综合性的销售、经营、管理型的人才队伍;

④车险广泛的社会影响力,优质的服务有助于提升公司的知名度和美誉度,塑造企业品牌。

(3)资源的多样性

车险经营涉及到公司内外两部分的资源及整合。由于机动车辆的高度流动性,其出险的地理位置具有极大的不确定性,需要广泛的服务网络加以支持;车险的种类日益增多,车辆的零部件组成复杂,需要零配件报价系统加以支持;出险后的现场查勘或定损仅依靠理赔人员的个人经验是难以准确定损核损的,因此,要通过前台的查勘,定损人员利用图片影像系统将损失资料传送到公司,利用后台的专业定损技术力量和零部件报价系统进行同步核损,且使查勘与定损相分离,互相制约;被盗车辆是保险公司应重点防范的风险点,量少但损失的金额高,对于目标客户的中高档车辆应考虑安装 GPS(卫星定位系统)防盗抢风险。车险由于数量大,出险率高,需要动用公司较多的售后服务资源为之提供配套服务。首先,是受理出险报案的电话中心;其次,是理赔查勘队伍的建立;再次,是查勘车、查勘工具等的配置。此外,对于车辆导致的车上人员或第三者人伤案件,需要具有临床抢救经验的专业核赔人员以及定点医院;对受损车辆的施救和修理需要专业汽修厂。以上都是对经营车险的保险公司的资源和整合资源能力的综合检验。

2）赢利能力的培育

利润来源于对外增强销售能力和对内控制成本两大方面。专业化的经营体现在精细化的管理方面,要通过经营活动中各个环节细致的管理产生效益。

（1）销售能力的提升

对于目前的机动车保险销售形式主要是与品牌特约服务站合作,销售主体基本是汽车销售人员,由于现行的销售模式是缺乏过程管理的结果导向型,容易导致销售乏力。虽然各个特约服务站已经意识到保险是一块很大的利润,但是由于缺乏专业人员,使得销售能力成为经营中最短的"木板",需要全力提升,而关键在于建立整体的销售体系。

（2）经营成本的控制

如果只有简单的风险分散,根据保险原理来说是产生不了利润的。利润来源于对风险的主动积极有效的管理,风险管理的实质是要通过专业化的手段,将不确定的风险通过有效管理变为可控制的、稳定的风险。包括对风险的识别、评估、选择、防灾防损、再保险、核赔、追偿等都是对风险进行全过程管理的重要手段。

①选择风险。业务承保能力受限于资本金,因此,承保额度是保险公司紧缺的宝贵资源,要力求承保能力边际效益最大化,将资源用在最优质的客户上,这就决定了要有专业的核保队伍、经营数据以及强大的市场拓展能力。其中专业的核保队伍和经营数据决定了风险识别能力的高低,风险识别能力是做出正确的风险选择的前提,强大的市场拓展能力是为核保人员提供充足的可选风险标的前提。因此要依托专业的核保队伍、经营数据和充足的可选标的来合理配置使用承保额度,对于销售保险的车行相对保险公司来说在这方面风险要小得多,因为毕竟只承担了销售的部分,这就意味着保险公司在选择与之合作的车行时需要进行风险选择的评估。

②应收保费的管控。承保环节还应把好应收保费关,应收保费的存在不仅使得保险公司的保费收入与所承担的风险责任不匹配,加大了经营风险,而且对保险人的经营税、分保、准备金和保险保障金的计提带来了影响。因此,需要通过制定具体的管理细则加以控制和管理,堵塞漏洞,降低应收保费的比例。否则,再精确的费率都会由于应收保费的存在而流于形式。目前许多保险代理都在钻保险法的空子,保险合同的成立是以双方签字为依据,这样一来,保险代理在收到客户保费时仅仅提交给双方签字后的合同,而保费却一直压在自己手上不交给保险公司,如果该客户一年内没有出险则保费就成为代理人的黑钱了,万一出险了代理人才会把保费交给保险公司,至少代理人能挪用一段时间的保费,所以应收保费的管控是目前一个相对比较复杂的问题。因为想要扩大自己的市场份额就需要扩大自己的代理人队伍,风险也就随之而来。

③防灾防损。发生机动车辆保险事故的因素很多,例如年龄、性别、人体生物节律、身体状况等。在车险经营管理中可以应用人体生物节律理论进行风险的预防。人体生物节律理论是上个世纪初由奥地利因斯布鲁大学的费雷特教授等人提出的,人的体力、情绪、智力自出生之日起就呈现周期性的变化,分别是 23 天、28 天和 33 天为一个循环周期。周期状态分别为高潮、临界和低潮三个时期。在低潮人的体力、情绪、智力均处于低谷,是事故易发期,在此阶段少安排驾驶员出车,可以有效防止事故的发生。日本小草小井汽车公司从 1969—1971 年应用上述理论进行安全管理,事故率下降了 46%,美国航空公司 1989 年应用了一年,事故率下降了 32.5%。除了应用上述理论可以防止和降低交通事故的发生以外,保险人还可以向客户提

供安全行车资料录像、交通肇事案例剖析、编发安全驾驶小常识等方式,提醒客户对风险防范的意识,达到防灾的目的,在保险销售过程中就可以进行这方面工作。

④再保险。是风险控制的重要手段,对于加保了盗抢险的车辆、高档车辆以及可能一次事故导致群死群伤的客运中巴、大巴等车辆应当在确定合理的自留额后,其余风险通过商业再保险进行转嫁,通过分散风险、实现车险经营的稳健发展。

⑤追偿。是对涉及到第三者责任而产生的赔偿在法律上所具有的追偿权利,追偿是保险人经营中直接影响到赔付率的重要环节,应当加以重视,予以人力和财力的必要投入,运用法律手段,挽回已经赔付并具有追偿价值的损失。

⑥核赔

a. 车辆损失:关键是除了不断提高理赔队伍的专业化水准之外,要通过定损系统和报价系统,将前端的定损人员的技能和公司的专业数据库进行有机结合,才能减少水分;同时要建立反欺诈机制,对社会公布反欺诈有奖举报电话,对于有效的举报给予重奖,动用社会的力量防范和化解欺诈风险,降低赔付率。

b. 人身伤害:交通事故在造成机动车辆财产损失的同时,往往会连带导致车上或第三者人员的人身伤害,发生医疗费用或医疗后的伤残赔付。人员的人身伤害损失不同于车辆的财产核损,它涉及到大量的医学知识和临床经验,特别是随着个人自我维权意识的提高,从长远来看,人伤案件的医疗费用呈上升趋势,将对车险理赔造成影响,必须尽早加以有效的管理。为此,应当向社会招聘富有临床经验的医生,建立车险人伤案件的核赔队伍,提供医务技术保障。

c. 第三者责任险:由于车辆导致的第三者责任可能涉及到的受损标的范围广泛,财产的种类各种各样,因此,保险公司需要与社会相关职能部门建立技术合作关系,通过权威部门协助定损。

3)投资收益

理赔成本控制到一定程度就会出现极限,无合理的出险和赔付,保险的需求就会随之受到影响,因此,要合理把握这个度。从今后的竞争趋势来看,直接经营产生的利润总体上呈下降趋势;因此,从长期看,要重视投资收益,尤其是车险的辆均保费高,现金流量大,更要注重投资收益。资金运用同样需要有配套的专业人才和资金运用的管理制度,兼顾提高资金运用的收益及安全性,视之为企业赢利的重要方面加以培育。

总之,业务的质和量要与公司管理能力和服务资源之间协调配套,资源配置合理,才能产生最佳效益。要通过市场研究发现新的客户群体;通过细分开发适销对路的新产品,通过新老产品的有机结合,满足客户的需求;通过服务稳定优质的客户;通过销售能力的提升和内部对风险细节化管理实现对车险的专业化经营与管理等等环节,最终实现保险人、被保险人以及社会三方的共赢。

10.1.3 机动车辆保险险种分析

1)承保对象及标的物
汽车、电车、电瓶车、摩托车、拖拉机、各种专用机械车、特种车。

2)保险责任范围
机动车辆保险合同为不定值保险合同。机动车辆保险分为基本险和附加险,基本险是指车辆损失险和第三者责任险。

（1）车辆损失险：负责赔偿由于自然灾害和意外事故造成车辆自身的损失，是车险中最主要的险种。

（2）第三者责任险：负责赔偿保险车辆因意外事故，致使第三者遭受人身伤亡或财产的直接损失，保险人依照保险合同的规定给予赔偿。投保这个险种是最有必要的。绝大多数的地方政府将第三者责任险列为强制保险险种。

3）影响费率因素

（1）车辆种类、使用性质、所属性质；

（2）车辆使用地区及地区环境；

（3）车辆使用人驾车技术、及其他个人因素；

（4）投保险别及保险金额等。

10.1.4　机动车辆保险常见附加险

1）车辆损失险的附加险

①全车盗抢险；

②玻璃单独破碎险；

③自燃损失险；

④新增加设备损失险；

⑤车辆停驶损失险。

2）第三者责任险的附加险

（1）车上责任险；

（2）无过错责任险；

（3）车载货物掉落责任险。

3）车辆损失险与第三者责任险共同的附加险

不计免赔特约险。

10.1.5　汽车保险的职能和作用

1）汽车保险的职能

保险基本职能就是组织经济补偿和实现保险金的给付，同样也是机动车辆保险的基本职能。

生产力水平的提高、科学技术的发展使人类社会走向文明，汽车文明在给人类生活以交通便利的同时，也给人类带来了因汽车运输中的碰撞、倾覆等意外事故造成的财产损失和人身伤亡。不仅如此，随着生产力水平的提高，科学技术的进步，风险事故所造成的损失也越来越大，对人类社会的危害也越来越严重。机动车辆在使用过程中遭受自然灾害风险和发生意外事故的概率较大，特别是在发生第三者责任的事故中，其损失赔偿是难以通过自我补偿的。

机动车辆使用过程中的各种风险及风险损失，是难以通过对风险的避免、预防、分散、抑制以及风险自留就能解决得了的，必须或最好通过保险转嫁方式，将其中的风险及风险损失得以在全社会范围内分散和转移，以最大限度地抵御风险。汽车用户以缴纳保险费为条件，将自己可能遭受的风险成本全部或部分转嫁给保险人。机动车辆保险是一种重要的风险转嫁方式，在大量的风险单位集合的基础上，将少数被保险人可能遭受的损失后果，转嫁到全体被保险人身上，而保险人作为被保险人之间的中介对其实行经济补偿。通过机动车辆保险，将拥有机动车辆的企业、家庭和个人所面临的种种风险及其损失后果，得以在全社会范围内分散与转嫁。

机动车辆保险是现代社会处理风险的一种非常重要的手段，是风险转嫁中一种最重要、最有效的技术，是不可缺少的经济补偿制度。

2）汽车保险的作用

我国自1980年国内保险业务恢复以来，汽车保险业务已经取得了长足的进步，尤其是伴随着汽车进入百姓的日常生活，汽车保险正逐步成为与人们生活密切相关的经济活动，其重要性和社会性也正逐步突现，作用越加明显。

（1）促进汽车工业的发展，扩大了对汽车的需求

从目前经济发展发展情况看，汽车工业已成为我国经济健康、稳定发展的重要动力之一，汽车产业政策在国家产业政策中的地位越来越重要。汽车产业政策要产生社会效益和经济效益，要成为中国经济发展的原动力，离不开汽车保险与之配套服务。汽车保险业务自身的发展，对于汽车工业的发展起到了有力的推动作用，汽车保险的出现，解除了企业与个人对使用汽车过程中可能出现的风险的担心，在一定程度上提高消费者购买汽车的欲望，一定程度扩大了对汽车的需求。

（2）稳定了社会公共秩序

随着我国经济的发展和人民生活水平的提高，汽车作为重要的生产运输和代步的工具，成为社会经济及人民生活中不可缺少的一部分，其作用显得越来越重要。汽车作为一种保险标的，虽然单位保险金不是很高，但数量多而且分散，车辆所有者既有党政部门，也有工商企业和个人。车辆所有者为了转嫁使用汽车带来的风险，愿意支付一定的保险费投保。在汽车出险后，从保险公司获得经济补偿。由此可以看出，开展汽车保险既有利于社会稳定，又有利于保障保险合同当事人的合法权益。

（3）促进了汽车安全性能的提高

在汽车保险业务中，经营管理与汽车维修行业及其价格水平密切相关。原因是在汽车保险的经营成本中，事故车辆的维修费用是其中重要的组成部分，同时车辆的维修质量在一定程度上体现了汽车保险产品的质量。保险公司出于有效控制经营成本和风险的需要，除了加强自身的经营业务管理外，必然会加大事故车辆修复工作的管理，一定程度上提高了汽车维修质量管理的水平。同时，汽车保险的保险人从自身和社会效益的角度出发，联合汽车生产厂家、汽车维修企业开展汽车事故原因的统计分析，研究汽车安全设计新技术，并为此投入大量的人力和财力，从而促进了汽车安全性能方面的提高。

（4）汽车保险业务在财产保险中占有重要的地位

目前，大多数发达国家的汽车保险业务在整个财产保险业务中占有十分重要的地位。美国汽车保险保费收入，占财产保险总保费的45%左右，占全部保费的20%左右。亚洲地区的日本和台湾汽车保险的保费，占整个财产保险总保费的比例更是高达58%左右。

从我国情况来看，随着积极的财政政策的实施，道路交通建设的投入越来越多，汽车保有量逐年递增。在过去的20多年，汽车保险业务保费收入每年都以较快的速度增长。在国内各保险公司中，汽车保险业务保费收入占其财产保险业务总保费收入的50%以上，部分公司的汽车保险业务保费收入占其财产保险业务总保费收入的60%以上。汽车保险业务已经成为

财产保险公司的"吃饭险种"。其经营的盈亏,直接关系到整个财产保险行业的经济效益。可以说,汽车保险业务的效益已成为财产保险公司效益的"晴雨表"。

10.2 汽车保险业的发展历程与现状的分析

近年来中国汽车产业发展迅速,汽车消费的增长必将带动汽车保险业迅速发展,特别是按照入世协议我国将逐步开放保险市场,中国汽车保险业将面临严峻的挑战,如何应对这一挑战,成为我国汽车保险业不容忽视的问题。本节主要分析汽车保险业的发展历程与现状。

1)汽车保险的起源

(1)近、现代保险分界的标志之一——汽车第三者责任险

汽车保险是近代发展起来的,它晚于水险、火险、盗窃险和综合险。保险公司承保机动车辆的保险基础是根据水险、火险、盗窃险和综合责任险的实践经验而来的。汽车保险的发展异常迅速,如今已成为世界保险业的主要业务险种之一,甚至超过了火灾保险。目前,大多数国家均采用强制或法定保险方式承保的汽车第三者责任保险,它始于 19 世纪末,并与工业保险一起成为近代保险与现代保险分界的重要标志。

(2)汽车保险的发源地——英国

①英国法律事故保险公司于 1896 年首先开办了汽车保险,成为汽车保险"第一人"。当时,签发了保费为 10 英镑~100 英镑的第三者责任保险单,汽车火险可以加保,但要增加保险费。1899 年,汽车保险责任扩展到与其他车辆发生碰撞所造成的损失。这些保险单是由意外险部的综合第三者责任险组签发的。1901 年开始,保险公司提供的汽车险保单,已具备了现在综合责任险的条件,在上述承保的责任险范围内,增加了碰撞、盗窃和火灾。1906 年,英国成立了汽车保险有限公司,每年该公司的工程技术人员免费检查保险车辆一次,其防灾防损意识领先于其他保险大国。

②实施第三者强制责任保险。第一次世界大战后,英国机动车辆的流行加重了公路运输的负担,交通事故层出不穷,有些事故中受害的第三者不知道应找哪一方赔偿损失。针对这种情况,政府发起了机动车辆第三者强制保险的宣传,并在《1930 年公路交通法令》中纳入强制保险条款。在实施机动车辆第三者责任强制保险的过程中,政府又针对实际情况对规定作了许多修改,如颁发保险许可证,取消保险费缓付期限,修改保险合同款式等,以期强制保险业务与法令完全吻合。强制保险的实施使在车祸中死亡或受到伤害的第三方可以得到一笔数额不定的赔偿金。

③1945 年,英国成立了汽车保险局。汽车保险局依协议运作,其基金由各保险人按年度汽车保费收入的比例分担。当肇事者没有依法投保强制汽车责任保险或保单失效,受害者无法获得赔偿时,由汽车保险局承担保险责任,该局支付赔偿后,可依法向肇事者追偿。

英国现在是世界保险业第三大国,仅次于美国和日本。据英国承保人协会统计,1998 年在普通保险业务中,汽车保险业务首次超过了财产保险业务,保险费达到了 81 亿英镑,汽车保险费占每个家庭支出的 9%,足见其重要地位。

2)汽车保险的发展成熟

(1)汽车保险的发展成熟地——美国

美国被称为是"轮子上的国家",汽车已经成为人们生活的必需品。与此相随,美国汽车保险发展迅速,在短短的近百年的时间内,汽车保险业务量已居世界第一。2000年美国汽车保险保费总量为1 360亿美元,车险保费收入占财险保费收入的45.12%。其中,机动车辆责任保险保费收入为820亿美元,占60.3%,机动车辆财产损失保险保费收入为540亿美元,占39.7%。机动车辆保险的综合赔付率为105.4%,其中,净赔付率为79.3%,费用率为26.1%。美国车险市场准入和市场退出都相对自由,激烈的市场竞争,较为完善的法律法规,使美国成为世界上最发达的车险市场。

(2)美国汽车保险发展的四个阶段

①汽车保险问世。美国最早开始承保汽车第三者责任险是在1898年,由美国旅行者保险公司签发了第一份汽车人身伤害责任保险。1899年汽车碰撞损失险保单问世,1902年开办汽车车身保险业务。

②通过《赔偿能力担保法》和《强制汽车保险法》建立了未保险判决基金。1919年,马萨诸塞州率先立法规定汽车所有人必须于汽车注册登记时,提出保险单或以债券作为车辆发生意外事故时,赔偿能力的担保,该法案被称为《赔偿能力担保法》。该法实施的目的在于要求汽车驾驶人对未来发生事故产生的民事赔偿责任提供经济担保,但是由于这种担保的滞后性,以及该法无法强制每一汽车使用人履行赔偿义务,车祸受害者求偿仍然困难重重。为了改进这一做法,1925年,马萨诸塞州通过了《汽车强制保险法》,并于1927年正式生效,成为美国第一个颁布汽车强制保险法的州。该法律要求本州所有的车主都应持有汽车责任保险单或者拥有付款保证书。一旦发生交通事故,可以保证受害者及时得到经济补偿,并以此作为汽车注册的先决条件。以后,美国的其他州也相继通过了这一法令。

③保险公司推出未保险驾驶人保险。由于未保险判决基金由州政府管理,因此被各保险公司指责为政府过多的干预保险业。为了阻止政府的这一行为,许多保险公司开始采取措施进行自发的抵制。保险公司推出了未保险驾驶人保险,提供给被保险人在汽车意外事故中遭受身体伤害,而驾车人是事故责任人,但是驾车人可能:(1)没有购买汽车保险;(2)虽有汽车保险,但是其责任限额低于该州要求的最低限额;(3)肇事后逃跑;(4)虽有汽车保险,但其保险公司由于某种原因拒赔或破产。目前,美国大多数州保险监管部门已要求销售汽车保险的保险公司提供未保险驾驶人保险。

④无过失汽车保险。赔偿能力担保法、强制汽车保险、未得到赔偿的判决基金和未保险驾车人保险虽然减少了在汽车事故中未得到经济补偿或不能得到充分经济补偿的受害者,但仍然无法解决诸如下列一些问题:

a.受害人的索赔过程既费时又费力,常常需要很长时间的调查取证,而且最终也很难确保这些证据能证明对方驾驶人确有过失;

b.律师的费用和其他审查费用均来自于最后受害人补偿到的赔偿金,因此受害人即使获赔,得到的赔偿金也已大打折扣;

c.虽然轻微受伤者得到的赔偿一般还能弥补其经济损失,但严重的受害人得到的补偿却平均不到其经济损失的30%,甚至许多最终根本得不到赔偿。因此,一些汽车保险制度的改革者们在20世纪70年代提出了将无过失责任的法律制度推及到汽车保险中。

所谓无过失责任法律制度,指无论当事人有无过失,都要承担一定的法律后果。一个"纯"无过失汽车保险将完全取消受害人起诉肇事者的权利,而且将提供一系列的综合保险给予受害人全面的经济损失赔偿。当然,这种"纯"无过失保险并不存在,各州的无过失汽车保险仅部分地限制受害人起诉肇事者的权利。一旦人身伤害损失超过了某一界限,被保险人仍可通过起诉的方式要求对方赔偿。通过无过失汽车保险,汽车事故的受害人获赔更迅速、更方便,上述法律形式很类似我们目前正在实施的"交强险",但是在实施过程中还是出现了一些问题,比如法律上对交通事故中双方注意分配机制与信任原则如何划分与确定?再有当强化了行人的利益后是否会降低汽车这种高速运载工具的使用效率?广州目前已经对"交强险"中无过错预先赔付的做法进行了改革,机动车无过错时不需要预先赔付非机动车与行人受损利益。

(3)美国车险科学的费率厘定和多元化的销售方式

经过多年的发展,美国形成了一套复杂但又相当科学的费率计算方法,这套方法代表了国际车险市场上的最高水平。尽管美国各州车险费率的计算方法有差异,但是它们有一个共同点,就是绝大多数的州都采用 161 级计划作为确定车险费率的基础。在 161 级计划下决定车险费率水平高低的因素有两个:主要因素和次要因素。主要因素包括被保险人的年龄、性别、婚姻状况及机动车辆的使用状况。次要因素包括机动车的型号、车况、最高车速、使用地区、数量及被保险人驾驶记录等。这两个因素加在一起决定被保险人所承担的费率水平。

除了传统的汽车销售商代理保险方式以外,直销方式在美国已很普遍。现在美国主要有三种直销方式:(1)利用互联网发展车险市场的 B2C 模式。美国车险业务约有 30% 都是通过这种网络直销方式取得的。绕过了车行代理这一鸿沟,交易费用减少了,保险费率自然就下来了,同时这也促进了保险公司的业务扩张。(2)利用电话预约投保的直销模式。这种模式的优点在于成本较低,不需要大量的投入去构建网络平台。(3)由保险公司向客户直销保险。保险公司的业务人员可以直接到车市或者以其他方式,把车险产品直接送到客户的面前。这种方式的优点是省去客户的很多时间,业务人员能够面对面地解答客户对于车险产品提出的问题,挖掘市场潜力。

3)其他发达国家和地区的汽车保险市场的发展现状

(1)投保人承担部分损失——德国

德国是全球第四大保险市场,德国保险业的发展已经进入一个相对成熟的阶段。德国保险按业务种类主要分为寿险、非寿险和健康险。2002 年,德国保险业总保费收入 1 396.2 亿欧元,占到全球总保费的 5.17%。其中非寿险保费收入 514.8 亿欧元,占本国保费 36.9%(寿险占 46.6%,健康险占 16.5%)。与我国相似,车险业务也是德国非寿险业务的核心。2002 年,车险保费收入 219.7 亿欧元,占整个非寿险保费收入的 42.7%。在车险业务中,第三者险和车损险占据了绝对比例。2002 年,第三者险保费收入 136.2 亿欧元,车损险保费收入 64.4 亿欧元,分别占车险总保费的 62.0% 和 29.3%。

德国保险市场开放度较高,有 120 多家经营非寿险的保险公司,竞争非常激烈。特别是车险方面,市场集中度很低,接近完全竞争状态。车险市场份额最大的安联集团,2002 年其保费收入仅占整个车险市场的 17.8%。车险排名前 10 位的公司市场份额之和也只为 63.6%,其中有两家还是外国公司(苏黎世保险集团和安盛保险集团)。

德国车险营销渠道主要靠代理机构。代理机构又可分为只为一家公司代理(A)和同时为多家公司代理(B)两类。其中,通过 A 类机构销售的保单占整个保单总量的 74.4%,通过 B 类机构销售的保单占 13.0%。A 类机构销售的保单比重较大与德国车险经营的传统有关。

在德国,如果投保人和保险人无异议的话,车险保单到期后可自动续保。由于德国车辆出险率很低,因此A类机构的客源比较稳定,与保险公司合作基础非常牢固。

德国的保险公司在理赔时实行"责任处罚"原则,即每次理赔不论赔偿额多少,投保人自己都必须承担325欧元。这种做法的目的是提醒投保人要尽量避免事故。德国的汽车保险费还实行奖优罚次。如果一年不出需要保险公司理赔的事故,第二年这辆汽车的保险费就会调低一个档位;然而,一旦出了事故并由保险公司进行赔偿,那么次年的保险费就会上调3个档位。而且保费的档位越高,档位之间的差额就越大。

(2)汽车保险业的社会管理功能突出——法国

法国车险市场是个较为成熟和规范的市场,竞争充分,产品丰富,市场细分度高,车险公司管理费用率约为28%(最好的公司可以达到22%)。法国有146家财产险公司和相互保险公司经营车辆保险。2002年法国车险保费收入163亿欧元,占财产险保费的44%,相当于当年法国GDP的1%。调查表明,在法国100%的车辆购买了第三者责任险,58%的车辆购买了车损险,82%的车辆投保了盗抢和火灾险,87%的车辆投保了玻璃破碎险。就赔付额而言,2002年全法国发生的400万起事故中,责任险赔款最高,占总赔款的50.3%,车损险占33.9%,其他险种占16.8%。在责任险赔案中,涉及人伤的赔案占总赔案数的10.5%,但赔款额却占总赔款的59%。这主要是因为法国法律对涉及人身伤害的第三者责任赔款不设上限的缘故。

法国汽车保险业的经营区域和范围已经大大超越传统保险的内涵,汽车保险业的社会管理功能愈加突出。譬如,保险公司为减少酒后驾车事故发生率,允许客户在因饮酒而不能驾车时,可在保险公司报销一次交通费用;在重大节假日,保险公司会适时在大的娱乐场所进行查验,并对因饮酒不能驾车的客户提供交通服务;有的保险公司内部设立汽车修理研究中心,为保户提供修车价格指导或为汽车修理厂提供技术培训等。

4)对中国汽车保险业的启示

(1)车险更充分体现了保险的补偿和保障功能

从第一份汽车保险保单到第三者责任险保单到政府强制责任保险,再到汽车保险局的成立或未得到赔偿判决基金建立,再到无过失责任保险,无不体现了车险为保障受害人因车险损失能得到赔偿而做的努力。

当然保险公司是以盈利为目的的,但是国外各大保险公司把更多的人力物力投入在防灾防损上,通过降低事故发生率来实现自己的利润。而当客户出险时,保险公司会以各种方式给客户提供方便,比如在定损前,预先赔付,还有在客户修车时提供替代车服务,这不仅给受害者以赔偿,更体现了保险公司的人性关怀,从而提高了保险公司的市场竞争力。为此,国外很多保险公司的车险业务是负利润,而是依靠资本市场盈利来弥补这一亏损的。

而中国的财产保险公司还是把车险业务当作一块重大利润来源,当客户出险时,保险公司找理由拒绝赔付,拖延赔付的情况时有发生。而国外保险公司,有时即使不在赔偿责任范围内,保险公司也酌情予以补偿。

(2)车险费率厘定因素众多,而各国侧重不同

通过观察我们可以发现:各发达国家的车险费率厘定均由多种因素决定,基本上都包括:车辆保养情况、行驶区域、车型、历史赔付纪录、年行驶里程数、驾驶人年龄、职业、性别、驾驶年限、投保人不动产拥有情况、信用记录和结婚年限等等。而各国由于国情不同,其侧重点也不同。美国是一个倡导法治和自由的国家,且注重尊重人的个性,而美国人行事又较为散漫,所

以美国的车险费率厘定更多考虑人的因素,同一辆汽车,由于投保人或被保险人的不同,保险费率可以相差 3 倍。而日尔曼人的行事谨慎是世界有名的,德国的车险出险率非常低,因此德国车险定价中车型是最重要的因素,其变动幅度最高可达 2 700% 。

中国车险费率厘定距发达国家还有相当差距,且自 2003 年 1 月 1 日起实行自主费率,由于中国车险发展时间短,而各大保险公司还不能实现信息共享,因此国家保监会应该从各保险公司收集车险数据,借鉴发达国家的车险要素费率体制的经验,并结合中国国情,制定出合理的指导价格,供各保险公司参考。

（3）车险营销以代理为主,以服务竞争

各发达国家车险销售均主要依靠代理机构,特别是德国由代理机构销售的保单占到总保单的 87.4% 。随着科技的发展,各国保险公司也不断探索新的销售方式,电话直销,网络直销的份额开始不断上升,美国网络销售的车险保单已占到总业务的 30% 。

发达国家车险市场激烈的竞争,使各大保险公司由价格竞争转到服务竞争。美国务保险公司提供种类繁多的细分保险项目,供投保人依据自己的情况与偏好选择适合自己的保险组合,而且当投保人出险时,向投保人提供替代车服务,给投保人最大的便利。英国保险公司最先免费为投保人检查车辆,防灾防损意识领先。而法国汽车保险业以社会管理功能突出而著称。

中国汽车保险业应该吸取发达国家的经验教训,避免恶性的费率竞争,利用后发优势实现跨越式发展,各保险公司应以优质的服务来赢得市场份额。

10.3　机动车保险条款简介

日前,由中国保险行业协会制定的新版机动车商业保险行业基本条款(以下简称车险行业条款)已正式获得中国保险监督管理委员会的批准(条款编号:中保协条款〔2007〕1 号、2 号和 3 号),于 2007 年 4 月 1 日起正式启用。各经营商业车险业务的保险公司可选择使用车险行业条款或自主开发车险条款,并可以在车险行业条款基础上开发补充性车险产品和其他特色车险产品。

2006 年 7 月 1 日,伴随机动车交通事故责任强制保险的实施,中国保险行业协会即推出了包括车辆损失险和商业三者险两个险种的 A、B、C 三套行业商业车险产品,这三款商业车险是在中国保险行业协会牵头下,中国人保(A)、中国平安(B)、太平洋(C)三家公司联合制定的。2006 年下半年车险市场运行结果表明,行业条款的推出对降低投保人理解保险条款的难度,保护投保人、被保险人利益,促进车险市场规范发展具有积极作用。为进一步发挥行业产品的作用,切实维护消费者利益,改善市场环境,解决运行中出现的新情况、新问题,中国保险行业协会成立了车险行业条款开发项目组,在 2006 版行业产品的基础上,经过修订和扩充,最终开发完成了新版车险行业条款。

目前我国经营车险业务的财险公司分别是:中国人民保险公司、太平洋财产保险公司、平安保险公司、华泰财产保险公司、天安保险公司、大众保险公司、华安财产保险公司、永安财产保险公司、中华联合财产保险公司和太平保险公司,其中前三家占全国车险市场份额九成多。

在车龄、车型、车主性别、年龄、所在地区等几项费率系数不做变动的情况下,车主可通过对部分费率系数的选择实现基准保费的调整,从而达到车辆的最大保障和最合理保费的绝优组合。

案例一:以购置价为10万至20万元私家自备车客户举例说明,如果一位广东中山的中年女性客户为其已购置3年"帕萨特"自备轿车投保,3年内无赔偿记录,投保方式为直接投保,那么,这份保单的保费仅为基准保费的52%,比原来节省了近一半。

理由如下:新方案规定,在投保方式上,车主通过保险公司的服务门店、网站以及电话进行投保,可享受10%的保费优惠;在投保数量上,车主可组合成团体一次性投保,车辆投保数超过20台,就有8%的价格优惠。

其二,驾驶记录良好的客户,投保时可以申请不同金额的车损免赔额,那样的话车损险保费会有较大幅度的下降。比如购置价为10万至20万元自备车客户,投保中如果选择每次保险事故承担2 000元绝对免赔额(一般家庭可以承担),那么客户可享受车损险38%的价格优惠。

其三,新方案中有无赔款优待系数,如果客户在3年内有任意两年无出险记录,那么就可以享受到20%的优惠,而对于3年及3年以上未出险的车,其无赔款优待可以达到30%。

1)车辆保险险种介绍

基本险包括商业第三者责任保险、车辆损失险,投保人可以选择投保其中部分险种,也可以选择投保全部险种,如表10.1所示。

表10.1　车辆保险险种

主险	车辆损失险	第三者责任险
附加险	全车盗抢险; 玻璃单独破碎险; 自燃损失险; 新增加设备损失险; 车辆停驶损失险;	车上责任险; 无过错责任险; 车载货物掉落责任险;
	不计免赔特约险	

(1)第三者责任险

保险车辆因意外事故,致使他人遭受人身伤亡或财产的直接损失,保险公司依照保险合同的有关规定给予赔偿。这里强调的是"他人",也就是第三方。保险公司所负的保险责任在保险合同中是这样规定的:被保险人允许的合格驾驶员在使用保险车辆过程中发生意外事故,致使第三人遭受人身伤亡或财产的直接损毁,保险公司依照《道路交通事故处理办法》和保险合同的规定给予赔偿。

(2)车上责任险

指投保了本项保险的机动车辆在使用过程中,发生意外事故,致使保险车辆上所载货物遭受直接损毁和车上人员的人身伤亡,依法应由被保险人承担的经济赔偿责任,保险公司在保险单所载明的该保险赔偿额内计算赔偿。

(3)无过错责任险

指投保了本项保险的车辆在使用中,因与非机动车辆、行人发生交通事故,造成对方人员伤亡和财产直接损毁,保险车辆一方无过失,且被保险人拒绝赔偿未果,对被保险已经支付给对方而无法追回的费用,保险公司负责给予赔偿。

(4)车载货物掉落责任险

指投保了本保险的机动车辆在使用中,所载货物从车上掉下致使第三者遭受人身伤亡或财产的直接损毁,依法应由被保险人承担的经济赔偿责任,保险公司负责赔偿。

(5)车辆损失险

负责赔偿由于自然灾害和意外事故造成车辆自身的损失,是车险中最主要的险别。

(6)全车盗抢险

是指保险车辆全车被盗窃、被抢夺,经公安刑侦部门立案证实,满三个月未查明下落,或保险车辆在被盗窃、被抢劫、被抢夺期间受到损坏,或车上零部件及附属设备丢失需要修复的合理费用,保险公司负责赔偿。

(7)玻璃单独破碎险

指投保了本项保险的机动车辆在停放或使用过程中,发生本车玻璃单独破碎,保险公司按实际损失进行赔偿。

(8)车辆停驶损失险

指投保存了本项保险的机动车辆在使用过程中,因遭受自然灾害或意外事故,造成车身损毁,致使车辆停驶造成的损失。保险公司按照与被保险人约定的赔偿天数和日赔偿额进行赔付。

(9)自然损失险

指投保了本项保险的机动车辆在使用过程中,因本车电路、线路、供油系统发生故障及运载货物自身起火燃烧,造成保险车辆的损失,保险公司负责赔偿。

(10)新增加设备损失险

指投保了本项保险的机动车辆在使用过程中,因自然灾害或意外事故造成车上新增设备的直接损毁,保险公司负责赔偿。

(11)不计免赔特约保险

指办理了本项特约保险的机动车辆发生事故,损失险及第三者责任险事故造成赔偿,对其在符合赔偿规定的金额内按责任应承担的免赔金额,保险公司负责赔偿。

2)保险方案选择

目前,机动车保险包括 2 个基本险和 9 个附加险。在这 11 个险种中,除第三者责任险是强制性险种,其他的险种都以自愿为原则。车主可以根据自己的经济实力与实际需求进行投保。以下是 5 个机动车辆保险方案,可以供车主投保时参考。

(1)最低保障方案

险种组合:第三者责任险。

保障范围:只对第三者的损失负赔偿责任。

适用对象:急于上牌照或通过年检的个人。

特点:只有最低保障,费用低。

优点:可以用来应付上牌照或检车。

缺点:一旦撞车或撞人,对方的损失能得到保险公司的一些赔偿,但自己车的损失只有自己负担。

举例:以价值 16 万元新车为例,投保第三者责任险一般以 10 万元为限额,因此需交 1 300

元保险费。

（2）基本保障方案

险种组合：车辆损失险＋第三者责任险

保障范围：只投保基本险，不含任何附加险。

特点：费用适度，能够提供基本的保障。

适用对象：有一定经济压力的车主。

优点：必要性最高。

缺点：不是最佳组合，最好加入不计免赔特约险。

举例：以价值16万元新车为例，车损险基本保费为240元，费率为1.2%，则：

$$240 + 160\,000 \times 1.2\% + 1\,300 = 3\,460\ 元。$$

（3）经济保险方案

险种组合：车辆损失险＋第三者责任险＋不计免赔特约险＋全车盗抢险

特点：投保4个最必要、最有价值的险种。

适用对象：是个人精打细算的最佳选择。

优点：投保最有价值的险种，保险性价比最高，人们最关心的丢失和100%赔付等大风险都有保障，保费不高但包含了比较实用的不计免赔特约险。当然，这仍不是最完善的保险方案。

举例：以价值16万元的新车为例，不计免赔特约险按车辆损失险和第三者责任险保险费之和的20%计算。全车盗抢险的费率为1%，则：$460 + 3\,460 \times 20\% + 160\,000 \times 1\% = 5\,752$ 元

（4）最佳保障方案

险种组合：车辆损失险＋第三者责任险＋车上责任险＋挡风玻璃险＋不计免赔特约险＋全车盗抢险

特点：在经济投保方案的基础上，加入了车上责任险和挡风玻璃险，使乘客及车辆易损部分得到安全保障。

适用对象：一般公司或个人。

优点：投保价值大的险种，不花冤枉钱，物有所值。

举例：以价值16万元的国产新车为例，如果是客车，车上责任险只需为车上人员投保，按座位投保的费率为0.9%，按核定座位数投保的费率为0.5%，玻璃单独破碎险按国产挡风玻璃的费率(0.15%)投保。

①车上责任险按座位损保50万元：

$3\,460 + 500\,000 \times 0.9\% + 160\,000 \times 0.15\% + 3\,460 \times 20\% + 160\,000 \times 1\% = 10\,492$ 元

②车上责任险按核定座位数投保50万元：

$3\,460 + 500\,000 \times 0.5\% + 160\,000 \times 0.15\% + 3\,460 \times 20\% + 160\,000 \times 1\% = 8\,492$ 元

（5）完全保障方案

险种组合：车辆损失险＋第三者责任险＋车上责任险＋挡风玻璃险＋不免赔特约险＋新增加设备损失险＋自燃损失险＋全车盗抢险

特点：保全险，居安思危才有备无患。能保的险种全部投保，从容上路，不必担心交通所带来的种种风险。

适用对象：经济充裕的车主。

优点:几乎与汽车有关的全部事故损失都能得到赔偿。投保的人不必为少保某一个险种而得不到赔偿,承担投保决策失误的损失。

缺点:保全险保费高,某些险种出险的几率非常小。

举例:以价值16万元的新车为例,新增加设备损失险费率为1.2%,自燃损失险的费率为0.4%。

①车上责任险按座位投保50万元:3 460 +500 000 ×0.9% +160 000 ×0.15% +3 460 ×20% +30 000 ×1.2% +160 000 ×0.4% +160 000 ×1% =11 492 元

②车上责任险按核定座位数投保50万元:3 460 +500 000 ×0.5% +160 000 ×0.15% +3 460 ×20% +30 000 ×1.2% +160 000 ×0.4% +160 000 ×1% =9 492 元

备注:

①第三者责任

第三者是指被保险人及其财产和保险车辆上所有人员与财产以外的他人、他物。所谓"所有人员"指车上的驾驶员和所有乘坐人员。这些人不属于第三者,但下车后除驾驶员外,均可视为第三者。私人车辆的被保险人及其家属成员都不属于第三者,至于保险车辆上的财产,是指被保险人及其驾驶员所有或其代管的财产,这些财产均不属于第三者责任。

②投保人与被保险人

在汽车保险中,投保人是指办理保险并支付保险费的人;被保险人是指受保险合同保障的汽车的所有者(即行驶证上载明的车主)。如果车主为自己的汽车投保,则投保人与被保险人是一致的;如果其他人为不归自己所有的汽车投保,则投保人与被保险人是不一致的。这两种情况都是保险公司允许的。

当投保人与被保险人不一致会产生两方面影响:

一方面,被保险人不负交保险费的义务,该项义务由投保人承担,即谁投保谁交保险费。另一方面,车辆发生部分损失时,可由投保人向保险公司索赔;车辆全部损失时(如车辆被盗抢、碰撞中车辆报废等),必须由被保险人向保险公司索赔,投保人没此项权利。在投保人与被保险人一致的情况下,则没有以上两方面的区别。

3)投保注意事项

(1)不要重复投保

有些投保人自以为多投几份保,就可以使被保车辆多几份赔偿。按照《保险法》第四十条规定:"重复保险的车辆各保险人的赔偿金额的总和不得超过保险价值。"因此,即使投保人重复投保,也不会得到超价值赔款。

(2)不要超额投保或不足额投保

有些车主,明明车辆价值10万元,却投保了15万元的保险,认为多花钱就能多赔付。而有的车价值20万元,却投保了10万元。这两种投保都不能得到有效的保障。依据《保险法》第三十九条规定:"保险金额不得超过保险价值,超过保险价值的,超过的部分无效。保险金额低于保险价值的,除合同另有约定外,保险人按照保险金额与保险价值的比例承担赔偿责任。"所以超额投保、不足额投保都不能获得额外的利益。

(3)保险要保全

有些车主为了节省保费,想少保几种险,或者只保车损险,不保第三者责任险,或者只保主险,不保附加险等。其实各险种都有各自的保险责任,假如车辆真的出事,保险公司只能依据当初订立的保险合同承担保险责任给予赔付,而车主的其他一些损失有可能就得不到赔偿。

(4)及时续保

有些车主在保险合同到期后不能及时续保,但天有不测风云,万一车辆就在这几天出了事故,岂不是悔之晚矣?

(5)要认真审阅保险单证

当你接到保险单证时,一定要认真核对,看看单据第三联是否采用了白色无碳复写纸印刷并加印浅褐色防伪底纹,其左上角是否印"中国保险监督管理委员会监制"字样,右上角是否有"限在××省(市、自治区)销售"的字样,如果没有可拒绝签单。

(6)注意审核代理人真伪

投保时要选择国家批准的保险公司所属机构投保,而不能只图省事随便找一家保险代理机构投保,更不能被所谓的"高返还"所引诱,只求小利而上假代理人的当。

(7)核对保单

办理完保险手续拿到保单正本后,要及时核对保单上所列项目如车牌号、发动机号等,如有错漏,要立即提出更正。

(8)随身携带保险卡

保险卡应随车携带,如果发生事故,要立即通知保险公司并向交通管理部门报案。

(9)提前续保

记住保险的截止日期,提前办理续保。

(10)注意莫生"骗赔"伎俩

有极少数人,总想把保险当成发财的捷径,如有的先出险后投保,有的人为地制造出险事故,有的伪造、涂改、添加修车、医疗等发票和证明,这些都属于骗赔的范围,是触犯法律的行为。因此各位车主在这些问题上,千万不要耍小"聪明"。

案例:利用车险牟利,或找小保险公司赚取差价

导致后果:车辆一旦发生事故需要保险理赔时,车主利益得不到很好的保护,甚至不能到专业维修厂进行维修。

案例回放:张女士日前买车后准备投保,业务员给她推荐了一家保险公司。虽然这家公司张女士并不熟悉,但是由于费率较低就同意了。但新车开了没多久,张女士发生了事故需要定损、理赔,这才发现自己投保的那家公司在郊区,办理起来非常麻烦。

由于各保险公司的费用、返点不一样,某些不法经销商一般会用各种方法让车主上一些返点较高的保险。一些保险公司在城区以外或者地理位置较差的分部,会给代理人更高的保险返点。如果消费者上了这些公司的保险,出现事故时只能到所上保险的保险公司所在地办理,会给自己带来很大的麻烦。建议车主应注意选择与品牌服务店合作的规模大的保险公司。

此外,车险服务也是不可忽视的。车辆一旦出险,保险公司能不能快速反应,进行及时救援和理赔,相应配套服务能否跟上,对客户来说都是至关重要的。

知识链接:保险公司险种与服务差异

人保:全国服务网点最多,投保渠道多,理赔也较为方便。新条款的附加险有所增加,值得向新车主推荐。

平安:附加险的个性化一直是平安的特点,而且理赔点也较多,值得推荐。不过由于平安没有单独的不计免赔条款,不少险种都有一定的免赔率,消费者应留心。

太平洋:投保与理赔网点较人保与平安少,不过新条款非常具人性化,此外在免赔率与主险的保障范围上较具优势。

10.4 机动车交通事故责任强制保险

机动车交通事故责任强制保险简称交强险,是指当被保险机动车发生道路交通事故,对本车人员和被保险人以外的受害人造成人身伤亡和财产损失时,由保险公司在责任限额内予以赔偿的一种具有强制性质的责任保险。交强险从 2006 年 7 月 1 日起正式实施。

交强险的保障对象是被保险机动车致害的交通事故受害人,但不包括被保险机动车本车人员、被保险人。其保障内容包括受害人的人身伤亡和财产损失。

交强险的特点:一是突出"以人为本",将保障受害人得到及时有效的赔偿作为首要目标;二是体现"奖优罚劣",即安全驾驶者将享有优惠的费率,经常肇事者将负担高额保费;三是坚持社会效益原则,即保险公司经营交强险不以赢利为目的;四是实行商业化运作,即交强险的条款费率由保险公司制定,保监会按照交强险业务总体上不盈利不亏损的原则进行审批。

建立交强险制度的意义在于:有利于道路交通事故受害人获得及时有效的经济保障和医疗救治;有利于减轻交通事故肇事方的经济负担;有利于促进道路交通安全,通过"奖优罚劣"的费率经济杠杆手段,促进驾驶人增强安全意识;有利于充分发挥保险的社会保障功能,维护社会稳定。

附:机动车交通事故责任强制保险条款

总 则

第一条 根据《中华人民共和国道路交通安全法》、《中华人民共和国保险法》、《机动车交通事故责任强制保险条例》等法律、行政法规,制定本条款。

第二条 机动车交通事故责任强制保险(以下简称交强险)合同由本条款与投保单、保险单、批单和特别约定共同组成。凡与交强险合同有关的约定,都应当采用书面形式。

第三条 交强险费率实行与被保险机动车道路交通安全违法行为、交通事故记录相联系的浮动机制。

签订交强险合同时,投保人应当一次支付全部保险费。保险费按照中国保险监督管理委员会(以下简称保监会)批准的交强险费率计算。

定 义

第四条 交强险合同中的被保险人是指投保人及其允许的合法驾驶人。

投保人是指与保险人订立交强险合同,并按照合同负有支付保险费义务的机动车的所有人、管理人。

第五条 交强险合同中的受害人是指因被保险机动车发生交通事故遭受人身伤亡或者财产损失的人,但不包括被保险机动车本车车上人员、被保险人。

第六条 交强险合同中的责任限额是指被保险机动车发生交通事故,保险人对每次保险事故所有受害人的人身伤亡和财产损失所承担的最高赔偿金额。责任限额分为死亡伤残赔偿限额、医疗费用赔偿限额、财产损失赔偿限额以及被保险人在道路交通事故中无责任的赔偿限额。其中无责任的赔偿限额分为无责任死亡伤残赔偿限额、无责任医疗费用赔偿限额以及无责任财产损失赔偿限额。

第七条 交强险合同中的抢救费用是指被保险机动车发生交通事故导致受害人受伤时,医疗机构对生命体征不平稳和虽然生命体征平稳但如果不采取处理措施会产生生命危险,或者导致残疾、器官功能障碍,或者导致病程明显延长的受害人,参照国务院卫生主管部门组织制定的交通事故人员创伤临床诊疗指南和国家基本医疗保险标准,采取必要的处理措施所发生的医疗费用。

保险责任

第八条 在中华人民共和国境内(不含港、澳、台地区),被保险人在使用被保险机动车过程中发生交通事故,致使受害人遭受人身伤亡或者财产损失,依法应当由被保险人承担的损害赔偿责任,保险人按照交强险合同的约定对每次事故在下列赔偿限额内负责赔偿:

(一)死亡伤残赔偿限额为 50 000 元;

(二)医疗费用赔偿限额为 8 000 元;

(三)财产损失赔偿限额为 2 000 元;

(四)被保险人无责任时,无责任死亡伤残赔偿限额为 10 000 元;无责任医疗费用赔偿限额为 1 600 元;无责任财产损失赔偿限额为 400 元。

死亡伤残赔偿限额和无责任死亡伤残赔偿限额项下负责赔偿丧葬费、死亡补偿费、受害人亲属办理丧葬事宜支出的交通费用、残疾赔偿金、残疾辅助器具费、护理费、康复费、交通费、被扶养人生活费、住宿费、误工费、被保险人依照法院判决或者调解承担的精神损害抚慰金。

医疗费用赔偿限额和无责任医疗费用赔偿限额项下负责赔偿医药费、诊疗费、住院费、住院伙食补助费,必要的、合理的后续治疗费、整容费、营养费。

垫付与追偿

第九条 被保险机动车在本条(一)至(四)之一的情形下发生交通事故,造成受害人受伤需要抢救的,保险人在接到公安机关交通管理部门的书面通知和医疗机构出具的抢救费用清单后,按照国务院卫生主管部门组织制定的交通事故人员创伤临床诊疗指南和国家基本医疗保险标准进行核实。对于符合规定的抢救费用,保险人在医疗费用赔偿限额内垫付。被保险人在交通事故中无责任的,保险人在无责任医疗费用赔偿限额内垫付。对于其他损失和费用,保险人不负责垫付和赔偿。

(一)驾驶人未取得驾驶资格的;

(二)驾驶人醉酒的;

(三)被保险机动车被盗抢期间肇事的;

(四)被保险人故意制造交通事故的。

对于垫付的抢救费用,保险人有权向致害人追偿。

责任免除

第十条 下列损失和费用,交强险不负责赔偿和垫付:

(一)因受害人故意造成的交通事故的损失;

(二)被保险人所有的财产及被保险机动车上的财产遭受的损失;

(三)被保险机动车发生交通事故,致使受害人停业、停驶、停电、停水、停气、停产、通讯或者网络中断、数据丢失、电压变化等造成的损失以及受害人财产因市场价格变动造成的贬值、修理后因价值降低造成的损失等其他各种间接损失;

（四）因交通事故产生的仲裁或者诉讼费用以及其他相关费用。

保险期间

第十一条　除国家法律、行政法规另有规定外，交强险合同的保险期间为一年，以保险单载明的起止时间为准。

投保人、被保险人义务

第十二条　投保人投保时，应当如实填写投保单，向保险人如实告知重要事项，并提供被保险机动车的行驶证和驾驶证复印件。重要事项包括机动车的种类、厂牌型号、识别代码、号牌号码、使用性质和机动车所有人或者管理人的姓名（名称）、性别、年龄、住所、身份证或者驾驶证号码（组织机构代码）、续保前该机动车发生事故的情况以及保监会规定的其他事项。

投保人未如实告知重要事项，对保险费计算有影响的，保险人按照保单年度重新核定保险费计收。

第十三条　签订交强险合同时，投保人不得在保险条款和保险费率之外，向保险人提出附加其他条件的要求。

第十四条　投保人续保的，应当提供被保险机动车上一年度交强险的保险单。

第十五条　在保险合同有效期内，被保险机动车因改装、加装、使用性质改变等导致危险程度增加的，被保险人应当及时通知保险人，并办理批改手续。否则，保险人按照保单年度重新核定保险费计收。

第十六条　被保险机动车发生交通事故，被保险人应当及时采取合理、必要的施救和保护措施，并在事故发生后及时通知保险人。

第十七条　发生保险事故后，被保险人应当积极协助保险人进行现场查勘和事故调查。发生与保险赔偿有关的仲裁或者诉讼时，被保险人应当及时书面通知保险人。

赔偿处理

第十八条　被保险机动车发生交通事故的，由被保险人向保险人申请赔偿保险金。被保险人索赔时，应当向保险人提供以下材料：

（一）交强险的保险单；

（二）被保险人出具的索赔申请书；

（三）被保险人和受害人的有效身份证明、被保险机动车行驶证和驾驶人的驾驶证；

（四）公安机关交通管理部门出具的事故证明，或者人民法院等机构出具的有关法律文书及其他证明；

（五）被保险人根据有关法律法规规定选择自行协商方式处理交通事故的，应当提供依照《交通事故处理程序规定》规定的记录交通事故情况的协议书；

（六）受害人财产损失程度证明、人身伤残程度证明、相关医疗证明以及有关损失清单和费用单据；

（七）其他与确认保险事故的性质、原因、损失程度等有关的证明和资料。

第十九条　保险事故发生后，保险人按照国家有关法律法规规定的赔偿范围、项目和标准以及交强险合同的约定，并根据国务院卫生主管部门组织制定的交通事故人员创伤临床诊疗指南和国家基本医疗保险标准，在交强险的责任限额内核定人身伤亡的赔偿金额。

第二十条　因保险事故造成受害人人身伤亡的，未经保险人书面同意，被保险人自行承诺或支付的赔偿金额，保险人在交强险责任限额内有权重新核定。

因保险事故损坏的受害人财产需要修理的,被保险人应当在修理前会同保险人检验,协商确定修理或者更换项目、方式和费用。否则,保险人在交强险责任限额内有权重新核定。

第二十一条　被保险机动车发生涉及受害人受伤的交通事故,因抢救受害人需要保险人支付抢救费用的,保险人在接到公安机关交通管理部门的书面通知和医疗机构出具的抢救费用清单后,按照国务院卫生主管部门组织制定的交通事故人员创伤临床诊疗指南和国家基本医疗保险标准进行核实。对于符合规定的抢救费用,保险人在医疗费用赔偿限额内支付。被保险人在交通事故中无责任的,保险人在无责任医疗费用赔偿限额内支付。

合同变更与终止

第二十二条　在交强险合同有效期内,被保险机动车所有权发生转移的,投保人应当及时通知保险人,并办理交强险合同变更手续。

第二十三条　在下列三种情况下,投保人可以要求解除交强险合同:

(一)被保险机动车被依法注销登记的;

(二)被保险机动车办理停驶的;

(三)被保险机动车经公安机关证实丢失的。

交强险合同解除后,投保人应当及时将保险单、保险标志交还保险人;无法交回保险标志的,应当向保险人说明情况,征得保险人同意。

第二十四条　发生《机动车交通事故责任强制保险条例》所列明的投保人、保险人解除交强险合同的情况时,保险人按照日费率收取自保险责任开始之日起至合同解除之日止期间的保险费。

附　则

第二十五条　因履行交强险合同发生争议的,由合同当事人协商解决。

协商不成的,提交保险单载明的仲裁委员会仲裁。保险单未载明仲裁机构或者争议发生后未达成仲裁协议的,可以向人民法院起诉。

第二十六条　交强险合同争议处理适用中华人民共和国法律。

第二十七条　本条款未尽事宜,按照《机动车交通事故责任强制保险条例》执行。

10.5　机动车保险理赔

1)机动车保险索赔程序

(1)一般保险索赔程序

一般来说,一旦发生保险事故,你需要做下列几件事:

立即通知交通公安部门并保护好现场和向保险公司报案。协助保险公司对车辆查勘、照相、定损。备齐必要的单证,及时向保险公司申请索赔。保险公司结案后,尽快领取赔款。领取时要携带被保险人及取款人身份证。

(2)撞车了怎么索赔

保险车辆发生"碰撞""倾覆"等事故后,应立即保护现场,向事故发生地的公安交通管理部门报案并在48小时内通知保险公司。会同保险公司和有关人员(第三方)逐项清理、定损。你向保险公司索赔时应提供保险单正本、事故证明、事故责任认定书、事故调解书、判决书、损失清单和有关费用单据。保险公司按被保险人在事故中的责任比例负责赔偿。

（3）车被偷了怎么索赔

如果你的车不幸被盗窃或抢劫，应在 24 小时之内向当地公安部门报案，同时在 48 小时内通知保险公司，并在保险人指定的报纸上登报声明。到公安机关专门处理此类事故的部门备案。向保险公司索赔时，须提供保险单正本、机动车行驶证、购车原始发票、车辆购置附加费凭证、车钥匙，经其出险地县级以上公安刑侦部门出具的盗抢案件证明和车辆已报停手续。在此提醒你最好不要将机动车行驶证、购车原始发票、车辆购置附加费凭证放在车上，一旦它们丢失，你不但要开比较复杂的证明，而且每缺少一项，增加 0.5% 的免赔，缺少车钥匙加 5% 的免赔率，不但减少了赔款金额，而且会在领取赔款时平添许多麻烦。盗抢险的结案速度要慢一点，因为条款规定，保险车辆全车被盗抢，经县级以上公安刑侦部门立案证实，满三个月未查明下落保险公司才负责赔偿。

（4）车在外地出险怎么办

如果你的车在外地出险，同样要保护好现场，立即向当地的公安交通管理部门和保险公司在当地机构报案并在 48 小时内通知你的承保公司，说明你的保单，出险时间、地点、原因及经过。承保公司一般是要求当地公司代查勘，这时你一定要注意让当地公司按规定程序照相，出具代查勘报告，问清这些何时、如何转交给承保公司。回到驻地后再到保险公司填出险通知书并索赔。

（5）车辆自燃了怎么索赔

当你的车因本车电器、线路、供油系统发生故障或者运载货物自身起火燃烧，你要查看你是否投保了车辆自燃险，如果你投保了此险种，它的索赔手续与车辆碰撞相同，你只需再提供一份当地公安消防部门的火灾鉴定证明。

（6）撞伤第三者或车上人员受伤如何索赔

如果你在行驶过程中，不小心造成他人伤亡事故，或者本车上人员受伤。应及时向公安交通管理部门和保险公司报案。事故结案前，所有费用均由被保险人先行支付。但是因为条款规定：对被保险人自行承诺或支付的赔偿金额，保险人有权重新核定或拒绝赔偿，所以在支付前，你最好得到保险公司的同意，以免在索赔时发生麻烦。索赔时提供保险单正本、公安交通部门出具的事故责任认定书，事故调解书和伤残证明以及各种有关费用单据。按照《道路交通事故处理办法》的规定可以负责赔偿的合理费用为：医疗费、误工费、护理费、就医交通费、住院伙食补助费、残疾者生活补助费、残疾用具费、丧葬费、死亡补偿费、被抚养人生活费等。申请以上各项费用，都要提供相应的证明。如涉及到误工费，需提供伤者的工资证明；造成伤者残疾的，需要提供残疾鉴定等。但要注意的是，这些费用的总和不能超过赔偿限额。

（7）第三方不肯赔偿怎么办

如果你的车由于第三方的责任发生碰撞、倾覆情况，需要公安交通管理部门先确认责任。然后，你必须先向第三方索赔。如果第三方不予支付，你应向人民法院提起诉讼。经人民法院立案后，书面请求保险公司先赔偿的，应向保险公司提供人民法院的立案证明，保险公司按保险合同的约定先行赔付。你还必须签据权益转让书，将向第三方追偿的权利部分或全部转让给保险公司，并积极协助保险公司向第三方追偿。如果你放弃了向第三方索赔，而直接向保险公司索赔，保险公司将不予受理。

2）机动车保险"免赔"条则

对造成交通事故的保险车辆实行免赔，即被保险人自己也要承担责任，这是为了增强被保险人及驾驶人员的交通安全责任心。我国交通管理部门对交通事故肇事按全责、主责、半责、次责、无责来分别确定车祸双方的责任，保险公司也以此给予不同的免赔比例。

根据保险车辆驾驶员在事故中所负责任，车辆损失险和第三者责任险在符合赔偿规定的金额内实行绝对免赔率：负全部责任的免赔20%，负主要责任的免赔15%，负同等责任的免赔10%，负次要责任的免赔5%。单方肇事事故的绝对免赔率为20%。

免赔率规定了不同责任驾驶人员所获赔款的扣除比例。在规定中，所谓单方肇事事故指不涉及第三者损害赔偿的事故，但不包括自然灾害引起的事故。保险车辆因机械故障引起的事故和事故其他方查寻不着的，视同单方肇事事故，应扣除赔款的20%。

无赔款保险费优惠规定：

①一年无事故优惠10%，多年无事故可以累加，最高可以达到30%。

②即使发生玻璃单独破碎赔款，也不影响无赔款保险费优惠。

③汽车损失险和第三者责任险的无赔款保险费优惠独立计算，互不影响。

对于汽车保险尤其是乘用车的保险一般都是由经销商代理，各个保险公司也与不同的4S店进行合作，在源头上把握客户，客户在经销商处买车辆保险的好处有很多，车辆出险后由品牌4S店负责查勘、理赔、修理，这样肯定是极大地方便了客户。对于4S店来说也减少了业务的流失，所以在各个品牌店经营车辆保险业务是汽车经销商的一个比较客观的利润增长点。对于保险公司来说除了有稳定的客源以外还能借用各4S店的专业人员来处理出险后的查勘与理赔，从而减少自己的经营成本。

习　题

1. 名词解释

（1）保险基金

（2）汽车保险

（3）第三者责任险

（4）车辆损失险

（5）交强险

（6）不计免赔特约保险

2. 问答题

（1）简述汽车保险的职能和作用。

（2）分析国外保险发展历程对中国汽车保险业的启示。

（3）投保人与被保险人是否必须一致？如果不一致有什么影响？

（4）投保时需要注意哪些事项？

（5）简述交强险的保险责任规定。

（6）车辆行驶过程中撞伤第三者或车上人员受伤应该如何索赔？

参考文献

[1] 郭晓汾,王国林.交通运输工程学[M].北京：人民交通出版社,2006.

[2] 刘仲国,何效平.汽车综合服务[M].北京:人民交通出版社,2004.

[3] 刘仲国,鲁植雄.高等学校汽车综合服务专业教材旧机动车鉴定与评估[M].北京:人民交通出版社,2006.

[4] 张图方.高等学校汽车综合服务专业教材旧机动车鉴定与评估[M].北京:人民交通出版社,2006.

[5] 游四海.汽车综合服务—高职高专汽车运用与维修专业系列教材[M].重庆:重庆大学出版社,2005.

[6] 冉广仁.汽车维修企业设计与管理[M].北京:人民交通出版社,2007.

[7] 隗海林,李仲兴.汽车保险与理赔[M].北京:人民交通出版社,2006.

[8] 何忱予.汽车金融服务——21世纪高等学校教材[M].北京:人民教育出版社,2006.

[9] 李仲兴.汽车装饰与美容——21世纪全国高职高专汽车类规划教材[M].北京:北京大学出版社,2006.

[10] 张开旺.汽车技术法规与法律服务[M].北京:机械工业出版社,2006.

[11] 张国方.汽车服务工程[M].北京:电子工业出版社,2004.

[12] 汽车论坛网 www.qclt.com

[13] 太平洋汽车网论坛 autobbs.pconline.com.cn/

[14] 汽车论坛车友会俱乐部自驾游汽车社区——中国汽车交易网 www.auto18.com/bbs/-2k.

[15] 【中华汽车营销网】www.auto3721.com/-57k.

[16] 黄芳.保险学[M].北京:机械工业出版社,2004.

[17] 当代汽车报:www.pepole.com.cn.

[18] 祁翠琴.汽车保险与理赔[M].北京:机械工业出版社,2004.

[19] 沈广三.汽车内容实务[M].北京:人民交通出版社,2005.

[20] 刘焰.汽车及配件营销专门化[M].北京:人民交通出版社,2003.

[21] 陈文华.汽车营销案例教程[M].北京:人民交通出版社,2004.

[22] 张洪源.汽车商务[M].北京:人民交通出版社,2004.

[23] 杨立旺.机动车辆保险投保与索赔[M].成都:西南财经大学出版社,1999.

[24] 一汽大众.经销商内部培训教程,2004.